2020-2021
ZHONGGUO SHANGSHI GONGSI SUSONG
LANPISHU

2020~2021
中国上市公司诉讼
蓝皮书

谢会生　总主编

法律出版社
LAW PRESS·CHINA
北　京

图书在版编目（CIP）数据

2020～2021中国上市公司诉讼蓝皮书／谢会生总主编. -- 北京：法律出版社，2021
ISBN 978-7-5197-5916-2

Ⅰ. ①2… Ⅱ. ①谢… Ⅲ. ①上市公司-经济纠纷-民事诉讼-研究报告-中国-2020-2021 Ⅳ. ①D925.104

中国版本图书馆CIP数据核字（2021）第183073号

2020～2021中国上市公司诉讼蓝皮书
2020-2021 ZHONGGUO SHANGSHI GONGSI SUSONG LANPISHU

谢会生 总主编

责任编辑 朱铁佳
装帧设计 汪奇峰

出版发行 法律出版社
编辑统筹 司法实务出版分社
责任校对 王晓萍 王语童
责任印制 胡晓雅
经　　销 新华书店

开本 710毫米×1000毫米 1/16
印张 29.25 **字数** 510千
版本 2021年10月第1版
印次 2021年10月第1次印刷
印刷 三河市龙大印装有限公司

地址：北京市丰台区莲花池西里7号（100073）
网址：www.lawpress.com.cn
投稿邮箱：info@lawpress.com.cn
举报盗版邮箱：jbwq@lawpress.com.cn

销售电话：010-83938349
客服电话：010-83938350
咨询电话：010-63939796

书号：ISBN 978-7-5197-5916-2　　**定价：**98.00元
凡购买本社图书，如有印装错误，我社负责退换。电话：010-83938349

编 委 会

序

2020年,对于中国资本市场而言是一个前所未有的"变局之年"。年初的新冠肺炎疫情不期而至,给整个社会运转体系蒙上了一层阴影,资本市场自然也难以幸免,疫情所带来的冲击至今仍余波不平。纵观一年来中国资本市场体制机制和运行规则的变革,尽管多有应对突发事件的因应之策,但总体仍未偏离引导资本市场赋能实体经济的基本轨道。从2020年3月新修订的《中华人民共和国证券法》及其配套规则的正式施行,到创业板和新三板精选层先后落地开放交易,再到国家层面就上市公司发展、退出机制密集发布新政策,精细化监管、高质量发展、多层次并进的资本市场改革思路渐显轮廓。在改革的大潮下,资本市场领域的法律风险也呈现高发且复杂的特点。

2020~2021年,策略律师事务所深度参与了证券虚假陈述责任纠纷等若干起资本市场诉讼案件,为国内多家上市公司与拟上市公司提供了切实的法律纠纷解决方案,有效地化解了诉讼风险。2020年也是我国资本市场创立30周年,多年来深耕资本市场重大诉讼业务的策略律师事务所,凭借成功办理的"中国负案上市第一案""中国上市公司股权激励第一案""上市公司股东滥用股东权利纠纷第一案"与新三板"中介机构被诉虚假陈述第一案"等多起在资本市场具有广泛影响力的重大案件,树立起在业界的突出优势。自2019年起,策略律师事务所发起"中国上市公司诉讼蓝皮书"研究项目,旨在紧跟资本市场改革发展的风向,通过对每个自然年度内,中国上市公司诉讼风险状况的深入分析,构建起制度变革与法律研究之间的"桥梁",从而为上市公司更好地进行处置纠纷、化解风险提供参考。项目第一年的研究成果一经发布就引起了业界的积极反响,成为资本市场法律研究的重要参考资料。

本书是"中国上市公司诉讼蓝皮书"项目第二年的研究成果。本书在体例上基本延续了第一年的主要结构，同时在统计范围、分析深度和案例覆盖面上有了全面的提升：一是在实证分析方面，本书的研究范围涵盖了4000余家A股上市公司2020～2021年度内参与的上万个诉讼案件，从案件类型、诉讼要素、诉讼结果等方面多层次、全方位地剖析上市公司诉讼状况，并以行业为单位构建了诉讼风险指数体系；二是在规范分析方面，本书在梳理上市公司相关新法新规的基础上，罗列了各行业上市公司可能遭遇的各种法律风险，提出了相应的合规建议；三是在典型案例解读方面，本书聚焦2020年内资本市场发生的有较大影响力的诉讼案件，从微观层面剖析上市公司参与各类诉讼的实际情况，总结实战经验。

在资本市场持续深化改革、逆境新生的大背景下，本书作为"中国上市公司诉讼蓝皮书"系列的第二部著作，继承和发扬了首部成果的精华、借鉴了同类研究的长处、融入了策略律师事务所多年来在资本市场重大诉讼业务领域的思考，不但为相关领域的学术研究提供了宝贵的第一手材料，而且也为资本市场诉讼业务的发展引入了一股创新、务实之风，殊为不易。希望这部承载着美好愿景和独特价值的新作，能够成为业界同仁共同进步的有益参考。

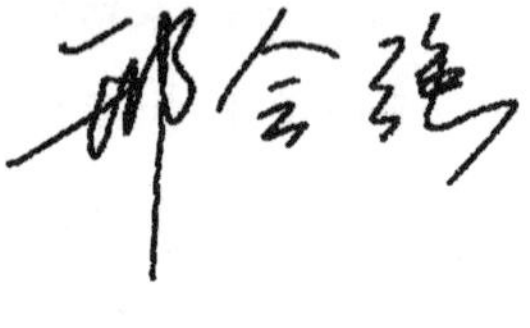

2021年8月18日

自　　序

2008年，或更早一些，我读邓子滨先生译著《法律之门》，其中关于律师和律师事务所章节，有美国斯卡登律师事务所的介绍：斯卡登律师事务所是美国一家以上市公司并购为突出优势的法律服务机构，凡是被该所选中的上市公司，几乎都逃脱不了被收购的命运。因此，很多上市公司为了免于被收购，就预付律师费给斯卡登，以此获得斯卡登利益冲突“保护”。其专业影响力可见一斑。

彼时，我已代理了几起在资本市场被称作“第一案”的重大争议解决业务，其中被媒体报道为“负案上市第一案”的立邦涂料诉伊立浦商标侵权纠纷案，还产生了不小的影响力。于是，受“斯卡登”启发，打造一支在资本市场争议解决领域“最牛”团队的梦想，便逐渐生发。后来诸多原因，这一梦想一直未能落实，但又从未放弃。而今，集多位团队伙伴汗水与心血的《2020～2021中国上市公司诉讼蓝皮书》作为系列蓝皮书的第二本面世，我们打造一流资本市场争议解决团队的梦想亦在向目标进发及实践、实现的道路上。

回到策略律师事务所涉身中国资本市场的感受：迈入而立之年的资本市场格局持续优化，加之北京证券交易所成立等金融创新与改革深化，资本市场业务不断推陈出新，呈现专业性越来越强的特点。与此同时，资本市场相关纠纷催生并增多，而诉讼则是资本市场纠纷解决的重要途径。

深耕上市公司与拟上市公司法律风险防范与纠纷解决领域，策略律师事务所于2019年正式启动“中国上市公司诉讼蓝皮书”研究项目，2020年精心发布《2019～2020中国上市公司诉讼蓝皮书》，全面梳理与总结了2019年度中国上市公司的诉讼情况，以探索诉讼规律，为上市公司解决法律纠纷提供参考指引，开创了上市公司诉讼蓝皮书系列的先河。

笔耕墨耘，来日可期。站在系列蓝皮书首部的基础上，我们广泛征求各方建议，对不足之处反思改进，同时吸收完善过往可取之处，于是便有了此部《2020～2021中国上市公司诉讼蓝皮书》的新面貌。本书共包含3章37节，分门别类地将2020年的31个行业、4127家上市公司、22,590个全国各地各级法院审结诉讼案例作为覆盖研究的统计样本，全景式描述了各行业上市公司在2020全年度的诉讼情况，试图数说资本故事。以此为纽带，我们期望建立起同上市公司的更深度联结，助力改革浪潮下的上市公司良好开展诉讼应对、纠纷解决与风险防范、合规经营。

历经30余年风雨，上市公司进入黄金时代，给中国经济注入无限活力，为全面建设社会主义现代化国家积极贡献着"资本力量"。迈步于专业化路径的策略律师事务所，亦希望能够为维护资本市场健康运行、推动市场化法治化建设贡献"策略力量"，助力夯实资本市场发展的法治根基，并使亿万投资者更好地分享我国经济发展红利。

加快建设一个规范、透明、开放、有活力、有韧性的资本市场，是中国社会各界的心声。坚持市场化、法治化、国际化的道路，中国的资本市场一定会有一个质的变化，而这变化中，策略律师事务所身在其中、乐助其成。

是为序。

2021年9月9日

目　　录

第一章

2020年上市公司诉讼总体情况分析

第一节　2020 年上市公司诉讼案件的行业及类型分析

截至 2020 年年末，我国 A 股上市公司共计 4127 家，相比 2019 年第三季度末的 3720 家，A 股上市公司的数量增长了 10.94%。

一、2020 年 A 股上市公司的行业划分

本书参考中国证券监督管理委员会（以下简称中国证监会）发布的《上市公司行业分类指引》和原国家质量监督检验检疫总局、中国国家标准化管理委员会发布的《国民经济行业分类》（GB/T4754—2017），将上述 4127 家上市公司划分为 31 个行业。

其中，出于描述的准确性考虑，本书参考国民经济分类相关文件，相较 2019 年的行业分类，对行业名称进行了两处调整：一是将第 23 类行业名称由“电信、广播电视和卫星传输服务业”改为“电信和互联网相关服务业”；二是将第 24 类行业名称由“互联网和信息技术相关服务业”改为“软件和信息技术服务业”。

各行业相应的上市公司数量如表 1－1 所示，本书将以下述 31 个行业为主线，分别展开 2020 年上市公司诉讼案件的统计分析和风险梳理。

表 1－1　2020 年各行业上市公司数量分布

序号	行业	上市公司数量/个	数量排名
1	农、林、牧、渔业	43	29
2	采矿业	78	23
3	食品、饮品相关制造业	153	9
4	纺织、服饰相关制造业	87	21
5	木材、家具、造纸相关制造业	63	25
6	印刷、文娱相关制品制造业	30	30
7	石油、化学相关制品制造业	292	2
8	医药制造业	253	5
9	化纤、橡胶、塑料相关制造业	118	14
10	非金属矿物制品业	97	17

续表

序号	行业	上市公司数量/个	数量排名
11	金属相关制造业	179	8
12	通用设备制造业	143	10
13	专用设备制造业	258	3
14	汽车等交通运输设备制造业	199	7
15	电气机械和器材制造业	254	4
16	计算机、通信和其他电子设备制造业	418	1
17	仪器仪表等其他制造业	91	20
18	电力、热力、燃气及水生产和供应业	117	15
19	建筑业	100	16
20	批发业	76	24
21	零售业	93	18
22	交通运输、仓储、邮政、住宿和餐饮业	119	13
23	电信和互联网相关服务业	87	22
24	软件和信息技术服务业	251	6
25	金融业	122	11
26	房地产业	122	12
27	租赁和商务服务业	59	26
28	科学研究和技术服务业	58	28
29	公共事业等其他服务业	92	19
30	文化、体育和娱乐业	59	27
31	综合行业	16	31
总计		4127	—

二、2020 年上市公司诉讼案件的行业分布概况

为研究各行业上市公司在 2020 年度的诉讼情况，本书以上市公司为当事人，利用“威科先行”和“北大法宝”等网站，检索了 2020 年 1 月 1 日至 12 月 31 日间全国各地各级法院审结的诉讼案件，共收集案件 22,590 件，作为本书研究的统计样本。22,590 件样本案件的行业分布情况如表 1－2 所示。

表 1-2　2020 年上市公司诉讼案件数量分行业统计

序号	行业	案件数量/件	数量排名
1	农、林、牧、渔业	141	28
2	采矿业	342	21
3	食品、饮品相关制造业	1396	4
4	纺织、服饰相关制造业	691	11
5	木材、家具、造纸相关制造业	553	15
6	印刷、文娱相关制品制造业	72	30
7	石油、化学相关制品制造业	659	12
8	医药制造业	812	8
9	化纤、橡胶、塑料相关制造业	256	23
10	非金属矿物制品业	415	18
11	金属相关制造业	631	13
12	通用设备制造业	498	16
13	专用设备制造业	777	10
14	汽车等交通运输设备制造业	1307	5
15	电气机械和器材制造业	3513	1
16	计算机、通信和其他电子设备制造业	1475	3
17	仪器仪表等其他制造业	198	26
18	电力、热力、燃气及水生产和供应业	243	24
19	建筑业	789	9
20	批发业	77	29
21	零售业	349	20
22	交通运输、仓储、邮政、住宿和餐饮业	290	22
23	电信和互联网相关服务业	220	25
24	软件和信息技术服务业	1037	6
25	金融业	3330	2
26	房地产业	364	19
27	租赁和商务服务业	622	14
28	科学研究和技术服务业	189	27
29	公共事业等其他服务业	852	7
30	文化、体育和娱乐业	454	17
31	综合行业	38	31
总计		22,590	—

三、2020 年上市公司诉讼案件类型及案由分布概况

(一)2020 年上市公司诉讼案件类型分布情况

在本书研究的 22,590 个样本案件中,根据民事诉讼、行政诉讼和刑事诉讼三大部门法领域的划分,民事、行政、刑事三类案件的数量分别为 21,506 件、1080 件和 4 件。可见其中绝大部分为民事案件,高达全部样本案件的 95.20%,因此,上市公司的民事诉讼案件也将是本书研究的重点。详见表 1-3。

表 1-3　样本案件的案件类型分布

案件类型	案件数量/件
民事案件	21,506
行政案件	1080
刑事案件	4

各类案件占比情况如图 1-1 所示。

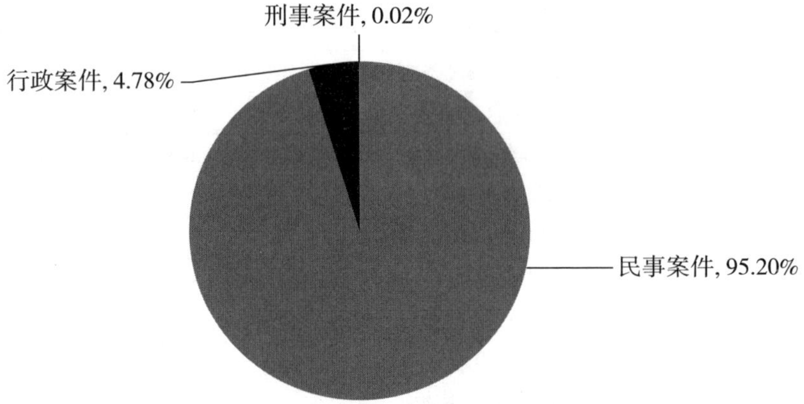

图 1-1　样本案件的案件类型占比情况

(二)2020 年上市公司民事案件基本类型分布情况

如前所述,民事案件共 21,506 件,占所有样本案件的 95.20% 以上。在民事案件的类型上,本书对所有民事案件按照所涉及的具体民事法律部门种类,将其划分为物权纠纷、合同类纠纷、侵权责任纠纷、知识产权纠纷、竞争法纠纷、公司法纠纷、金融法纠纷、劳动法纠纷、其他民事纠纷 9 类,其中:竞争法纠纷包含不正当竞争纠纷和垄断纠纷,公司法纠纷包含与公司、企业、破产有关的纠纷,金融法纠纷包含证

券、保险、票据、信托、期货、信用证等领域的纠纷，其他民事纠纷包含人格权纠纷、海事海商纠纷等在本书研究的样本中数量较少的纠纷类型。

上述9类民事案件的案件数量具体分布情况详见表1-4。

表1-4　民事案件的案件类型分布

序号	类型	案件数量/件	数量排名
1	物权纠纷	295	8
2	合同类纠纷	10,845	1
3	侵权责任纠纷	673	5
4	知识产权纠纷	3298	2
5	竞争法纠纷	430	7
6	公司法纠纷	532	6
7	金融法纠纷	3021	3
8	劳动法纠纷	2210	4
9	其他民事纠纷	202	9
总计		21,506	—

如表1-4所示，在本书研究的所有民事案件中，合同类纠纷数量最多，达到10,845件，占全部民事案件总数的50.43%；其次是知识产权纠纷，共计3298件，占全部民事案件总数的15.34%；再次是金融法纠纷和劳动法纠纷，分别占全部民事案件总数的14.05%和10.28%；其他类型的民事案件占比均小于5%，数量较少。详见图1-2。

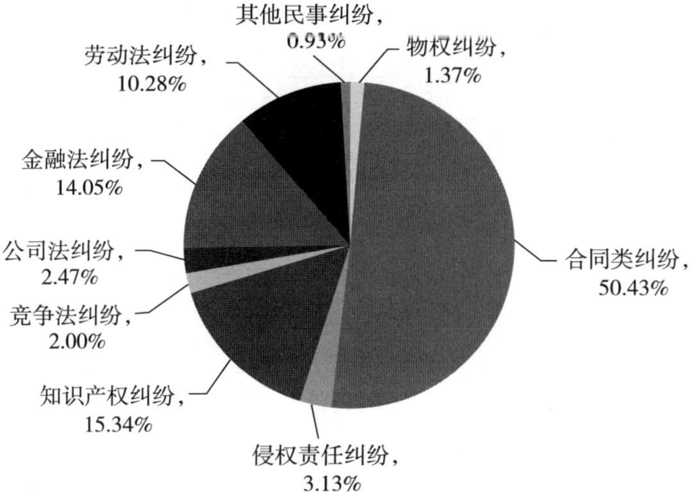

图1-2　民事案件基本案件类型占比情况

(三)民事案件具体案由的分布情况

在民事案件的具体案由方面,本书参考最高人民法院制定的《民事诉讼案由规定》,对样本中全部民事案件的具体案由进行归纳和总结,按照《民事诉讼案由规定》对一级、二级和三级案由的划分,全部民事案件案由的数量分布情况如表1－5所示。

表1－5　民事案件案由类型分布

序号	一级案由	二级案由	三级案由	案件数量/件
1	人格权纠纷	人格权纠纷	名誉权纠纷	36
2			生命权、身体权、健康权纠纷	104
3			肖像权纠纷	4
4			姓名权纠纷	2
5			一般人格权纠纷	5
6			隐私权、个人信息保护纠纷	1
7	婚姻家庭、继承纠纷	婚姻家庭纠纷	婚约财产纠纷	1
8			离婚后财产纠纷	1
9		继承纠纷	被继承人债务清偿纠纷	3
10			法定继承纠纷	3
11	物权纠纷	物权保护纠纷	财产损害赔偿纠纷	129
12			返还原物纠纷	59
13			恢复原状纠纷	1
14			排除妨害纠纷	53
15			物权确认纠纷	15
16			修理、重作、更换纠纷	3
17		所有权纠纷	共有纠纷	6
18			建筑物区分所有权纠纷	8
19			侵害集体经济组织成员权益纠纷	3
20			相邻关系纠纷	4
21			业主撤销权纠纷	2
22			业主知情权纠纷	3
23		用益物权纠纷	建设用地使用权纠纷	2
24			土地承包经营权纠纷	5
25		担保物权纠纷	质权纠纷	2

续表

序号	一级案由	二级案由	三级案由	案件数量/件
26	合同、准合同纠纷	合同纠纷	保管合同纠纷	4
27			保理合同纠纷	7
28			保证合同纠纷	65
29			采矿权转让合同纠纷	1
30			仓储合同纠纷	12
31			承揽合同纠纷	484
32			储蓄存款合同纠纷	5
33			抵押合同纠纷	3
34			缔约过失责任纠纷	4
35			典当纠纷	2
36			定金合同纠纷	4
37			房地产开发经营合同纠纷	4
38			房屋买卖合同纠纷	188
39			分期付款买卖合同纠纷	54
40			服务合同纠纷	189
41			供用电合同纠纷	5
42			供用气合同纠纷	8
43			供用热力合同纠纷	66
44			供用水合同纠纷	1
45			广告合同纠纷	45
46			国际货物买卖合同纠纷	3
47			行纪合同纠纷	2
48			合伙合同纠纷	24
49			互易纠纷	1
50			建设工程合同纠纷	1121
51			建设用地使用权合同纠纷	3
52			借款合同纠纷	1929

续表

序号	一级案由	二级案由	三级案由	案件数量/件
53	合同、准合同纠纷	合同纠纷	劳务合同纠纷	101
54			林业承包合同纠纷	1
55			临时用地合同纠纷	2
56			民事主体间房屋拆迁补偿合同纠纷	15
57			农业承包合同纠纷	2
58			拍卖合同纠纷	4
59			凭样品买卖合同纠纷	1
60			其他合同纠纷	1005
61			其他买卖合同纠纷	3850
62			确认合同效力纠纷	45
63			融资租赁合同纠纷	90
64			试用买卖合同纠纷	1
65			探矿权转让合同纠纷	2
66			特许经营合同纠纷	30
67			土地承包经营权合同纠纷	1
68			委托合同纠纷	62
69			委托理财合同纠纷	32
70			物业服务合同纠纷	103
71			信息网络买卖合同纠纷	32
72			银行卡纠纷	353
73			运输合同纠纷	83
74			赠与合同纠纷	2
75			债权人撤销权纠纷	17
76			债权人代位权纠纷	41
77			债权债务概括转移合同纠纷	3
78			债权转让合同纠纷	40
79			债务转移合同纠纷	4

续表

序号	一级案由	二级案由	三级案由	案件数量/件
80	合同、准合同纠纷	合同纠纷	展览合同纠纷	2
81			招标投标买卖合同纠纷	23
82			质押合同纠纷	4
83			中介合同纠纷	26
84			种植、养殖回收合同纠纷	9
85			追偿权纠纷	125
86			租赁合同纠纷	426
87		不当得利纠纷	不当得利纠纷	70
88		无因管理纠纷	无因管理纠纷	4
89	知识产权与竞争纠纷	知识产权合同纠纷	技术合同纠纷	42
90			商标合同纠纷	5
91			商业秘密合同纠纷	2
92			知识产权合同纠纷	13
93			著作权合同纠纷	35
94			专利合同纠纷	2
95		知识产权权属、侵权纠纷	集成电路布图设计专有权权属、侵权纠纷	2
96			侵害企业名称（商号）权纠纷	8
97			确认不侵害知识产权纠纷	4
98			商标权权属、侵权纠纷	2334
99			植物新品种权权属、侵权纠纷	3
100			著作权权属、侵权纠纷	542
101			专利权权属、侵权纠纷	306
102		不正当竞争纠纷	仿冒纠纷	21
103			侵害商业秘密纠纷	6
104			商业诋毁纠纷	4
105			商业贿赂不正当竞争纠纷	26
106			虚假宣传纠纷	369
107		垄断纠纷	垄断协议纠纷	4

续表

序号	一级案由	二级案由	三级案由	案件数量/件
108	劳动争议、人事争议	劳动争议	福利待遇纠纷	31
109			劳动合同纠纷	608
110			社会保险纠纷	55
111		其他劳动争议、人事争议	其他劳动争议、人事争议	1515
112		人事纠纷	聘用合同纠纷	1
113	海事海商纠纷	海事海商纠纷	船舶触碰损害责任纠纷	1
114			海上、通海水域保险合同纠纷	1
115			海上、通海水域财产损害责任纠纷	1
116			海上、通海水域货物运输合同纠纷	32
117			海上、通海水域货运代理合同纠纷	3
118			海上、通海水域人身损害责任纠纷	2
119			航次租船合同纠纷	2
120	与公司、证券、保险、票据等有关的民事纠纷	与企业有关的纠纷	联营合同纠纷	10
121			企业承包经营合同纠纷	4
122			企业出资人权益确认纠纷	1
123			侵害企业出资人权益纠纷	3
124		与公司有关的纠纷	公司分立纠纷	1
125			公司减资纠纷	1
126			公司解散纠纷	13
127			公司决议纠纷	29
128			公司盈余分配纠纷	30
129			公司增资纠纷	3
130			公司证照返还纠纷	2
131			股东出资纠纷	10
132			股东知情权纠纷	8
133			股东资格确认纠纷	41

续表

序号	一级案由	二级案由	三级案由	案件数量/件
134	与公司、证券、保险、票据等有关的民事纠纷	与公司有关的纠纷	股权转让纠纷	155
135			清算责任纠纷	18
136			请求变更公司登记纠纷	11
137			请求公司收购股份纠纷	3
138			损害公司利益责任纠纷	8
139			损害公司债权人利益责任纠纷	41
140			损害股东利益责任纠纷	6
141			新增资本认购纠纷	2
142		合伙企业纠纷	合伙企业财产份额转让纠纷	2
143		与破产有关的纠纷	对外追收债权纠纷	10
144			破产撤销权纠纷	8
145			破产债权确认纠纷	35
146			请求撤销个别清偿行为纠纷	1
147			取回权纠纷	3
148			追收未缴出资纠纷	4
149		证券纠纷	金融衍生品种交易纠纷	47
150			融资融券交易纠纷	56
151			证券承销合同纠纷	2
152			证券发行纠纷	1
153			证券返还纠纷	1
154			证券回购合同纠纷	98
155			证券交易代理合同纠纷	3
156			证券交易合同纠纷	97
157			证券欺诈责任纠纷	1894
158			证券权利确认纠纷	5
159		期货交易纠纷	期货经纪合同纠纷	5

续表

序号	一级案由	二级案由	三级案由	案件数量/件
160	与公司、证券、保险、票据等有关的民事纠纷	信托纠纷	民事信托纠纷	1
161			营业信托纠纷	36
162		保险纠纷	财产保险合同纠纷	65
163			人身保险合同纠纷	37
164		票据纠纷	票据返还请求权纠纷	1
165			票据付款请求权纠纷	28
166			票据利益返还请求权纠纷	50
167			票据损害责任纠纷	3
168			票据追索权纠纷	484
169			其他票据纠纷	99
170		信用证纠纷	信用证开证纠纷	3
171			信用证融资纠纷	5
172		其他与企业、公司有关的纠纷	其他与企业、公司有关的纠纷	69
173	侵权责任纠纷	侵权责任纠纷	产品责任纠纷	152
174			触电人身损害责任纠纷	11
175			环境污染责任纠纷	9
176			机动车交通事故责任纠纷	243
177			见义勇为人受害责任纠纷	2
178			建筑物和物件损害责任纠纷	24
179			其他侵权责任纠纷	122
180			提供劳务者受害责任纠纷	79
181			提供劳务者致害责任纠纷	3
182			网络侵权责任纠纷	6
183			违反安全保障义务责任纠纷	10
184			医疗损害责任纠纷	6
185			义务帮工人受害责任纠纷	3
186			用人单位责任纠纷	3

如表1－5所示，样本中的21,506个民事案件共涉及186个三级案由、30个二级案由和9个一级案由。其中，除了在统计过程中无法判断具体案由的“其他类”三级案由外，案件数量最多的20个三级案由分别为：买卖合同纠纷，商标权权属、侵权纠纷，借款合同纠纷，证券欺诈责任纠纷，建设工程合同纠纷，劳动合同纠纷，著作权权属、侵权纠纷，承揽合同纠纷，票据追索权纠纷，租赁合同纠纷，虚假宣传纠纷，银行卡纠纷，专利权权属、侵权纠纷，机动车交通事故责任纠纷，服务合同纠纷，房屋买卖合同纠纷，股权转让纠纷，产品责任纠纷，财产损害赔偿纠纷，追偿权纠纷。上述案由所包含的案件数量按降序排列，具体分布见表1－6。

表1－6 案件数量前20名的三级案由

序号	案由	案件数量/件
1	买卖合同纠纷	3850
2	商标权权属、侵权纠纷	2334
3	借款合同纠纷	1929
4	证券欺诈责任纠纷	1894
5	建设工程合同纠纷	1121
6	劳动合同纠纷	608
7	著作权权属、侵权纠纷	542
8	承揽合同纠纷	484
9	票据追索权纠纷	484
10	租赁合同纠纷	426
11	虚假宣传纠纷	369
12	银行卡纠纷	353
13	专利权权属、侵权纠纷	306
14	机动车交通事故责任纠纷	243
15	服务合同纠纷	189
16	房屋买卖合同纠纷	188
17	股权转让纠纷	155
18	产品责任纠纷	152
19	财产损害赔偿纠纷	129
20	追偿权纠纷	125

如前文所述,样本中全部的21,506个民事案件涉及186个三级案由,而表1-6所示的20个案由所包含的案例数量共计15,881件,占到全部民事案件的73.84%,可见上市公司案件类型在上述20类案由中的集中度较高,这20类案由基本反映了上市公司所涉及的民事诉讼中,比较多发和常见的案件类型情况。

第二节 2020年上市公司诉讼案件的诉讼程序及地域分析

一、2020年上市公司诉讼案件的诉讼程序概况

(一)样本案件的诉讼阶段分布概况

在22,590个样本案件中,一审程序审结的案件有15,880件,二审程序审结的案件有5977件,再审程序审结的案件有733件。详见表1-7。

表1-7 样本案件诉讼阶段分布

诉讼阶段	案件数量/件
一审程序	15,880
二审程序	5977
再审程序	733

各类诉讼阶段所审结的案件占比情况如图1-3所示,其中约70.30%的案件为一审案件,二审案件占比为26.46%,而再审案件数量较少。

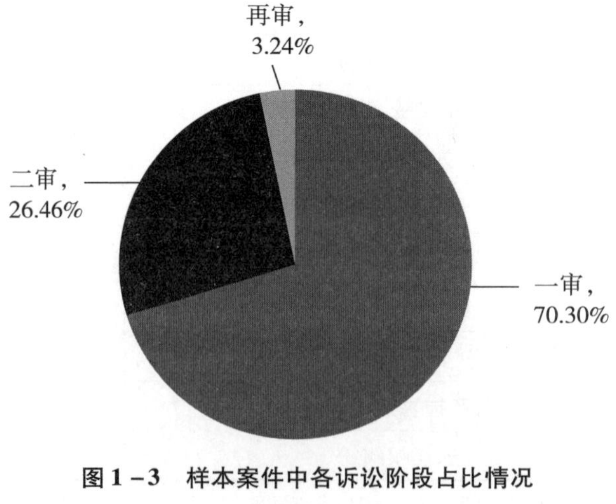

图1-3 样本案件中各诉讼阶段占比情况

(二)样本案件的审理法院层级分布概况

在 22,590 件样本案件中,基层人民法院(包括互联网法院等与基层人民法院同级的专门法院)审结的案件有 11,963 件,中级人民法院(包括海事法院、知识产权法院、金融法院等与中级人民法院同级的专门法院)审结的案件有 8139 件,高级人民法院审结的案件有 2152 件,最高人民法院审结的案件有 336 件。详见表 1 - 8。

表 1 - 8　样本案件中各级审理法院层级分布

法院层级	案件数量/件
基层人民法院	11,963
中级人民法院	8139
高级人民法院	2152
最高人民法院	336

各级法院审结的案件占比情况如图 1 - 4 所示。其中超过一半的案件为基层人民法院审结的案件,中级人民法院案件约占 36. 03% ,而各高级人民法院及最高人民法院案件数量较少,分别占全部案件的约 9. 53% 和 1. 48% 。

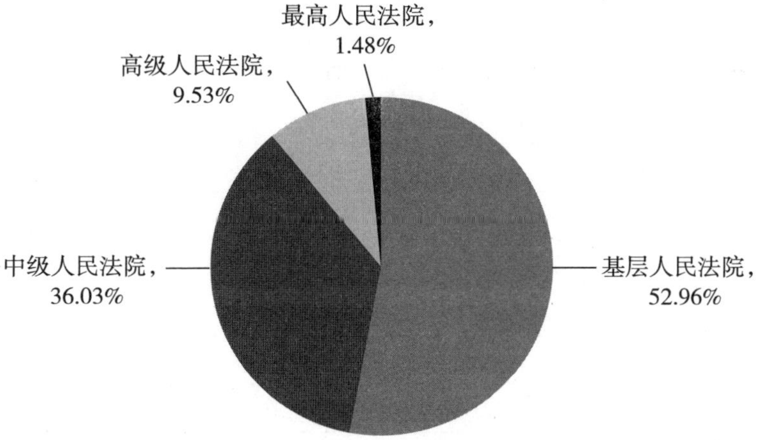

图 1 - 4　样本案件中各级审理法院层级占比情况

二、2020 年上市公司诉讼案件的地域分布概况

在 22,590 件样本案件中,本书根据审理法院所属的省级行政区划,统计了各省(自治区、直辖市)审理上市公司诉讼案件的总体情况。除了 336 件案件由最高人民法院审结之外,其余 22,254 件案件的分省(自治区、直辖市)分布情况如表 1 - 9 所示。

表 1-9　样本案件中地域分布

省(自治区、直辖市)	数量/件	数量排名
安徽省	1007	9
北京市	2831	1
福建省	443	15
甘肃省	86	28
广东省	2688	2
广西壮族自治区	153	25
贵州省	706	11
海南省	39	29
河北省	412	16
河南省	1183	7
黑龙江省	105	27
湖北省	469	14
湖南省	1036	8
吉林省	343	17
江苏省	2198	3
江西省	258	21
辽宁省	655	12
内蒙古自治区	115	26
宁夏回族自治区	300	20
青海省	39	29
山东省	1336	6
山西省	232	24
陕西省	315	18
上海市	1641	4
四川省	728	10
天津市	253	22
西藏自治区	4	31

续表

省(自治区、直辖市)	数量/件	数量排名
新疆维吾尔自治区	243	23
云南省	302	19
浙江省	1624	5
重庆市	510	13

在全国31个省级行政区中,2020年审结上市公司案件数量超过1000件的有北京市、广东省、江苏省、上海市、浙江省、山东省、河南省、湖南省、安徽省9个省市,可见上市公司所涉及的大部分诉讼案件都集中在经济相对发达的地区审理。

第三节　2020 年上市公司诉讼案件的诉讼结果及风险指数分析

一、2020 年上市公司诉讼案件标的额概况

在本书收集并研究的22,590件样本案件中,除去撤回起诉、撤回上诉、撤回再审申请、驳回起诉、驳回上诉、驳回再审申请、发回重审等无法统计诉讼标的额的案件之外,统计到明确记载标的额的案件为7885件。根据标的额的大小和范围,相应的案件数量分布如表1-10所示。

表1-10　样本案件诉讼标的额分布

诉讼标的额/万元	案件数量/件
≤1	169
>1~10	2398
>10~20	685
>20~50	1829
>50~100	698
>100~200	332
>200~500	789
>500~1000	266

续表

诉讼标的额/万元	案件数量/件
>1000～2000	105
>2000	614
总计	7885

通过图1－5可以看出，样本案件的标的额呈现以下特点：(1)大量案件的标的额集中于大于1万～10万元和大于20万～50万元的区间，其中有2398个案件的标的额在大于1万～10万元，有1829个案件的标的额在大于20万～50万元；(2)其他区间的案件数量相对较少，均不超过800件；(3)从总体趋势来看，案件数量与标的额大体上构成负相关关系，即标的额越大，相应的案件数量越少。

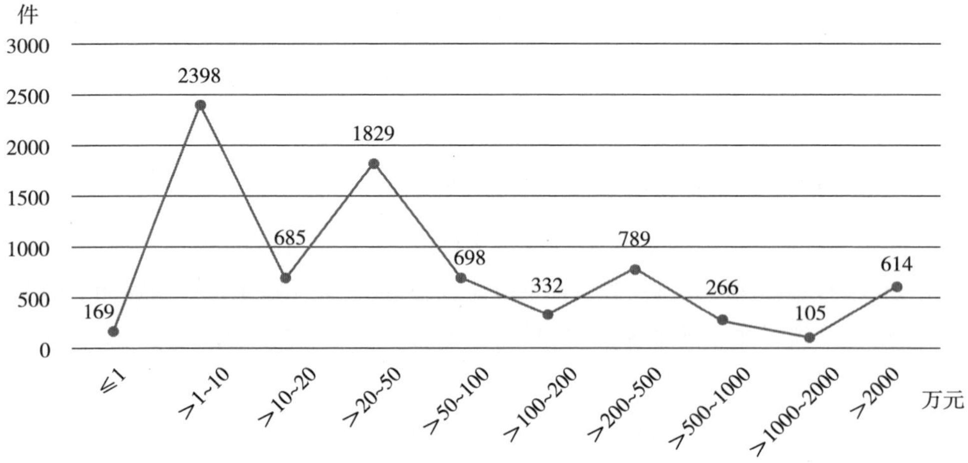

图1－5 样本案件诉讼标的额分布情况

二、2020年上市公司诉讼案件的诉讼结果概况

(一)样本案件中诉讼结果分布概况

根据上市公司诉讼案件的实际情况，本书将统计并研究的上市公司诉讼案件的诉讼结果分为以下五种情况：

1. 上市公司胜诉：即法院判决上市公司一方胜诉或认可了上市公司一方的大多数诉讼请求。

2. 上市公司败诉：即法院判决上市公司一方败诉或否认了上市公司一方的大多数诉讼请求。

3. 任意一方当事人撤诉：即诉讼当事人一方（一般是原告）撤回起诉或者撤回上诉，导致诉讼无疾而终，从而无法判断上市公司一方是否胜诉。

4. 法院驳回起诉、上诉或再审申请：即法院驳回当事人一方的请求，但没有对上市公司一方的诉讼请求予以回应，或者判决书中没有明确记载法院的判决理由，从而无法判断上市公司一方是否胜诉。

5. 法院不予受理、发回重审：判决书中仅记载不予受理或发回重审，无法判断上市公司一方是否胜诉。

上述情形所涉及的案件数量如表 1 – 11 所示。

表 1 – 11　样本案件诉讼结果分布

诉讼结果	案件数量/件
胜诉	11,549
败诉	9757
撤回起诉	810
撤回上诉	122
撤回再审申请	20
驳回起诉	153
驳回上诉	144
驳回再审申请	23
发回重审	12

在所有的样本案件中，上市公司的胜诉和败诉情况（胜诉和败诉以外的其他情况以"其他"概括）如图 1 – 6 所示。其中，上市公司一方胜诉的案件共 11,549 件，约占全部案件的 51.13%；上市公司一方败诉的案件共 9757 件，约占全部案件的 43.19%；其余为发生撤回起诉、撤回上诉、撤回再审申请、驳回起诉、驳回上诉、驳回再审申请、发回重审等情形的案件，数量不多，仅占全部案件总量的约 5.68%。

总体来看，上市公司参与诉讼案件的结果是胜多败少，但胜诉和败诉案件之间的数量差距并不大。

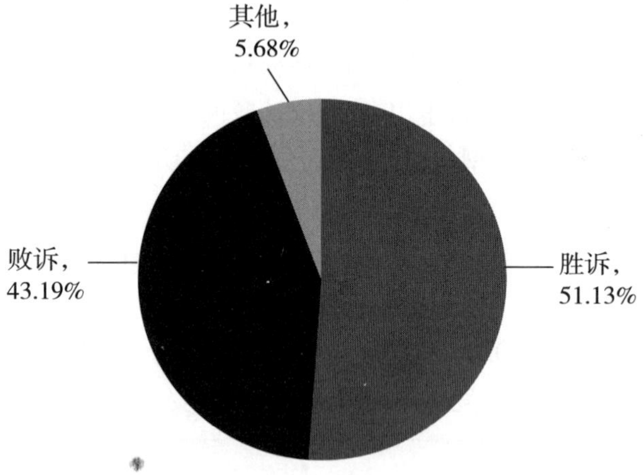

图 1－6　样本案件中各类诉讼结果占比情况

（二）各行业上市公司诉讼结果情况总体分布

在不考虑撤回起诉、撤回上诉、撤回再审申请、驳回起诉、驳回上诉、驳回再审申请、发回重审等特殊情形案件的情况下，各行业上市公司的胜诉、败诉情况详见表 1－12。其中，上市公司胜诉的案件共计 11,549 件，上市公司败诉的案件共计 9757 件，总体的胜诉率为 54.21%。

表 1－12　各行业上市公司胜诉和败诉情况分布

序号	行　　业	胜诉/件	败诉/件
1	农、林、牧、渔业	51	41
2	采矿业	171	153
3	食品、饮品相关制造业	1123	273
4	纺织、服饰相关制造业	369	276
5	木材、家具、造纸相关制造业	394	159
6	印刷、文娱相关制品制造业	33	11
7	石油、化学相关制品制造业	341	166
8	医药制造业	254	467
9	化纤、橡胶、塑料相关制造业	179	46
10	非金属矿物制品业	259	121

续表

序号	行业	胜诉/件	败诉/件
11	金属相关制造业	303	298
12	通用设备制造业	264	202
13	专用设备制造业	386	371
14	汽车等交通运输设备制造业	616	608
15	电气机械和器材制造业	1709	1665
16	计算机、通信和其他电子设备制造业	619	802
17	仪器仪表等其他制造业	108	89
18	电力、热力、燃气及水生产和供应业	143	96
19	建筑业	405	369
20	批发业	57	20
21	零售业	163	180
22	交通运输、仓储、邮政、住宿和餐饮业	149	138
23	电信和互联网相关服务业	94	126
24	软件和信息技术服务业	595	415
25	金融业	1628	1640
26	房地产业	173	119
27	租赁和商务服务业	284	281
28	科学研究和技术服务业	87	84
29	公共事业等其他服务业	417	406
30	文化、体育和娱乐业	157	126
31	综合行业	18	9
总计		11,549	9757

（三）各行业上市公司参与诉讼的胜诉率排行榜

2020年，在不考虑撤回起诉等特殊情形案件的情况下，各行业上市公司的胜诉率排行如表1－13所示。

表 1-13　各行业上市公司胜诉率排行

排名	行　　业	胜诉率/%
1	食品、饮品相关制造业	80.44
2	化纤、橡胶、塑料相关制造业	79.56
3	印刷、文娱相关制品制造业	75.00
4	批发业	74.03
5	木材、家具、造纸相关制造业	71.25
6	非金属矿物制品业	68.16
7	石油、化学相关制品制造业	67.26
8	综合行业	66.67
9	电力、热力、燃气及水生产和供应业	59.83
10	房地产业	59.25
11	软件和信息技术服务业	58.91
12	纺织、服饰相关制造业	57.21
13	通用设备制造业	56.65
14	文化、体育和娱乐业	55.48
15	农、林、牧、渔业	55.43
16	仪器仪表等其他制造业	54.82
17	采矿业	52.78
18	建筑业	52.33
19	交通运输、仓储、邮政、住宿和餐饮业	51.92
20	专用设备制造业	50.99
21	科学研究和技术服务业	50.88
22	公共事业等其他服务业	50.67
23	电气机械和器材制造业	50.65
24	金属相关制造业	50.42
25	汽车等交通运输设备制造业	50.33
26	租赁和商务服务业	50.27
27	金融业	49.82
28	零售业	47.52
29	计算机、通信和其他电子设备制造业	43.56
30	电信和互联网相关服务业	42.73
31	医药制造业	35.23

从表 1 – 13 可以看出，全部 31 个行业的上市公司中，参与诉讼胜诉率最高的是食品、饮品相关制造业的上市公司，其次是化纤、橡胶、塑料相关制造业的上市公司，接下来是印刷、文娱相关制品制造业，批发业及木材、家具、造纸相关制造业的上市公司，以上 5 个行业中上市公司的胜诉率均超过了 70%，远高于全体上市公司的平均胜诉率 54.21%。

而上市公司参与诉讼胜诉率最低的 5 个行业分别是医药制造业，电信和互联网相关服务业，计算机、通信和其他电子设备制造业，零售业以及金融业的上市公司，上述 5 个行业的上市公司参与诉讼的胜诉率均在 50.00% 以下，尤其是医药制造业，胜诉率大大低于平均胜诉率。

三、2020 年各行业上市公司诉讼风险指数

（一）上市公司诉讼风险内涵

诉讼风险与法律风险密切相关，但存在一些区别。从法律管理流程的角度来说，诉讼风险是法律风险在法律管理末端的一种表现形式；从法律管理条块的角度来说，诉讼风险是法律风险的其中一个子集，其重要程度与公司对诉讼问题的重视程度有关；从二者相关性上来说，诉讼风险与法律风险总体上呈正相关关系。

一般而言，对于上市公司，可以将其所涉及的法律风险划分为以下四类：一是广义的法律风险，即可能给公司业务运行和管理带来负面影响的所有法律问题；二是涉诉风险，即可能导致公司成为被告，或需要公司主动提起诉讼的所有法律纠纷风险；三是败诉风险，即在参与到诉讼之后，公司的诉讼请求被法院驳回，或者产生其他不利的诉讼结果的风险；四是损失风险，即在获得败诉结果之时，该结果给公司带来直接经济损失的风险。

具体到本书的研究对象——上市公司，本书认为应当将上市公司诉讼风险内涵的核心明确为“上市公司参与诉讼的诉讼成本”，具体而言，诉讼成本由两方面构成：一方面是诉讼负担，即上市公司参与诉讼的间接成本，包括公司治理、专业人员等方面资源投入的成本；另一方面是诉讼损失，即公司在诉讼中获得败诉结果后由法院判决应当承担的直接经济损失。

总之，在本书的研究中，诉讼风险是法律风险的一部分，而严重的法律风险几乎均会以诉讼风险的形式表现出来，因此研究诉讼风险是上市公司从整体上把握法律风险的重要“抓手”。接下来，本书将从间接的诉讼负担和直接的诉讼损失两个方面分别入手，构建分析上市公司诉讼风险的基本框架。

（二）2020 年各行业上市公司诉讼风险指数

经由上文对诉讼风险概念的分析，本书将诉讼风险指数的描述对象明确为诉讼成本，即诉讼对上市公司造成负面影响的大小。而影响诉讼成本的因素包括以下几个要点：（1）诉讼负担：即描述诉讼活动所带来的公司管理、资源等负累的程度，该要素受到实际诉讼规模的影响，可分解为平均涉案数量和案件平均标的额两个要素；（2）诉讼损失：即公司基于败诉结果承担的直接经济损失，该要素受到实际诉讼结果的影响，可以由案件平均败诉损失来表示。

具体而言，一方面，公司涉案数量、标的额影响着诉讼规模的大小，涉案数量越多、标的额越大，则对上市公司造成的诉讼整体负担越重，诉讼风险相应也越大，故平均涉案数量、平均标的额两个要素与上市公司诉讼风险大小整体构成正相关关系；另一方面，败诉损失显然直接构成诉讼损失，故平均败诉损失这一要素也与上市公司诉讼风险大小构成正相关关系。可见，平均涉案数量、平均标的额、平均败诉损失三大要素均与上市公司诉讼风险大小构成正相关关系，据此，本书整理出构成各行业上市公司诉讼风险指数要素的排名情况，详见表 1－14。（排名越高，表示该行业上市公司的诉讼负担或诉讼损失越大）

表 1－14　各行业上市公司诉讼风险要素排名

序号	行　业	诉讼负担		诉讼损失
		平均涉案数量排名	平均标的额排名	平均败诉损失排名
1	农、林、牧、渔业	18	27	23
2	采矿业	11	7	8
3	食品、饮品相关制造业	5	14	20
4	纺织、服饰相关制造业	7	8	10
5	木材、家具、造纸相关制造业	6	23	29
6	印刷、文娱相关制品制造业	25	31	31
7	石油、化学相关制品制造业	27	17	18
8	医药制造业	20	10	7
9	化纤、橡胶、塑料相关制造业	29	16	25
10	非金属矿物制品业	12	13	14
11	金属相关制造业	16	11	11

续表

序号	行　业	诉讼负担		诉讼损失
		平均涉案数量排名	平均标的额排名	平均败诉损失排名
12	通用设备制造业	17	19	17
13	专用设备制造业	21	28	24
14	汽车等交通运输设备制造业	10	24	21
15	电气机械和器材制造业	2	26	22
16	计算机、通信和其他电子设备制造业	15	20	16
17	仪器仪表等其他制造业	28	6	6
18	电力、热力、燃气及水生产和供应业	30	4	4
19	建筑业	8	2	3
20	批发业	31	22	30
21	零售业	14	18	13
22	交通运输、仓储、邮政、住宿和餐饮业	24	29	27
23	电信和互联网相关服务业	23	3	2
24	软件和信息技术服务业	13	15	15
25	金融业	1	1	1
26	房地产业	22	5	5
27	租赁和商务服务业	3	9	9
28	科学研究和技术服务业	19	21	19
29	公共事业等其他服务业	4	30	26
30	文化、体育和娱乐业	9	12	12
31	综合行业	26	25	28

根据表 1－14 可知，本书通过对诉讼负担和诉讼损失两大要素的赋值进行排名，初步设计了上市公司诉讼风险的初级模型：即根据各行业在诉讼负担和诉讼损失两个方面、三个要素的排名作为赋分依据，以平均涉案数量排名、平均标的额排名、平均败诉损失三项诉讼风险要素排名皆为第一的金融业赋值为 1，作为参照，形成描述各行业上市公司诉讼风险状况得分（百分制）的各行业上市公司诉讼风险指数。所得出的诉讼风险指数排行榜具体如表 1－15 所示。

表 1－15　各行业上市公司诉讼风险指数排行榜

排名	行　　业	诉讼风险指数
1	金融业	100.00
2	建筑业	90.32
3	电信和互联网相关服务业	79.03
4	租赁和商务服务业	79.03
5	采矿业	75.81
6	纺织、服饰相关制造业	75.00
7	房地产业	73.39
8	电力、热力、燃气及水生产和供应业	69.35
9	医药制造业	67.74
10	文化、体育和娱乐业	66.94
11	仪器仪表等其他制造业	66.13
12	金属相关制造业	63.71
13	非金属矿物制品业	60.48
14	零售业	56.45
15	软件和信息技术服务业	56.45
16	食品、饮品相关制造业	55.65
17	计算机、通信和其他电子设备制造业	49.19
18	通用设备制造业	46.77
19	电气机械和器材制造业	45.16
20	汽车等交通运输设备制造业	41.94
21	科学研究和技术服务业	40.32
22	石油、化学相关制品制造业	38.71
23	公共事业等其他服务业	33.87
24	木材、家具、造纸相关制造业	33.06
25	农、林、牧、渔业	29.84
26	化纤、橡胶、塑料相关制造业	26.61
27	专用设备制造业	25.00
28	交通运输、仓储、邮政、住宿和餐饮业	16.94
29	综合行业	16.94
30	批发业	12.10
31	印刷、文娱相关制品制造业	8.06

第二章

2020年各行业上市公司诉讼情况统计

第一节 农、林、牧、渔业

一、农、林、牧、渔业上市公司概况

农、林、牧、渔业即广义的农业，其在国民经济中处于基础性地位，属于三大产业中的第一产业。根据我国国民经济行业分类，农、林、牧、渔业包括狭义的农业（种植业）、林业、畜牧业、渔业，以及农、林、牧、渔相关的专业或辅助性活动（如农业服务业等）。农、林、牧、渔业上市公司的经营活动主要围绕粮食和农副产品等基本生活资料的生产展开。

截至 2020 年第四季度，我国农、林、牧、渔业上市公司共计 43 家，从行业小类看，狭义农业（种植业）上市公司 15 家、林业上市公司 4 家、畜牧业上市公司 14 家、渔业上市公司 9 家、农林牧渔服务业上市公司 1 家，种植业和畜牧业上市公司在农林牧渔业上市公司中占据主流。从市场规模看，我国上市公司中农、林、牧、渔业的整体规模较小，其数量仅占全部上市公司的 1.04%，可见农、林、牧、渔业在全国范围内具有较大市场影响力的企业数量较少。

二、农、林、牧、渔业行业政策和法律风险新动向

（一）农、林、牧、渔业行业政策新动向

1.《2020 年农业农村绿色发展工作要点》

农业与乡村发展、生态环境的保护息息相关。2020 年 3 月 2 日农业农村部发布了《2020 年农业农村绿色发展工作要点》，提出要从积极推进农业绿色生产，增加绿色优质农产品供给；加强农业突出环境问题治理，净化产地环境；强化农业资源保护，提高资源利用效率；持续推进农村人居环境整治，不断改善村容村貌；强化统筹和试验试点，夯实农业绿色发展基础五个方面完善农业农村绿色发展工作，扎实推进质量兴农、绿色兴农，不断强化绿色发展对乡村振兴的引领。

2.《关于抓好“三农”领域重点工作确保如期实现全面小康的意见》

2020 年 2 月，中共中央、国务院发布《关于抓好“三农”领域重点工作确保如期实现全面小康的意见》，继续调整优化农业结构，加强绿色食品、有机农产品、地理标志农产品认证和管理，打造地方知名农产品品牌，增加优质绿色农产品供给。上述意见中提到，要坚决打赢脱贫攻坚战，加快补上农村基础设施和公共服务短板，保障重要农产品有效供给和促进农民持续增收，加强农村基层治理与强化农村补

短板保障措施，持续抓好农业稳产保供和农民增收，推进农业高质量发展，保持农村社会和谐稳定，提升农民群众获得感、幸福感、安全感，确保脱贫攻坚战圆满收官，确保农村同步全面建成小康社会。

3.《2020 年渔业渔政工作要点》

2020 年 3 月 4 日，农业农村部印发《2020 年渔业渔政工作要点》，要求 2020 年全国渔业渔政系统要全力做好新冠肺炎疫情防控期间水产品稳产保供工作、全面推进水产养殖业绿色发展、大力推进渔业第一、二、三产业融合发展、持续强化渔业资源养护和水域生态修复、大力加强渔业改革创新、积极推进渔业"走出去"和国际合作、不断强化渔业法治建设和执法监管与扎实开展渔业扶贫和援藏援疆工作，持之以恒推进渔业供给侧结构性改革，持之以恒推进渔业高质量发展。

4.《关于促进畜牧业高质量发展的意见》

2020 年 9 月 14 日，国务院办公厅发布《关于促进畜牧业高质量发展的意见》。该意见中提到，近年来，我国畜牧业综合生产能力不断增强，在保障国家食物安全、繁荣农村经济、促进农牧民增收等方面发挥了重要作用，但也存在产业发展质量效益不高、支持保障体系不健全、抵御各种风险能力偏弱等突出问题。为促进畜牧业高质量发展、全面提升畜禽产品供应安全保障能力，应当加快构建现代养殖体系、建立健全动物防疫体系、加快构建现代加工流通体系、持续推动畜牧业绿色循环发展与加强保障措施。

（二）农、林、牧、渔业法律风险新动向

1.《食用农产品抽样检验和核查处置规定》

2020 年 11 月 30 日，国家市场监督管理总局发布《食用农产品抽样检验和核查处置规定》，明确市场监管部门除依法监督不合格食用农产品销售者采取风险控制措施、依法查处违法行为外，还将采取以下措施：作为重点监管对象跟踪抽检，公布监督抽检结果和核查处置信息，将核查处置涉及的行政处罚信息归集到国家企业信用信息公示系统，力求多措并举震慑违法行为。除此之外，还加强了不合格信息通报环节，规定不合格食用农产品涉及有种植、养殖环节和进口环节的，由组织抽检的市场监督管理部门及时向产地同级农业农村部门或者海关通报。由此，农业上市企业应当严格把控农副产品质量，配合食用农产品抽样检验和核查处置工作的进行，以达成生产销售合规的目标。

2.《2020 年农产品质量安全工作要点》

2020 年 2 月 12 日，农业农村部发布《2020 年农产品质量安全工作要点》，指出

要加强风险防范，完善风险监测评估，完善应急机制；加强农产品质量执法监管，在加强监督检查的同时开展农用物资打假专项治理，严格落实“双随机”制度，抽查范围覆盖大中小生产经营主体，抽查内容突出禁限用药物、停用药物和非法添加物。同时，试行农产品合格证制度，加快质量追溯推广应用与农产品质量安全信用体系建设，并着力构建高质量发展标准体系，开展对标达标提质行动，对标国际先进水平，开展重点领域标准比对分析。农业上市公司应严格遵守农副产品质量标准，避免行政处罚风险。

三、农、林、牧、渔业上市公司诉讼情况统计

本书以农、林、牧、渔业的 43 家上市公司为当事人检索案件，共收集 2020 年全国法院判决的各类司法判决书 141 份，作为统计分析的样本。

（一）案件类型分布

1. 案件诉讼类型

从案件诉讼类型看，2020 年农、林、牧、渔业上市公司所涉及的 141 件案件以民事诉讼为主，共有 139 件，行政诉讼仅有 2 件，不涉及刑事诉讼。详见表 2－1。

表 2－1　农、林、牧、渔业上市公司案件诉讼类型

诉讼类型	案件数量/件
民事诉讼	139
行政诉讼	2
刑事诉讼	0

2. 案件案由种类

首先，从诉讼案件案由的基本类型看，2020 年农、林、牧、渔业上市公司所涉及的 141 件案件主要集中在合同类纠纷和劳动法纠纷两类中，具体分布情况如表 2－2 所示。

表 2－2　农、林、牧、渔业上市公司案件案由基本类型分布

案由基本类型	案件数量/件
合同类纠纷	82
劳动法纠纷	21
侵权责任纠纷	10

续表

案由基本类型	案件数量/件
物权纠纷	9
知识产权纠纷	6
公司法纠纷	5
金融法纠纷	5
行政诉讼	2
其他民事纠纷	1
竞争法纠纷	0
刑事诉讼	0
合计	141

其中，如图2－1所示，合同类纠纷案件共有82件，约占全部案件总量的58.16%；劳动法纠纷共有21件，约占全部案件总量的14.88%。公司法纠纷、金融法纠纷及物权纠纷、知识产权纠纷数量不多，占比较小。

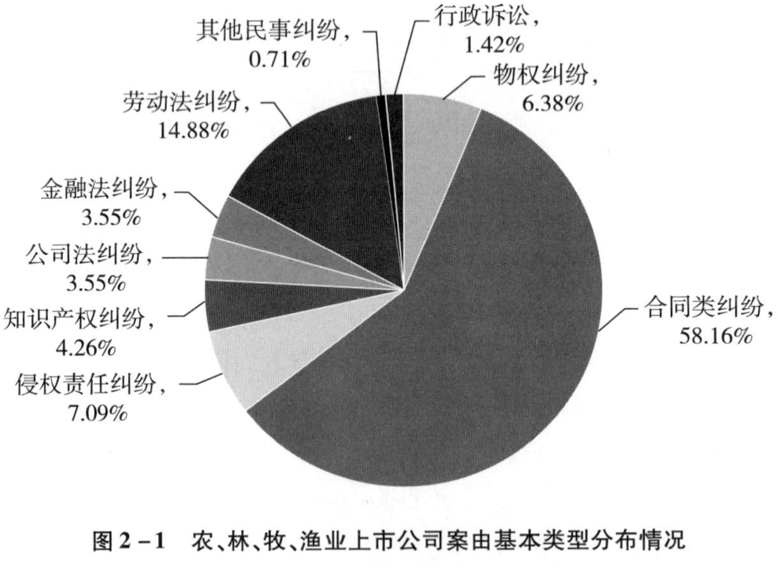

图2－1　农、林、牧、渔业上市公司案由基本类型分布情况

其次，从案件的具体案由看，2020年农、林、牧、渔业上市公司所涉及的141件案件以其他买卖合同纠纷案件数量最多，其他种类案由呈分散化分布状态，分布情况如表2－3所示。

表 2－3　农、林、牧、渔业上市公司案件具体案由分布

具体案由	案件数量/件
其他买卖合同纠纷	30
建设工程合同纠纷	12
其他劳动争议、人事争议	10
种植、养殖回收合同纠纷	9
不当得利纠纷	9
租赁合同纠纷	6
产品责任纠纷	5
借款合同纠纷	5
劳动合同纠纷	5
信用证融资纠纷	4
承揽合同纠纷	4
社会保险纠纷	4
返还原物纠纷	4
植物新品种权权属、侵权纠纷	3
土地承包经营权纠纷	3
提供劳务者受害责任纠纷	2
商标权权属、侵权纠纷	2
确认合同效力纠纷	2
农业承包合同纠纷	2
机动车交通事故责任纠纷	2
股权转让纠纷	2
公司决议纠纷	2

续表

具体案由	案件数量/件
福利待遇纠纷	2
追偿权纠纷	1
著作权权属、侵权纠纷	1
无因管理纠纷	1
行政确认	1
生命权、身体权、健康权纠纷	1
其他侵权责任纠纷	1
排除妨害纠纷	1
劳务合同纠纷	1
撤销行政行为	1
公司解散纠纷	1
财产损害赔偿纠纷	1
财产保险合同纠纷	1

3. 案件地域分布

从案件地域分布看，2020年农、林、牧、渔业上市公司所涉及的141件案件中，除了5件是由最高人民法院审理外，其他案件主要分布在河南省、新疆维吾尔自治区、黑龙江省等地。其中，河南省案件最多，共30件；其次是新疆维吾尔自治区，共29件；再次是黑龙江省，共17件。具体分布情况如图2－2所示。

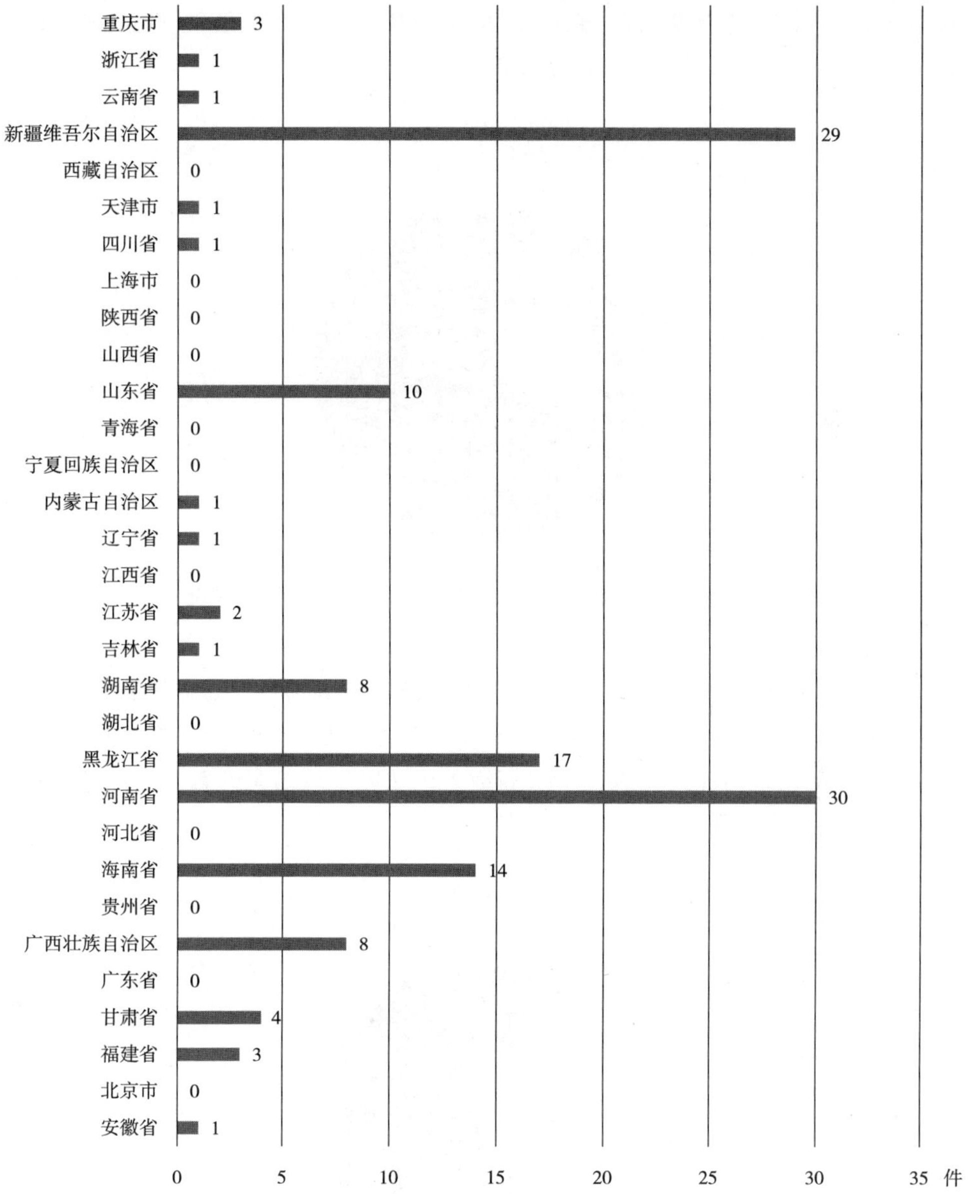

图 2－2　农、林、牧、渔业上市公司案件地域分布情况

(二)案件审理程序

1. 诉讼阶段

如图 2－3 所示,从诉讼阶段看,2020 年农、林、牧、渔业上市公司所涉及的 141

件案件中，一审案件有 93 件，占比约为 65.96%；二审案件有 39 件，占比约为 27.66%；再审案件有 9 件，占比约为 6.38%。

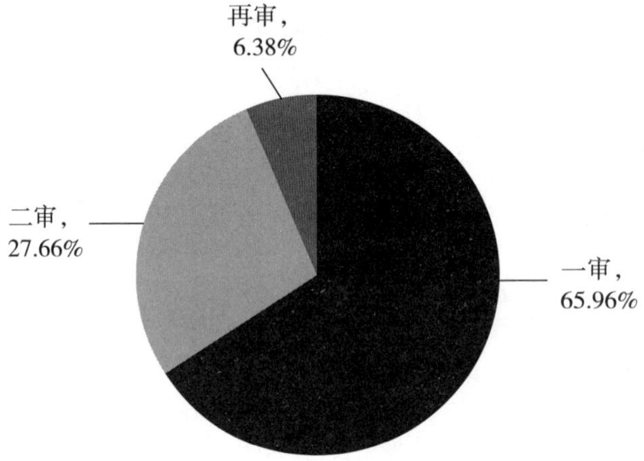

图 2－3　农、林、牧、渔业上市公司案件诉讼阶段分布情况

2. 法院层级

如图 2－4 所示，从法院层级看，2020 年农、林、牧、渔业上市公司所涉及的 141 件案件中，基层人民法院审结的案件有 85 件，占比约为 60.28%；中级人民法院审结的案件有 43 件，占比约为 30.50%；高级人民法院审结的案件有 8 件，占比约为 5.67%；最高人民法院审结的案件有 5 件，占比约为 3.55%。

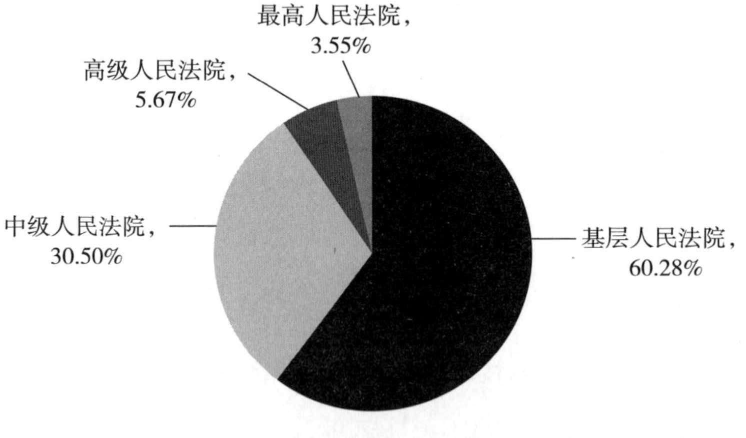

图 2－4　农、林、牧、渔业上市公司案件审理法院层级分布情况

(三)上市公司诉讼地位

如图 2－5 所示,从上市公司的诉讼地位看,2020 年农、林、牧、渔业上市公司所涉及的 141 件案件中,上市公司作为原告的案件有 45 件,占比约为 31.92%;上市公司作为被告的案件有 89 件,占比约为 63.12%;此外,还有 7 件案件上市公司以第三人的身份参与了诉讼。可见,2020 年农、林、牧、渔业上市公司诉讼中,上市公司仍主要扮演着应诉方的角色,被动地参与诉讼。

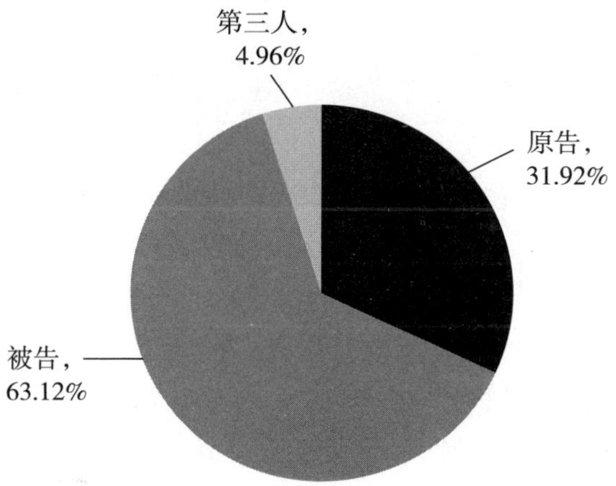

图 2－5　农、林、牧、渔业上市公司一审程序诉讼地位分布情况

(四)诉讼标的额

如图 2－6 所示,从诉讼案件的标的额看,2020 年农、林、牧、渔业上市公司所涉及的有标的额可查的案件中,诉讼请求金额在 1 万元及以下的案件数量为 7 件、大于 1 万～10 万元的案件数量为 11 件、大于 10 万～20 万元的案件数量为 9 件、大于 20 万～50 万元的案件数量为 17 件、大于 50 万～100 万元的案件数量为 11 件、大于 100 万～200 万元的案件数量为 7 件、大于 200 万～500 万元的案件数量为 10 件、大于 500 万～1000 万元和大于 1000 万～2000 万元的案件数量均为 0 件、2000 万元以上的案件数量为 6 件。诉讼标的总额为 314,943,763.54 元,诉讼标的最大金额为 99,604,096.27 元,行业平均诉讼标的额为 4,037,740.56 元。

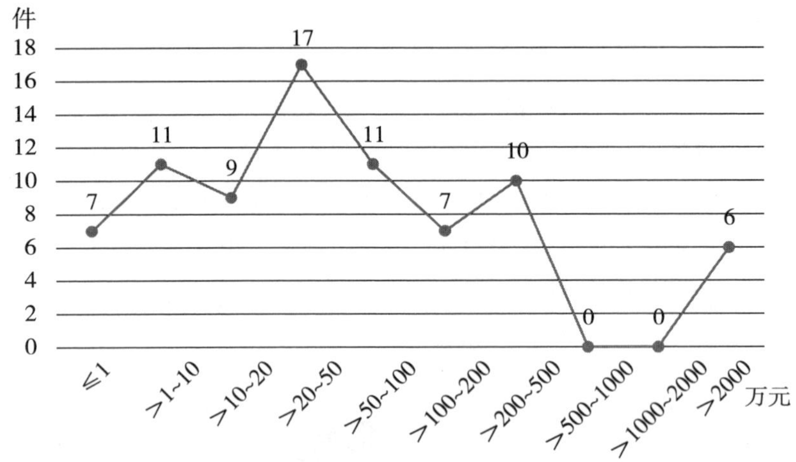

图 2-6　农、林、牧、渔业上市公司诉讼标的额分布情况

（五）诉讼结果和胜诉率

总体上看，如图 2-7 所示，2020 年农、林、牧、渔业上市公司涉及的所有案件中，胜诉的案件有 51 件，败诉的案件有 41 件，撤回起诉的案件有 44 件，撤回上诉的案件有 4 件，驳回起诉的案件有 1 件。该行业上市公司胜诉的案件数量在全部案件中占比约为 36.17%，如果排除撤诉等特殊情形，则该行业上市公司的总体胜诉率约为 55.43%。

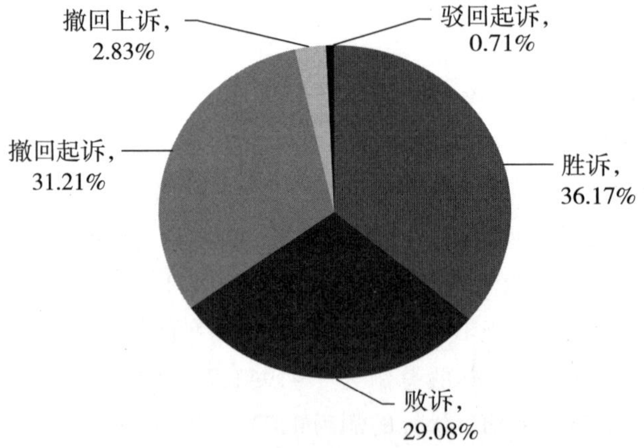

图 2-7　农、林、牧、渔业上市公司诉讼结果占比情况

如图 2-8 所示，具体到不同的诉讼地位，当农、林、牧、渔业上市公司为原告时，其胜诉的案件有 22 件，败诉的案件有 14 件，胜诉率约为 61.11%，高于总体胜诉率。

当农、林、牧、渔业上市公司为被告时,其胜诉的案件有 28 件,败诉的案件有 25 件,胜诉率约为 52.83%,与总体胜诉率基本持平。

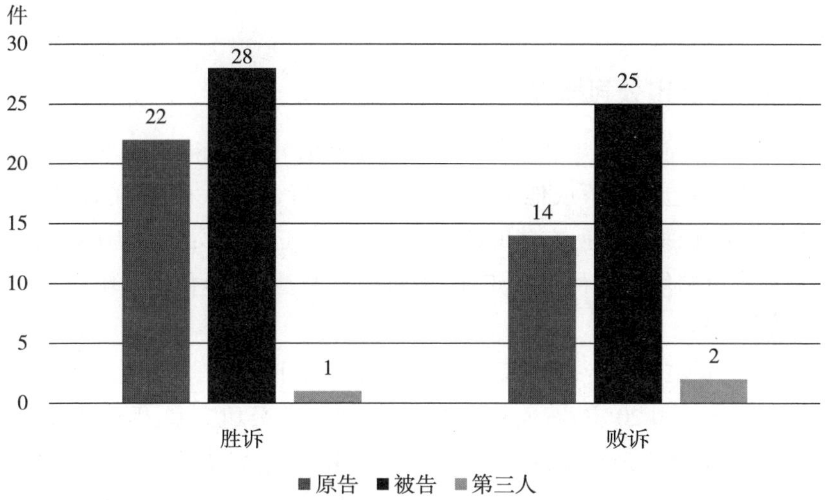

图 2-8　农、林、牧、渔业上市公司胜诉情况与诉讼地位交叉分布情况

如图 2-9 所示,具体到不同的诉讼阶段,一审阶段,农、林、牧、渔业上市公司胜诉的案件有 28 件,败诉的案件有 20 件,胜诉率约为 58.33%,略高于总体胜诉率。二审阶段,胜诉的案件有 15 件,败诉的案件有 20 件,胜诉率约为 42.86%,低于一审胜诉率。再审阶段,胜诉的案件有 8 件,败诉的案件有 1 件,胜诉率达约 88.89%,总体较高。

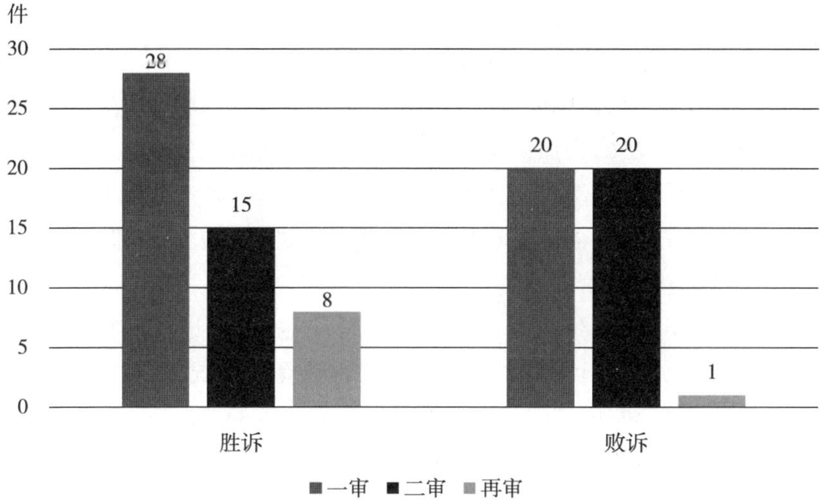

图 2-9　农、林、牧、渔业上市公司胜诉情况与诉讼阶段交叉分布情况

第二节 采 矿 业

一、采矿业上市公司概况

采矿业，指对固体（如煤和矿物）、液体（如原油）或气体（如天然气）等自然产生的矿物的采掘；包括地下或地上采掘、矿井的运行，以及一般在矿址或矿址附近从事的旨在加工原材料的所有辅助性工作，如碾磨、选矿和处理，均属本类活动；还包括使原料得以销售所需的准备工作；不包括水的蓄集、净化和分配，以及地质勘查、建筑工程活动。

截至2020年第四季度，我国采矿业上市公司共计78家，从行业小类看，煤炭开采和洗选业上市公司20家、石油和天然气开采业上市公司7家、黑色金属矿采选业上市公司6家、有色金属矿采选业上市公司22家、非金属矿采选业上市公司1家、开采辅助活动上市公司17家。可以看出，有色金属矿采选业、煤炭开采和洗选业上市公司在采矿业上市公司中占据主流。从市场规模看，我国上市公司中采矿业的整体规模较小，其数量仅占全部上市公司的1.89%，可见采矿业在全国范围内具有较大市场影响力与竞争力的企业数量较少。

二、采矿业行业政策和法律风险新动向

（一）采矿业行业政策新动向

1.《智能化示范煤矿建设管理暂行办法》

2020年12月24日，国际能源局与国家矿山安全监察局联合发布《智能化示范煤矿建设管理暂行办法》，为加快煤矿智能化建设，提升煤矿安全生产水平，规范开展智能化示范煤矿管理工作，从煤矿概况、智能化建设基础、建设目标和任务、关键技术与装备、计划安排、资金投入等方面对申报煤矿进行申报验收和监督工作。

2.《矿业权登记信息管理办法》

2020年6月16日，自然资源部办公厅印发《矿业权登记信息管理办法》的通知，宣布统一勘查、开采许可证证号位数、加强出让登记情况监测以及及时更新相关功能模块，以贯彻落实国务院关于加强事中事后监管的要求，进一步规范矿业权出让登记行为，加强政务公开和社会服务，提升矿业权管理信息化水平。

(二)采矿业法律风险新动向

1.《关于落实煤矿企业安全生产主体责任的指导意见》

2020 年 7 月 22 日,国家煤矿安全监察局发布《关于落实煤矿企业安全生产主体责任的指导意见》,指出煤矿企业应当健全安全生产责任体系,切实加强所属煤矿安全生产管理,有效防范煤矿事故,做到坚守安全发展理念、严格落实主要负责人法定职责、夯实安全生产基础与强化监督指导,以建立“人人有责、层层负责、各负其责”的安全生产责任体系,健全“明责知责、履职尽责、失职追责”的安全生产责任运行机制为主线,强化责任意识、强化监督考核、强化责任追究,切实解决一些煤矿企业对所属煤矿安全生产管理不作为、少作为、乱作为问题。坚持“管理、装备、素质、系统”并重原则,着力夯实安全基础、管控重大风险、治理重大灾害,从根本上消除事故隐患。

2.《加强和规范煤矿安全事中事后监管监察的实施意见》

2020 年 7 月 15 日,国家煤矿安全监察局发布《加强和规范煤矿安全事中事后监管监察的实施意见》,指出要持续深化煤矿安全领域“放管服”改革,加强事中事后安全监管监察,构建风险防控和隐患排查治理双重预防控制体系,真正把问题解决在萌芽之时、成灾之前。强化监管监察责任,督促煤矿企业落实主体责任,以更高的站位、更严格的标准、更有力的举措持续提升法治意识、煤矿安全基础保障能力和本质安全水平,从根本上消除事故隐患,有效防范与遏制煤矿重特大事故,扎实推进煤矿安全治理体系和治理能力现代化。

三、采矿业上市公司诉讼情况统计

本书以采矿业的 78 家上市公司为当事人检索案件,共收集 2020 年全国法院判决的各类司法判决书 342 份,作为统计分析的样本。

(一)案件类型分布

1. 案件诉讼类型

从案件诉讼类型看,2020 年采矿业上市公司所涉及的 342 件案件以民事诉讼为主,共有 336 件,行政诉讼仅有 6 件,不涉及刑事诉讼。详见表 2 - 4。

表 2－4　采矿业上市公司案件诉讼类型

诉讼类型	案件数量/件
民事诉讼	336
行政诉讼	6
刑事诉讼	0

2. 案件案由种类

首先，从诉讼案件案由的基本类型看，2020 年采矿业上市公司所涉及的 342 件案件主要集中在合同类纠纷和劳动法纠纷两类中，具体分布情况如表 2－5 所示。

表 2－5　采矿业上市公司案件案由基本类型分布

案由基本类型	案件数量/件
合同类纠纷	106
劳动法纠纷	89
金融法纠纷	64
物权纠纷	34
公司法纠纷	16
侵权责任纠纷	14
知识产权纠纷	8
行政诉讼	6
其他民事纠纷	5
竞争法纠纷	0
刑事诉讼	0
合计	342

其中，如图 2－10 所示，合同类纠纷案件共有 106 件，约占全部案件总量的 30.99%，劳动法纠纷共有 89 件，数量仅次于合同类纠纷案件。

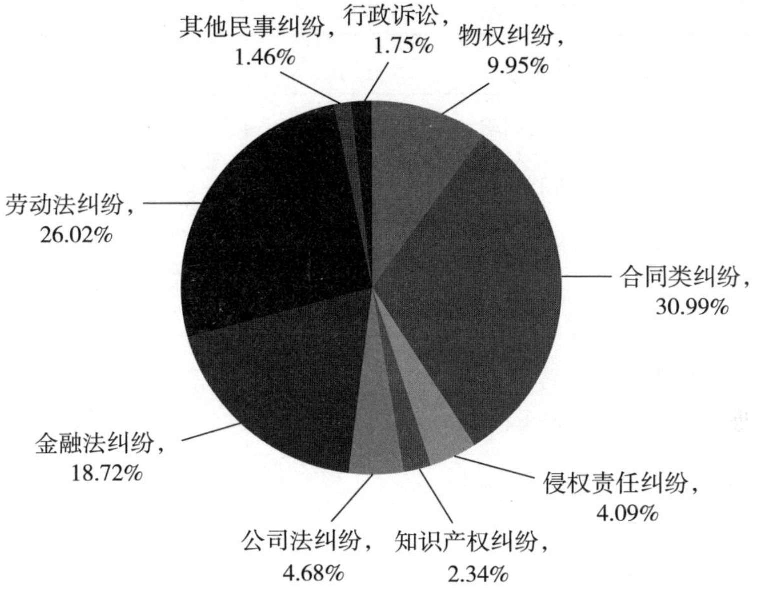

图 2－10　采矿业上市公司案由基本类型分布情况

其次，从案件的具体案由看，2020 年采矿业上市公司所涉及的 342 件案件以票据追索纠纷案件数量最多，其他种类案由呈分散化分布状态，分布情况如表 2－6 所示。

表 2－6　采矿业上市公司案件具体案由分布

具体案由	案件数量/件
票据追索权纠纷	62
其他劳动争议、人事争议	51
其他买卖合同纠纷	33
财产损害赔偿纠纷	24
劳动合同纠纷	23
建设工程合同纠纷	18
借款合同纠纷	17
损害公司债权人利益责任纠纷	11

续表

具体案由	案件数量/件
福利待遇纠纷	9
不当得利纠纷	8
专利权权属、侵权纠纷	8
社会保险纠纷	6
生命权、身体权、健康权纠纷	5
提供劳务者受害责任纠纷	4
其他侵权责任纠纷	4
行政补偿	4
租赁合同纠纷	3
排除妨害纠纷	3
民事主体间房屋拆迁补偿合同纠纷	3
运输合同纠纷	3
无因管理纠纷	3
保证合同纠纷	3
临时用地合同纠纷	2
土地承包经营权纠纷	2
服务合同纠纷	2
共有纠纷	2
触电人身损害责任纠纷	2
机动车交通事故责任纠纷	2
股权转让纠纷	2
其他合同纠纷	2

续表

具体案由	案件数量/件
供用电合同纠纷	2
信用证开证纠纷	2
承揽合同纠纷	2
物权确认纠纷	1
土地承包经营权合同纠纷	1
恢复原状纠纷	1
产品责任纠纷	1
行政确认	1
债权转让合同纠纷	1
债权人代位权纠纷	1
建设用地使用权纠纷	1
劳务合同纠纷	1
债权人撤销权纠纷	1
建筑物和物件损害责任纠纷	1
公司增资纠纷	1
企业出资人权益确认纠纷	1
行政复议	1
股东资格确认纠纷	1

3. 案件地域分布

从案件地域分布来看,2020 年采矿业上市公司所涉及的 342 件案件中,除了 7 件是由最高人民法院审理,其他案件主要分布在山东省、河南省、河北省等地。其中,山东省案件最多,共 53 件;其次是河南省,共 51 件。具体分布情况如图 2－11 所示。

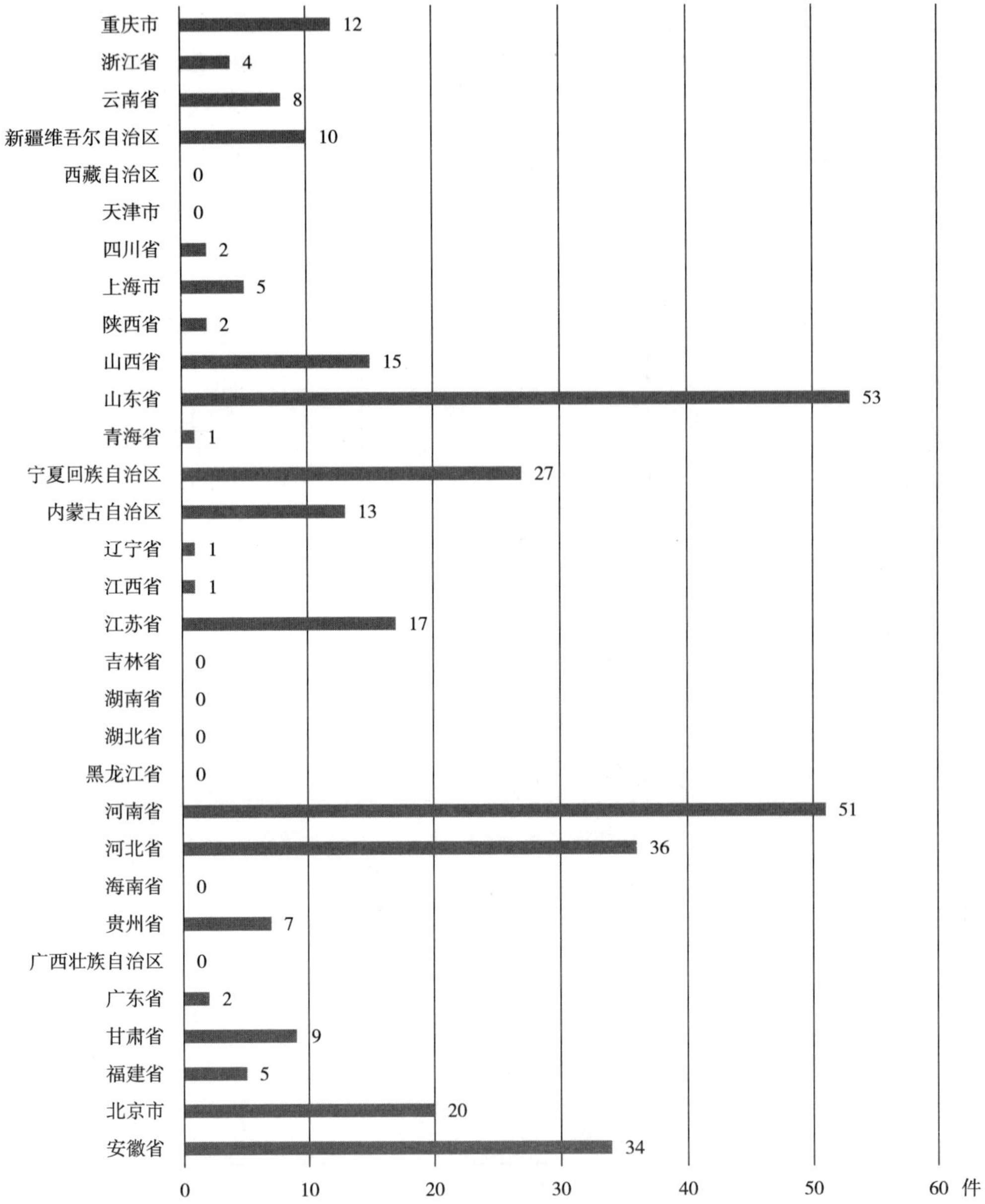

图 2－11　采矿业上市公司案件地域分布情况

(二)案件审理程序

1. 诉讼阶段

如图 2-12 所示,从诉讼阶段看,2020 年采矿业上市公司所涉及的 342 件案件中,一审案件有 190 件,占比约为 55.56%;二审案件有 117 件,占比约为 34.21%;再审案件有 35 件,占比约为 10.23%。

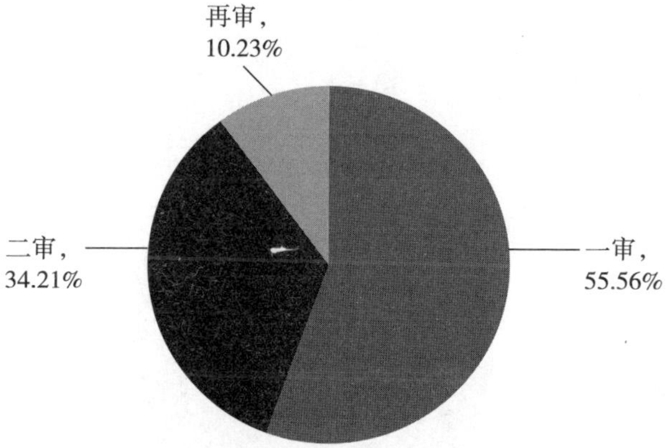

图 2-12　采矿业上市公司案件诉讼阶段分布情况

2. 法院层级

如图 2-13 所示,从法院层级看,2020 年采矿业上市公司所涉及的 342 件案件中,基层人民法院审结的案件有 136 件,占比约为 39.77%;中级人民法院审结的案件有 146 件,占比约为 42.68%;高级人民法院审结的案件有 53 件,占比约为 15.50%;最高人民法院审结的案件有 7 件,占比约为 2.05%。

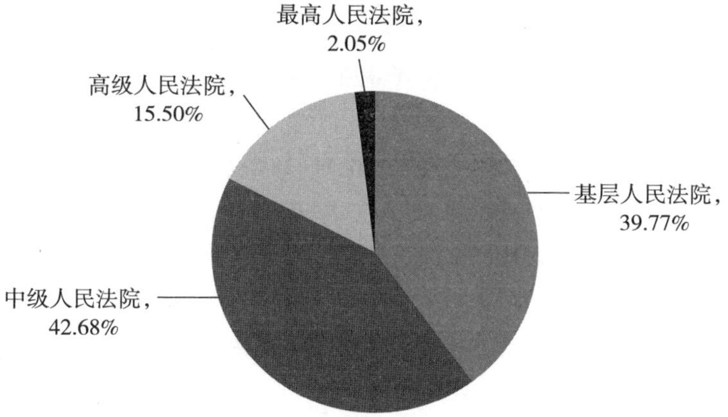

图 2-13　采矿业上市公司案件审理法院层级分布情况

（三）上市公司诉讼地位

如图2－14所示，从上市公司的诉讼地位看，2020年采矿业上市公司所涉及的342件案件中，上市公司作为原告的案件有91件，占比约为26.61%；上市公司作为被告的案件有235件，占比约为68.71%；此外，还有约4.68%的上市公司以第三人的身份参与了诉讼。可见，2020年采矿业上市公司诉讼中，采矿业上市公司以被动地参与诉讼为参诉主要方式。

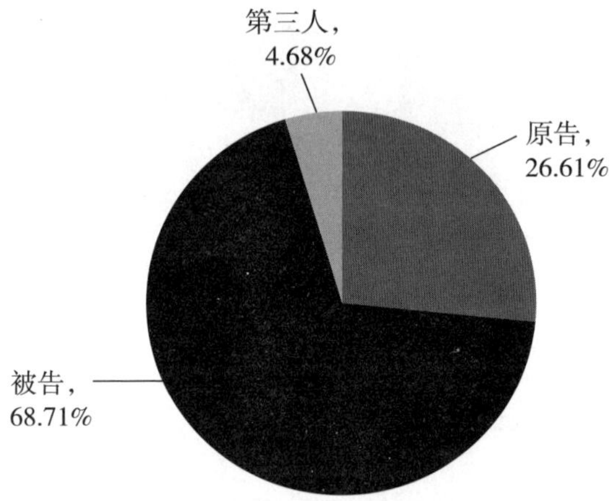

图2－14　采矿业上市公司诉讼地位分布情况

（四）诉讼标的额

如图2－15所示，从诉讼案件标的额看，2020年采矿业上市公司所涉及的有标的额可查的案件中，诉讼请求金额在1万元及以下的案件数量为2件、大于1万～10万元的案件数量为19件、大于10万～20万元的案件数量为9件、大于20万～50万元的案件数量为18件、大于50万～100万元的案件数量为34件、大于100万～200万元的案件数量为10件、大于200万～500万元的案件数量为10件、大于500万～1000万元的案件数量为4件、大于1000万～2000万元的案件数量为1件、2000万元以上的案件数量为24件。诉讼标的总额为3,384,599,211.62元，诉讼标的最大金额为786,000,000元，最小金额为2700元，行业平均诉讼标的额为26,035,378.55元。总体来看，采矿业诉讼的诉讼标的范围较广，2000万元以上的诉讼案件较多，诉讼标的额总体偏大。

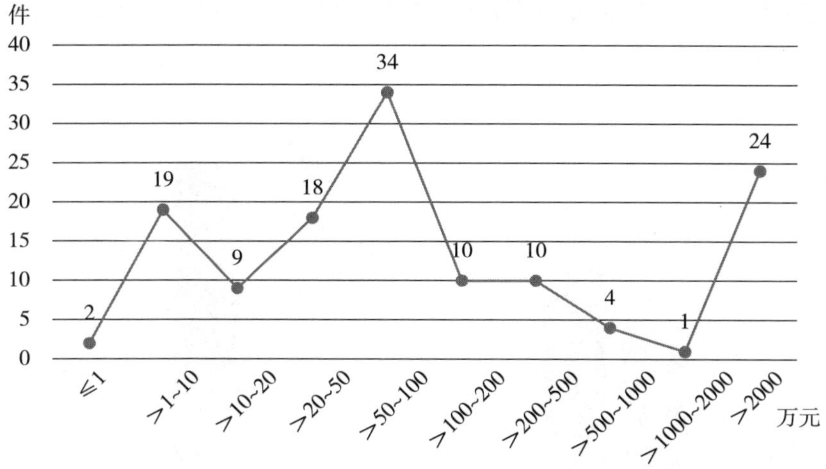

图 2－15　采矿业上市公司诉讼标的额分布情况

（五）诉讼结果和胜诉率

从总体上看，如图 2－16 所示，2020 年采矿业上市公司所涉及的所有案件中，胜诉的案件有 171 件，败诉的案件有 153 件，撤回起诉的案件有 12 件，撤回再审申请的案件有 1 件，驳回起诉的案件有 1 件，驳回再审申请的案件有 1 件，发回重审的案件有 3 件。该行业上市公司胜诉的案件数量在全部案件中占比为 50.00%，如果排除撤诉等特殊情形，则该行业上市公司的总体胜诉率约为 52.78%。

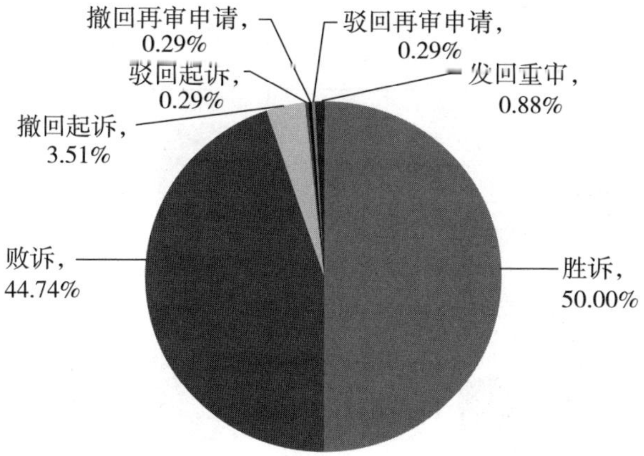

图 2－16　采矿业上市公司诉讼结果占比情况

如图 2－17 所示，具体到不同的诉讼地位，当采矿业上市公司为原告时，其胜诉的案件有 70 件，败诉的案件有 20 件，胜诉率约为 77.78%，胜诉率较高。当采矿业上市公司为被告时，其胜诉的案件有 90 件，败诉的案件有 131 件，胜诉率约为 40.72%。相较而言，采矿业上市公司作为原告时，胜诉率明显更高。

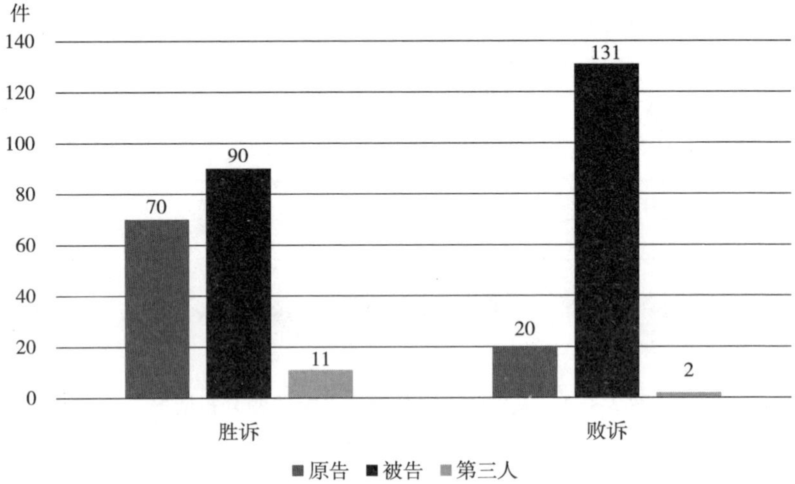

图 2－17　采矿业上市公司胜诉情况与诉讼地位交叉分布情况

如图 2－18 所示，具体到不同的诉讼阶段，一审阶段，采矿业上市公司胜诉的案件有 88 件，败诉的案件有 91 件，胜诉率约为 49.16%，低于总体胜诉率。二审阶段，胜诉的案件有 64 件，败诉的案件有 48 件，胜诉率约为 57.14%，高于一审胜诉率。再审阶段，胜诉的案件有 19 件，败诉有案件有 14 件，胜诉率约为 57.58%，高于一审、二审胜诉率。

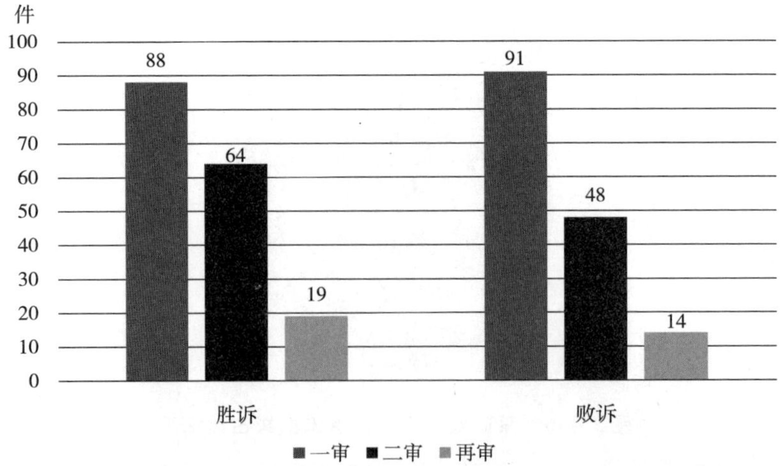

图 2－18　采矿业上市公司胜诉情况与诉讼阶段交叉分布情况

第三节　食品、饮品相关制造业

一、食品、饮品相关制造业上市公司概况

食品、饮品相关制造业，是指以农副产品为原料，通过物理变化或化学变化的方法制造食品、饮品的工业。其中，农副食品加工业，是指直接以农、林、牧、渔业产品为原料进行的谷物磨制、饲料加工、植物油和制糖加工、屠宰及肉类加工、水产品加工，以及蔬菜、水果和坚果等食品的加工。

截至 2020 年第四季度，我国食品、饮品相关制造业上市公司共计 153 家，从行业小类看，农副食品加工业上市公司 50 家，食品制造业上市公司 59 家，酒、饮料和精制茶制造业上市公司 44 家。农副食品加工业，食品制造业，酒、饮料和精制茶制造业上市公司的数量旗鼓相当。从市场规模看，我国上市公司中食品、饮品相关制造业具有一定的规模，其数量占全部上市公司的 3.71%，可见食品、饮品相关制造业上市公司在全国范围内占有不可忽视的比重。

二、食品、饮品相关制造业行业政策和法律风险新动向

（一）食品、饮品相关制造业行业政策新动向

1.《食品生产许可分类目录》

2020 年 2 月 23 日，国家市场监督管理总局公布修订后的《食品生产许可分类目录》。自 2020 年 3 月 1 日起，《食品生产许可证》中“食品生产许可品种明细表”按照新修订《食品生产许可分类目录》填写。新《食品生产许可分类目录》秉着包容审慎的态度，鼓励新型食品类别的发展，并和现行有效的标准和政策做到有效融合：调整了酱油、食醋类别，做到和新发布标准相一致；食盐纳入食品生产许可进行管理；保健食品目录首次按照普通食品目录的管理思路进行管理；乳制品明细发生变化；明确新食品原料在申请食品生产许可时明细填写要求。

2.《关于疫情防控期间进一步加强食品安全监管工作的通知》

2020 年 2 月 10 日，国家市场监督管理总局办公厅发布《关于疫情防控期间进一步加强食品安全监管工作的通知》，要求落实国家市场监管总局疫情防控工作电视电话会议精神，坚决打赢疫情防控阻击战，切实保障人民群众身体健康和生命安全，应当做到、督促食品经营者自查自纠；着力防范散装食品和冷藏冷冻食品安全风险；突出加强餐饮服务卫生和从业人员健康检查；加大网络餐饮服务食品安全风

险排查;严密防范活禽市场及禽类食品安全风险以及要充分发挥食品安全社会共治作用。

(二)食品、饮品相关制造业法律风险新动向

1.《食品生产许可管理办法》

2020 年 1 月 2 日,国家市场监督管理总局发布《食品生产许可管理办法》。贯彻落实了国务院"放管服"改革工作部署和《关于在全国推开"证照分离"改革的通知》的要求,加强事中事后监管,推动食品生产监管工作重心向事后监管转移,进一步增强食品生产许可管理体制的可操作性。《食品生产许可管理办法》规定生产许可监管部门由原国家及省、自治区、直辖市食品药品监管部门改为国家及省、自治区、直辖市市场监督管理部门。

《食品生产许可管理办法》指出,应全面推进食品生产许可信息化;明确生产许可分类的依据和准则;缩短现场核查、审查决定、发证和注销等时限;明晰各级监管部门之间的职责及应承担的责任;简化食品生产许可申请材料和许可证书内容;进一步明确和强化食品生产者及从业人员的法律责任。新版《食品生产许可管理办法》顺应时代需求,将相关信息进行了高度融合,同时加强了与法律法规之间的关联一致性;从监管方面来看,属于"宽进严出"与"轻许可重监督";从办事便利性来看,政府部门更多地从实际出发,简化缩短了办事流程,更多地从服务于企业考虑。因此,食品企业应当在《食品生产许可管理办法》实施后认真贯彻实施相关规定,以切实做好食品安全管理工作。

2.《食品经营许可管理办法(征求意见稿)》

2020 年 8 月 6 日,国家市场监督管理总局就《食品经营许可管理办法(征求意见稿)》征求意见,本次征求意见稿对 2015 版《食品经营许可管理办法》进行了进一步完善和细化,是不断优化营商环境,推进简政放权等的要求,也是为了助力新业态、新模式、新技术健康发展。

本次征求意见稿有如下新动态:规定经营许可的监督检查不再适用本办法;压缩食品经营许可办理时限;优化审批服务、简化申请材料;实行部分许可告知承诺制;将餐饮服务管理公司纳入许可范畴;明确无须取得许可的情形;细化食品经营主体业态;调整食品经营项目等。

综上,本次征求意见稿进一步压缩了许可时限,简化了审批流程和申请材料,是监管部门"放管服"改革,优化营商环境的体现;增加了一些新业态、新模式的许可方式和经营项目,对现行《食品经营许可》中没有明确的事项进行了明确和细化,

便于基层监管部门的落地执行。

三、食品、饮品相关制造业上市公司诉讼情况统计

本书以食品、饮品相关制造业的 153 家上市公司为当事人检索案件,共收集 2020 年全国法院判决的各类司法判决书 1396 份,作为统计分析的样本。

(一)案件类型分布

1. 案件诉讼类型

从案件诉讼类型看,2020 年食品、饮品相关制造业上市公司所涉及的 1396 件案件以民事诉讼为主,共有 1262 件,行政诉讼有 134 件,不涉及刑事诉讼。详见表 2-7。

表 2-7 食品、饮品相关制造业上市公司案件诉讼类型

诉讼类型	案件数量/件
民事诉讼	1262
行政诉讼	134
刑事诉讼	0

2. 案件案由种类

首先,诉讼案件案由的基本类型看,2020 年食品、饮品相关制造业上市公司所涉及的 1396 件案件主要集中在合同类纠纷和知识产权纠纷两类,具体分布情况如表 2-8 所示。

表 2-8 食品、饮品相关制造业上市公司案件案由基本类型分布

案由基本类型	案件数量/件
知识产权纠纷	955
行政诉讼	134
合同类纠纷	125
劳动法纠纷	69
竞争法纠纷	36
侵权责任纠纷	26
公司法纠纷	24

续表

案由基本类型	案件数量/件
金融法纠纷	13
物权纠纷	8
其他民事纠纷	6
刑事诉讼	0
合计	1396

其中，如图2－19所示，知识产权纠纷案件共有955件，约占全部案件总量的68.41%；行政诉讼类纠纷共有134件，数量远低于知识产权纠纷案件。

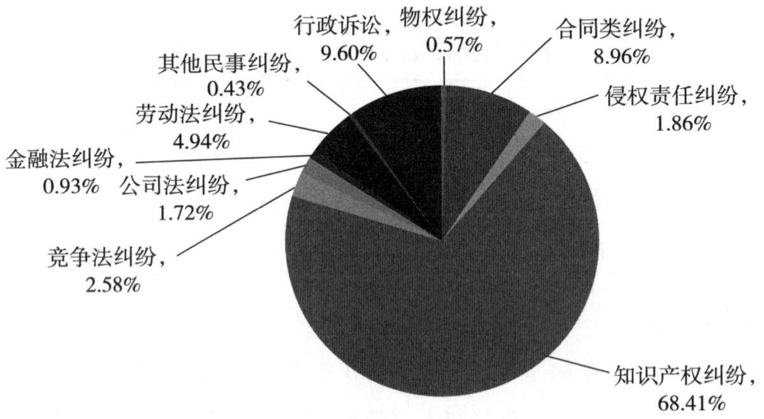

图2－19　食品、饮品相关制造业上市公司案由基本类型分布情况

其次，从案件的具体案由看，2020年食品、饮品相关制造业上市公司所涉及的1396件案件以商标权权属、侵权纠纷案件数量最多，其他种类案由呈分散化分布状态，分布情况如表2－9所示。

表2－9　食品、饮品相关制造业上市公司案件具体案由分布

具体案由	案件数量/件
商标权权属、侵权纠纷	951
商标行政管理	117
其他买卖合同纠纷	50
其他劳动争议、人事争议	43

续表

具体案由	案件数量/件
劳动合同纠纷	22
虚假宣传纠纷	16
行政确认	16
商业贿赂不正当竞争纠纷	15
产品责任纠纷	15
建设工程合同纠纷	15
借款合同纠纷	12
不当得利纠纷	11
证券欺诈责任纠纷	10
其他与企业、公司有关的纠纷	10
机动车交通事故责任纠纷	8
追偿权纠纷	8
物权确认纠纷	5
仿冒纠纷	5
社会保险纠纷	4
服务合同纠纷	4
海上、通海水域货运代理合同纠纷	3
公司决议纠纷	3
委托合同纠纷	3
租赁合同纠纷	3
运输合同纠纷	3
破产债权确认纠纷	3
损害公司债权人利益责任纠纷	2
劳务合同纠纷	2
排除妨害纠纷	2
股权转让纠纷	2
债权转让合同纠纷	2
保理合同纠纷	2

续表

具体案由	案件数量/件
票据追索权纠纷	2
广告合同纠纷	2
其他合同纠纷	2
生命权、身体权、健康权纠纷	2
信息网络买卖合同纠纷	2
技术合同纠纷	2
票据利益返还请求权纠纷	1
股东知情权纠纷	1
股东资格确认纠纷	1
承揽合同纠纷	1
分期付款买卖合同纠纷	1
损害股东利益责任纠纷	1
清算责任纠纷	1
合伙合同纠纷	1
其他侵权责任纠纷	1
提供劳务者受害责任纠纷	1
名誉权纠纷	1
著作权合同纠纷	1
保管合同纠纷	1
财产损害赔偿纠纷	1
行政处罚	1
义务帮工人受害责任纠纷	1
著作权权属、侵权纠纷	1

3. 案件地域分布

从案件地域分布看，2020 年食品、饮品相关制造业上市公司所涉及的 1396 件案件中，除 16 件由最高人民法院审理外，其他案件主要分布在北京市、安徽省等地。其中，北京市案件最多，共 263 件；其次是安徽省，共 243 件。具体分布情况如图 2－20所示。

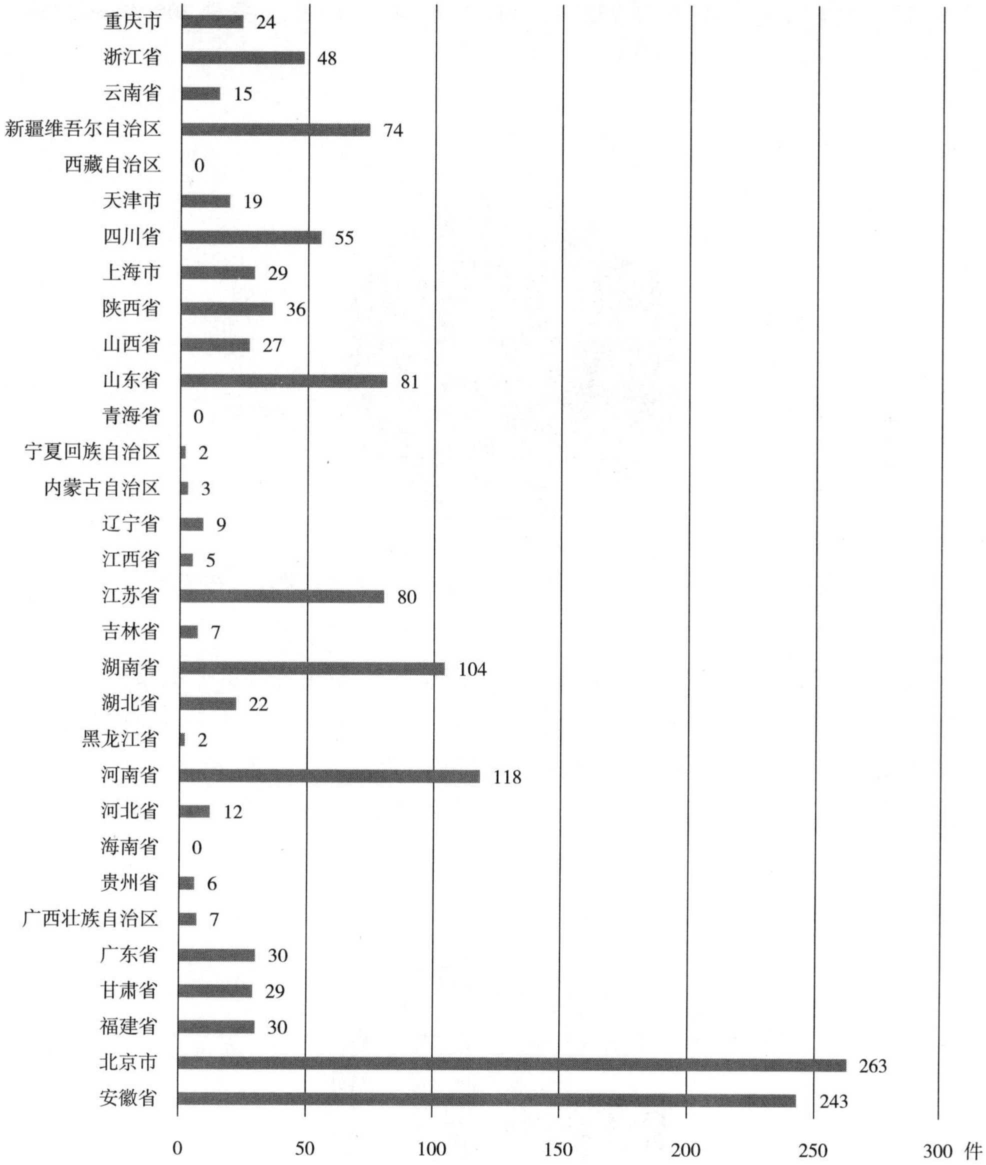

图 2-20 食品、饮品相关制造业上市公司案件地域分布情况

(二)案件审理程序

1. 诉讼阶段

如图 2-21 所示,从诉讼阶段看,2020 年食品、饮品相关制造业上市公司所涉及的 1396 件案件中，一审案件 953 件，占比约为 68.27%；二审案件 406 件，占比约为29.08%；再审案件 37 件，占比约为 2.65%。

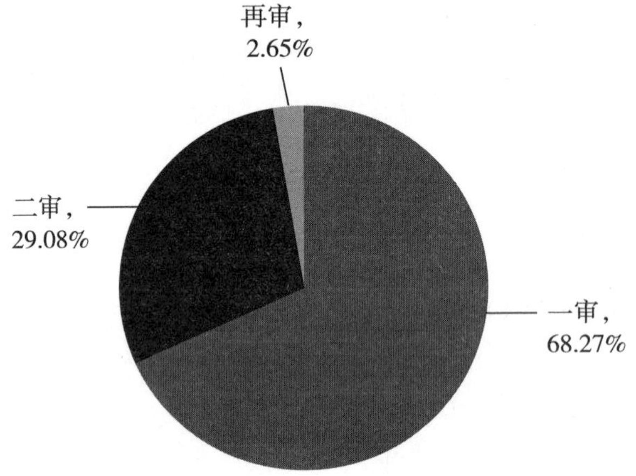

图 2－21 食品、饮品相关制造业上市公司案件诉讼阶段分布情况

2. 法院层级

如图 2－22 所示，从法院层级看，2020 年食品、饮品相关制造业上市公司所涉及的 1396 件案件中，基层人民法院审结的案件有 392 件，占比约为 28.08%；中级人民法院审结的案件有 696 件，占比约为 49.86%；高级人民法院审结的案件有 292 件，占比约为 20.92%；最高人民法院审结的案件有 16 件，占比约为 1.14%。

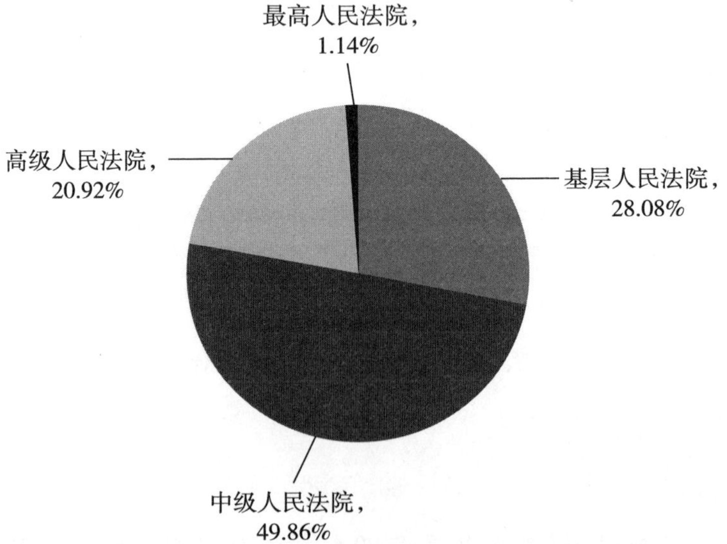

图 2－22 食品、饮品相关制造业上市公司案件审理法院层级分布情况

（三）上市公司诉讼地位

如图 2－23 所示，从上市公司的诉讼地位看，2020 年食品、饮品相关制造业上市公司所涉及的 1396 件案件中，上市公司作为原告的案件有 1125 件，占比约为 80.59%；上市公司作为被告的案件有 171 件，占比约为 12.25%；此外，还有约 7.16% 的上市公司以第三人的身份参与诉讼。可见，2020 年食品、饮品相关制造业上市公司诉讼中，食品、饮品相关制造业上市公司一般是诉讼的主要发起方，这一方面反映出该行业上市公司的权利意识强烈，另一方面也警示该行业上市公司应加强内控，注重风险防范，注意权益保护，并须尽力减少因诉讼带来的维权成本。

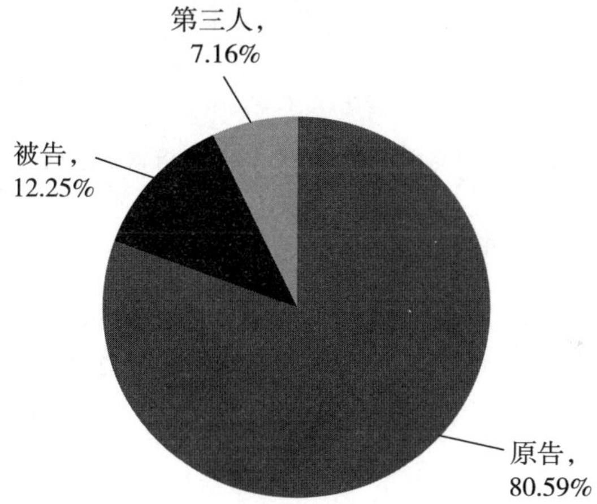

图 2－23　食品、饮品相关制造业上市公司诉讼地位分布情况

（四）诉讼标的额

如图 2－24 所示，从诉讼案件标的额看，2020 年食品、饮品相关制造业上市公司所涉及的有标的额可查的案件中，诉讼请求金额在 1 万元及以下的案件数量为 3 件、大于 1 万～10 万元的案件数量为 32 件、大于 10 万～20 万元的案件数量为 7 件、大于 20 万～50 万元的案件数量为 21 件、大于 50 万～100 万元的案件数量为 12 件、大于 100 万～200 万元的案件数量为 6 件、大于 200 万～500 万元的案件数量为 9 件、大于 500 万～1000 万元的案件数量为 2 件、大于 1000 万～2000 万元的案件数量为 2 件、2000 万元以上的案件数量为 16 件。诉讼标的总额为 1,234,185,990.27 元，诉讼标的最大金额为 255,524,150.36 元，行业平均诉讼标的额为 11,219,872.64 元。总体来看，食品、饮品相关制造业的诉讼标的额范围较广，其中大于 1 万～10 万元标的额及 2000 万元以上标的额的诉讼案件较多。

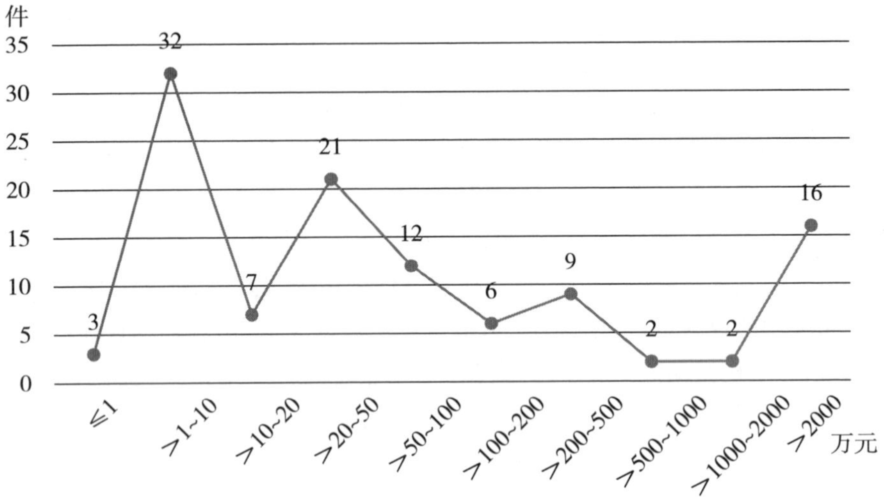

图 2－24　食品、饮品相关制造业上市公司诉讼标的额分布情况

（五）诉讼结果和胜诉率

总体上看，如图 2－25 所示，2020 年食品、饮品相关制造业上市公司所涉及的所有案件中，胜诉的案件有 1123 件，败诉的案件有 273 件，总体胜诉率约为 80.44%，高于不少其他行业。

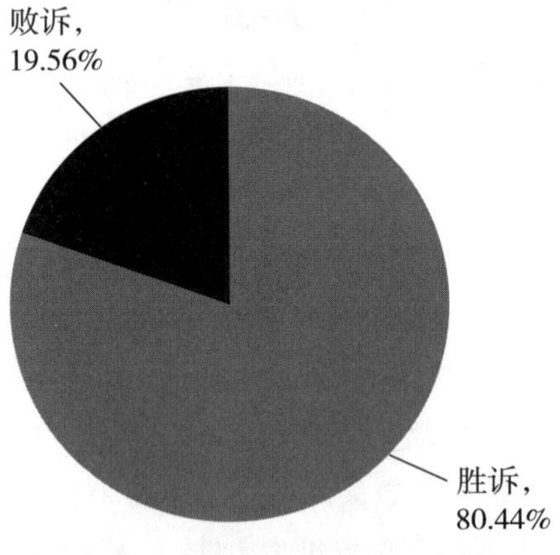

图 2－25　食品、饮品相关制造业上市公司诉讼结果占比情况

如图 2－26 所示，具体到不同的诉讼地位，当食品、饮品相关制造业上市公司为原告时，其胜诉的案件有 933 件，败诉的案件有 192 件，胜诉率约为 82.93%，胜诉率较高。当食品、饮品相关制造业上市公司为被告时，其胜诉的案件有 100 件，败诉的案件有 71 件，胜诉率约为58.48%。相较而言，食品、饮品相关制造业上市公司作为原告时，胜诉率明显更高。

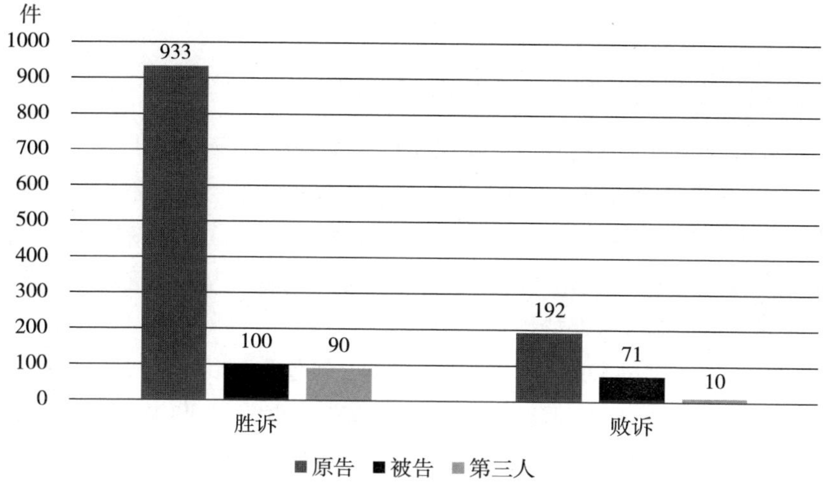

图 2－26　食品、饮品相关制造业上市公司胜诉情况与诉讼地位交叉分布情况

如图 2－27 所示，具体到不同的诉讼阶段，一审阶段，食品、饮品相关制造业上市公司胜诉的案件有 784 件，败诉的案件有 169 件，胜诉率约为 82.27%，胜诉率极高。二审阶段，胜诉的案件有 308 件，败诉的案件有 98 件，胜诉率约为 75.86%，低于一审胜诉率，但仍处于较高水平。再审阶段，胜诉案件有 31 件，败诉的案件有 6 件，胜诉率约 83.78%，与一审胜诉率基本持平。

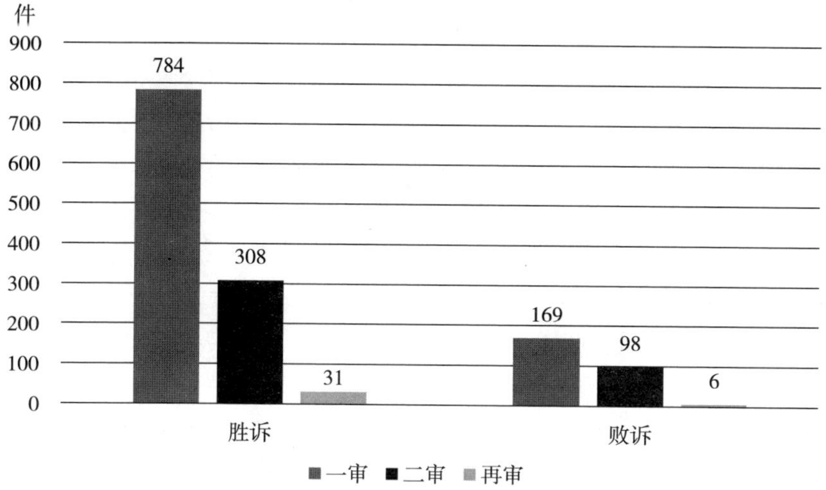

图 2－27　食品、饮品相关制造业上市公司胜诉情况与诉讼阶段交叉分布情况

第四节　纺织、服饰相关制造业

一、纺织、服饰相关制造业上市公司概况

纺织、服饰相关制造业，是指以纺织面料为主要原料，经裁剪后缝制各种男、女服装，以及儿童成衣的活动。包括非自产原料制作的服装，以及固定生产地点的服装制作。我国纺织服装产业链企业集中分布在浙江、江苏、山东、新疆、广东等省份。在新冠肺炎疫情发生前，我国纺织服装行业整体市场规模呈增长趋势，未来在经济和生产恢复后预计能继续保持增长。

截至 2020 年第四季度，我国纺织、服饰相关制造业上市公司共计 87 家，从行业小类看，纺织业上市公司 37 家，纺织服装、服饰业上市公司 39 家，皮革、毛皮、羽毛及其制品和制鞋业上市公司 11 家。纺织业和纺织服装、服饰业上市公司在纺织、服饰相关制造业上市公司中占据主流。从市场规模看，我国上市公司中纺织、服饰相关制造业的整体规模较小，其数量占全部上市公司的 2.11%，可见纺织、服饰相关制造业在全国范围内具有较大市场影响力的企业数量相对较少。

二、纺织、服饰相关制造业行业政策和法律风险新动向

（一）纺织、服饰相关制造业行业政策新动向

1.《重点跟踪培育纺织服装品牌企业名单（2020 版）》

2020 年 12 月 1 日，工业和信息化部办公厅发布《重点跟踪培育纺织服装品牌企业名单（2020 版）》，为加快推进纺织服装行业高质量发展，经各省、自治区、直辖市及计划单列市、新疆生产建设兵团工业和信息化主管部门推荐，工业和信息化部委托中国纺织工业联合会对纺织服装品牌建设情况分析研究，确定爱慕股份有限公司等 80 家企业为重点跟踪培育对象。工业和信息化部要求各地区工业和信息化主管部门与本地区重点跟踪培育企业建立联系机制，跟踪掌握企业发展情况；加强部门协调配合，为品牌企业发展营造良好市场环境；提高公共服务质量，支持品牌企业提高核心竞争力，促进形成一批具有较强市场影响力和国际竞争力的优势纺织服装品牌企业。

2.《蚕桑丝绸产业高质量发展行动计划（2021－2025 年）》

2020 年 9 月 18 日，工业和信息化部、农业和农村部、商务部、文化和旅游部、国家市场监督管理总局、国家知识产权局联合印发《蚕桑丝绸产业高质量发展行动计划（2021－2025 年）》，表明蚕桑丝绸产业聚集大量中小微企业、农户、商户、合作社

等经济组织,是第一、二、三产业协同发展和大中小企业融通发展的典型。应当进一步提升科技创新水平;推进蚕桑生产产业化集约化;建设现代丝绸产业体系;实施增品种提品质创品牌"三品"专项行动;弘扬丝绸文化与加强国际合作。同时,加强政府保障作用,以达成推进蚕桑丝绸产业高质量发展,满足人民美好生活需要、带动相关产业发展、助推乡村振兴及脱贫攻坚的目的。

(二)纺织、服饰相关制造业法律风险新动向

2020 年 1 月 14 日,生态环境部发布《纺织染整工业废水治理工程技术规范》,规定了纺织染整工业废水治理工程的设计、施工、验收、运行和维护的技术要求,适用于纺织染整工业废水治理工程的建设与运行管理,可作为纺织染整工业建设项目环境影响评价、可行性研究及其废水治理工程的设计、施工、验收及运行管理的技术依据。纺织业相关上市公司应当切实遵守废水治理新标准,为防治环境污染,改善生态环境质量,规范纺织染整工业废水治理工程设施的建设和运行管理发挥力量。

三、纺织、服饰相关制造业上市公司诉讼情况统计

本书以纺织、服饰相关制造业的 87 家上市公司为当事人检索案件,共收集 2020 年全国法院判决的各类司法判决书 691 份,作为统计分析的样本。

(一)案件类型分布

1. 案件诉讼类型

从案件诉讼类型看,2020 年纺织、服饰相关制造业上市公司涉及的 691 件案件以民事诉讼为主,共有 635 件,行政诉讼有 56 件,不涉及刑事诉讼。详见表 2 – 10。

表 2 – 10 纺织、服饰相关制造业上市公司案件诉讼类型

诉讼类型	案件数量/件
民事诉讼	635
行政诉讼	56
刑事诉讼	0

2. 案件案由种类

首先,诉讼案件案由的基本类型来看,2020 年纺织、服饰相关制造业上市公司所涉及的 691 件案件主要集中在合同类纠纷和知识产权纠纷两类中,具体分布情况如表 2 – 11 所示。

表 2－11　纺织、服饰相关制造业上市公司案件案由基本类型分布

案由基本类型	案件数量/件
知识产权纠纷	376
合同类纠纷	129
劳动法纠纷	57
行政诉讼	56
竞争法纠纷	37
金融法纠纷	22
侵权责任纠纷	7
公司法纠纷	7
其他民事纠纷	0
物权纠纷	0
刑事诉讼	0
合计	691

其中，如图 2－28 所示，知识产权纠纷案件共有 376 件，约占全部案件总量的 54.42%；合同类纠纷共有 129 件，数量居于第二。

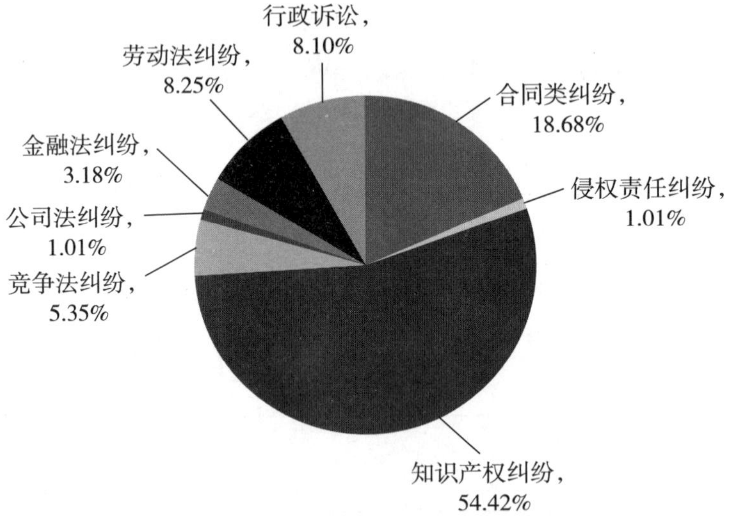

图 2－28　纺织、服饰相关制造业上市公司案由基本类型分布情况

其次，从案件的具体案由看，2020 年纺织、服饰相关制造业上市公司所涉及的 691 件案件以商标权权属、侵权纠纷案件数量最多，其他种类案由呈分散化分布状态，具体分布情况如表 2－12 所示。

表2-12 纺织、服饰相关制造业上市公司案件具体案由分布

具体案由	案件数量/件
商标权权属、侵权纠纷	365
其他行政管理	48
虚假宣传纠纷	36
劳动合同纠纷	28
其他劳动争议、人事争议	27
其他买卖合同纠纷	26
其他合同纠纷	24
承揽合同纠纷	21
票据追索权纠纷	20
特许经营合同纠纷	18
借款合同纠纷	13
租赁合同纠纷	11
其他侵权责任纠纷	6
知识产权合同纠纷	6
联营合同纠纷	5
建设工程合同纠纷	5
服务合同纠纷	4
商标行政管理	4
不当得利纠纷	3
著作权合同纠纷	3
社会保险纠纷	2
著作权权属、侵权纠纷	2
股权转让纠纷	2
劳动和社会保障行政管理	2
证券交易合同纠纷	2
运输合同纠纷	2
机动车交通事故责任纠纷	1
行政处罚	1
行政确认	1
商业贿赂不正当竞争纠纷	1
中介合同纠纷	1
国际货物买卖合同纠纷	1

3. 案件地域分布

从案件地域分布看,2020 年纺织、服饰相关制造业上市公司所涉及的 691 件案件主要分布在上海市、浙江省等地。其中,上海市案件最多,共 153 件;其次是浙江省,共 100 件。具体分布情况如图 2－29 所示。

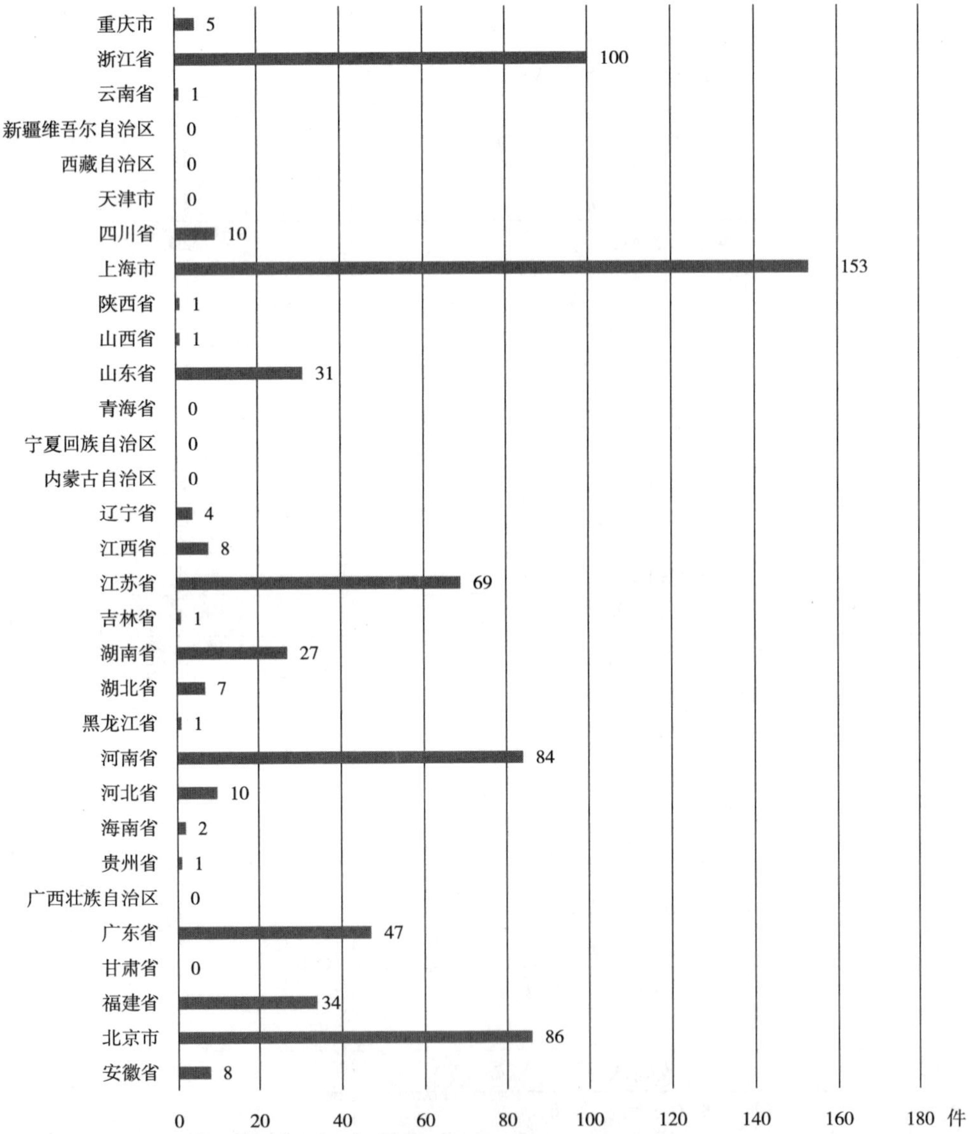

图 2－29　纺织、服饰相关制造业上市公司案件地域分布情况

(二)案件审理程序

1. 诉讼阶段

如图 2－30 所示,从诉讼阶段看,2020 年纺织、服饰相关制造业上市公司所涉及的 691 件案件中,一审案件有 604 件,占比约为 87.41%;二审案件有 84 件,占比约为 12.16%;再审案件有 37 件,占比约为 0.43%。

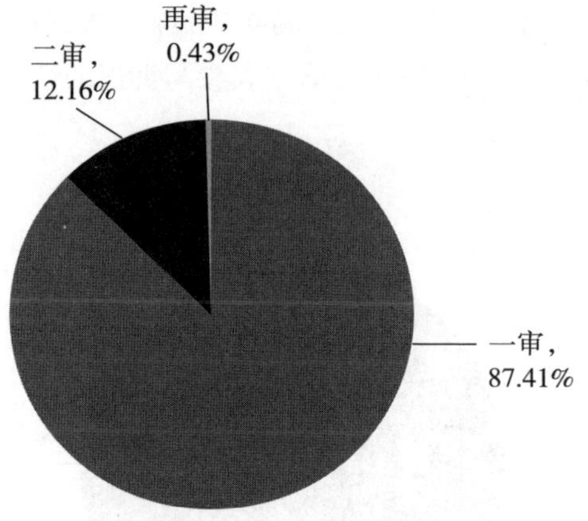

图 2－30 纺织、服饰相关制造业上市公司案件诉讼阶段分布情况

2. 法院层级

如图 2－31 所示,从法院层级看,2020 年纺织、服饰相关制造业上市公司所涉及的 691 件案件中,基层人民法院审结的案件有 450 件,占比约为 65.12%;中级人民法院审结的案件有 210 件,占比约为 30.39%;高级人民法院审结的案件较少,仅 31 件,占比约为 4.49%;此外,没有最高人民法院审结的案件。

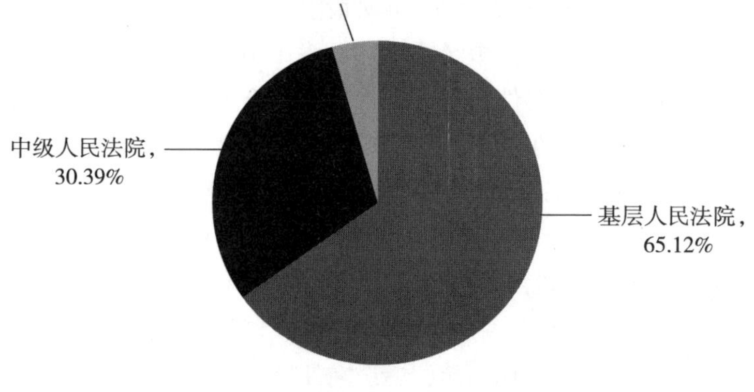

图 2－31 纺织、服饰相关制造业上市公司案件审理法院层级分布情况

（三）上市公司诉讼地位

如图 2－32 所示，从上市公司的诉讼地位看，2020 年纺织、服饰相关制造业上市公司所涉及的 691 件案件中，上市公司作为原告的案件有 391 件，占比约为 56.58%；上市公司作为被告的案件有 293 件，占比约为 42.40%，略低于作为原告发动诉讼的案件比例；此外，还有约 1.02% 的上市公司以第三人的身份参与诉讼的案件，共 7 件。可见，2020 年主动发起诉讼的纺织、服饰相关制造业上市公司与被动应诉的上市公司比例相差不大，但作为第三人参与诉讼的情况较少。

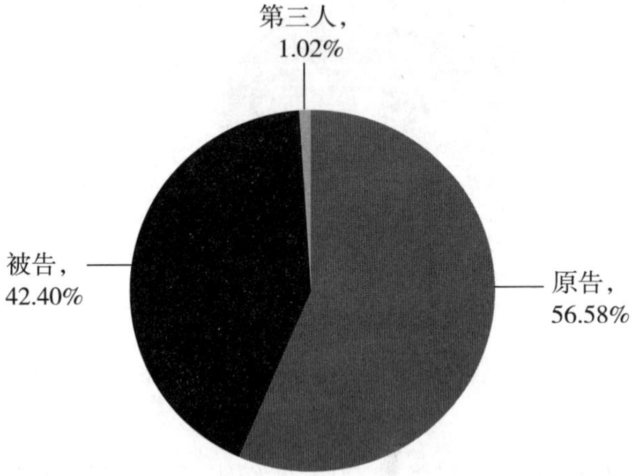

图 2－32　纺织、服饰相关制造业上市公司诉讼地位分布情况

（四）诉讼标的额

如图 2－33 所示，从诉讼案件的标的额看，2020 年纺织、服饰相关制造业上市公司所涉及的有标的额可查的案件中，诉讼请求金额在 1 万元及以下的案件数量为 0 件、大于 1 万～10 万元的案件数量为 31 件、大于 10 万～20 万元的案件数量为 0 件、大于 20 万～50 万元的案件数量为 3 件、大于 50 万～100 万元的案件数量为 4 件、大于 100 万～200 万元的案件数量为 0 件、大于 200 万～500 万元的案件数量为 20 件、大于 500 万～1000 万元的案件数量为 36 件、大于 1000 万～2000 万元的案件数量为 7 件、2000 万元以上的案件数量为 41 件。诉讼标的总额为 3,072,790,868 元，诉讼标的最大金额为 98,986,510 元，行业平均诉讼标的额为 21,639,372.31 元。总体来看，纺织、服饰相关制造业诉讼标的额呈现大额特征，大于 500 万～1000 万元标的额及 2000 万元以上标的额的诉讼案件较多。

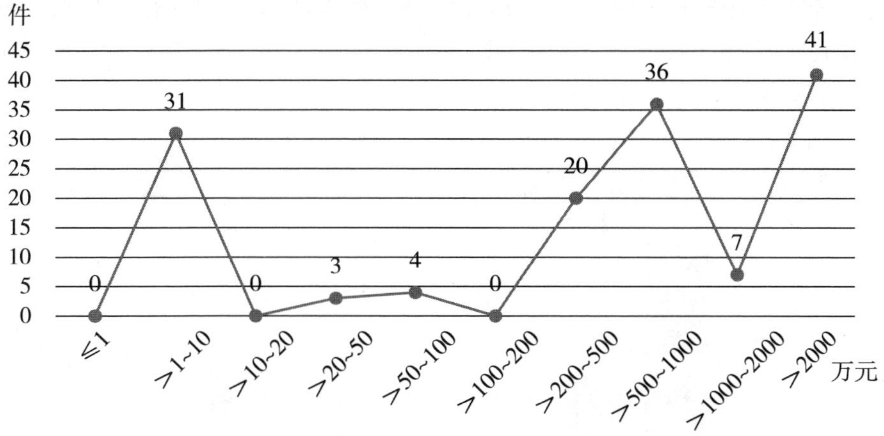

图 2－33　纺织、服饰相关制造业上市公司诉讼标的额分布情况

（五）诉讼结果和胜诉率

总体上看，如图 2－34 所示，2020 年纺织、服饰相关制造业上市公司所涉及的所有案件中，胜诉的案件有 369 件，败诉的案件有 276 件，撤回起诉的案件有 24 件，撤回上诉的案件有 18 件，驳回起诉的案件有 4 件。该行业上市公司胜诉的案件数量在全部案件中的占比约为 53.41%，如果排除撤诉等特殊情形，则该行业上市公司的总体胜诉率约为 57.21%。

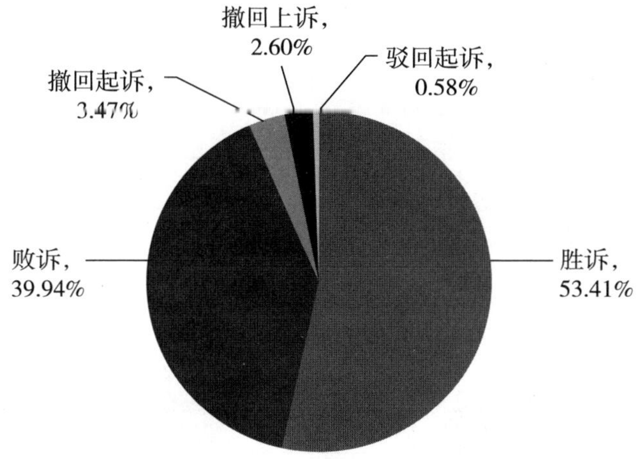

图 2－34　纺织、服饰相关制造业上市公司诉讼结果占比情况

如图 2－35 所示，具体到不同的诉讼地位，当纺织、服饰相关制造业上市公司为原告时，其胜诉的案件有 239 件，败诉的案件有 144 件，胜诉率约为 62.40%，胜诉率较高。当纺织、服饰相关制造业上市公司为被告时，其胜诉的案件有 123 件，败诉的案件有 132 件，胜诉率约为48.24%，相对较低。总体来说，纺织、服饰相关制造业上市公司作为原告时，胜诉率更高。

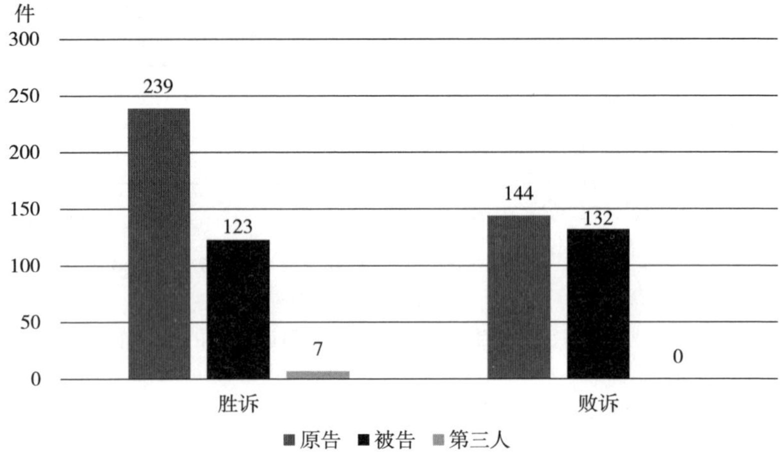

图 2－35　纺织、服饰相关制造业上市公司胜诉情况与诉讼地位交叉分布情况

如图 2－36 所示，具体到不同的诉讼阶段，一审阶段，纺织、服饰相关制造业上市公司胜诉的案件有 319 件，败诉的案件有 240 件，胜诉率约为 57.07%。二审阶段，胜诉的案件有 48 件，败诉的案件有 35 件，胜诉率约为 57.83%，与一审胜诉率大致相同。再审阶段，胜诉的案件有 2 件，败诉的案件有 1 件，胜诉率约 66.67%，高于一审、二审胜诉率。

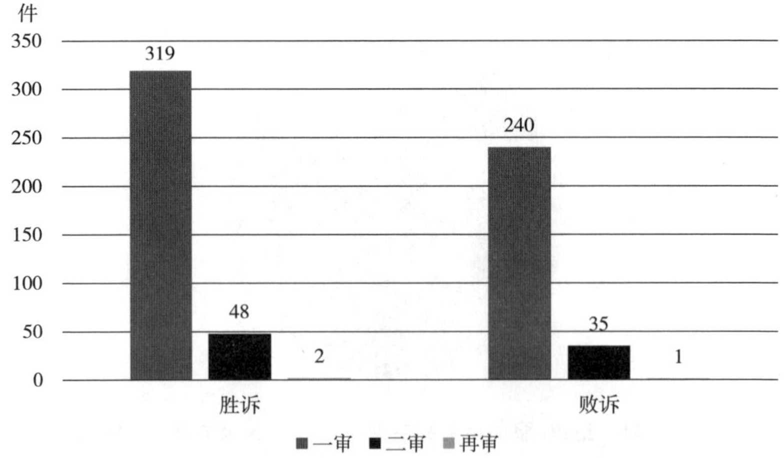

图 2－36　纺织、服饰相关制造业上市公司胜诉情况与诉讼阶段交叉分布情况

第五节　木材、家具、造纸相关制造业

一、木材、家具、造纸相关制造业上市公司概况

木材、家具、造纸相关制造业，具体包括木材加工及木、竹、藤、棕、草制品业，家具制造业，造纸及纸制品业。

截至 2020 年第四季度，我国木材、家具、造纸相关制造业上市公司共计 63 家，从行业小类看，木材加工及木、竹、藤、棕、草制品业上市公司共 7 家，家具制造业上市公司 24 家，造纸及纸制品业上市公司 32 家。家具制造业和造纸及纸制品业上市公司在木材、家具、造纸相关制造业上市公司中占据主流。从市场规模看，我国上市公司中木材、家具、造纸相关制造业的整体规模较小，其数量占全部上市公司的 1.53%，木材、家具、造纸相关制造业在全国范围内具有较大市场影响力的企业数量较少。

二、木材、家具、造纸相关制造业行业政策和法律风险新动向

（一）木材、家具、造纸相关制造业行业政策新动向

2020 年 12 月 14 日，生态环境部生态环境执法局印发《火电、水泥和造纸行业排污单位自动监测数据标记规则（试行）》，要求河北省、江苏省、浙江省、山东省、广西壮族自治区、四川省生态环境厅结合试点，督促行政区域内火电、水泥和造纸行业的重点排污单位按照标记规则开展自主标记工作，规定了火电、水泥和造纸行业排污单位根据生产设施、污染治理设施和自动监控系统运行情况，如实标记生产设施及污染治理设施工况、自动监测异常的规则，以便做好火电、水泥和造纸行业污染物排放自动监测数据标记和电子督办试点工作，推动建立以排污单位自主标记为基础的数据有效性判定规则体系。

（二）木材、家具、造纸相关制造业法律风险新动向

2020 年 7 月 1 日起新修订的《森林法》正式实施，第 65 条明确规定："木材经营加工企业应当建立原料和产品出入库台账。任何单位和个人不得收购、加工、运输明知是盗伐、滥伐等非法来源的林木。"这条法律的实施对我国进一步加强进口木材管理、打击木材非法采伐及相关贸易、要求企业在木材合法性方面做出努力、促进我国林产品贸易可持续发展、加快产业转型升级、推动全球森林治理都具有重要

意义。同时,该条从法律上对所有木材经营加工企业的原料和产品出入库提出建立台账要求,不仅对企业的原料和库存管理提出了系统的要求,也旨在通过台账管理制度帮助企业和个人记录和保存木材来源地、树种和数量等信息,从而评估非法来源木材的风险,为企业履行尽职调查义务提供可操作的方法。

三、木材、家具、造纸相关制造业上市公司诉讼情况统计

本书以木材、家具、造纸相关制造业的63家上市公司为当事人检索案件,共收集2020年全国法院判决的各类司法判决书553份,作为统计分析的样本。

(一)案件类型分布

1. 案件诉讼类型

从案件诉讼类型看,2020年木材、家具、造纸相关制造业上市公司所涉及的553件案件以民事诉讼为主,共有473件,行政诉讼有80件,不涉及刑事诉讼。详见表2－13。

表2－13　木材、家具、造纸相关制造业上市公司案件诉讼类型

诉讼类型	案件数量/件
民事诉讼	473
行政诉讼	80
刑事诉讼	0

2. 案件案由种类

首先,诉讼案件案由的基本类型看,2020年木材、家具、造纸相关制造业上市公司所涉及的553件案件主要集中在合同纠纷和知识产权纠纷两类,具体分布情况如表2－14所示。

表2－14　木材、家具、造纸相关制造业上市公司案件案由基本类型分布

案由基本类型	案件数量/件
知识产权纠纷	175
合同类纠纷	154
行政诉讼	80

续表

案由基本类型	案件数量/件
劳动法纠纷	46
金融法纠纷	42
竞争法纠纷	39
侵权责任纠纷	7
公司法纠纷	5
其他民事纠纷	2
物权纠纷	3
刑事诉讼	0
合计	553

其中，如图 2－37 所示，知识产权纠纷案件共有 175 件，在全部案件中所占的比例最高；合同类纠纷共有 154 件，数量仅次于知识产权纠纷案件。

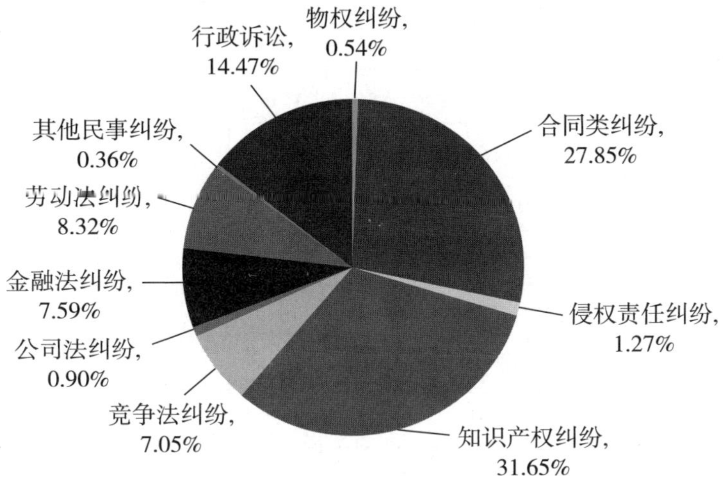

图 2－37　木材、家具、造纸相关制造业上市公司案由基本类型分布情况

其次，从案件的具体案由看，2020 年木材、家具、造纸相关制造业上市公司所涉及的 553 件案件以商标权权属、侵权纠纷案件数量最多，其他种类案由呈分散化分布状态，其分布情况如表 2－15 所示。

表 2－15　木材、家具、造纸相关制造业上市公司案件具体案由分布

具体案由	案件数量/件
商标权权属、侵权纠纷	158
其他买卖合同纠纷	69
其他行政管理	65
建设工程合同纠纷	41
其他劳动争议、人事争议	39
证券欺诈责任纠纷	39
虚假宣传纠纷	34
其他合同纠纷	13
行政登记	11
承揽合同纠纷	10
租赁合同纠纷	8
侵害企业名称(商号)权纠纷	6
劳动合同纠纷	5
著作权权属、侵权纠纷	4
专利权权属、侵权纠纷	4
仿冒纠纷	4
特许经营合同纠纷	3
提供劳务者受害责任纠纷	3
财产损害赔偿纠纷	2
社会保险纠纷	2
机动车交通事故责任纠纷	2
知识产权合同纠纷	2
其他侵权责任纠纷	2
劳动和社会保障行政管理	2

续表

具体案由	案件数量/件
票据利益返还请求权纠纷	2
生命权、身体权、健康权纠纷	2
损害公司债权人利益责任纠纷	2
股权转让纠纷	1
房屋买卖合同纠纷	1
服务合同纠纷	1
借款合同纠纷	1
专利行政管理	1
著作权合同纠纷	1
信息网络买卖合同纠纷	1
定金合同纠纷	1
不当得利纠纷	1
清算责任纠纷	1
公司决议纠纷	1
追偿权纠纷	1
票据追索权纠纷	1
运输合同纠纷	1
确认合同效力纠纷	1
商业诋毁纠纷	1
林业承包合同纠纷	1
侵害集体经济组织成员权益纠纷	1
商标行政管理	1

3. 案件地域分布

从案件地域分布看，2020 年木材、家具、造纸相关制造业上市公司所涉及的 553

件案件主要分布在北京市、广东省等地。其中，广东省案件最多，共 96 件；其次是北京市，共 80 件。具体分布情况如图 2－38 所示。

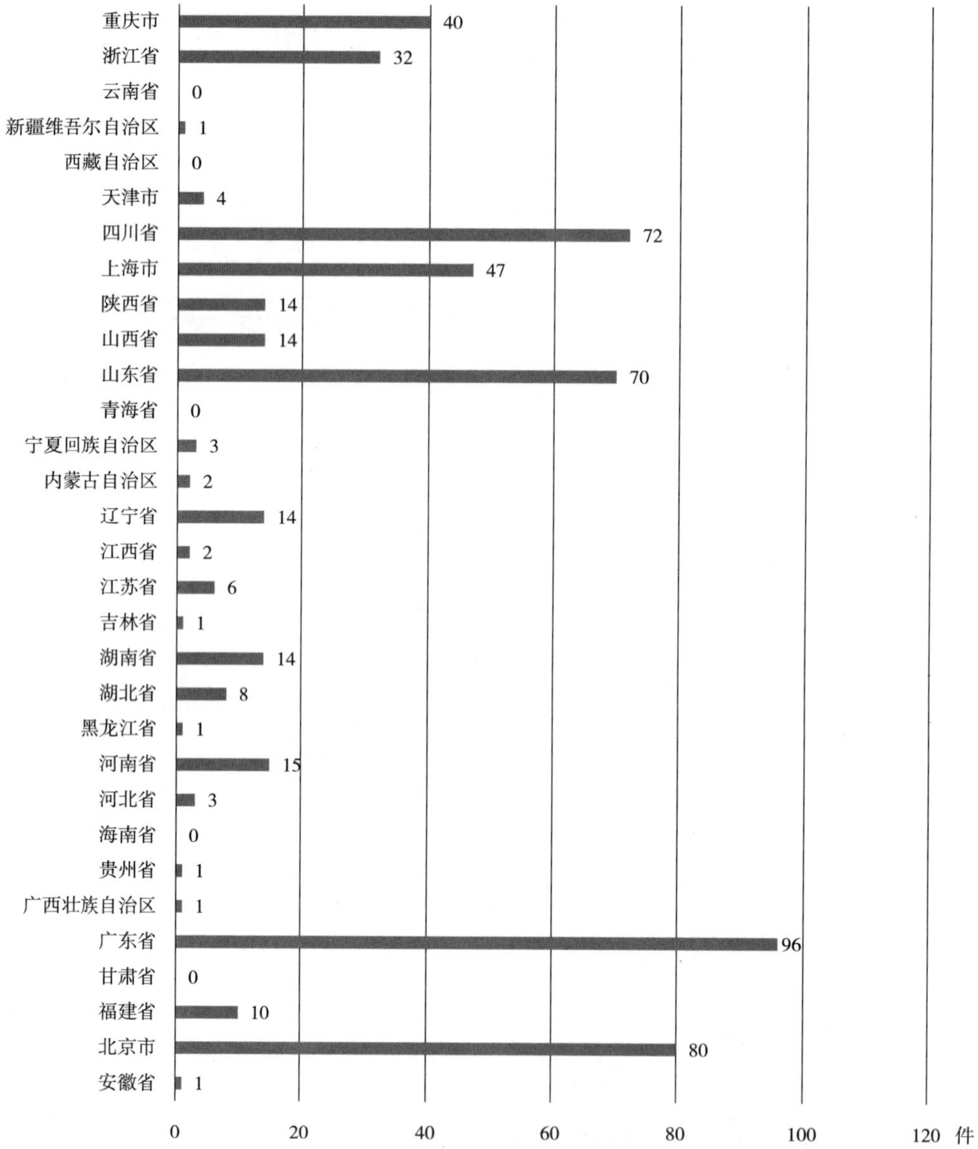

图 2－38 木材、家具、造纸相关制造业上市公司案件地域分布情况

(二)案件审理程序

1. 诉讼阶段

如图 2－39 所示,从诉讼阶段看,2020 年木材、家具、造纸相关制造业上市公司所涉及的 553 件案件中,一审案件有 412 件,占比约为 74.51%;二审案件有 138 件,占比约为 24.95%;再审案件有 3 件,占比约为 0.54%。

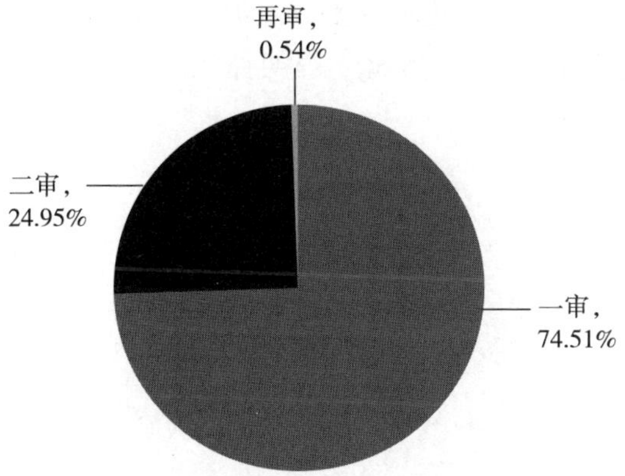

图 2－39　木材、家具、造纸相关制造业上市公司案件诉讼阶段分布情况

2. 法院层级

如图 2－40 所示,从法院层级看,2020 年木材、家具、造纸相关制造业上市公司所涉及的 553 件案件中,基层人民法院审结的案件有 223 件,占比约为 40.32%;中级人民法院审结的案件有 283 件,占比约为 51.18%;高级人民法院审结的案件有 46 件,占比约为8.32%;最高人民法院审结的案件有 1 件,占比约为 0.18%。

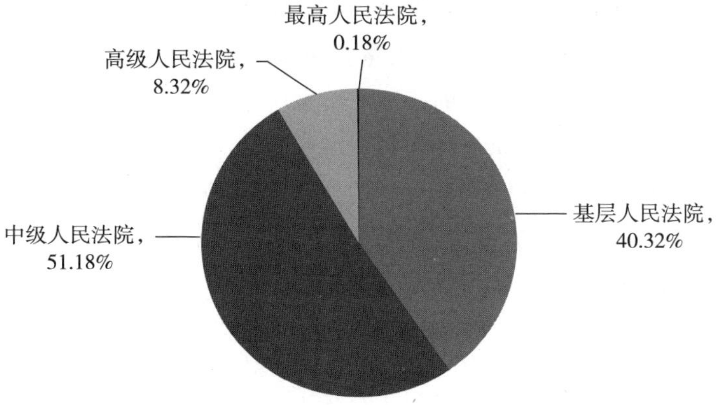

图 2－40　木材、家具、造纸相关制造业上市公司案件审理法院层级分布情况

（三）上市公司诉讼地位

如图2－41所示，从上市公司的诉讼地位看，2020年木材、家具、造纸相关制造业上市公司所涉及的553件案件中，上市公司作为原告的案件有294件，占比约为53.16%；上市公司作为被告的案件有259件，占比约为46.84%。可见，2020年木材、家具、造纸相关制造业上市公司诉讼中，木材、家具、造纸相关制造业上市公司作为原告的比例与作为被告比例基本持平，被动应诉与主动发起诉讼均是木材、家具、造纸相关制造业上市公司参与诉讼的常见路径。

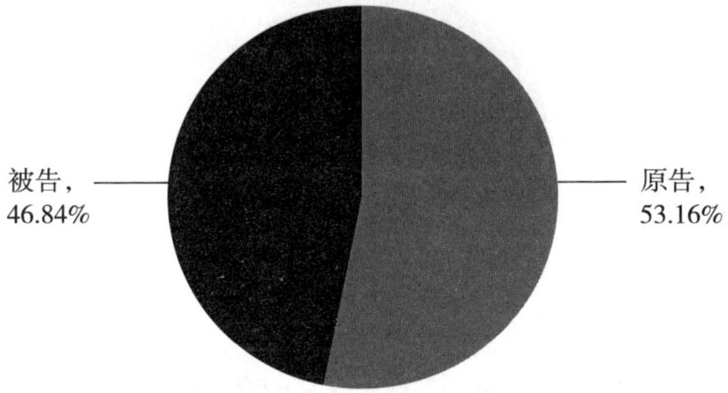

图2－41　木材、家具、造纸相关制造业上市公司诉讼地位分布情况

（四）诉讼标的额

如图2－42所示，从诉讼案件标的额看，2020年木材、家具、造纸相关制造业上市公司所涉及的有标的额可查的案件中，诉讼请求金额在1万元及以下的案件数量为10件、大于1万～10万元的案件数量为151件、大于10万～20万元的案件数量为20件、大于20万～50万元的案件数量为46件、大于50万～100万元的案件数量为6件、大于100万～200万元的案件数量为0件、大于200万～500万元的案件数量为6件、大于500万～1000万元的案件数量为11件、大于1000万～2000万元的案件数量为5件、2000万元以上的案件数量为30件。诉讼标的总额为1,241,015,497元，诉讼标的最大金额为49,122,291元，最小金额为1831元，行业平均诉讼标的额为4,354,440.34元。总体来看，木材、家具、造纸相关制造业诉讼标的额的分布范围较广，其中以大于1万～10万元诉讼标的额的案件比较常见。

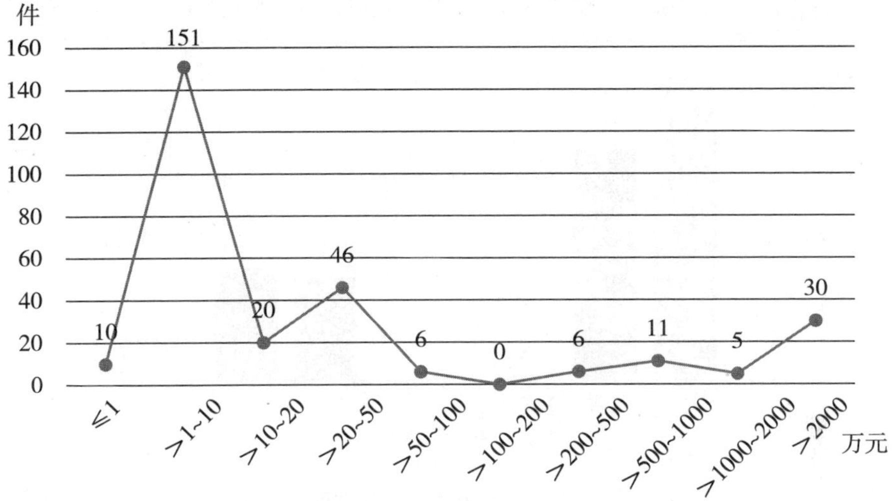

图2-42 木材、家具、造纸相关制造业上市公司诉讼标的额分布情况

（五）诉讼结果和胜诉率

从总体上看，如图2-43所示，2020年木材、家具、造纸相关制造业上市公司所涉及的案件中，胜诉的案件有394件，败诉的案件有159件。该行业上市公司的总体胜诉率约为71.25%。

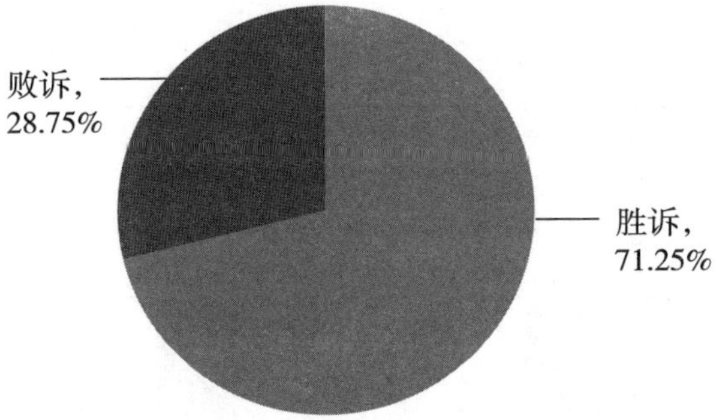

图2-43 木材、家具、造纸相关制造业上市公司诉讼结果占比情况

如图2-44所示，具体到不同的诉讼地位，当木材、家具、造纸相关制造业上市公司为原告时，其胜诉的案件有224件，败诉的案件76件，胜诉率约为74.67%，胜诉率较高。当木材、家具、造纸相关制造业上市公司为被告时，其胜诉的案件有170件，败诉的案件有83件，胜诉率约为67.19%。相较而言，木材、家具、造纸相关制造业上市公司作为原告时，胜诉率更高。

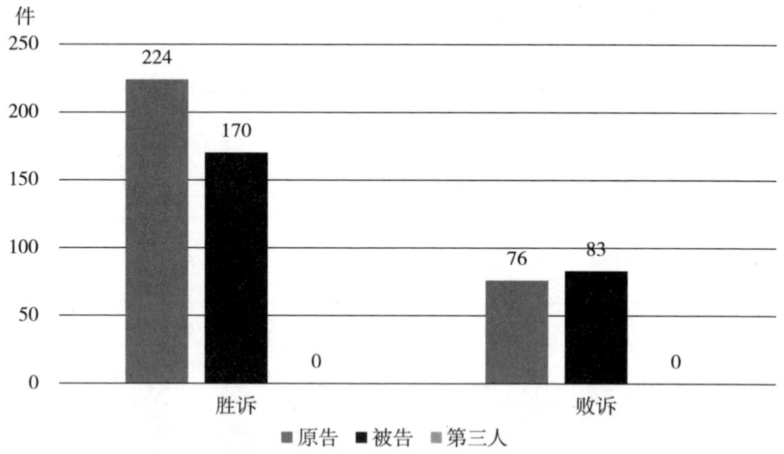

图 2－44　木材、家具、造纸相关制造业上市公司胜诉情况与诉讼地位交叉分布情况

如图 2－45 所示，具体到不同的诉讼阶段，一审阶段，木材、家具、造纸相关制造业上市公司胜诉的案件有 297 件，败诉的案件有 115 件，胜诉率约为 72.09%，胜诉率较高。二审阶段，胜诉的案件有 94 件，败诉的案件有 44 件，胜诉率约为 68.11%，稍低于一审胜诉率，但仍处于较高水平。再审阶段，上市公司胜诉的案件有 3 件，败诉的案件有 0 件，胜诉率达 100.00%。

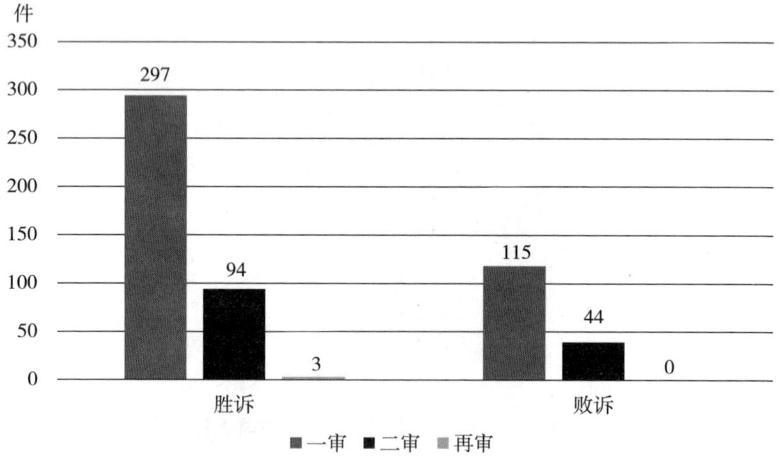

图 2－45　木材、家具、造纸相关制造业上市公司胜诉情况与诉讼阶段交叉分布情况

第六节 印刷、文娱相关制品制造业

一、印刷、文娱相关制品制造业上市公司概况

印刷、文娱相关制品制造业,包括印刷和记录媒介复制业和文教、工美、体育和娱乐用品制造业,同属于制造业大类。印刷记录媒介复制业,包括印刷、装订及印刷相关服务以及记录媒介复制;文教、工美、体育和娱乐用品制造业,包括文教办公用品制造、乐器制造、工艺美术及礼仪用品制造、体育用品制造、玩具制造和游艺器材及娱乐用品制造。

截至2020年第四季度,我国印刷、文娱相关制品制造业上市公司共计30家,从行业小类看,印刷和记录媒介复制业上市公司14家,文教、工美、体育和娱乐用品制造业上市公司16家。印刷和记录媒介复制业和文教、工美、体育和娱乐用品制造业上市公司在印刷、文娱相关制品制造业上市公司中"势均力敌"。从市场规模看,我国上市公司中印刷、文娱相关制品制造业的整体规模非常小,其数量占全部上市公司的0.72%,可见印刷、文娱相关制品制造业在全国范围内具有较大市场影响力的企业数量屈指可数。

二、印刷、文娱相关制品制造业行业政策和法律风险新动向

(一)印刷、文娱相关制品制造业行业政策新动向

为贯彻发展新理念,促进印刷行业高质量发展,国家新闻出版署2020年2月3日发布《关于做好2020年印刷复制发行管理工作的通知》,要求统筹完善绿色化发展机制,探索实施印刷业绿色产品合格评定制度,持续推进印刷智能制造,建设扩容印刷智能制造测试线,促进印刷业绿色化、数字化、智能化、融合化发展。同时,通过推动实体书店可持续发展,加强新华书店阵地建设及引导网络发行健康发展等提升印刷业专业化、集约化、标准化和信息化水平。

为推进印刷业绿色发展,生态环境部于2020年6月3日发布《关于在疫情防控常态化前提下积极服务落实"六保"任务坚决打赢打好污染防治攻坚战的意见》,要求突出抓好重点行业挥发性有机物(VOCs)和氮氧化物(NOx)治理;全面推进石化、化工、工业涂装、包装印刷等重点行业和油品储运销、工业园区、企业集群等VOCs综合治理。国家市场监督管理总局、国家发展和改革委员会、科技部、工业和信息化部等八部门进一步于2020年7月28日联合发布《关于加强快递绿色包装标

准化工作的指导意见》，要求升级快递绿色包装标准体系、加快研制快递包装绿色化标准、完善快递包装减量化标准、抓紧制定快递包装回收支撑标准等。国务院办公厅 2020 年 11 月 30 日发布的《转发国家发展改革委等部门关于加快推进快递包装绿色转型意见的通知》对上述内容予以进一步细化和明确。

此外，2020 年修订的《印刷业管理条例》将第 10 条第 1 款修改为："企业申请从事出版物印刷经营活动，应当持营业执照向所在地省、自治区、直辖市人民政府出版行政部门提出申请，经审核批准的，发给印刷经营许可证。"第 14 条修改为："国家允许外国投资者与中国投资者共同投资设立从事出版物印刷经营活动的企业，允许设立从事包装装潢印刷品和其他印刷品印刷经营活动的外商投资企业。"新版条例进一步简化印刷业行政流程，节约了行政成本，有助于释放行业发展潜力，同时对外商投资企业从事印刷业作出细化规定，有利于吸引外资进入市场。

（二）印刷、文娱相关制品制造业法律风险新动向

为进一步加强快递包装的治理，国务院办公厅《转发国家发展改革委等部门关于加快推进快递包装绿色转型意见的通知》提出，一方面要加大快递包装治理的监督执法力度，开展"双随机、一公开"检查和定期摸底调查，强化刚性约束；将快递包装相关标准实施情况纳入电商和快递行业管理；对违反相关法律法规和强制性国家标准的行为，依法依规进行查处。另一方面要完善综合性支持政策，研究将绿色、可循环快递包装生产和规模化应用企业列入绿色信贷支持范围，在债券发行等方面予以支持。因此，从事快递包装印刷制造业的企业应注意加强环保，进行绿色转型。

三、印刷、文娱相关制品制造业上市公司诉讼情况统计

本书以印刷、文娱相关制品制造业的 30 家上市公司为当事人检索案件，共收集 2020 年全国法院判决的各类司法判决书 72 份，作为统计分析的样本。

（一）案件类型分布

1. 案件诉讼类型

从案件诉讼类型看，2020 年印刷、文娱相关制品制造业上市公司所涉及的 72 件案件以民事诉讼为主，共有 68 件，行政诉讼有 4 件，不涉及刑事诉讼。详见表 2－16。

表 2－16　印刷、文娱相关制品制造业上市公司案件诉讼类型

诉讼类型	案件数量/件
民事诉讼	68
行政诉讼	4
刑事诉讼	0

2. 案件案由种类

首先，从诉讼案件案由的基本类型看，2020 年印刷、文娱相关制品制造业上市公司所涉及的 72 件案件主要集中在合同类纠纷和知识产权纠纷两类中，具体分布情况如表 2－17 所示。

表 2－17　印刷、文娱相关制品制造业上市公司案件案由基本类型分布

案由基本类型	案件数量/件
合同类纠纷	32
知识产权纠纷	23
劳动法纠纷	6
行政诉讼	4
公司法纠纷	3
刑事诉讼	3
物权纠纷	3
侵权责任纠纷	1
竞争法纠纷	0
金融法纠纷	0
其他民事纠纷	0

其中，如图 2－46 所示，合同类纠纷案件共有 32 件，在全部案件所占的比例最高；知识产权纠纷共有 23 件，数量次于合同类纠纷案件。

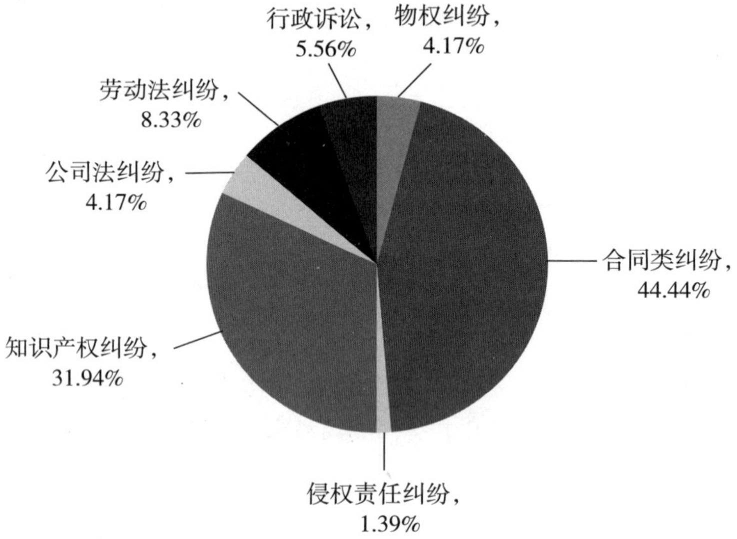

图 2－46　印刷、文娱相关制品制造业上市公司案由基本类型分布情况

其次，从案件的具体案由看，2020 年印刷、文娱相关制品制造业上市公司所涉及的 72 件案件以其他买卖合同纠纷案件数量最多，其他种类案由呈分散化分布状态，其分布情况如表 2－18 所示。

表 2－18　印刷、文娱相关制品制造业上市公司案件具体案由分布

具体案由	案件数量/件
其他买卖合同纠纷	19
著作权权属、侵权纠纷	8
商标权权属、侵权纠纷	8
专利权权属、侵权纠纷	6
其他劳动争议、人事争议	5
租赁合同纠纷	4
商标行政管理	4
借款合同纠纷	3
财产损害赔偿纠纷	3

续表

具体案由	案件数量/件
承揽合同纠纷	2
股权转让纠纷	2
建设工程合同纠纷	2
损害公司利益责任纠纷	1
其他合同纠纷	1
专利合同纠纷	1
劳动合同纠纷	1
机动车交通事故责任纠纷	1
特许经营合同纠纷	1

3. 案件地域分布

从案件地域分布看,2020 年印刷、文娱相关制品制造业上市公司所涉及的 72 件案件主要分布在上海市、广东省等地。其中,上海市案件最多,共 16 件;其次是广东省,共 12 件。具体分布情况如图 2 - 47 所示。

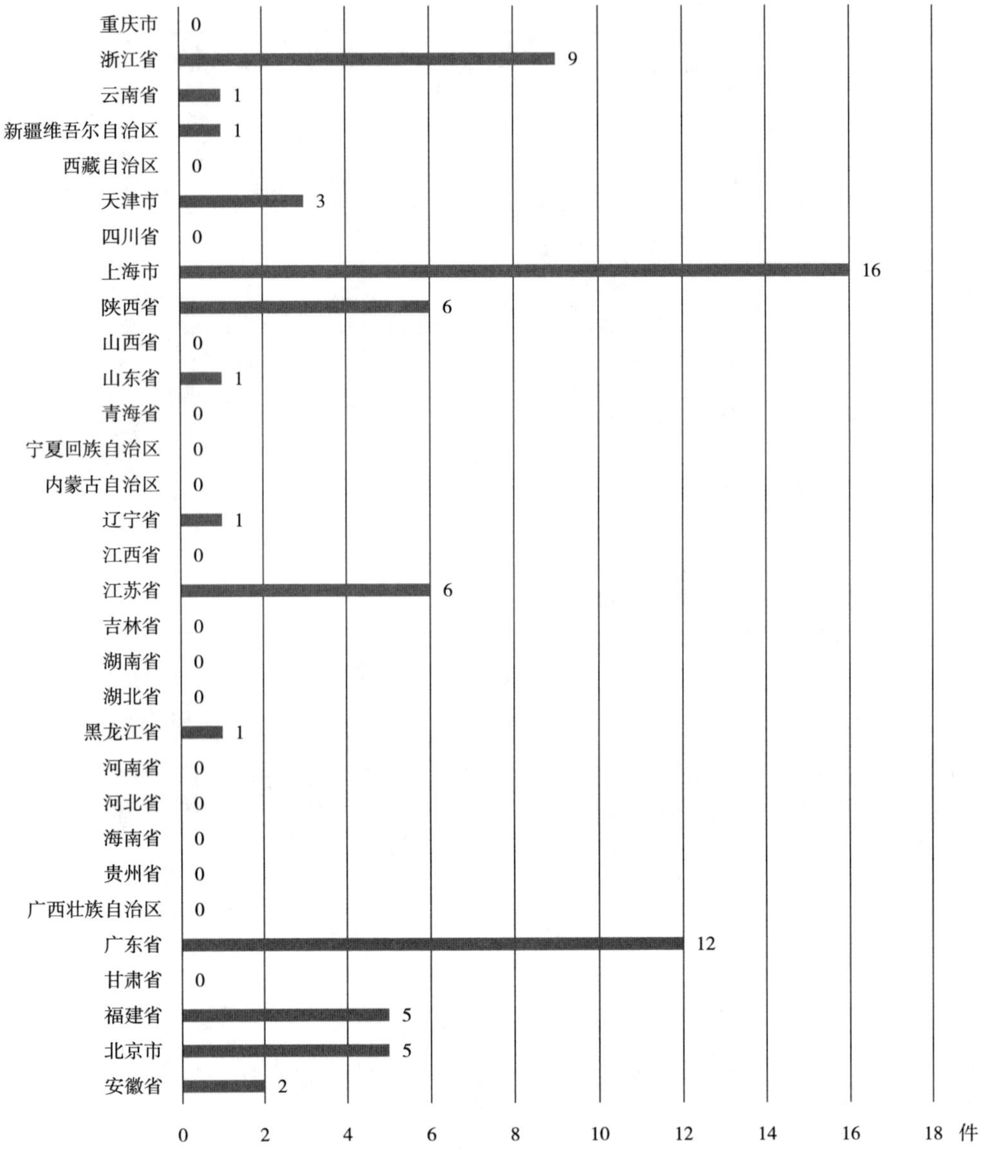

图 2－47　印刷、文娱相关制品制造业上市公司案件地域分布情况

（二）案件审理程序

1. 诉讼阶段

如图 2－48 所示，从诉讼阶段看，2020 年印刷、文娱相关制品制造业上市公司所涉及的 72 件案件中，一审案件有 50 件，占比约为 69.44%；二审案件有 20 件，占比约为 27.78%；再审案件有 2 件，占比约为 2.78%。

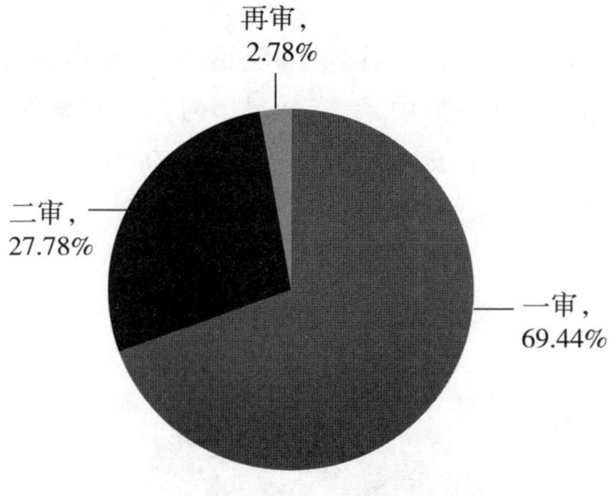

图 2－48　印刷、文娱相关制品制造业上市公司案件诉讼阶段分布情况

2. 法院层级

如图 2－49 所示，从诉讼阶段看，2020 年印刷、文娱相关制品制造业上市公司所涉及的 72 件案件中，基层人民法院审结的案件有 41 件，占比约为 56.94%；中级人民法院审结的案件有 18 件，占比约为 25%；高级人民法院审结的案件有 10 件，占比约为 13.89%；最高人民法院审结的案件有 3 件，占比约为 4.17%。

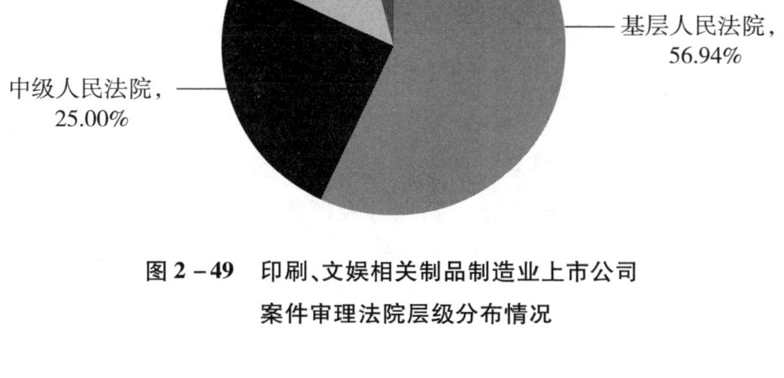

图 2－49　印刷、文娱相关制品制造业上市公司案件审理法院层级分布情况

(三)上市公司诉讼地位

如图 2－50 所示，从上市公司的诉讼地位看，2020 年印刷、文娱相关制品制造业上市公司所涉及的 72 件案件中，上市公司作为原告的案件有 30 件，占比约为 41.66%；上市公司作为被告的案件有 39 件，占比约为 54.17%；上市公司作为第三人的案件有 3 件，占比约为 4.17%。

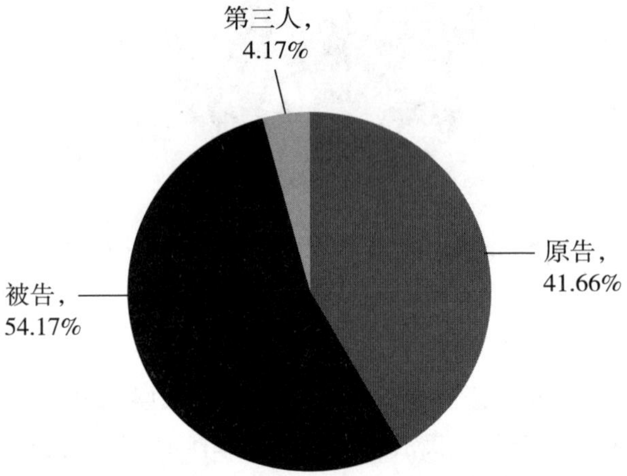

图 2－50　印刷、文娱相关制品制造业上市公司诉讼地位总体分布情况

(四)诉讼标的额

如图 2－51 所示，从民事诉讼案件的标的额看，2020 年印刷、文娱相关制品制造业上市公司所涉及的有标的额可查所有案件中，除撤诉的 4 件外，诉讼请求金额在 1 万元及以下的案件数量为 3 件、大于 1 万～10 万元的案件数量为 11 件、大于 10 万～20 万元的案件数量为 7 件、大于 20 万～50 万元的案件数量为 6 件、大于 50 万～100 万元的案件数量为 5 件、大于 100 万～200 万元的案件数量为 2 件、大于 200 万～500 万元的案件数量为 1 件、大于 500 万～1000 万元的案件数量为 1 件、大于 1000 万～2000 万元的案件数量为 1 件、2000 万元以上的案件数量为 1 件。2020 年印刷、文娱相关制品制造业上市公司所涉及的案件中，案件数量最集中的诉讼标的额为大于 1 万～10 万元，标的额平均值为 1,555,495.513 元，中位数为 167,972.725 元，标的额最大为 20,053,420 元，最小为 1897.95 元。

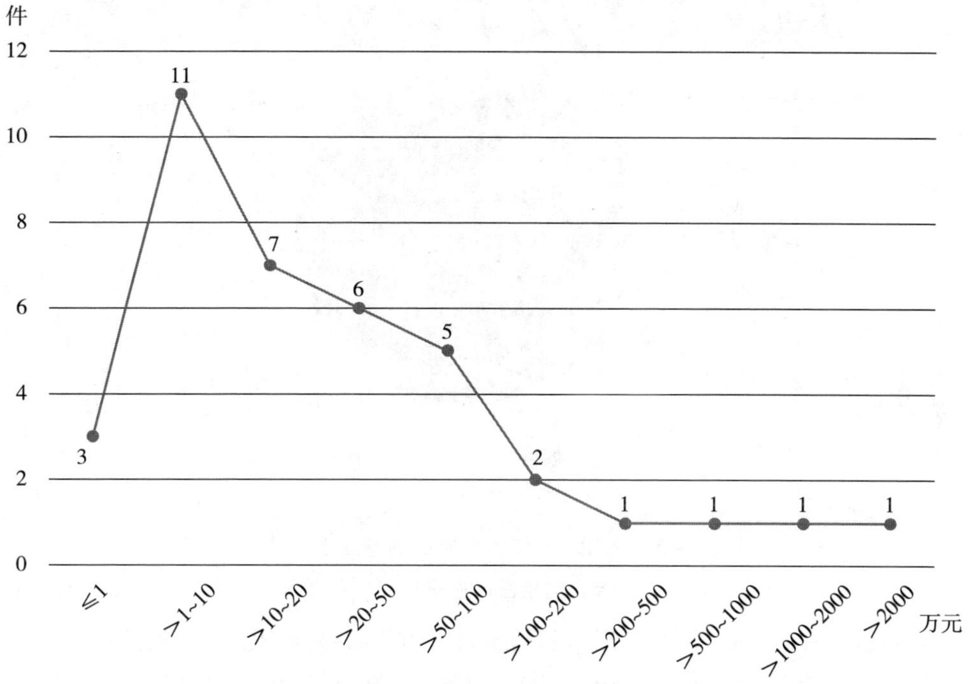

图 2－51　印刷、文娱相关制品制造业上市公司诉讼标的额分布情况

（五）诉讼结果和胜诉率

从总体上看，如图 2－52 所示，2020 年印刷、文娱相关制品制造业上市公司所涉及的所有案件中，胜诉的案件有 33 件，败诉的案件有 11 件，撤回起诉的案件有 26 件，撤回上诉的案件有 1 件，发回重审的案件有 1 件。该行业上市公司胜诉的案件数量在全部案件中占比约为 45.83%，如果排除撤诉等特殊情形，则该行业上市公司的总体胜诉率为 75.00%。

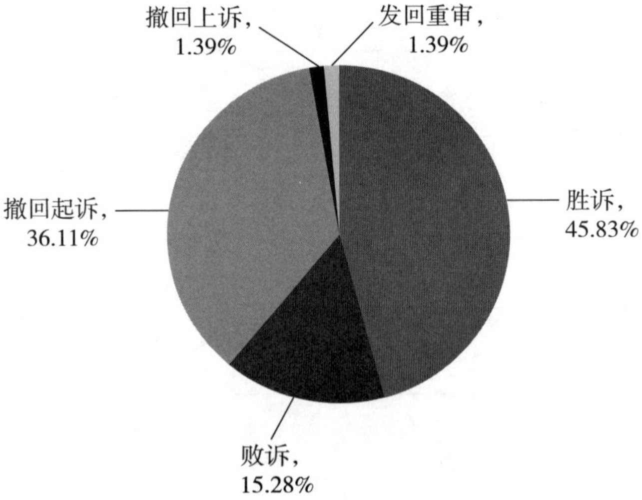

图 2－52　印刷、文娱相关制品制造业上市公司诉讼结果占比情况

如图 2－53 所示，具体到不同的诉讼地位，当印刷、文娱相关制品制造业上市公司为原告时，其胜诉的案件有 19 件，败诉的案件有 3 件，胜诉率约为 86.36%，高于总体胜诉率。当印刷、文娱相关制品制造业上市公司为被告时，其胜诉的案件有 12 件，败诉的案件有 7 件，胜诉率约为 63.16%，低于总体胜诉率。相较而言，印刷、文娱相关制品制造业上市公司作为原告时，胜诉率更高。

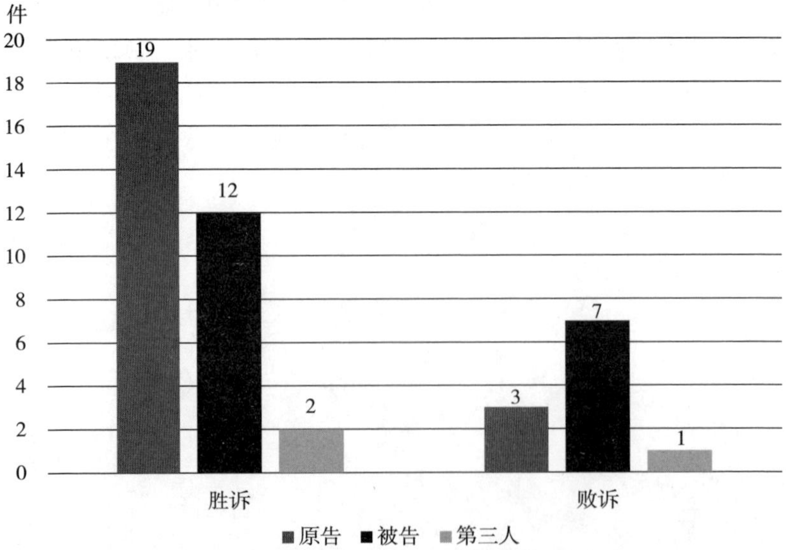

图 2－53　印刷、文娱相关制品制造业上市公司胜诉情况与诉讼地位交叉分布情况

如图 2－54 所示，具体到不同的诉讼阶段，一审阶段，印刷、文娱相关制品制造业上市公司胜诉的案件有 18 件，败诉的案件有 6 件，胜诉率为 75.00%，等同于总体胜诉率。二审阶段，胜诉的案件有 15 件，败诉的案件有 3 件，胜诉率约为 83.33%，高于总体胜诉率。再审阶段，胜诉的案件有 0 件，败诉的案件有 2 件，胜诉率为 0。

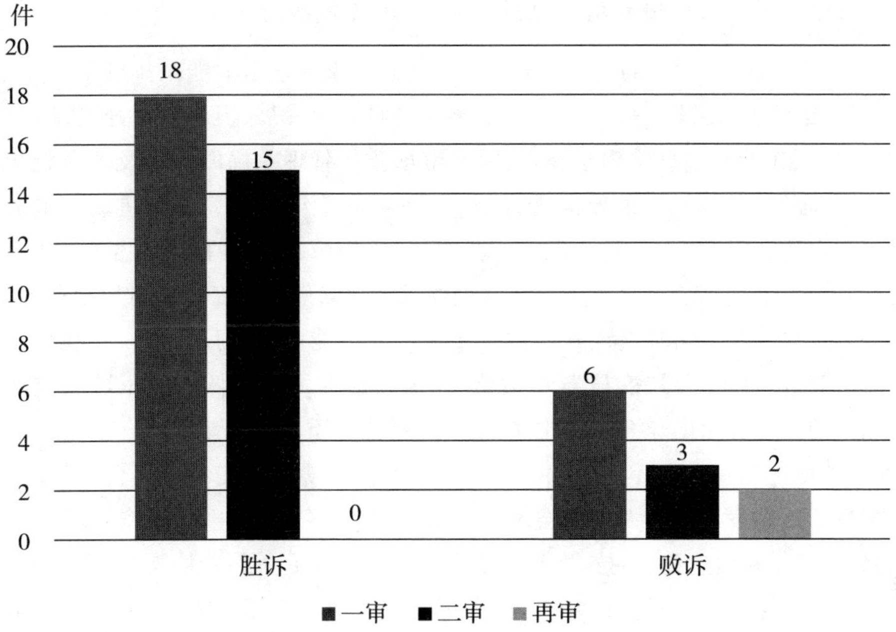

图 2－54　印刷、文娱相关制品制造业上市公司胜诉情况与诉讼阶段交叉分布情况

第七节　石油、化学相关制品制造业

一、石油、化学相关制品制造业上市公司概况

石油、化学相关制品制造业，一般指以石油和天然气为原料的化学工业。范围很广，产品很多。原油经过裂解（裂化）、重整和分离，提供基础原料，如乙烯、丙烯、丁烯、丁二烯、苯、甲苯、二甲苯、萘等。

截至 2020 年第四季度，我国石油、化学相关制品制造业上市公司共计 292 家，从行业小类看，石油加工、炼焦及核燃料加工业上市公司 17 家，化学原料及化学制品制造业上市公司 275 家。化学原料及化学制品制造业上市公司在石油、化学相关制品制造业上市公司中占据主流。从市场规模看，我国上市公司中石油、化学相关制品制造业的整体规模非常大，其数量占全部上市公司的7.08%，可见石油、化学相关制品制造业在全国范围内具有较大市场影响力的企业数量之多。

二、石油、化学相关制品制造业行业政策和法律风险新动向

（一）石油、化学相关制品制造业行业政策新动向

由于高耗能、高污染的行业性质，石油化工行业一直是节能减排的治理重点。为加强污染治理，促进石油、化工行业经济绿色低碳化发展，促进产业升级，2020年12月22日，工业和信息化部办公厅、国家市场监督管理总局办公厅及国家能源局综合司联合发布《变压器能效提升计划（2021－2023年）》。变压器是输配电的基础设备，广泛应用于工业、农业、交通、城市社区等领域，变压器损耗约占输配电电力损耗的40%，具有较大节能潜力。该计划要求加强高效节能变压器研发设计、生产制造和产业化推广，同时组织开展国家重大工业节能监察，对钢铁、石化、化工、有色、建材等重点行业开展变压器专项监察，加大对在网运行低效变压器的监察力度，以推动产业链优化升级，促进制造业节能绿色高质量发展。2020年7月29日，工业和信息化部办公厅、科技部办公厅及生态环境部办公厅三部门出台《关于组织开展〈国家鼓励发展的重大环保技术装备目录（2020年版）〉推荐工作的通知》，要求各省级工业和信息化、科技、生态环境主管部门以及有关行业协会分别组织本地区、本行业环保装备的研发或生产单位推荐符合标准的环保设备，以加强适用环保装备在冶金、化工、建材、轻工、纺织、电镀等重点领域的推广应用。并于2020年12月25日发布《国家鼓励发展的重大环保装备技术目录（2020年版）》。

为加强安全技能提升，2020年8月19日，应急管理部办公厅发布《关于扎实推进高危行业领域安全技能提升行动的通知》，要求各级应急管理部门和煤矿安全培训主管部门主动适应新冠肺炎疫情防控常态化的新形势和新要求，研究采取针对性措施，督促危险化学品、煤矿、非煤矿山、金属冶炼、烟花爆竹等高危行业企业严格落实先培训后上岗和持证上岗制度，大力推广和规范网络在线安全技能培训，扎实推进高危行业领域安全技能提升行动，提高企业从业人员安全意识和能力。

为加强行业安全生产管理，工业和信息化部于2020年6月9日出台《关于进一步加强工业行业安全生产管理的指导意见》，要求加强对工业行业安全生产工作的指导，考虑化工产品作为原材料在国民经济中的重要地位，应统筹规划布局，坚持危险化学品企业进园区的发展方向不动摇，推动化工园区的规范发展。同时，持续推动城镇人口密集区危险化学品生产企业搬迁改造工作。

（二）石油、化学相关制品制造业法律风险新动向

目前，我国石化行业正处于向高质量发展转变的关键阶段，绿色发展、低碳发展成为石油化工产业发展新的关键词，ESG——一种综合环境（Environment）、社会（Social）和公司治理（Governance）绩效的投资理念和企业评价标准体系开始在中国推广。2020 年 6 月 23 日，生态环境部在《关于印发〈2020 年挥发性有机物治理攻坚方案〉的通知》中规定，坚持精准施策和科学管控相结合，以石化、化工、工业涂装、包装印刷和油品储运销等为重点领域，以工业园区、企业集群和重点企业为重点管控对象，全面加强对光化学反应活性强的挥发性有机物（VOCs）物质控制。7 月 1 日后，按照"双随机、一公开"模式，开展执法行动，对不能稳定达标排放、不满足无组织控制要求的企业，依法依规予以处罚。加强污染源 VOCs 监测监控，对石化、化工、包装印刷、工业涂装等行业 VOCs 自动监控设施建设和运行情况开展排查，达不到《固定污染源废气中非甲烷总烃排放连续监测技术指南（试行）》规范要求的及时整改。2020 年 8 月 31 日，生态环境部印发《关于推进生态环境损害赔偿制度改革若干具体问题的意见》，进一步细化生态环境污染赔偿工作安排，明确赔偿义务人的生态修复义务并加强与公益诉讼衔接。鉴于相关环保标准逐步步提高，石油化工行业上市公司应加强污染防控，大力开展节能减排，达到行业要求。

此外，石油化工行业生产过程涉及多种易燃、易爆、有毒有害物质，具有事故多发、风险高、危险大、影响广泛的特征。2020 年 6 月 30 日，中央全面深化改革委员会第十四次会议审议通过了《关于深化新一代信息技术与制造业融合发展的指导意见》，要求深度融合大数据、人工智能、区块链等新一代信息技术，围绕石油化工生产装置等高风险设施，依托已建成的危险化学品安全生产风险监测预警平台，搭建石化装置安全平稳运行智能化管控平台，加快生产装置的智能化改造，加速石化行业的数字化、智能化转型。随着互联网技术的进一步发展，石化行业上市公司应通过互联网技术应用，加强科学化生产管理及应急处置，减少安全事故发生风险。

三、石油、化学相关制品制造业上市公司诉讼情况统计

本书以石油、化学相关制品制造业的 292 家上市公司为当事人检索案件，共收集 2020 年全国法院判决的各类司法判决书 659 份，作为统计分析的样本。

(一)案件类型分布

1. 案件诉讼类型

从案件诉讼类型看,2020 年石油、化学相关制品制造业上市公司所涉及的 659 件案件以民事诉讼为主,共有 644 件,行政诉讼有 15 件,不涉及刑事诉讼。详见表 2－19。

表 2－19 石油、化学相关制品制造业上市公司案件诉讼类型

诉讼类型	案件数量/件
民事诉讼	644
行政诉讼	15
刑事诉讼	0

2. 案件案由种类

首先,诉讼案件案由的基本类型看,2020 年石油、化学相关制品制造业上市公司所涉及的 659 件案件主要集中在合同类纠纷和劳动法纠纷两类中,具体分布情况如表 2－20 所示。

表 2－20 石油、化学相关制品制造业上市公司案件案由基本类型分布

案由基本类型	案件数量/件
合同类纠纷	344
劳动法纠纷	125
金融法纠纷	63
知识产权纠纷	55
公司法纠纷	22
侵权责任纠纷	17
行政诉讼	15
物权纠纷	7
其他民事纠纷	6
竞争法纠纷	5
刑事诉讼	0
合计	659

其中，如图 2－55 所示，合同类纠纷案件共有 344 件，约占全部案件的 52.20%；劳动法纠纷共有 125 件，数量仅次于合同类纠纷案件。

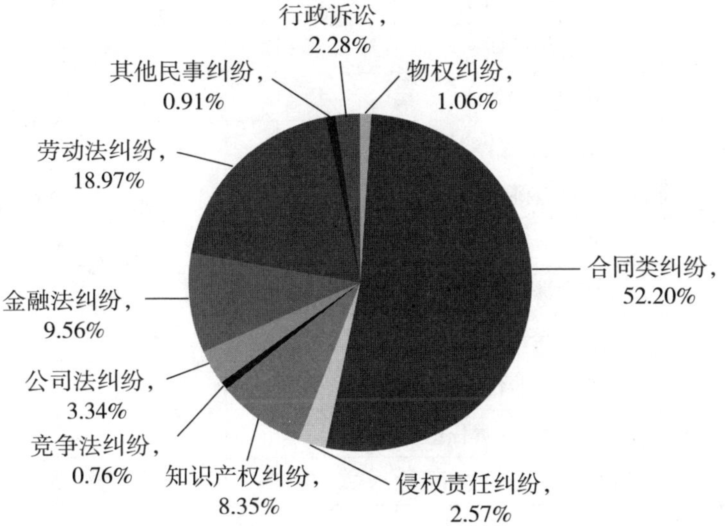

图 2－55 石油、化学相关制品制造业上市公司案由基本类型分布情况

其次，从案件的具体案由看，2020 年石油、化学相关制品制造业上市公司所涉及的 659 件案件以其他买卖合同纠纷案件数量最多，其他种类案由呈分散化分布状态，具体分布情况如表 2－21 所示。

表 2－21 石油、化学相关制品制造业上市公司案件具体案由分布

具体案由	案件数量/件
其他买卖合同纠纷	213
其他劳动争议、人事争议	100
建设工程合同纠纷	38
票据追索权纠纷	36
商标权权属、侵权纠纷	36
证券欺诈责任纠纷	23
其他合同纠纷	23
劳动合同纠纷	19
借款合同纠纷	16
专利权权属、侵权纠纷	13

续表

具体案由	案件数量/件
承揽合同纠纷	8
劳务合同纠纷	8
租赁合同纠纷	7
其他侵权责任纠纷	7
劳动和社会保障行政管理	6
委托合同纠纷	6
社会保险纠纷	6
股权转让纠纷	5
财产损害赔偿纠纷	5
机动车交通事故责任纠纷	5
著作权权属、侵权纠纷	5
其他行政管理	5
服务合同纠纷	4
其他与企业、公司有关的纠纷	4
仓储合同纠纷	3
破产债权确认纠纷	3
生命权、身体权、健康权纠纷	3
房屋买卖合同纠纷	3
侵害企业出资人权益纠纷	2
破产撤销权纠纷	2
名誉权纠纷	2
运输合同纠纷	2
产品责任纠纷	2
债权人撤销权纠纷	2
提供劳务者受害责任纠纷	2
公司解散纠纷	2
商业诋毁纠纷	2
票据利益返还请求权纠纷	2

续表

具体案由	案件数量/件
商标行政管理	2
中介合同纠纷	1
公司决议纠纷	1
排除妨害纠纷	1
行政赔偿	1
行纪合同纠纷	1
海上、通海水域人身损害责任纠纷	1
新增资本认购纠纷	1
抵押合同纠纷	1
委托理财合同纠纷	1
损害公司债权人利益责任纠纷	1
不当得利纠纷	1
供用气合同纠纷	1
侵害商业秘密纠纷	1
虚假宣传纠纷	1
环境污染责任纠纷	1
合伙合同纠纷	1
债权债务概括转移合同纠纷	1
缔约过失责任纠纷	1
财产保险合同纠纷	1
商业贿赂不正当竞争纠纷	1
行政确认	1
股东知情权纠纷	1
票据付款请求权纠纷	1
确认合同效力纠纷	1
物权确认纠纷	1
技术合同纠纷	1
追偿权纠纷	1

3. 案件地域分布

从案件地域分布看,2020 年石油、化学相关制品制造业上市公司所涉及的 659 件案件主要分布在上海市、山东省等地。其中,上海市案件最多,共 83 件;其次是山东省,共 68 件。具体分布情况如图 2－56 所示。

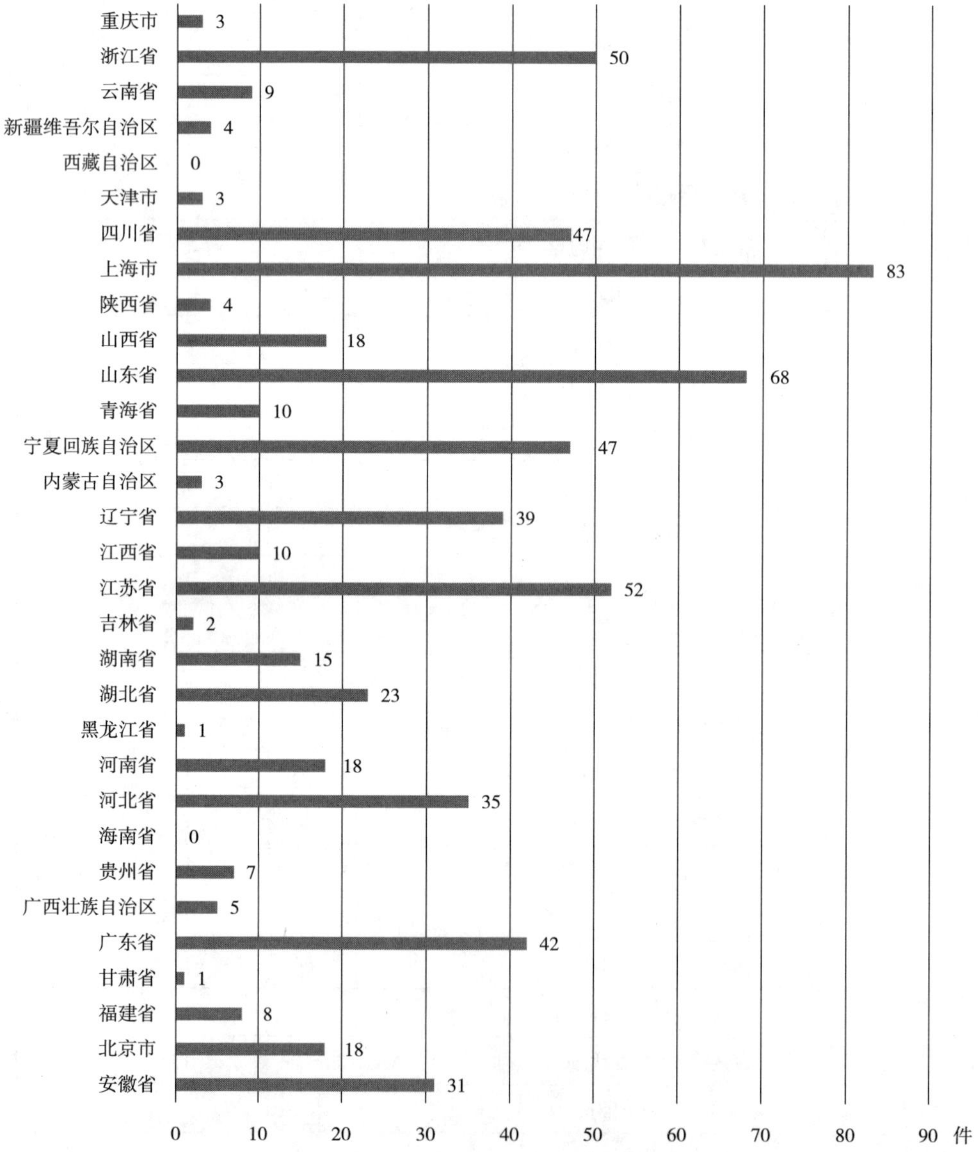

图 2－56　石油、化学相关制品制造业上市公司案件地域分布情况

(二)案件审理程序

1. 诉讼阶段

如图 2－57 所示,从诉讼阶段看,2020 年石油、化学相关制品制造业上市公司所涉及的 659 件案件中,一审案件有 486 件,占比约为 73.75%;二审案件有 162 件,占比约为24.58%;再审案件有 11 件,占比约为 1.67%。

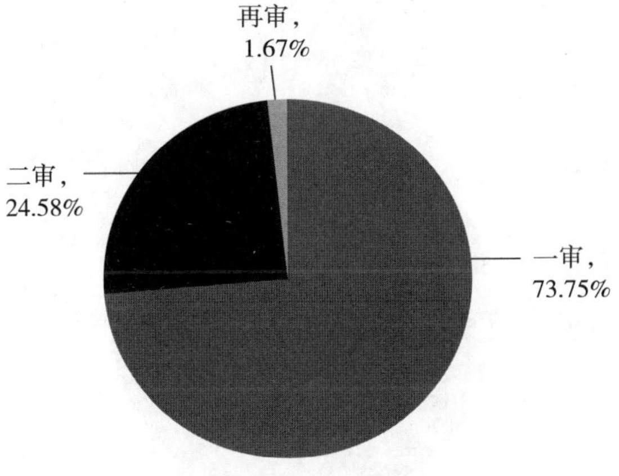

图 2－57　石油、化学相关制品制造业上市公司案件诉讼阶段分布情况

2. 法院层级

如图 2－58 所示,从诉讼阶段看,2020 年石油、化学相关制品制造业上市公司所涉及的 659 件案件中,基层人民法院审结的案件有 390 件,占比约为 59.18%;中级人民法院审结的案件有 247 件,占比约为 37.48%;高级人民法院审结的案件有 19 件,占比约为 2.88%;最高人民法院审结的案件有 3 件,占比约为 0.46%。

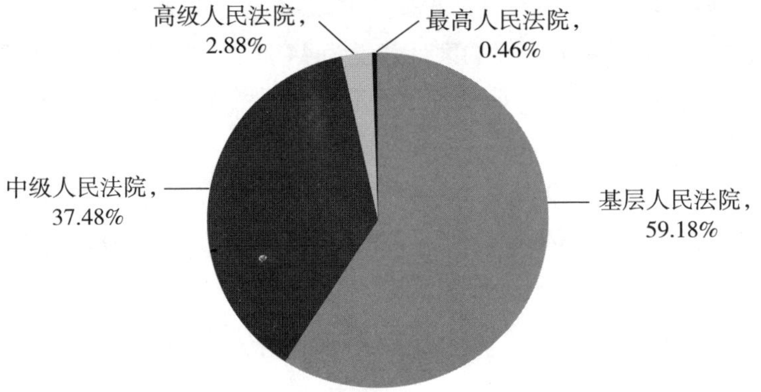

图 2－58　石油、化学相关制品制造业上市公司案件审理法院层级分布情况

（三）上市公司诉讼地位

如图 2－59 所示，从上市公司的诉讼地位看，2020 年石油、化学相关制品制造业上市公司所涉及的 659 件案件中，上市公司作为原告的案件有 345 件，占比约为 52.35%；上市公司作为被告的案件有 297 件，占比约为 45.07%；上市公司作为第三人的案件有 17 件，占比约为 2.58%。

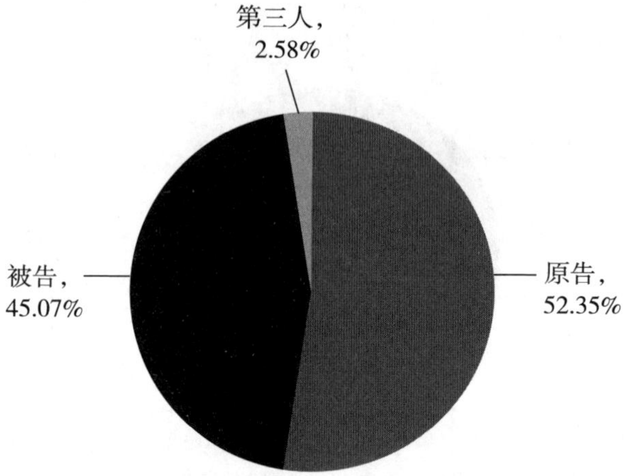

图 2－59　石油、化学相关制品制造业上市公司诉讼地位总体分布情况

（四）诉讼标的额

如图 2－60 所示，从民事诉讼案件标的额看，2020 年石油、化学相关制品制造业上市公司所涉及的有标的额可查的案件中，诉讼请求金额在 1 万元及以下的案件数量为 4 件、大于 1 万～10 万元的案件数量为 44 件、大于 10 万～20 万元的案件数量为 36 件、大于 20 万～50 万元的案件数量为 40 件、大于 50 万～100 万元的案件数量为 21 件、大于 100 万～200 万元的案件数量为 22 件、大于 200 万～500 万元的案件数量为 25 件、大于 500 万～1000 万元的案件数量为 10 件、大于 1000 万～2000 万元的案件数量为 4 件、2000 万元以上的案件数量为 13 件。2020 年石油、化学相关制品制造业上市公司所涉及的案件中，案件数量最集中的诉讼标的额在大于 1 万～10 万元，标的额平均值为 8,158,955.498 元，标的额最大为 352,346,447 元，最小为 54.1197 元。

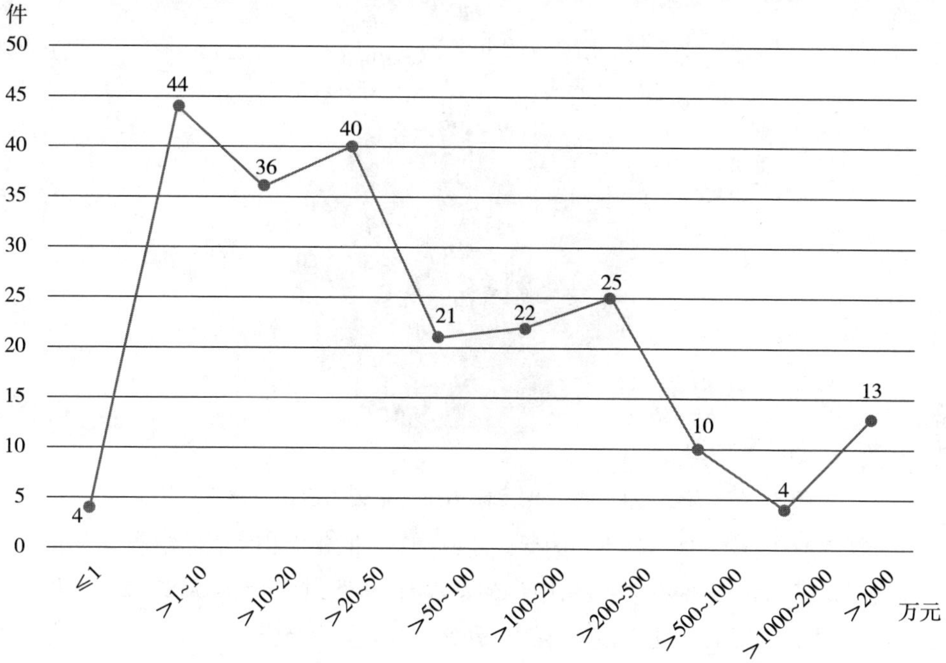

图 2－60　石油、化学相关制品制造业上市公司诉讼标的额分布情况

（五）诉讼结果和胜诉率

从总体上看，如图 2－61 所示，2020 年石油、化学相关制品制造业上市公司所涉及的案件中，胜诉的案件有 341 件，败诉的案件有 166 件，撤回起诉的案件有 138 件，撤回上诉的案件有 6 件，驳回再审申请的案件有 5 件，发回重审的案件有 3 件。该行业上市公司胜诉的案件数量在全部案例中占比约为 51.75%，如果排除撤诉等特殊情形，则该行业上市公司的总体胜诉率约为 67.26%。

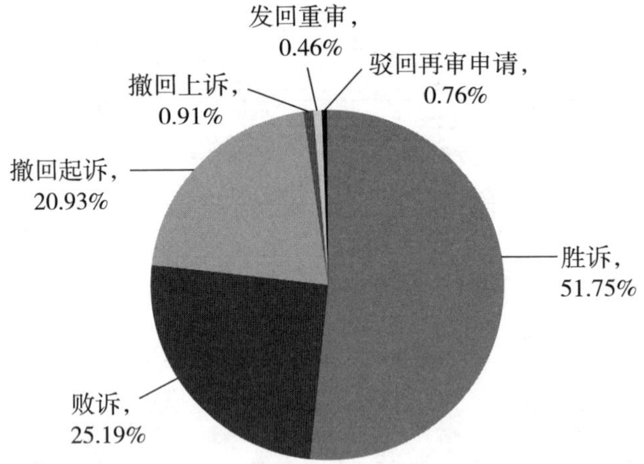

图 2－61　石油、化学相关制品制造业上市公司诉讼结果占比情况

如图 2－62 所示，具体到不同的诉讼地位，当石油、化学相关制品制造业上市公司为原告时，其胜诉的案件有 224 件，败诉的案件有 49 件，胜诉率约为 82.05%，明显高于总体胜诉率。当石油、化学相关制品制造业上市公司为被告时，其胜诉的案件有 104 件，败诉的案件有 113 件，胜诉率约为 47.93%，明显低于总体胜诉率；当石油、化学相关制品制造业上市公司为第三人时，其胜诉的案件有 13 件，败诉的案件有 4 件，胜诉率约为 76.47%。相较而言，石油、化学相关制品制造业上市公司作为原告时，胜诉率更高。

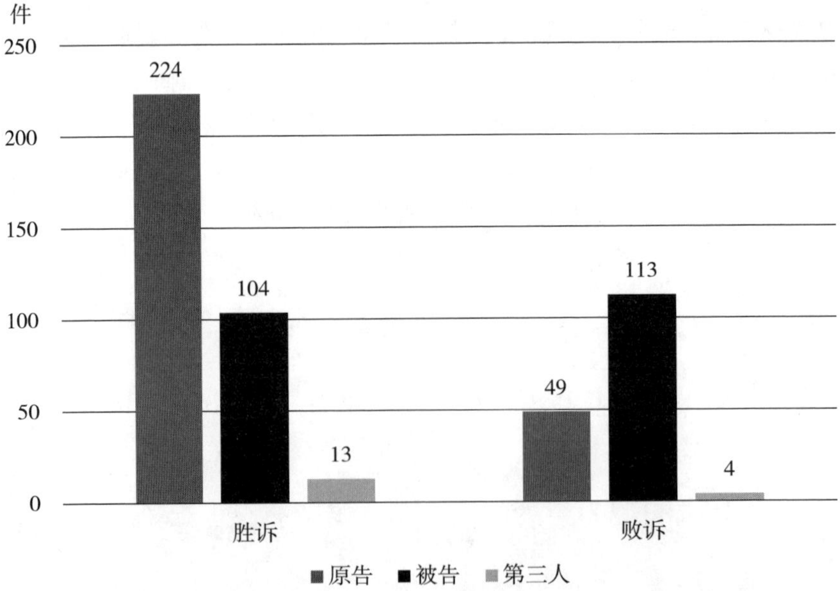

图 2－62　石油、化学相关制品制造业上市公司胜诉情况与诉讼地位交叉分布情况

如图 2-63 所示,具体到不同的诉讼阶段,一审阶段,石油、化学相关制品制造业上市公司胜诉的案件有 251 件,败诉的案件有 95 件,胜诉率约为 72.54%,略高于总体胜诉率。二审阶段,胜诉的案件有 85 件,败诉的案件有 69 件,胜诉率约为 55.19%,低于总体胜诉率。在再审判决中,上市公司胜诉的案件有 5 件,败诉的案件有 2 件,胜诉率约为 71.42%。

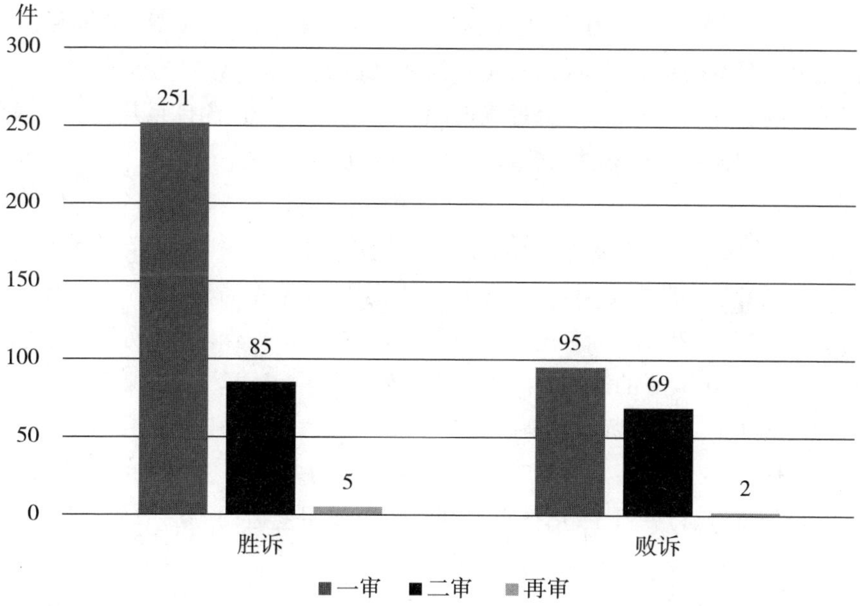

图 2-63　石油、化学相关制品制造业上市公司胜诉情况与诉讼阶段交叉分布情况

第八节　医药制造业

一、医药制造业上市公司概况

医药制造业,是指原料经物理变化或化学变化后成为新的医药类产品的过程,包含通常所说的中西药制造,其中兽用药品还包含医药原药及卫生材料。

截至 2020 年第四季度,我国医药制造业上市公司共计 253 家。从市场规模看,我国上市公司中医药制造业的整体规模很大,其数量占全部上市公司的6.13%,可见医药制造业在全国范围内具有较大市场影响力的企业数量之多。

二、医药制造业行业政策和法律风险新动向

（一）医药制造业行业政策新动向

受2020年新冠肺炎疫情的影响，为鼓励医药产业发展，相关法律政策大量出台，制度不断完善。

2020年6月1日起实施的《基本医疗卫生与健康促进法》提出，要实施基本药物制度，提高基本药物的供给能力；建立健全以临床需求为导向的药品审评审批制度、药品研制、生产、流通、使用全过程追溯制度、药品价格监测体系及药品供求监测体系，并要求加强对医疗器械的管理和中药的保护与发展。

国家医疗保障局2020年9月1日起实施的《基本医疗保险用药管理暂行办法》要求各级医疗保障部门对基本医疗保险用药范围的确定、调整，以及基本医疗保险用药的支付、管理和监督等内容作出规定。国家医疗保障局、人力资源和社会保障部于2020年12月25日发布的《关于印发〈国家基本医疗保险、工伤保险和生育保险药品目录（2020年）〉的通知》中明确，《国家基本医疗保险、工伤保险和生育保险药品目录（2020年）》收载西药和中成药共2800种，其中西药部分1264种，中成药部分1315种，协议期内谈判药品221种。另外，还有基金可以支付的中药饮片892种。各地要严格执行该目录，不得自行制定目录或用变通的方法增加目录内药品，也不得自行调整目录内药品的限定支付范围。

国家药品监督管理局会同国家卫生健康委员会组织修订的《药物临床试验质量管理规范》于2020年4月23日发布，该规范强调药物临床试验要注重发挥伦理委员会的作用，试验应当符合《世界医学大会赫尔辛基宣言》原则及相关伦理要求，并对药物临床试验中的研究者、申办者、试验方案、文件管理等内容做出详细规定。

国家药品监督管理局联合海关总署、财政部以及国家税务总局联合发布第二批适用增值税政策的抗癌药品和罕见病药品的清单，对39个抗癌药和14个罕见病药进行降税。国务院关税税则委员会于2020年12月21日发布《关于2021年关税调整方案的通知》，取消9项信息技术产品进口暂定税率，对抗癌药原料（盐酸米托蒽醌）、罕见病药原料（青霉胺）、恩格列净、阿托伐他汀钙、维格列汀、遗传物质和基因修饰生物体、人用疫苗等2021年均暂定关税都为0%，人工心脏瓣膜等医疗器械的进口关税有所降低。

2020年5月12日，国家药品监督管理局发布《关于开展化学药品注射剂仿制药质量和疗效一致性评价工作的公告》，注射剂一致性评价工作正式启动。国家市场监督管理总局于2019年12月24日发布，2020年3月1日起实行的《药品、医疗

器械、保健食品、特殊医学用途配方食品广告审查管理暂行办法》，对药品、医疗器械、保健食品和特殊医学用途配方食品广告监督管理进行进一步规范。该办法对药品、医疗器械、保健食品和特殊医学用途配方食品广告的内容、审查申请、明示内容、禁止内容及违反规定的处罚措施进行明确。

（二）医药制造业法律风险新动向

2020 年 7 月 30 日发布的《基本医疗保险用药管理暂行办法》，要求建立《基本医疗保险药品目录》（以下简称《药品目录》）内药品企业监督机制，引导企业遵守相关规定，将企业在药品推广使用、协议遵守、信息报送等方面的行为与《药品目录》管理挂钩；对于调入或调出《药品目录》的药品，专家应当提交评审结论和报告；逐步建立评审报告公开机制，接受社会监督。

国家市场监督管理总局于 2020 年 1 月 22 日发布的《药品生产监督管理办法》第 71 条规定，对于药品上市许可持有人和药品生产企业未按照规定办理企业名称、住所（经营场所）、法定代表人登记事项变更；未按照规定每年对直接接触药品的工作人员进行健康检查并建立健康档案，未按照规定对列入国家实施停产报告的短缺药品清单的药品进行停产报告的，由所在地省、自治区、直辖市药品监督管理部门处 1 万元以上 3 万元以下的罚款。第 69 条规定，药品上市许可持有人和药品生产企业未按照药品生产质量管理规范的要求生产，包括未配备专门质量负责人独立负责药品质量管理、监督质量管理规范执行；药品上市许可持有人未配备专门质量受权人履行药品上市放行责任；药品生产企业未配备专门质量受权人履行药品出厂放行责任；质量管理体系不能正常运行，药品生产过程控制、质量控制的记录和数据不真实；对已识别的风险未及时采取有效的风险控制措施，无法保证产品质量以及存在其他严重违反药品生产质量管理规范的情形，均属于《药品管理法》第 126 条规定的情节严重情形的，依法予以处罚。

《药品、医疗器械、保健食品、特殊医学用途配方食品广告审查管理暂行办法》则强调医药制造业未按照审查要求发布广告或构成虚假广告等违法违规行为，应按照《广告法》及相关法律规定处罚。

三、医药制造业上市公司诉讼情况统计

本书以医药制造业的 253 家上市公司为当事人检索案件，共收集 2020 年全国法院判决的各类司法判决书 812 份，作为统计分析的样本。

(一)案件类型分布

1. 案件诉讼类型

从案件诉讼类型看,2020 年医药制造业上市公司所涉及的 812 件案件以民事诉讼为主,共有 759 件,行政诉讼有 53 件,不涉及刑事诉讼。详见表 2－22。

表 2－22　医药制造业上市公司案件诉讼类型

诉讼类型	案件数量/件
民事诉讼	759
行政诉讼	53
刑事诉讼	0

2. 案件案由种类

首先,从诉讼案件案由的基本类型看,2020 年医药制造业上市公司所涉及的 812 件案件主要集中在合同类纠纷和金融法纠纷两类,具体分布情况如表 2－23 所示。

表 2－23　医药制造业上市公司案件案由基本类型分布

案由基本类型	案件数量/件
金融法纠纷	326
合同类纠纷	166
劳动法纠纷	113
知识产权纠纷	75
行政诉讼	53
竞争法纠纷	28
公司法纠纷	24
侵权责任纠纷	17
物权纠纷	7
其他民事纠纷	3
刑事诉讼	0
合计	812

其中，如图 2 – 64 所示，金融法纠纷案件共有 326 件，在全部案件中所占的比例最高；合同类纠纷共有 166 件，数量仅次于金融法纠纷案件。

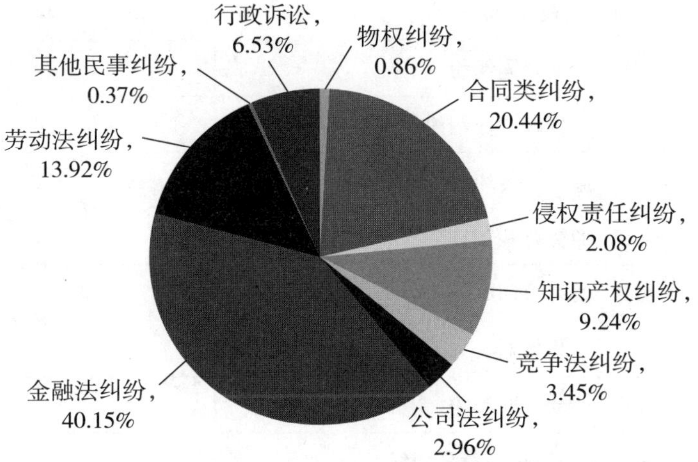

图 2 – 64 医药制造业上市公司案由基本类型分布情况

其次，从案件的具体案由看，2020 年医药制造业上市公司所涉及的 812 件案件以证券欺诈责任纠纷案件数量最多，其他种类案由呈分散化分布状态，其分布情况如表 2 – 24 所示。

表 2 – 24 医药制造业上市公司案件具体案由分布

具体案由	案件数量/件
证券欺诈责任纠纷	311
其他劳动争议、人事争议	106
其他买卖合同纠纷	60
著作权权属、侵权纠纷	50
其他行政管理	29
借款合同纠纷	20
其他合同纠纷	20
建设工程合同纠纷	17
其他与企业、公司有关的纠纷	17

续表

具体案由	案件数量/件
商标权权属、侵权纠纷	14
租赁合同纠纷	14
其他侵权责任纠纷	14
虚假宣传纠纷	12
商标行政管理	11
委托合同纠纷	10
仿冒纠纷	9
劳动合同纠纷	7
商业贿赂不正当竞争纠纷	7
票据追索权纠纷	7
返还原物纠纷	6
房屋买卖合同纠纷	6
其他票据纠纷	5
专利行政管理	5
专利权权属、侵权纠纷	4
债权转让合同纠纷	4
物业服务合同纠纷	4
食品药品安全行政管理	4
著作权合同纠纷	4
运输合同纠纷	3
行政处罚	3
股东资格确认纠纷	2
技术合同纠纷	2
追偿权纠纷	2

续表

具体案由	案件数量/件
股权转让纠纷	2
票据利益返还请求权纠纷	2
生命权、身体权、健康权纠纷	2
广告合同纠纷	2
财产保险合同纠纷	1
损害股东利益责任纠纷	1
机动车交通事故责任纠纷	1
产品责任纠纷	1
融资租赁合同纠纷	1
商业秘密合同纠纷	1
股东知情权纠纷	1
财产损害赔偿纠纷	1
提供劳务者受害责任纠纷	1
破产债权确认纠纷	1
一般人格权纠纷	1
资源行政管理	1
服务合同纠纷	1
劳务合同纠纷	1
质押合同纠纷	1

3. 案件地域分布

从案件地域分布看，2020 年医药制造业上市公司所涉及的 812 件案件主要分布在吉林省、湖南省等地。其中，吉林省案件最多，共 170 件；其次是湖南省，共 145 件。具体分布情况如图 2 – 65 所示。

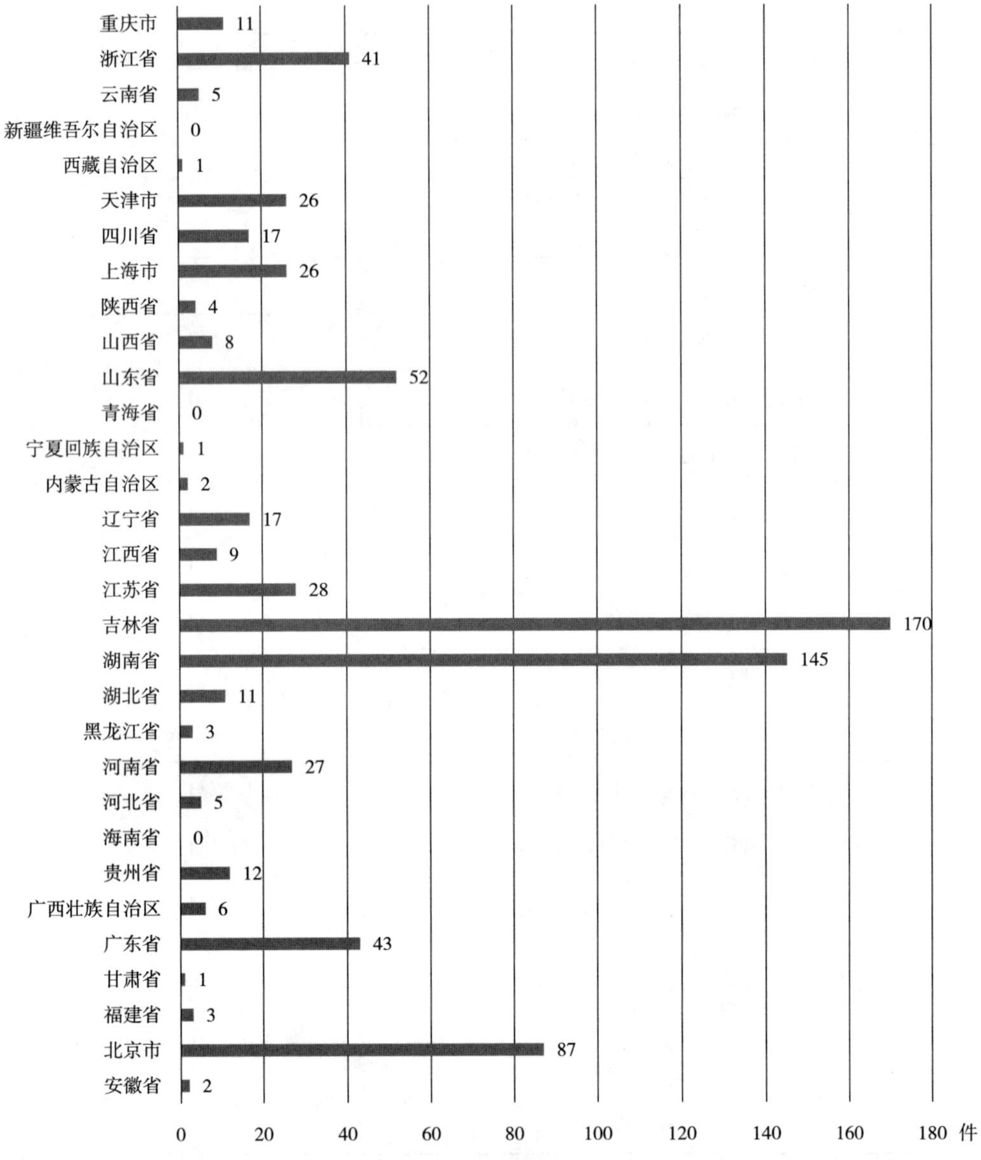

图2－65　医药制造业上市公司案件地域分布情况

（二）案件审理程序

1.诉讼阶段

如图2－66所示，从诉讼阶段看，2020年医药制造业上市公司所涉及的812件案件中，一审案件有429件，占比约为52.83%；二审案件有312件，占比约为

38.42%；再审案件有 71 件，占比约为 8.75%。

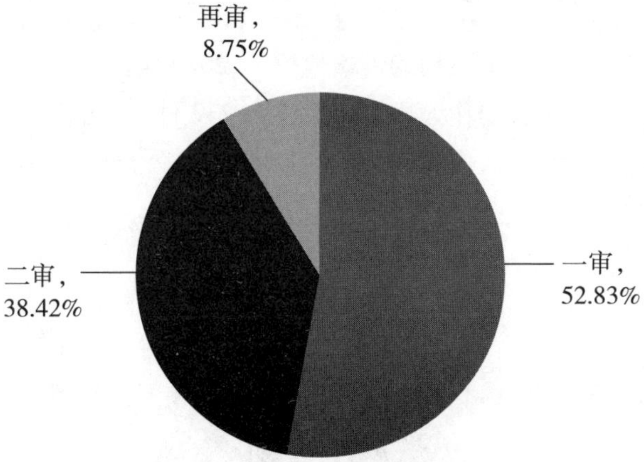

图 2-66　医药制造业上市公司案件诉讼阶段分布情况

2. 法院层级

如图 2-67 所示，从诉讼阶段看，2020 年医药制造业上市公司所涉及的 812 件案件中，基层人民法院审结的案件有 220 件，占比约为 27.09%；中级人民法院审结的案件有 346 件，占比约为 42.62%；高级人民法院审结的案件有 197 件，占比约为 24.26%；最高人民法院审结的案件有 49 件，占比约为 6.03%。

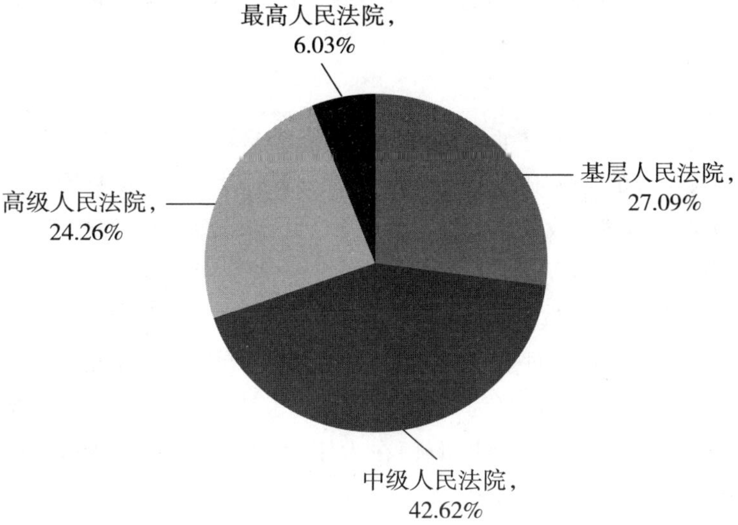

图 2-67　医药制造业上市公司案件审理法院层级分布情况

(三)上市公司诉讼地位

如图 2－68 所示,从上市公司的诉讼地位看,2020 年医药制造业上市公司所涉及的 812 件案件中,上市公司作为原告的案件有 239 件,占比约为 29.44%;上市公司作为被告的案件有 540 件,占比约为 66.50%;上市公司作为第三人的案件有 33 件,占比约为 4.06%。

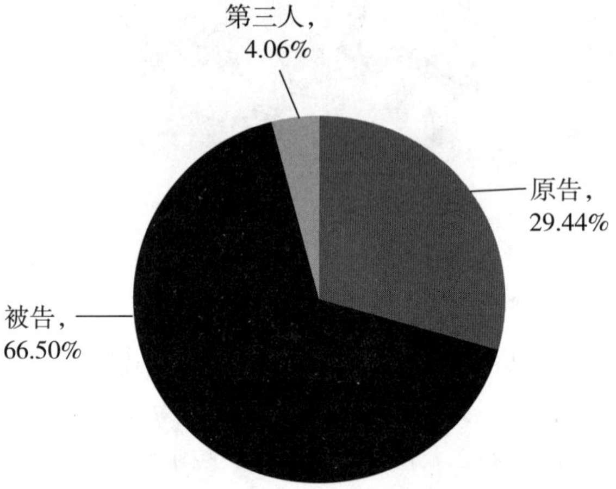

图 2－68　医药制造业上市公司诉讼地位总体分布情况

(四)诉讼标的额

如图 2－69 所示,从民事诉讼案件标的额看,2020 年医药制造业上市公司所涉及的有标的额可查的案件中,诉讼请求金额在 1 万元及以下的案件数量为 11 件、大于 1 万～10 万元的案件数量为 13 件、大于 10 万～20 万元的案件数量为 7 件、大于 20 万～50 万元的案件数量为 39 件、大于 50 万～100 万元的案件数量为 15 件、大于 100 万～200 万元的案件数量为 12 件、大于 200 万～500 万元的案件数量为 8 件、大于 500 万～1000 万元的案件数量为 3 件、大于 1000 万～2000 万元的案件数量为 3 件、2000 万元以上的案件数量为 7 件。2020 年医药制造业上市公司所涉及的案件中,案件数量最集中的诉讼标的额在大于 20 万～50 万元,标的额平均值为 19,313,429.28 元,中位数为 500,000 元,标的额最大为 471,556,600 元,最小为 46.8 元。

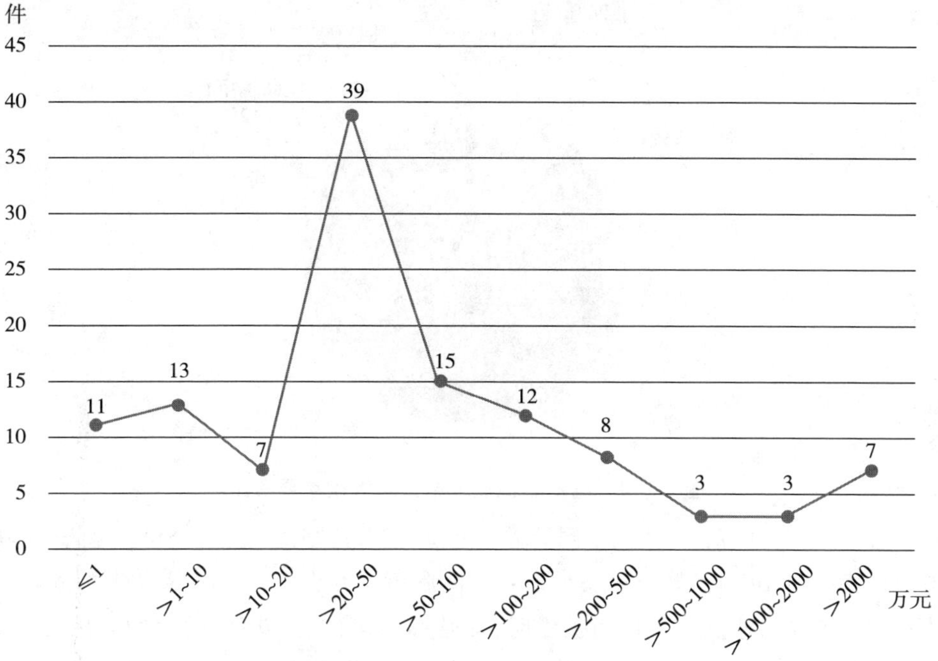

图 2-69　医药制造业上市公司诉讼标的额分布情况

（五）诉讼结果和胜诉率

总体上看，如图 2-70 所示，2020 年医药制造业上市公司所涉及的所有案件中，胜诉的案件有 254 件，败诉的案件有 467 件，撤回起诉的案件有 57 件，撤回上诉的案件有 3 件，驳回起诉的案件有 2 件，驳回上诉的案件有 17 件，驳回再审申请的案件有 11 件，发回重审的案件有 1 件。该行业上市公司胜诉的案件数量在全部案件中占比约为 31.28%，如果排除撤诉等特殊情形，则该行业上市公司的总体胜诉率约为 35.23%。

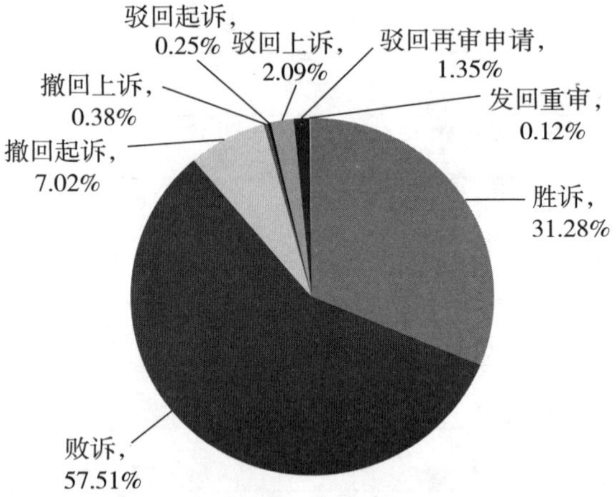

图 2－70　医药制造业上市公司诉讼结果占比

如图 2－71 所示，具体到不同的诉讼地位，当医药制造业上市公司为原告时，其胜诉的案件有 143 件，败诉的案件有 59 件，胜诉率约为 70.79%，远高于总体胜诉率。当医药制造业上市公司为被告时，其胜诉的案件有 96 件，败诉的案件有 397 件，胜诉率约为 19.47%，低于总体胜诉率；当医药制造业上市公司为第三人时，其胜诉的案件有 15 件，败诉的案件有 11 件，胜诉率约为 57.69%。相较而言，医药制造业上市公司作为原告时，胜诉率明显更高。

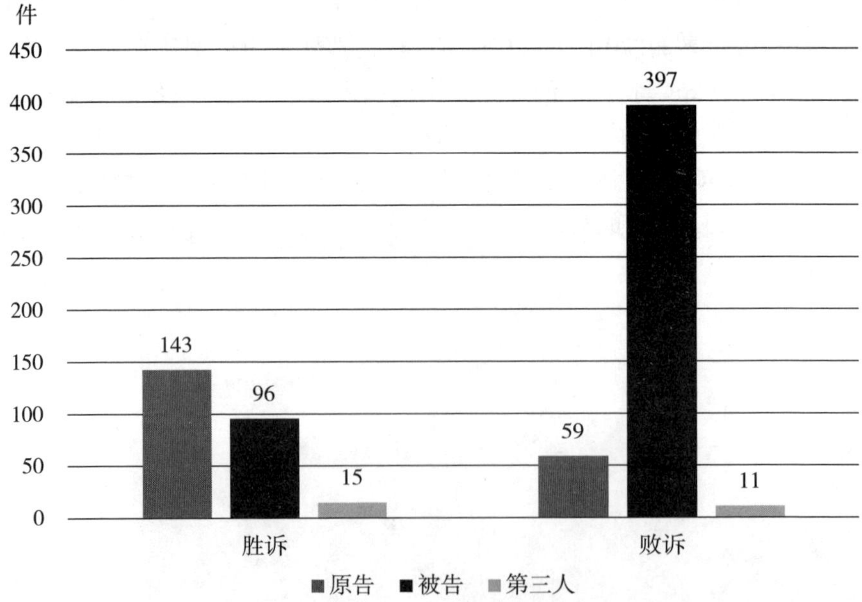

图 2－71　医药制造业上市公司胜诉情况与诉讼地位交叉分布情况

如图 2 - 72 所示，具体到不同的诉讼阶段，一审阶段，医药制造业上市公司胜诉的案件有 143 件，败诉的案件有 229 件，胜诉率约为 38.44%，略高于总体胜诉率。二审阶段，胜诉的案件有 97 件，败诉的案件有 192 件，胜诉率约为 33.56%，略低于总体胜诉率。再审阶段，胜诉的案件有 14 件，败诉的案件有 46 件，胜诉率约为 23.33%。

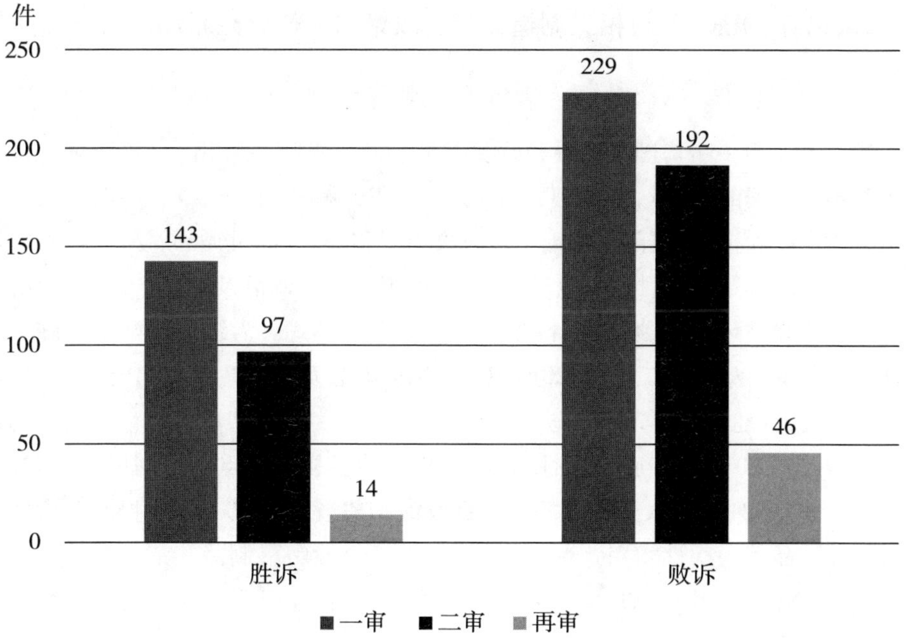

图 2 - 72　医药制造业上市公司胜诉情况与诉讼阶段交叉分布情况

第九节　化纤、橡胶、塑料相关制造业

一、化纤、橡胶、塑料相关制造业上市公司概况

化纤、橡胶、塑料相关制造业从属于制造业大类，化学纤维制造业，是指利用原料以化学方式生产纤维的活动；橡胶制造业，是指以天然及合成橡胶为原料生产各种橡胶制品的活动；塑料制造业，是指以合成树脂为主要原料，经采用挤塑、注塑、压延、层压等工艺加工成型的各种制品的生产，以及利用回收的废旧塑料加工再生产塑料制品的活动。

截至 2020 年第四季度，我国化纤、橡胶、塑料相关制造业上市公司共计 118 家，从行业小类看，化学纤维制造业上市公司 27 家、橡胶和塑料制品业上市公司 91 家。

橡胶和塑料制品制造业上市公司在化纤、橡胶、塑料相关制造业上市公司中占据主流。从市场规模看,我国上市公司中化纤、橡胶、塑料相关制造业的整体规模较小,其数量占全部上市公司的2.86%,可见化纤、橡胶、塑料相关制造业的企业在全国范围内市场影响力较小。

二、化纤、橡胶、塑料相关制造业行业政策和法律风险新动向

(一)化纤、橡胶、塑料相关制造业行业政策新动向

2020年1月16日,国家发展和改革委员会及生态环境部出台《关于进一步加强塑料污染治理的意见》,要求禁止、限制部分塑料制品的生产、销售和使用,推广应用替代产品和模式,规范塑料废弃物回收利用和处置,以可循环、易回收、可降解为导向,研发推广性能达标、绿色环保、经济适用的塑料制品及替代产品,培育有利于规范回收和循环利用、减少塑料污染的新业态新模式。为统筹做好新冠肺炎疫情防控和塑料污染治理工作,2020年7月10日国家发展和改革委员会、生态环境部、住房和城乡建设部等九部门进一步出台《关于扎实推进塑料污染治理工作的通知》,重点围绕2020年年底阶段性目标,分析评估各领域重点难点问题,全面推行"禁塑令",禁用列入淘汰类目录的一次性发泡塑料餐具、一次性塑料棉签、含塑料微珠日化产品等一次性塑料产品,鼓励使用可降解性塑料制品。禁塑令的推行将释放大量可降解塑料PBAT及PLA市场需求,也将推动可降解塑料行业的快速发展。

为了回应限塑令的需求,2020年新修订的《固体废物污染环境防治法》增加了第68～70条,鼓励和引导减少使用、积极回收塑料袋等一次性塑料制品,推广应用可循环、易回收、可降解的替代产品。

(二)化纤、橡胶、塑料相关制造业法律风险新动向

《关于扎实推进塑料污染治理工作的通知》要求实施生态环境保护综合执法,要求各地生态环境、工业和信息化、住房和城乡建设、商务、文化和旅游等部门按照《固体废物污染环境防治法》《关于深化生态环境保护综合行政执法改革的指导意见》《行政主管部门移送适用行政拘留环境违法案件暂行办法》等法律政策要求,做好日常监管;各行业主管部门要及时将涉塑料环境污染和生态破坏行为的线索移交生态环境保护综合执法队伍,由其依法立案查处。"禁塑令"的推行要求塑料行业上市公司进一步转型升级,优化生产线,转变生产方向,减少不可降解一次性塑料制品的生产,研发推广性能达标、绿色环保、经济适用的塑料制品及替代产品。

三、化纤、橡胶、塑料相关制造业上市公司诉讼情况统计

本书以化纤、橡胶、塑料相关制造业的 118 家上市公司为当事人检索案件，共收集 2020 年全国法院判决的各类司法判决书 256 份，作为统计分析的样本。

（一）案件类型分布

1. 案件诉讼类型

从案件诉讼类型看，2020 年化纤、橡胶、塑料相关制造业上市公司所涉及的 256 件案件以民事诉讼为主，共有 246 件，行政诉讼有 10 件，不涉及刑事诉讼。详见表 2 - 25。

表 2 - 25　化纤、橡胶、塑料相关制造业上市公司案件诉讼类型

诉讼类型	案件数量/件
民事诉讼	246
行政诉讼	10
刑事诉讼	0

2. 案件案由种类

首先，从诉讼案件案由的基本类型看，2020 年化纤、橡胶、塑料相关制造业上市公司所涉及的 256 件案件主要集中在合同类纠纷和劳动法纠纷两类中，具体分布情况如表 2 - 26 所示。

表 2 - 26　化纤、橡胶、塑料相关制造业上市公司案件案由基本类型分布

案由基本类型	案件数量/件
合同类纠纷	153
劳动法纠纷	44
金融法纠纷	33
行政诉讼	10
公司法纠纷	6
侵权责任纠纷	4
知识产权纠纷	3
竞争法纠纷	2
其他民事纠纷	1

续表

案由基本类型	案件数量/件
物权纠纷	0
刑事诉讼	0
合计	256

其中，如图 2－73 所示，合同类纠纷案件共有 153 件，在全部案件中所占的比例最高；劳动法纠纷共有 44 件，数量仅次于合同类纠纷案件。

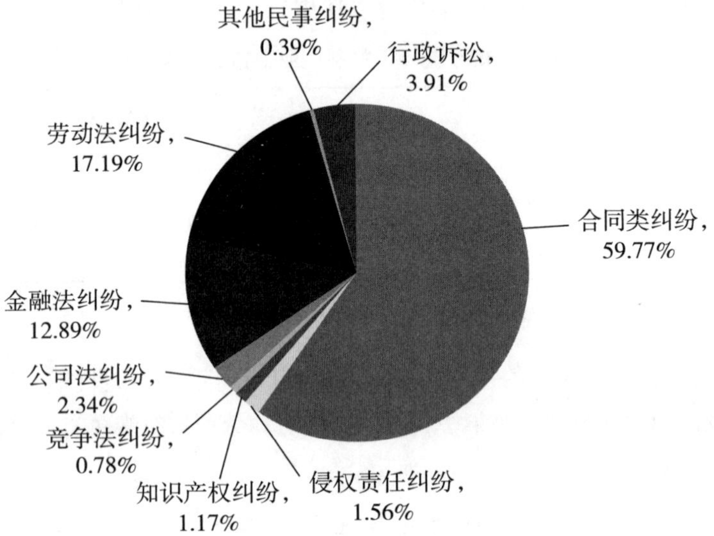

图 2－73　化纤、橡胶、塑料相关制造业上市公司案由基本类型分布情况

其次，从案件的具体案由看，2020 年化纤、橡胶、塑料相关制造业上市公司所涉及的 256 件案件以其他买卖合同纠纷案件数量最多，其他种类案由呈分散化分布状态，其分布情况如表 2－27 所示。

表 2－27　化纤、橡胶、塑料相关制造业上市公司案件具体案由分布

具体案由	案件数量/件
其他买卖合同纠纷	87
其他劳动争议、人事争议	32
其他票据纠纷	22
劳动合同纠纷	11

续表

具体案由	案件数量/件
其他合同纠纷	11
建设工程合同纠纷	11
借款合同纠纷	9
保证合同纠纷	9
票据追索权纠纷	9
其他与企业、公司有关的纠纷	6
承揽合同纠纷	5
租赁合同纠纷	4
其他侵权责任纠纷	4
其他行政管理	3
资源行政管理	3
专利行政管理	3
分期付款买卖合同纠纷	3
追偿权纠纷	2
虚假宣传纠纷	2
服务合同纠纷	2
运输合同纠纷	2
债权人代位权纠纷	2
仓储合同纠纷	2
著作权权属、侵权纠纷	2
证券交易合同纠纷	1
劳动和社会保障行政管理	1
劳务合同纠纷	1
社会保险纠纷	1
债权人撤销权纠纷	1
中介合同纠纷	1
商标权权属、侵权纠纷	1
房屋买卖合同纠纷	1
财产保险合同纠纷	1
法定继承纠纷	1

3. 案件地域分布

从案件地域分布看，2020 年化纤、橡胶、塑料相关制造业上市公司所涉及的 256 件案件主要分布在广东省、浙江省等地。其中，广东省案件最多，共 43 件；其次是浙江省，共 40 件。具体分布情况如图 2－74 所示。

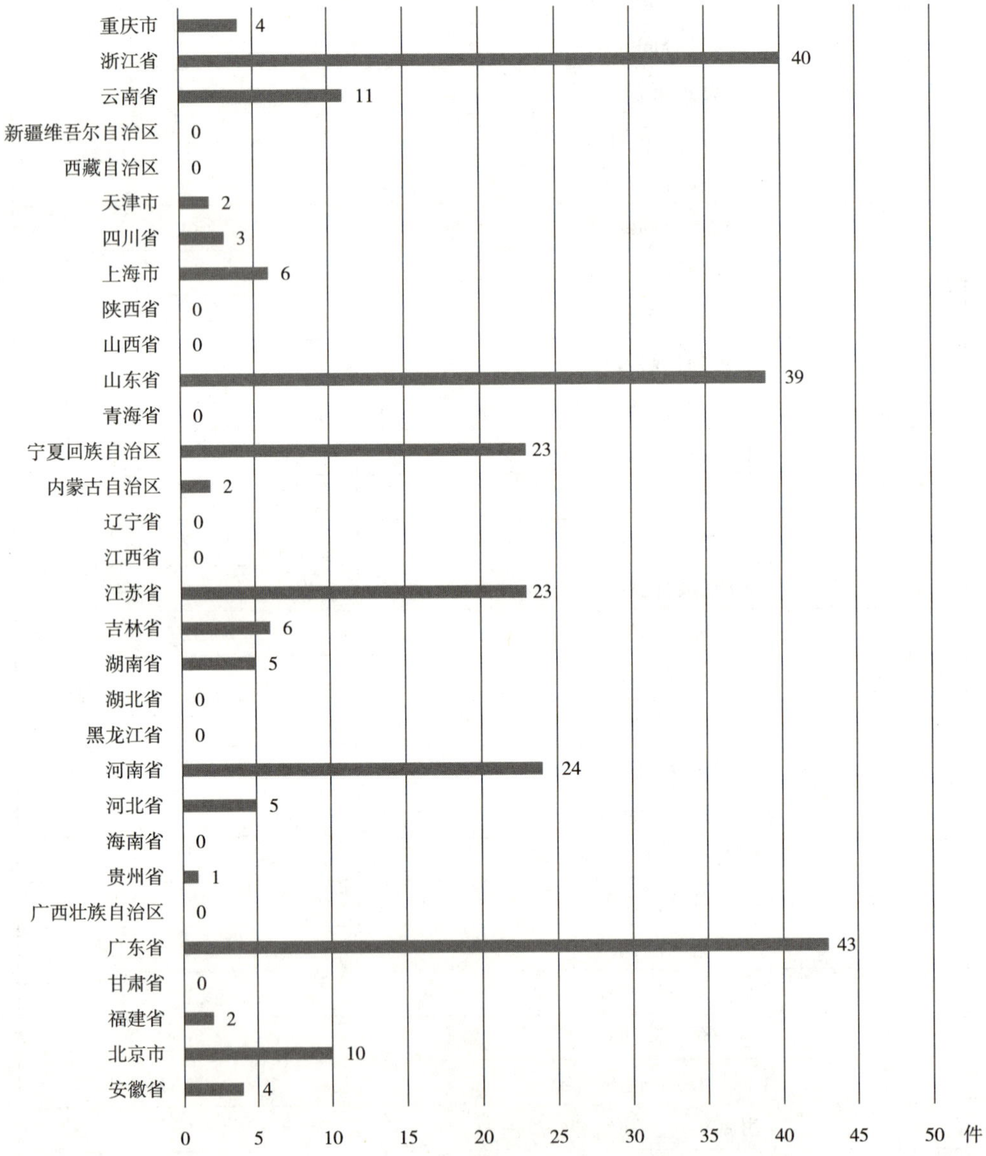

图 2－74　化纤、橡胶、塑料相关制造业上市公司案件地域分布情况

(二)案件审理程序

1. 诉讼阶段

如图 2 - 75 所示,从诉讼阶段看,2020 年化纤、橡胶、塑料相关制造业上市公司所涉及的 256 件案件中,一审案件有 169 件,占比约为 66.02%;二审案件有 84 件,占比约为 32.81%;再审案件有 3 件,占比约为 1.17%。

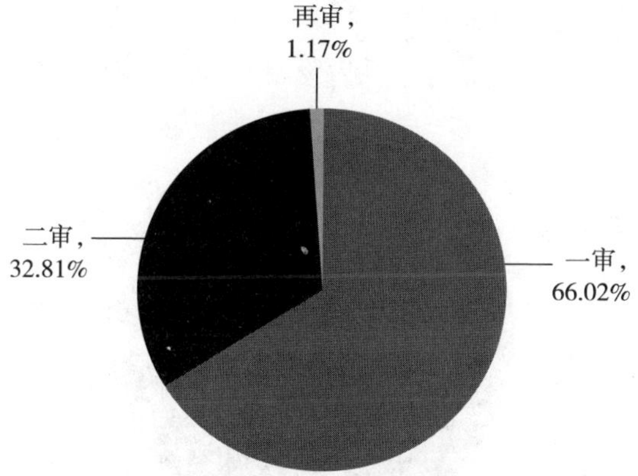

图 2 - 75　化纤、橡胶、塑料相关制造业上市公司案件诉讼阶段分布情况

2. 法院层级

如图 2 - 76 所示,从诉讼阶段看,2020 年化纤、橡胶、塑料相关制造业上市公司所涉及的 256 件案件中,基层人民法院审结的案件有 138 件,占比约为 53.91%;中级人民法院审结的案件有 108 件,占比约为 42.19%;高级人民法院审结的案件有 7 件,占比约为 2.73%;最高人民法院审结的案件有 3 件,占比约为 1.17%。

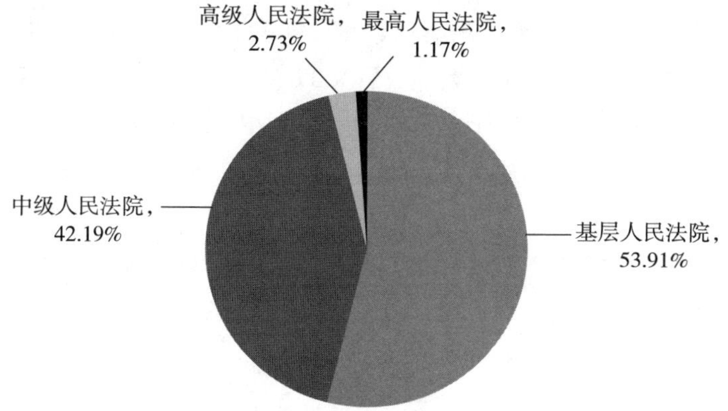

图 2 - 76　化纤、橡胶、塑料相关制造业上市公司案件审理法院层级分布情况

（三）上市公司诉讼地位

如图 2－77 所示，从上市公司的诉讼地位看，2020 年化纤、橡胶、塑料相关制造业上市公司所涉及的 256 件案件中，上市公司作为原告的案件有 127 件，占比约为 49.61%；上市公司作为被告的案件有 124 件，占比约为 48.44%；上市公司作为第三人的案件有 5 件，占比约为 1.95%。

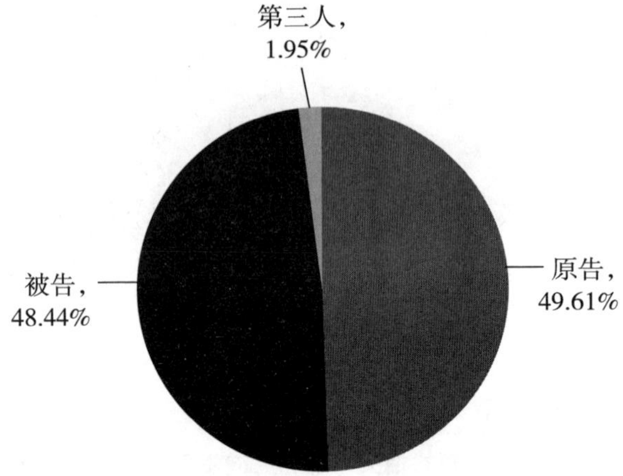

图 2－77　化纤、橡胶、塑料相关制造业上市公司诉讼地位总体分布情况

（四）诉讼标的额

如图 2－78 所示，从民事诉讼案件标的额看，2020 年化纤、橡胶、塑料相关制造业上市公司所涉及的有标的额可查的案件中，诉讼请求金额在 1 万元及以下的案件数量为 1 件、大于 1 万～10 万元的案件数量为 4 件、大于 10 万～20 万元的案件数量为 3 件、大于 20 万～50 万元的案件数量为 11 件、大于 50 万～100 万元的案件数量为 9 件、大于 100 万～200 万元的案件数量为 4 件、大于 200 万～500 万元的案件数量为 25 件、大于 500 万～1000 万元的案件数量为 7 件、大于 1000 万～2000 万元的案件数量为 1 件、2000 万元以上的案件数量为 7 件。2020 年化纤、橡胶、塑料相关制造业上市公司所涉及的案件中，案件数量最集中的诉讼标的额在大于 200 万～500 万元，标的额平均值为8,241,841.09元，中位数为 2,345,365 元，标的额最大为 98,456,436 元，最小为 3283.848019 元。

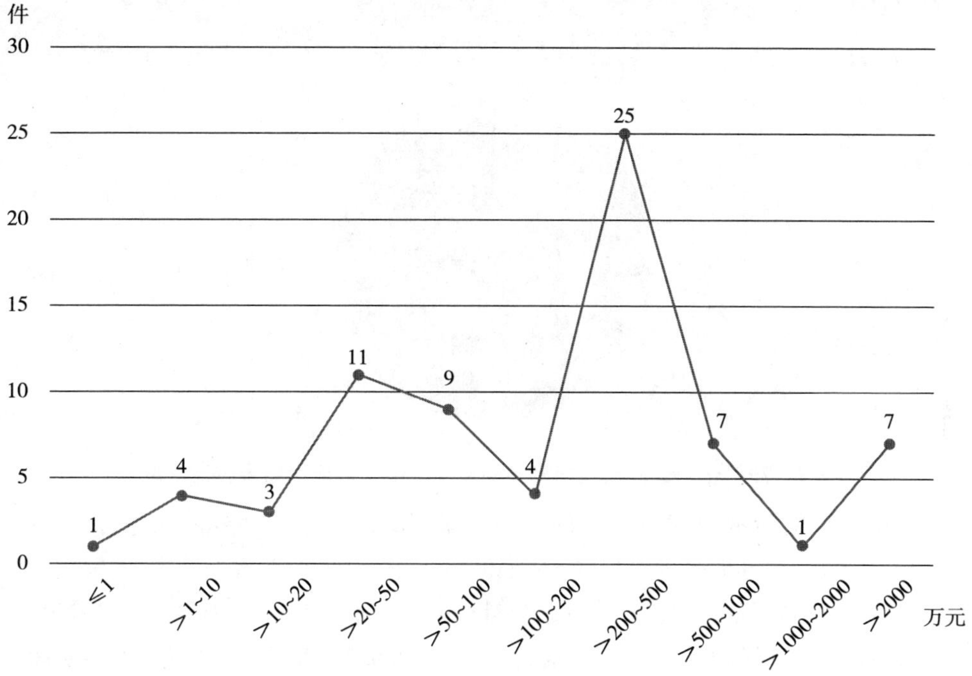

图 2－78 化纤、橡胶、塑料相关制造业上市公司诉讼标的额分布情况

(五)诉讼结果和胜诉率

从总体上看,如图 2－79 所示,2020 年化纤、橡胶、塑料相关制造业上市公司所涉及的所有案件中,胜诉的案件有 179 件,败诉的案件有 46 件,驳回上诉的案件有 30 件,驳回再审申请的案件有 1 件。该行业上市公司胜诉的案件数量在全部案件中占比约为 69.92%,如果排除撤诉等特殊情形,则该行业上市公司的总体胜诉率约为 79.56%。

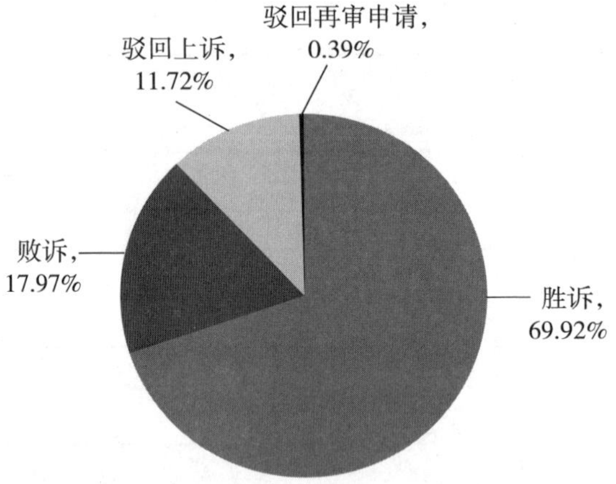

图 2－79　化纤、橡胶、塑料相关制造业上市公司诉讼结果占比情况

如图 2－80 所示，具体到不同的诉讼地位，当化纤、橡胶、塑料相关制造业上市公司为原告时，其胜诉的案件有 86 件，败诉的案件有 22 件，胜诉率约为 79.63%，基本等同于总体胜诉率。当化纤、橡胶、塑料相关制造业上市公司为被告时，其胜诉的案件有 90 件，败诉的案件有 23 件，胜诉率约为 79.65%，亦基本等同于总体胜诉率；当化纤、橡胶、塑料相关制造业上市公司为第三人时，其胜诉的案件有 3 件，败诉的案件有 1 件，胜诉率为 75.00%。总体而言，化纤、橡胶、塑料相关制造业上市公司作为被告时，胜诉率更高，但无论其作为原告或被告，相较其他行业都拥有较高的胜诉率。

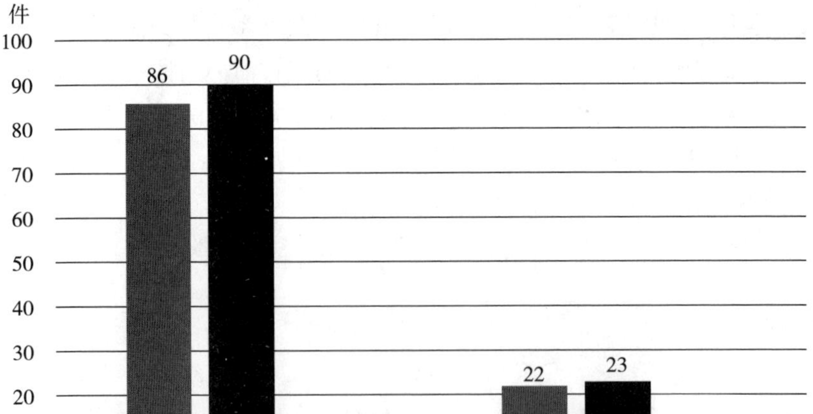

图 2－80　化纤、橡胶、塑料相关制造业上市公司胜诉情况与诉讼地位交叉分布情况

如图 2－81 所示，具体到不同的诉讼阶段，一审阶段，化纤、橡胶、塑料相关制造业上市公司胜诉的案件有 137 件，败诉的案件有 32 件，胜诉率约为 81.07%，略高于总体胜诉率。在二审阶段，胜诉的案件有 40 件，败诉的案件有 13 件，胜诉率约为 75.47%，基本等同于总体胜诉率。再审阶段，胜诉的案件有 2 件，败诉的案件有 1 件，胜诉率约为 67.77%。

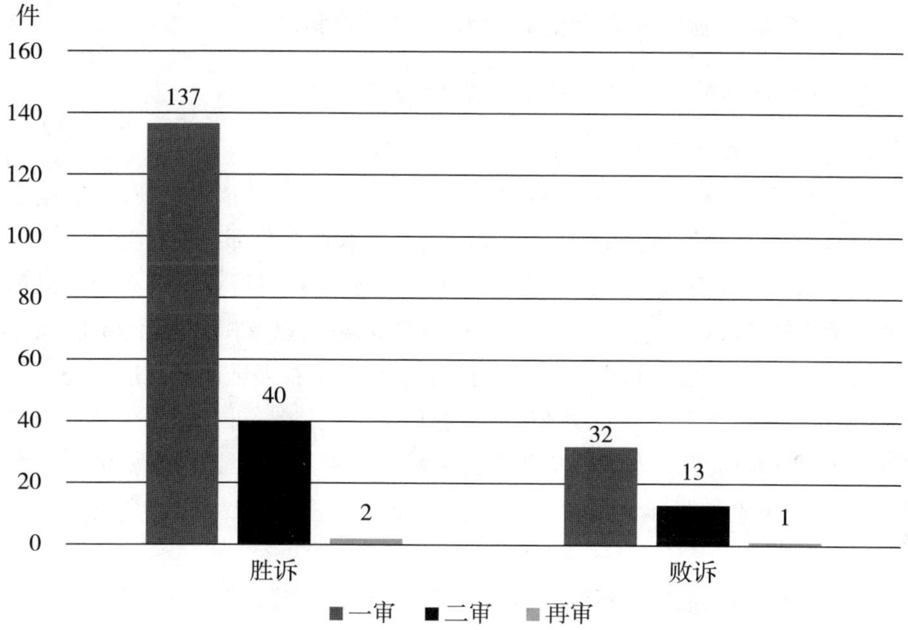

图 2－81　化纤、橡胶、塑料相关制造业上市公司胜诉情况与诉讼阶段交叉分布情况

第十节　非金属矿物制品业

一、非金属矿物制品业上市公司概况

非金属矿物制品，是指以非金属矿物材料经过进一步加工形成的产品，而非金属矿物制品业是以生产、制造非金属矿物制品的行业。根据我国国民经济分类，非金属矿物制品业包括水泥、石灰和石膏制造，石膏、水泥制品及类似制品制造，砖瓦、石材等建筑材料制造，玻璃制造、玻璃制品制造，玻璃纤维和玻璃纤维增强塑料制品制造，陶瓷制品制造，耐火材料制品制造以及石墨及其他非金属矿物制品

制造。

截至2020年第四季度，我国非金属矿物制品业上市公司共计97家，从市场规模看，我国上市公司中非金属矿物制品业的整体规模很小，其数量占全部上市公司的2.35%，可见非金属矿物制品业在全国范围内具有较大市场影响力的企业数量较少。

二、非金属矿物制品业行业政策和法律风险新动向

（一）非金属矿物制品业行业政策新动向

1. 制定行业规范

为保护开发和高效利用石墨资源，优化产业结构，推动技术创新，保护生态环境，引领行业高质量发展，2020年6月24日，工业和信息化部根据相关法律法规和产业政策，制定了《石墨行业规范条件》。该文件要求石墨行业建设布局上应符合国家及地方产业政策，国土空间规划、矿产资源规划等，以及相关环保、节能、安全等法律法规和政策；在发展结构上立足需求，新建和扩建石墨选矿项目应与淘汰落后相结合；在工艺技术和装备上鼓励使用节能环保工艺技术。同时，要求企业应建立完善的质量管理体系，产品质量应符合相关标准要求并加强能源、水资源消耗和资源综合利用；着重强调环境保护的同时对安全生产、职业卫生和社会责任提出要求。

同时，为有效遏制玻璃纤维行业重复建设和盲目扩张，规范市场竞争秩序，促进产业结构转型升级，引领行业高质量发展，2020年6月24日，工业和信息化部根据国家有关法律法规和产业政策，出台《玻璃纤维行业规范条件》规范性文件。该文件鼓励玻璃纤维行业企业采用先进生产工艺和节能环保技术，加强入厂原材料检测，严控产品质量并提高自主研发和创新能力。

2. 多种非金属矿物进口关税调整

国务院关税税则委员会根据《进出口关税条例》的相关规定制定《2020年进口暂定税率等调整方案》，该文件规定，自2020年1月1日起，对包括石英、高岭土、膨润土、白垩、石墨、硅藻土、耐火黏土、磷灰石、重晶石、大理石、白云石、花岗岩、云母、长石、硅灰石等在内的多种非金属矿物的进口关税进行调整，降税趋势明显。

（二）非金属矿物制品业法律风险新动向

根据国家统计局于2018年2月28日发布的《2017年国民经济和社会发展统计公报》，石油加工、炼焦和核燃料加工业，化学原料和化学制品制造业，非金属矿

物制品业，黑色金属冶炼和压延加工业，有色金属冶炼和压延加工业，电力、热力生产和供应业，属于六大高耗能行业。2021 年 2 月 10 日，创业板上市委员会 2021 年第 13 次审议会议公告，就浙江争光实业股份有限公司 IPO 上市项目是否属于高耗能高排放行业，主营业务是否符合国家产业政策和行业准入条件，已建、在建、拟建项目是否属于高耗能高排放项目，是否需履行审批、核准、备案、环评等程序及履行情况等内容要求发行人进行补充披露。透露出监管层缓审涉化工原料企业 IPO 的趋势，过会公司被提出更高审查要求。目前，国家和社会日益重视环境保护和节能减排，公司上市过程审核标准对该趋势也有所反应。非金属矿物制品业属于高耗能产业，在上市过程中势必将面临环保方面的严格审核，因此非金属矿物制品业企业应严格执行国家产业政策，注重环保守法，避免因环保不达标而诱发上市障碍。

三、非金属矿物制品业上市公司诉讼情况统计

本书以非金属矿物制品业的 97 家上市公司为当事人检索案件，共收集 2020 年全国法院判决的各类司法判决书 415 份，作为统计分析的样本。

（一）案件类型分布

1. 案件诉讼类型

从案件诉讼类型看，2020 年非金属矿物制品业上市公司所涉及的 415 件案件以民事诉讼为主，共有 325 件，行政诉讼有 90 件，不涉及刑事诉讼。详见表 2－28。

表 2－28　非金属矿物制品业上市公司案件诉讼类型

诉讼类型	案件数量/件
民事诉讼	325
行政诉讼	90
刑事诉讼	0

2. 案件案由种类

首先，诉讼案件案由的基本类型看，2020 年非金属矿物制品业上市公司所涉及的 415 件案件主要集中在合同类纠纷和行政诉讼两类中，具体分布情况如表 2－29 所示。

表 2－29　非金属矿物制品业上市公司案件案由基本类型分布

案由基本类型	案件数量/件
合同类纠纷	166
行政诉讼	90
劳动法纠纷	73
公司法纠纷	34
金融法纠纷	15
知识产权纠纷	13
竞争法纠纷	11
侵权责任纠纷	9
物权纠纷	2
其他民事纠纷	2
刑事诉讼	0
合计	415

其中，如图 2－82 所示，合同类纠纷案件共有 166 件，在全部案件中所占的比例最高；行政诉讼共有 90 件，数量仅次于合同类纠纷案件。

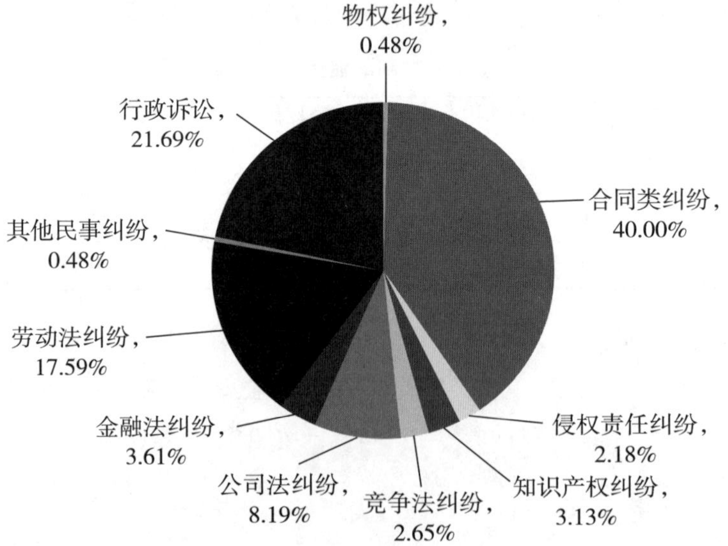

图 2－82　非金属矿物制品业上市公司案由基本类型分布情况

其次，从案件的具体案由看，2020 年非金属矿物制品业上市公司所涉及的 415 件案件以其他买卖合同纠纷案件数量最多，其他种类案由呈分散化分布状态，其分布情况如表 2－30 所示。

表 2－30　非金属矿物制品业上市公司案件具体案由分布

具体案由	案件数量/件
其他买卖合同纠纷	94
其他行政管理	86
其他劳动争议、人事争议	68
借款合同纠纷	18
股东资格确认纠纷	14
其他合同纠纷	13
商标权权属、侵权纠纷	11
虚假宣传纠纷	11
股权转让纠纷	10
建设工程合同纠纷	10
票据追索权纠纷	8
其他与企业、公司有关的纠纷	8
确认合同效力纠纷	7
证券欺诈责任纠纷	6
提供劳务者受害责任纠纷	4
劳动合同纠纷	3
其他侵权责任纠纷	3
承揽合同纠纷	3
追偿权纠纷	3
租赁合同纠纷	2
债权人代位权纠纷	2
典当纠纷	2
生命权、身体权、健康权纠纷	2
社会保险纠纷	2

续表

具体案由	案件数量/件
劳动和社会保障行政管理	2
运输合同纠纷	2
损害公司债权人利益责任纠纷	2
著作权权属、侵权纠纷	2
行政监察	1
排除妨害纠纷	1
财产损害赔偿纠纷	1
债权转让合同纠纷	1
其他票据纠纷	1
文化行政管理	1
特许经营合同纠纷	1
储蓄存款合同纠纷	1
融资租赁合同纠纷	1
劳务合同纠纷	1
债权人撤销权纠纷	1
招标投标买卖合同纠纷	1
保证合同纠纷	1
机动车交通事故责任纠纷	1
民事主体间房屋拆迁补偿合同纠纷	1
分期付款买卖合同纠纷	1
产品责任纠纷	1

3. 案件地域分布

如图 2－83 所示，从案件地域分布看，2020 年非金属矿物制品业上市公司所涉及的 415 件案件主要分布在广东省、北京市等地。其中，北京市案件最多，共 101 件；其次是广东省，共 65 件。

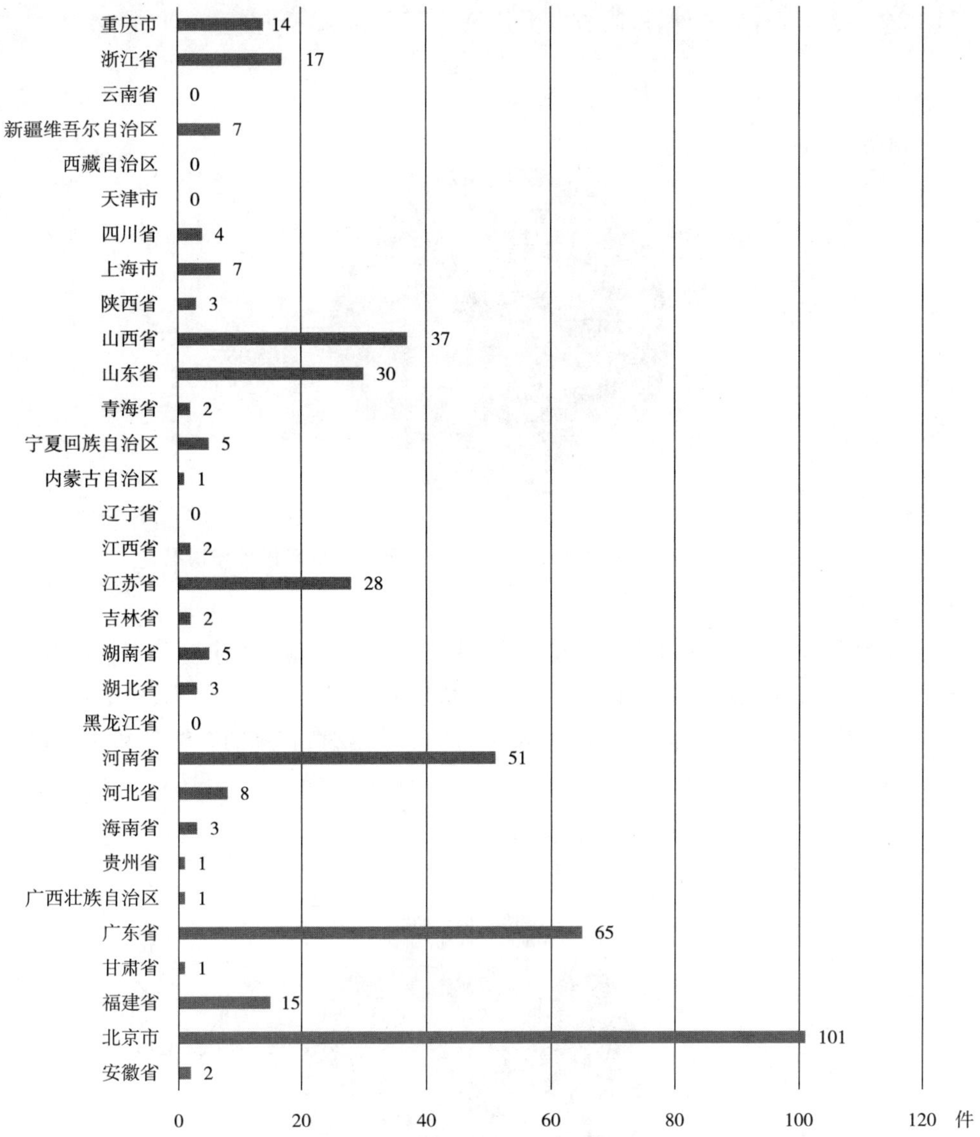

图 2－83　非金属矿物制品业上市公司案件地域分布情况

(二)案件审理程序

1. 诉讼阶段

如图 2－84 所示,从诉讼阶段看,2020 年非金属矿物制品业上市公司所涉及的 415 件案件中,一审案件有 270 件,占比约为 65.06%;二审案件有 142 件,占比约为

34.22%；再审案件有3件，占比约为0.72%。

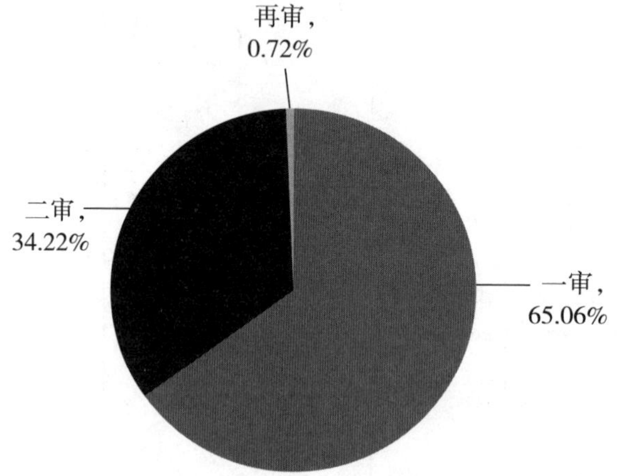

图2-84 非金属矿物制品业上市公司案件诉讼阶段分布情况

2. 法院层级

如图2-85所示，从诉讼阶段看，2020年非金属矿物制品业上市公司所涉及的415件案件中，基层人民法院审结的案件有184件，占比约为44.34%；中级人民法院审结的案件有186件，占比约为44.82%；高级人民法院审结的案件有45件，占比约为10.84%。

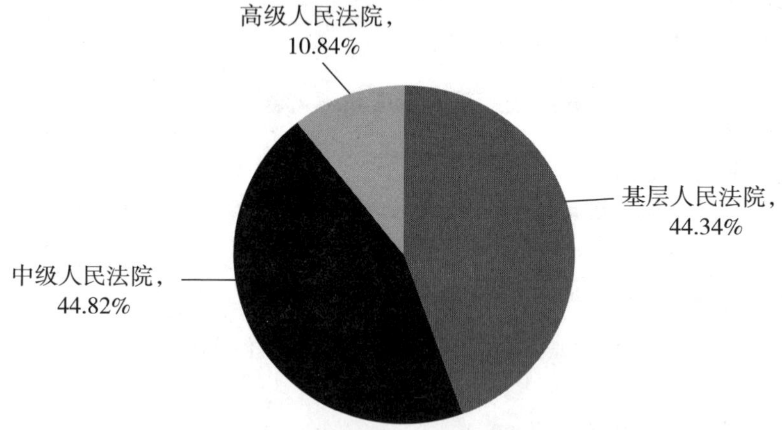

图2-85 非金属矿物制品业上市公司案件审理法院层级分布情况

（三）上市公司诉讼地位

如图 2－86 所示，从上市公司的诉讼地位看，2020 年非金属矿物制品业上市公司所涉及的 415 件案件中，上市公司作为原告的案件有 237 件，占比约为 57.11%；上市公司作为被告的案件有 178 件，占比约为 42.89%。

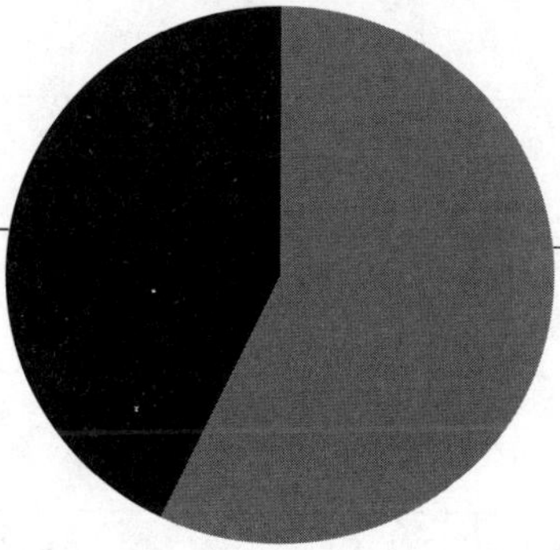

图 2－86　非金属矿物制品业上市公司诉讼地位总体分布情况

（四）诉讼标的额

如图 2－87 所示，从民事诉讼案件标的额看，2020 年非金属矿物制品业上市公司所涉及的有标的额可查的案件中，诉讼请求金额在 1 万元及以下的案件数量为 0 件、大于 1 万～10 万元的案件数量为 42 件、大于 10 万～20 万元的案件数量为 14 件、大于 20 万～50 万元的案件数量为 51 件、大于 50 万～100 万元的案件数量为 15 件、大于 100 万～200 万元的案件数量为 10 件、大于 200 万～500 万元的案件数量为 21 件、大于 500 万～1000 万元的案件数量为 7 件、大于 1000 万～2000 万元的案件数量为 0 件、2000 万元以上的案件数量为 30 件。2020 年非金属矿物制品业上市公司所涉及的案件中，案件数量最集中的诉讼标的额在大于 20 万～50 万元，标的额平均值为 12,457,818.29 元，中位数为 385,104.5 元，标的额最大为 174,429,002 元，最小为13,275元。

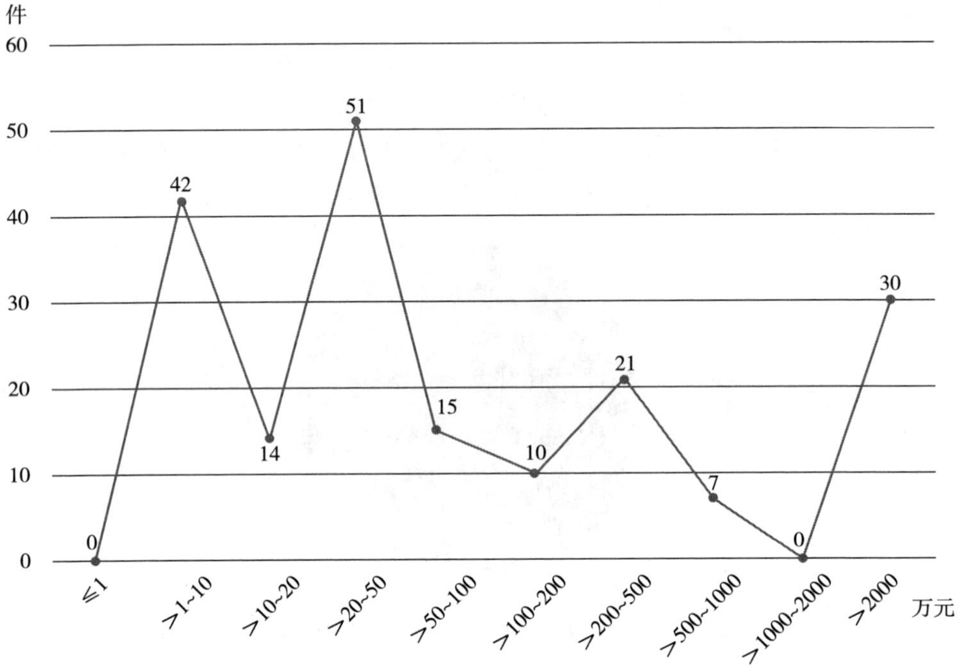

图 2 - 87　非金属矿物制品业上市公司诉讼标的额分布情况

(五)诉讼结果和胜诉率

从总体上看,如图 2 - 88 所示,2020 年非金属矿物制品业上市公司所涉及的所有案件中,胜诉的案件有 259 件,败诉的案件有 121 件,撤回起诉的案件有 22 件,驳回起诉的案件有 6 件,驳回上诉的案件有 7 件。该行业上市公司胜诉的案件数量在全部案件中占比约为 62.41% ,如果排除撤诉等特殊情形,则该行业上市公司的总体胜诉率约为 68.16% 。

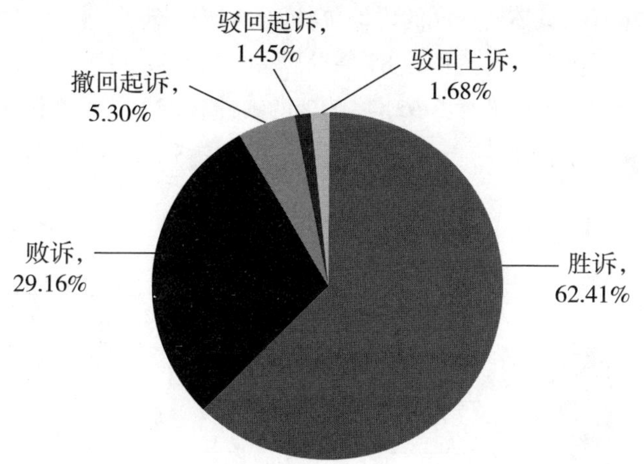

图 2 -88　非金属矿物制品业上市公司诉讼结果占比情况

如图 2 -89 所示，具体到不同的诉讼地位，当非金属矿物制品业上市公司为原告时，其胜诉的案件有 148 件，败诉的案件有 67 件，胜诉率约为 68.84%，基本等同于总体胜诉率。当非金属矿物制品业上市公司为被告时，其胜诉的案件有 111 件，败诉的案件有 54 件，胜诉率约为 67.27%，同样基本等同于总体胜诉率。相较而言，非金属矿物制品业上市公司作为原告时，胜诉率略高。

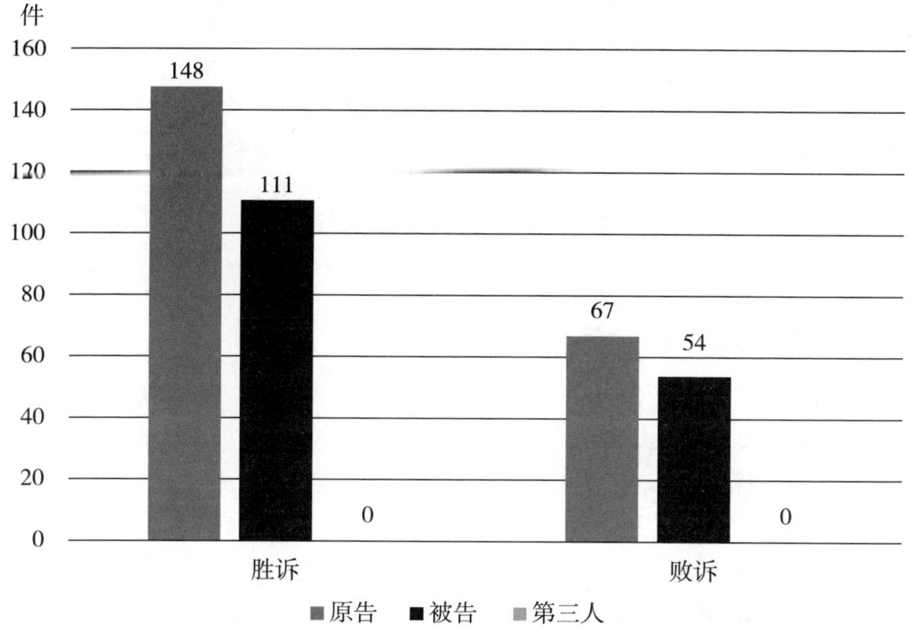

图 2 -89　非金属矿物制品业上市公司胜诉情况与诉讼地位交叉分布情况

如图 2－90 所示，具体到不同的诉讼阶段，一审阶段，非金属矿物制品业上市公司胜诉的案件有 164 件，败诉的案件有 83 件，胜诉率约为 66.40%，略低于总体胜诉率。二审阶段，上市公司胜诉的案件有 92 件，败诉的案件有 38 件，胜诉率约为 70.76%，略高于总体胜诉率。再审阶段，上市公司胜诉的案件有 3 件，败诉的案件有 0 件，胜诉率达 100.00%。

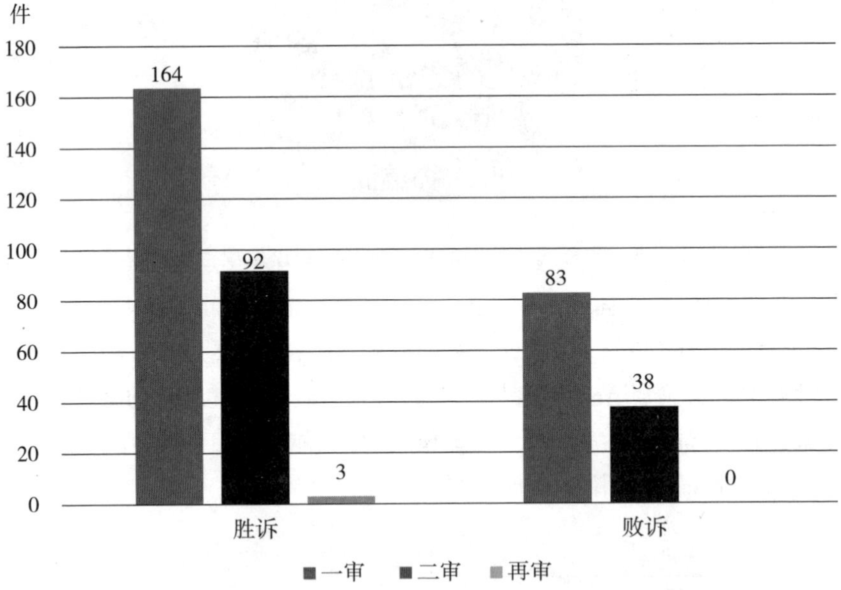

图 2－90　非金属矿物制品业上市公司胜诉情况与诉讼阶段交叉分布情况

第十一节　金属相关制造业

一、金属相关制造业上市公司概况

根据我国国民经济行业分类，金属相关制造业包括黑色金属冶炼和压延加工业、有色金属冶炼和压延加工业和金属制品业，属于制造业大类。金属相关制造业上市公司的经营活动主要围绕金属材料的生产和制造展开。

截至 2020 年第四季度，我国金属相关制造业上市公司共计 179 家，从行业小类看，黑色金属冶炼及压延加工业上市公司 32 家、有色金属冶炼和压延加工业上市公司 75 家、金属制品业上市公司 72 家。有色金属冶炼和压延加工业与金属制品业上市公司在金属相关制造业上市公司中占据较多部分。从市场规模看，我国上市公司中金属相关制造业的整体规模较大,其数量占全部上市公司的 4.34%,金属相关制造业在全国有影响力的企业数量较多。

二、金属相关制造行业政策和法律风险新动向

(一)金属相关制造行业政策新动向

1. 鼓励外资引入

2020 年 12 月 28 日,国家发展和改革委员会、商务部发布最新修订的《鼓励外商投资产业目录(2020 年版)》。新版目录是贯彻落实党中央、国务院决策部署,进一步稳定外资的重要举措。在保持已有鼓励政策基本稳定的基础上,坚持促增量、稳存量、提质量并举,进一步扩大鼓励外商投资范围,重点增加制造业、生产性服务业、中西部地区条目,引导外资投向,提振外资信心,促进外资基本盘稳定和产业链供应链稳定,鼓励外资投向先进制造业,增强重要产业链供应链韧性。其中,第 15 条为有色金属冶炼和压延加工业,其中包含高新技术有色金属材料及其产品生产和符合稀土新材料要求的稀土高端应用产品加工两个条目。第 16 条为金属制品业,项下包含航天、高新技术、日化加工、建筑钢纤维制造四个条目。

2. 享受税收优惠

为贯彻落实《海南自由贸易港建设总体方案》,支持海南自由贸易港建设,财政部、国家税务总局结合海南省实际,于 2021 年 1 月 27 日联合印发《海南自由贸易港鼓励类产业目录》。其中第 10 条和第 11 条规定有色金属冶炼和压延加工业、金属制品业可享受税收优惠政策的行业类别。

3. 造成生态问题

2020 年 6 月 8 日,生态环境部、国家统计局、农业农村部发布《第二次全国污染源普查公报》。该公报显示,金属相关制造业位居挥发酚排放量、氰化物排放量、二氧化硫排放量、氮氧化物排放量、颗粒物排放量前三位;有色金属冶炼和压延加工业位居重金属排放量前三位;金属制品业位居工业源普查对象、石油类排放量、重金属排放量前三位。

(二)金属相关制造行业法律风险新动向

1. 强调生产安全,违规金属冶炼入刑

2020 年 12 月 26 日,新修订的《刑法修正案(十一)》颁布。其中第 4 条规定,《刑法》第 134 条后增加一条,作为第 134 条之一:在生产、作业中违反有关安全管理的规定,有下列情形之一,具有发生重大伤亡事故或者其他严重后果的现实危险的,处一年以下有期徒刑、拘役或者管制:(1)关闭、破坏直接关系生产安全的监控、

报警、防护、救生设备、设施，或者篡改、隐瞒、销毁其相关数据、信息的；(2)因存在重大事故隐患被依法责令停产停业、停止施工、停止使用有关设备、设施、场所或者立即采取排除危险的整改措施，而拒不执行的；(3)涉及安全生产的事项未经依法批准或者许可，擅自从事矿山开采、金属冶炼、建筑施工，以及危险物品生产、经营、储存等高度危险的生产作业活动的。

2. 突出生态保护，长江流域金属制造企业清洁化改造

2020 年 12 月 26 日颁布的《长江保护法》，强调长江流域生态环境保护和修复，促进资源合理高效利用。其中第 66 条规定：长江流域县级以上地方人民政府应当推动钢铁、石油、化工、有色金属、建材、船舶等产业升级改造，提升技术装备水平；推动造纸、制革、电镀、印染、有色金属、农药、氮肥、焦化、原料药制造等企业实施清洁化改造。企业应当通过技术创新减少资源消耗和污染物排放，长江流域县级以上地方人民政府应当采取措施加快重点地区危险化学品生产企业搬迁改造。

3. 狠抓耕地安全，防治固态废物污染环境

2020 年 4 月 29 日发布的新修订的《固体废物污染环境防治法》中，第 72 条第 2 款规定：禁止重金属或者其他有毒有害物质含量超标的污泥进入农用地。近年，我国着重强调耕地与粮食安全问题，并已通过立法规制固态废物、金属污染耕地，为相关金属制造业划出了一道红线。

三、金属相关制造业上市公司诉讼情况统计

本书以金属相关制造业的 97 家上市公司为当事人检索案件，共收集 2020 年全国法院判决的各类司法判决书 631 份，作为统计分析的样本。

（一）案件类型分布

1. 案件诉讼类型

从案件诉讼类型看，2020 年金属相关制造业上市公司所涉及的 631 件案件以民事诉讼为主，共有 600 件，行政诉讼有 29 件，刑事诉讼有 2 件。详见表 2－31。

表 2－31　金属相关制造业上市公司案件诉讼类型

诉讼类型	案件数量/件
民事诉讼	600
行政诉讼	29
刑事诉讼	2

2. 案件案由种类

首先,从诉讼案件案由的基本类型看,2020 年金属相关制造业上市公司所涉及的 631 件案件主要集中在合同类纠纷和劳动法纠纷两类中,具体分布情况如表 2－32 所示。

表 2－32　金属相关制造业上市公司案件案由基本类型分布

案由基本类型	案件数量/件
合同类纠纷	310
劳动法纠纷	108
金融法纠纷	79
知识产权纠纷	54
行政诉讼	29
侵权责任纠纷	19
公司法纠纷	17
其他民事纠纷	8
物权纠纷	4
刑事诉讼	2
竞争法纠纷	1
合计	631

其中,如图 2－91 所示,合同类纠纷案件共有 310 件,在全部案件中所占的比例最高;劳动法纠纷共有 108 件,数量仅次于合同类纠纷案件。

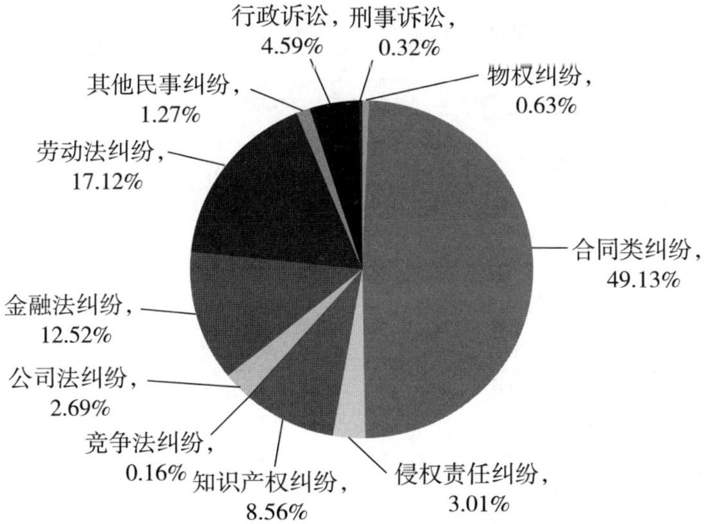

图 2－91　金属相关制造业上市公司案由基本类型分布情况

其次，从案件的具体案由看，2020 年金属相关制造业上市公司所涉及的 631 件案件以其他买卖合同纠纷案件数量最多，其他种类案由呈分散化分布状态，其分布情况如表 2－33 所示。

表 2－33　金属相关制造业上市公司案件具体案由分布

具体案由	案件数量/件
其他买卖合同纠纷	161
其他劳动争议、人事争议	88
票据追索权纠纷	64
商标权权属、侵权纠纷	49
建设工程合同纠纷	45
其他合同纠纷	36
商标行政管理	18
承揽合同纠纷	15
劳动合同纠纷	12
借款合同纠纷	10
生命权、身体权、健康权纠纷	8
社会保险纠纷	8
债权转让合同纠纷	7
其他与企业、公司有关的纠纷	7
劳动和社会保障行政管理	7
不当得利纠纷	6
产品责任纠纷	6
机动车交通事故责任纠纷	5
融资租赁合同纠纷	5
其他票据纠纷	4
债权人代位权纠纷	4
追偿权纠纷	4
其他侵权责任纠纷	4
专利权权属、侵权纠纷	4
确认合同效力纠纷	4
财产损害赔偿纠纷	3

续表

具体案由	案件数量/件
票据利益返还请求权纠纷	3
租赁合同纠纷	3
证券交易合同纠纷	3
破产债权确认纠纷	3
交通肇事罪	2
行政确认	2
供用气合同纠纷	2
公司解散纠纷	2
财产保险合同纠纷	2
探矿权转让合同纠纷	2
劳务合同纠纷	2
证券欺诈责任纠纷	2
委托合同纠纷	1
对外追收债权纠纷	1
提供劳务者受害责任纠纷	1
合伙合同纠纷	1
环境污染责任纠纷	1
行政复议	1
提供劳务者致害责任纠纷	1
其他行政管理	1
著作权权属、侵权纠纷	1
票据返还请求权纠纷	1
民事主体间房屋拆迁补偿合同纠纷	1
股权转让纠纷	1
义务帮工人受害责任纠纷	1
破产撤销权纠纷	1
排除妨害纠纷	1
请求撤销个别清偿行为纠纷	1
商业诋毁纠纷	1
物业服务合同纠纷	1
股东出资纠纷	1

3. 案件地域分布

从案件地域分布看,2020 年金属相关制造业上市公司所涉及的 631 件案件主要分布在广东省、辽宁省等地。其中,辽宁省案件最多,共 73 件;其次是广东省,共 63 件。具体分布情况如图 2－92 所示。

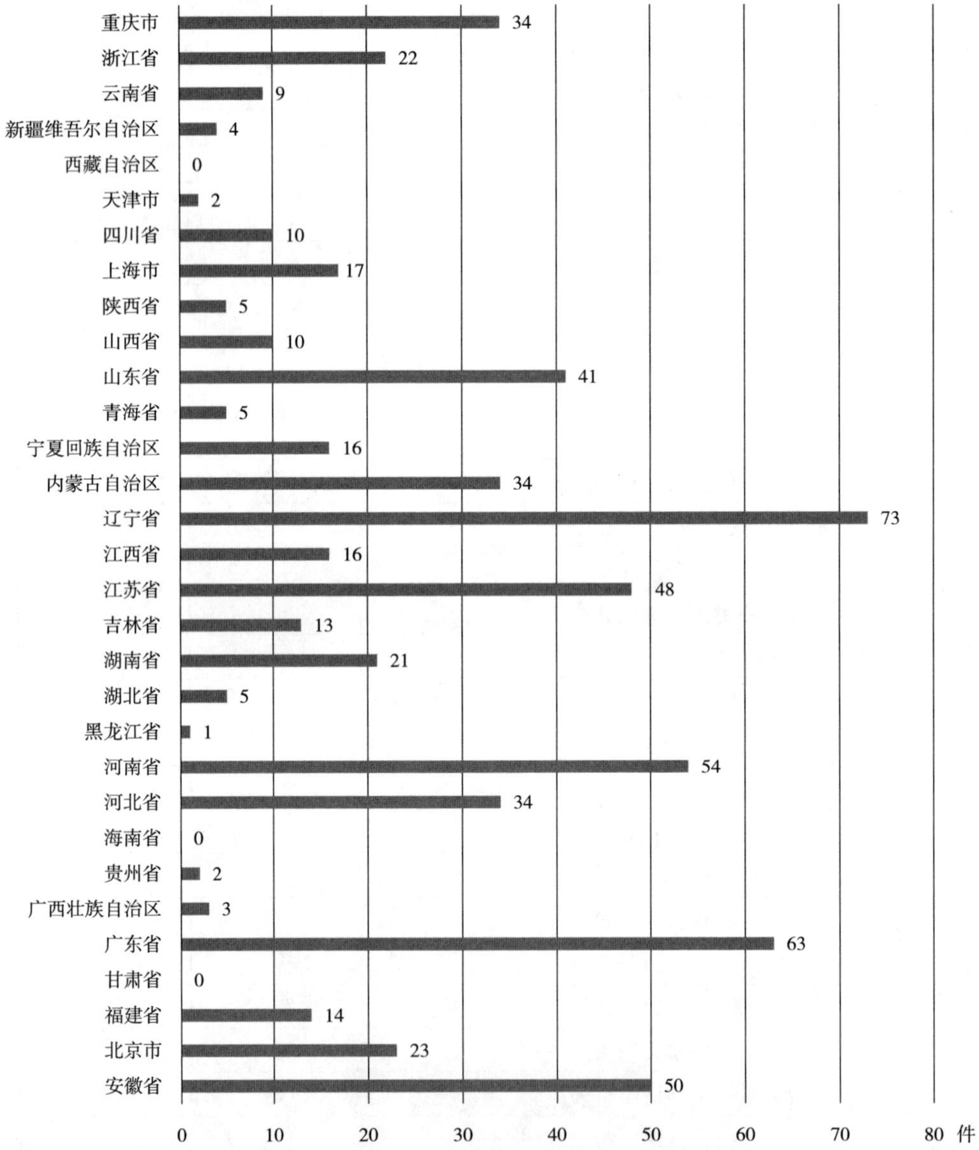

图 2－92　金属相关制造业上市公司案件地域分布情况

(二)案件审理程序

1. 诉讼阶段

如图 2－93 所示，从诉讼阶段看，2020 年金属相关制造业上市公司所涉及的 631 件案件中，一审案件有 447 件，占比约为 70.84%；二审案件有 176 件，占比约为 27.89%；再审案件有 8 件，占比约为 1.27%。

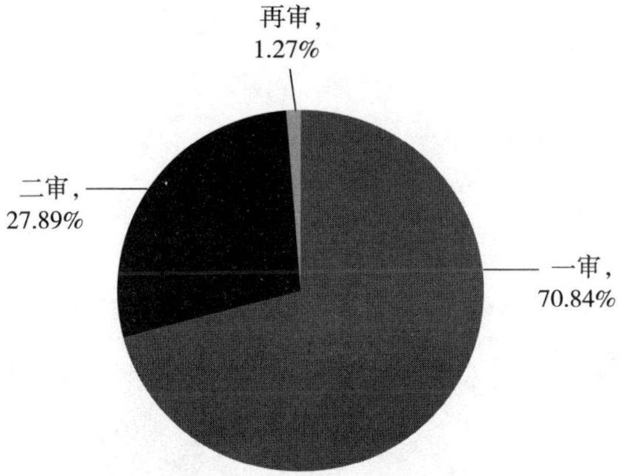

图 2－93 金属相关制造业上市公司案件诉讼阶段分布情况

2. 法院层级

如图 2－94 所示，从法院层级看，2020 年金属相关制造业上市公司所涉及的 631 件案件中，基层人民法院审结的案件有 324 件，占比约为 51.35%；中级人民法院审结的案件有 277 件，占比约为 43.90%；高级人民法院审结的案件有 28 件，占比约为 4.43%；最高人民法院审结的案件有 2 件，占比约为 0.32%。

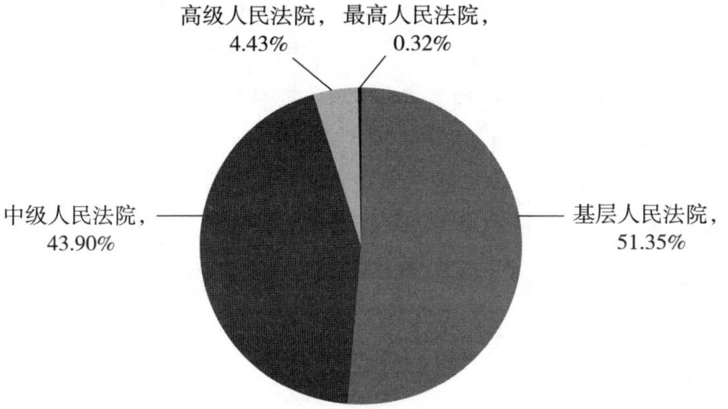

图 2－94 金属相关制造业上市公司案件审理法院层级分布情况

（三）上市公司诉讼地位

如图 2－95 所示，从上市公司的诉讼地位看，2020 年金属相关制造业上市公司所涉及的 631 件案件中，上市公司作为原告的案件有 319 件，占比约为 50.55%；上市公司作为被告的案件有 311 件，占比约为 49.29%；此外，还有 1 件案件中上市公司以第三人的身份参与了诉讼。可见，上市公司主动发起诉讼与被动参与诉讼比例基本持平，未显示明显倾向性。

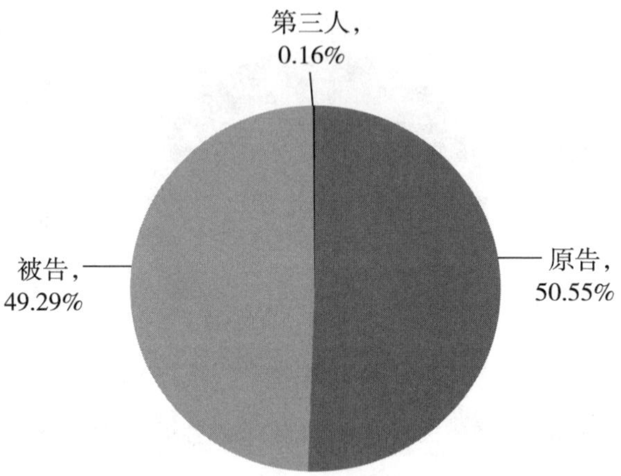

图 2－95　金属相关制造业上市公司诉讼地位分布情况

（四）诉讼标的额

如图 2－96 所示，从诉讼案件标的额看，金属相关制造业诉讼标的额的分布范围较广，但主要集中在大于 200 万～500 万元的区间。2020 年金属相关制造业上市公司所涉及的有标的额可查的案件中，诉讼请求金额在 1 万元及以下的案件数量为 3 件、大于 1 万～10 万元的案件数量为 22 件、大于 10 万～20 万元的案件数量为 5 件、大于 20 万～50 万元的案件数量为 31 件、大于 50 万～100 万元的案件数量为 27 件、大于 100 万～200 万元的案件数量为 6 件、大于 200 万～500 万元的案件数量为 67 件、大于 500 万～1000 万元的案件数量为 19 件、大于 1000 万～2000 万元的案件数量为 3 件、2000 万元以上的案件数量为 32 件。诉讼标的总额为 3,385,419,756.95 元，诉讼标的最大金额为438,880,400，最小金额为 13.28，行业平均诉讼标的额为 15,746,138.40 元。

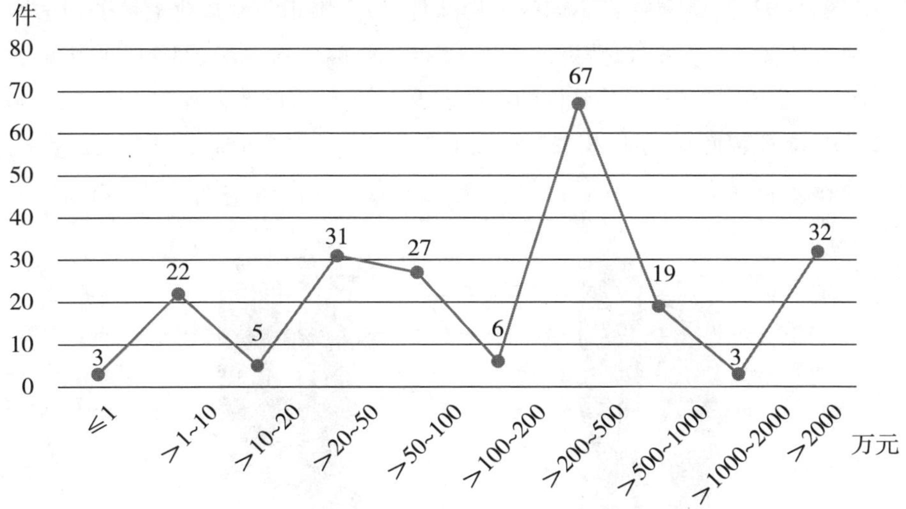

图 2 - 96 金属相关制造业上市公司诉讼标的额分布情况

（五）诉讼结果和胜诉率

从总体上看，如图 2 - 97 所示，2020 年金属相关制造业上市公司所涉及的所有案件中，胜诉的案件有 303 件，败诉的案件有 298 件，撤回起诉的案件有 11 件，撤回上诉的案件有 3 件，驳回起诉的案件有 9 件，驳回上诉的案件有 7 件。该行业上市公司胜诉的案件数量在全部案例中占比约为 48.02%，如果排除撤诉等特殊情形，则该行业上市公司的总体胜诉率约为 50.42%。

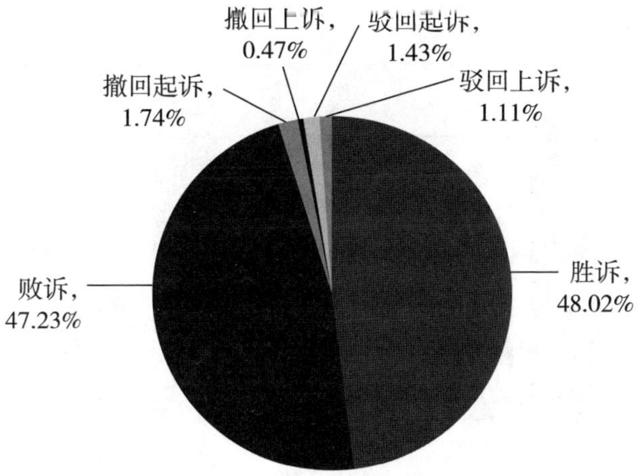

图 2 - 97 金属相关制造业上市公司诉讼结果占比情况

如图 2－98 所示，具体到不同的诉讼地位，当金属相关制造业上市公司为原告时，其胜诉的案件有 138 件，败诉的案件 151 件，胜诉率约为 47.75%。当金属相关制造业上市公司为被告时，其胜诉的案件有 164 件，败诉的案件有 147 件，胜诉率约为 52.73%。相较而言，金属相关制造业上市公司作为被告时胜诉率略高。

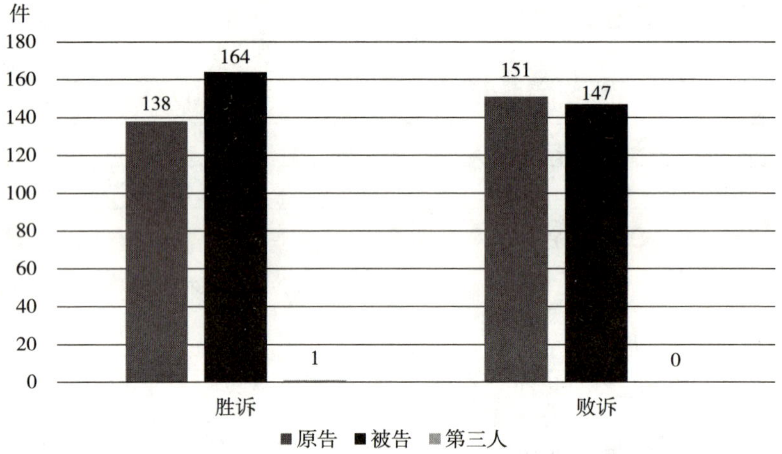

图 2－98　金属相关制造业上市公司胜诉情况与诉讼地位交叉分布情况

如图 2－99 所示，具体到不同的诉讼阶段，一审阶段，金属相关制造业上市公司胜诉的案件有 216 件，败诉的案件有 203 件，胜诉率约为 51.55%。二审阶段，胜诉的案件有 86 件，败诉的案件有 88 件，胜诉率约为 49.43%，略低于一审胜诉率。再审阶段，胜诉的案件有 1 件，败诉的案件有 7 件，胜诉率为 12.50%，再审胜诉率极低。

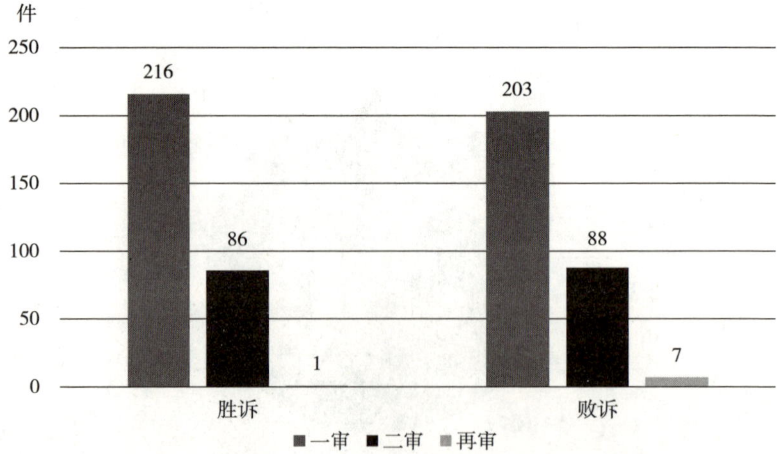

图 2－99　金属相关制造业上市公司胜诉情况与诉讼阶段交叉分布情况

第十二节　通用设备制造业

一、通用设备制造业上市公司概况

通用设备制造业，是指用于 1 个以上行业的设备制造，与专业设备制造业相区分。根据我国国民经济行业分类，通用设备制造业从属于制造业大类，包括锅炉及原动设备制造，金属加工机械制造，物料搬运设备制造，泵、阀门、压缩机及类似机械制造，轴承、齿轮和传动部件制造，烘炉、风机、包装等设备制造，文化、办公用品制造，通用设备制造业。

截至 2020 年第四季度，我国通用设备制造业上市公司共计 143 家。从市场规模看，我国上市公司通用设备制造业的整体规模较大，其数量占全部上市公司的 3.47%，可见通用设备制造业在全国范围内具有较大市场影响力的企业数量较多。

二、通用设备制造行业政策和法律风险新动向

（一）通用设备制造行业政策新动向

1. 鼓励外资引入

2020 年 12 月 28 日，国家发展和改革委员会、商务部发布最新修订的《鼓励外商投资产业目录(2020 年版)》。新版目录是贯彻落实党中央、国务院决策部署，进一步稳外资的重要举措。在保持已有鼓励政策基本稳定的基础上，坚持促增量、稳存量、提质量并举，进一步扩大鼓励外商投资范围，重点增加制造业、生产性服务业、中西部地区条目，引导外资投向，提振外资信心，促进外资基本盘稳定和产业链供应链稳定，鼓励外资投向先进制造业，增强重要产业链供应链韧性。其中，第三部分“制造业”的第 17 条详细罗列了与通用设备制造业相关的鼓励外商投资的类别。

2. 享受税收优惠

为贯彻落实《海南自由贸易港建设总体方案》，支持海南自由贸易港建设，根据《海南自由贸易港鼓励类产业目录》，财政部、国家税务总局结合海南省实际，于 2021 年 3 月 18 日发布《海南自由贸易港旅游业、现代服务业、高新技术产业企业所得税优惠目录》。其中第二部分“鼓励外商投资产业目录中的产业”的第 12 条为通用设备制造业可享受税收优惠政策的行业类别。

3. 造成生态问题

2020 年 6 月 8 日，生态环境部、国家统计局、农业农村部发布《第二次全国污染

源普查公报》。公报中通用设备制造业位居工业源普查对象前三位。

4. 实行出口管制

2020 年 8 月 28 日发布商务部、科技部公告 2020 年第 38 号——《关于调整发布〈中国禁止出口限制出口技术目录〉的公告》，其中通用设备制造业新增“3D 打印技术（编号：183506X），控制要点：‘铸锻铣一体化’金属 3D 打印关键技术”；新增“工程机械的应用技术（编号：183507X），控制要点：装载机、推土机、挖掘机等减振降噪、智能控制等研发成果的应用技术”；新增“机床产业基础共性技术（编号：183508X），控制要点：机床的创新设计、基础工艺、试验验证、可靠性及功能安全等机床产业基础共性技术研究”。

5. 确定领跑领域

2020 年 8 月 19 日，国家市场监督管理总局发布《关于印发〈2020 年度实施企业标准“领跑者”重点领域〉的公告》。其中将通用设备制造业划定为“领跑者”重点领域，包括锅炉及辅助设备、内燃机及配件、金属切削机床、金属成形机床、铸造机械、金属切割及焊接设备、机床功能部件及焊接设备、机床功能部件及附件、物料搬运设备、泵及真空设备、气体压缩机械、阀门和旋塞等。

（二）通用设备制造行业法律风险新动向

为改革优化营商环境，并归通用设备制造业，2020 年 11 月 30 日，住房和城乡建设部发布《建设工程企业资质管理制度改革方案》，指出：对部分专业划分过细、业务范围相近、市场需求较小的企业资质类别予以合并，对层级过多的资质等级进行归并。通用设备制造业工程专业合并为机械工程专业，设甲、乙两级。

三、通用设备制造业上市公司诉讼情况统计

本书以通用设备制造业的 143 家上市公司为当事人检索案件，共收集 2020 年全国法院判决的各类司法判决书 498 份，作为统计分析的样本。

（一）案件类型分布

1. 案件诉讼类型

从案件诉讼类型看，2020 年通用设备制造业上市公司所涉及的 498 件案件以民事诉讼为主，共有 483 件，行政诉讼有 15 件，不涉及刑事诉讼。详见表 2－34。

表 2－34 通用设备制造业上市公司案件诉讼类型

诉讼类型	案件数量/件
民事诉讼	483
行政诉讼	15
刑事诉讼	0

2. 案件案由种类

首先，诉讼案件案由的基本类型看，2020 年通用设备制造业上市公司所涉及的 498 件案件主要集中在合同类纠纷和金融法纠纷两类中，具体分布情况如表 2－35 所示。

表 2－35 通用设备制造业上市公司案件案由基本类型分布

案由基本类型	案件数量/件
合同类纠纷	336
金融法纠纷	68
劳动法纠纷	49
行政诉讼	15
公司法纠纷	10
知识产权纠纷	7
侵权责任纠纷	6
物权纠纷	3
竞争法纠纷	3
其他民事纠纷	1
刑事诉讼	0
合计	498

其中，如图 2－100 所示，合同类纠纷案件共有 336 件，在全部案件中所占的比例最高。

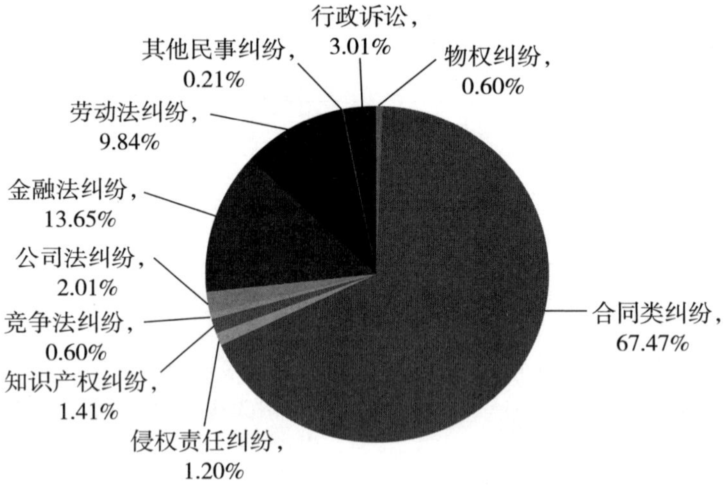

图 2－100　通用设备制造业上市公司案由基本类型分布情况

其次，从案件的具体案由看，2020 年通用设备制造业上市公司所涉及的 498 件案件以其他买卖合同纠纷案件数量最多，其他种类案由呈分散化分布状态，其分布情况如表 2－36 所示。

表 2－36　通用设备制造业上市公司案件具体案由分布

具体案由	案件数量/件
其他买卖合同纠纷	189
承揽合同纠纷	74
票据追索权纠纷	50
其他劳动争议、人事争议	41
借款合同纠纷	17
其他合同纠纷	15
建设工程合同纠纷	15
其他票据纠纷	13
劳动合同纠纷	8
其他行政管理	6
劳动和社会保障行政管理	6
租赁合同纠纷	6
机动车交通事故责任纠纷	4
商标权权属、侵权纠纷	3
虚假宣传纠纷	3

续表

具体案由	案件数量/件
分期付款买卖合同纠纷	3
损害公司债权人利益责任纠纷	3
破产债权确认纠纷	3
融资租赁合同纠纷	2
追偿权纠纷	2
公司决议纠纷	2
著作权权属、侵权纠纷	2
质押合同纠纷	2
提供劳务者受害责任纠纷	2
财产损害赔偿纠纷	2
证券回购合同纠纷	2
票据付款请求权纠纷	2
运输合同纠纷	2
返还原物纠纷	1
供用气合同纠纷	1
服务合同纠纷	1
招标投标买卖合同纠纷	1
损害股东利益责任纠纷	1
取回权纠纷	1
房屋买卖合同纠纷	1
证券欺诈责任纠纷	1
劳务合同纠纷	1
保证合同纠纷	1
专利权权属、侵权纠纷	1
委托合同纠纷	1
债权人代位权纠纷	1
知识产权合同纠纷	1
能源行政管理	1
凭样品买卖合同纠纷	1
生命权、身体权、健康权纠纷	1
专利行政管理	1
行政确认	1

3. 案件地域分布

从案件地域分布看,2020 年通用设备制造业上市公司所涉及的 498 件案件主要分布在宁夏回族自治区、辽宁省等地。其中,宁夏回族自治区案件最多,共 78 件;其次是辽宁省,共 62 件。具体分布情况如图 2－101 所示。

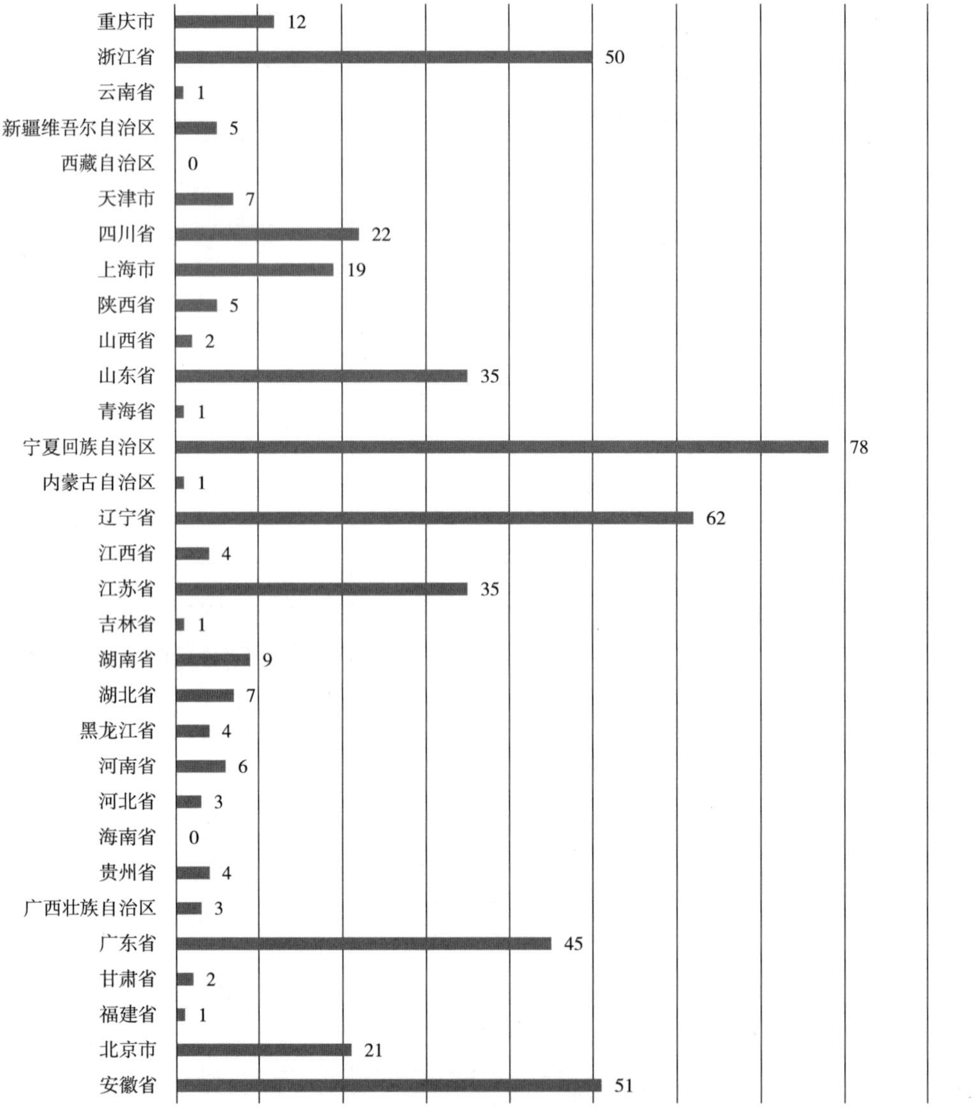

图 2－101　通用设备制造业上市公司案件地域分布情况

（二）案件审理程序

1. 诉讼阶段

如图 2－102 所示，从诉讼阶段看，2020 年通用设备制造业上市公司所涉及的 498 件案件中，一审案件有 336 件，占比约为 67.47%；二审案件有 161 件，占比约为 32.33%；再审案件有 1 件，占比约为 0.20%。

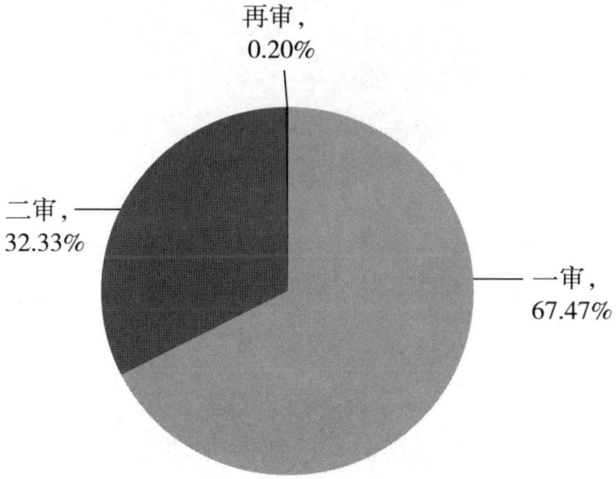

图 2－102　通用设备制造业上市公司案件诉讼阶段分布情况

2. 法院层级

如图 2－103 所示，从法院层级看，2020 年通用设备制造业上市公司所涉及的 498 件案件中，基层人民法院审结的案件有 249 件，占比约为 50.00%；中级人民法院审结的案件有 235 件，占比约为 47.19%；高级人民法院审结的案件有 12 件，占比约为 2.41%；最高人民法院审结的案件有 2 件，占比约为 0.40%。

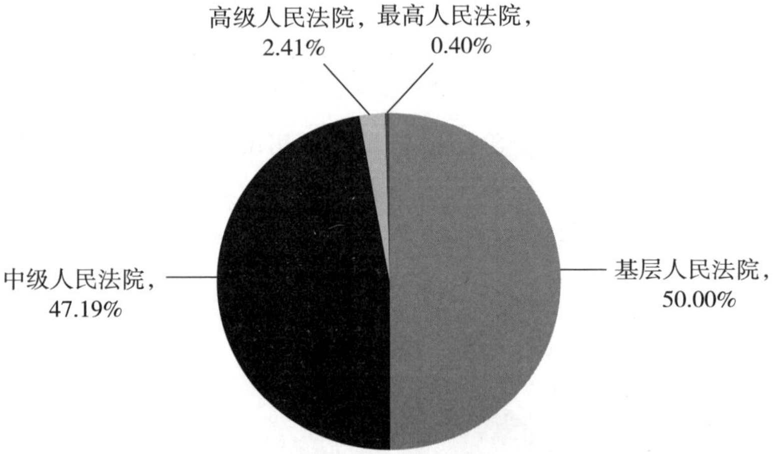

图 2－103　通用设备制造业上市公司案件审理法院层级分布情况

（三）上市公司诉讼地位

如图 2－104 所示，从上市公司的诉讼地位看，2020 年通用设备制造业上市公司所涉及的 498 件案件中，上市公司作为原告的案件有 278 件，占比约为 55.82%；上市公司作为被告的案件有 220 件，占比约为 44.18%，略低于上市公司作为原告参与参加的比例。

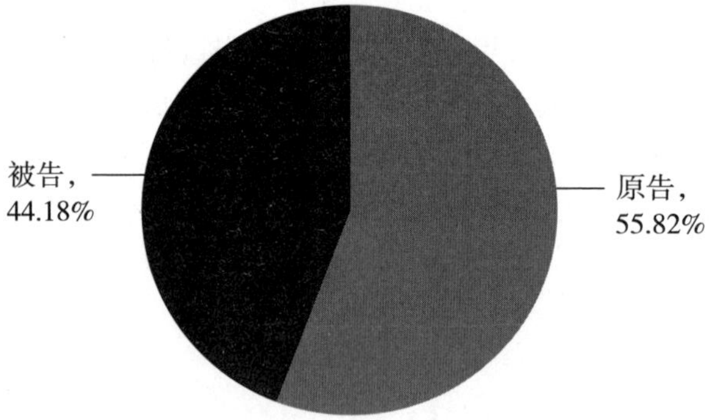

图 2－104　通用设备制造业上市公司诉讼地位分布情况

(四)诉讼标的额

如图 2－105 所示,从诉讼案件的标的额看,总体来看,通用设备制造业诉讼各个诉讼标的范围均有分布,但随着标的金额上升,案件数量整体呈现下降趋势,主要集中在大于 1 万～50 万元标的额的区间。2020 年通用设备制造业上市公司所涉及的有标的额可查所有案件中,诉讼请求金额在 1 万元及以下的案件数量为 6 件、大于 1 万～10 万元的案件数量为 89 件、大于 10 万～20 万元的案件数量为 42 件、大于 20 万～50 万元的案件数量为 86 件、大于 50 万～100 万元的案件数量为 22 件、大于 100 万～200 万元的案件数量为 6 件、大于 200 万～500 万元的案件数量为 48 件、大于 500 万～1000 万元的案件数量为 14 件、大于 1000 万～2000 万元的案件数量为 2 件、2000 万元以上的案件数量为 27 件。诉讼标的总额为 2,561,938,445 元,诉讼标的最大金额为 216,658,465 元,最小标的金额为 4639 元,行业平均诉讼标的额为 7,491,048.08 元。

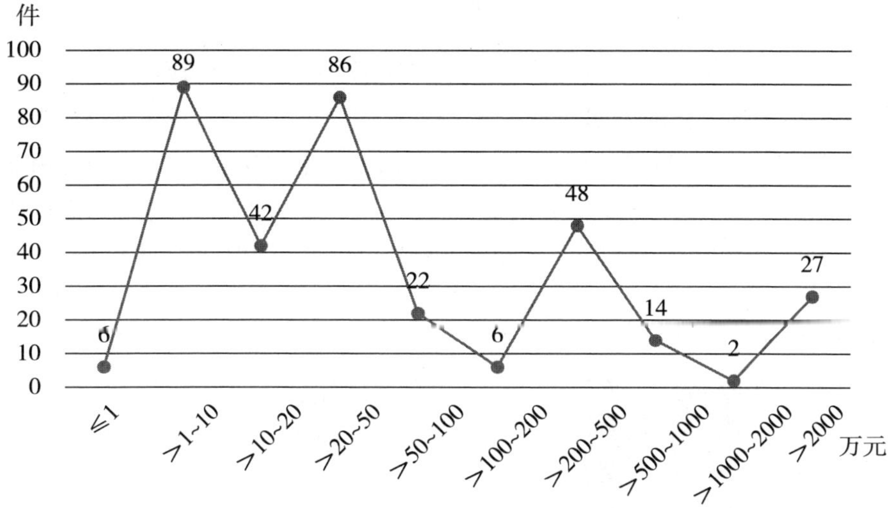

图 2－105 通用设备制造业上市公司诉讼标的额分布情况

(五)诉讼结果和胜诉率

从总体上看,如图 2－106 所示,2020 年通用设备制造业上市公司所涉及的所有案件中,胜诉的案件有 264 件,败诉的案件有 202 件,撤回起诉的案件有 9 件,撤回上诉的案件有 3 件,撤回再审申请的案件有 1 件,驳回起诉的案件有 8

件，驳回上诉的案件有 11 件。该行业上市公司胜诉的案件数量在全部案件中占比约为53.01%，如果排除撤诉等特殊情形，则该行业上市公司的总体胜诉率约为56.65%。

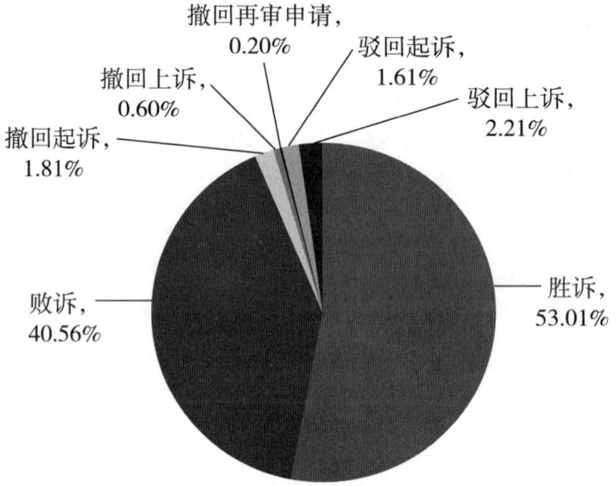

图 2－106　通用设备制造业上市公司诉讼结果占比情况

如图 2－107 所示，具体到不同的诉讼地位，当通用设备制造业上市公司为原告时，其胜诉的案件有 138 件，败诉的案件 122 件，胜诉率约为 53.08%。当通用设备制造业上市公司为被告时，其胜诉的案件有 126 件，败诉的案件有 80 件，胜诉率约为 61.17%。相较而言，通用设备制造业上市公司作为被告时，胜诉率更高。

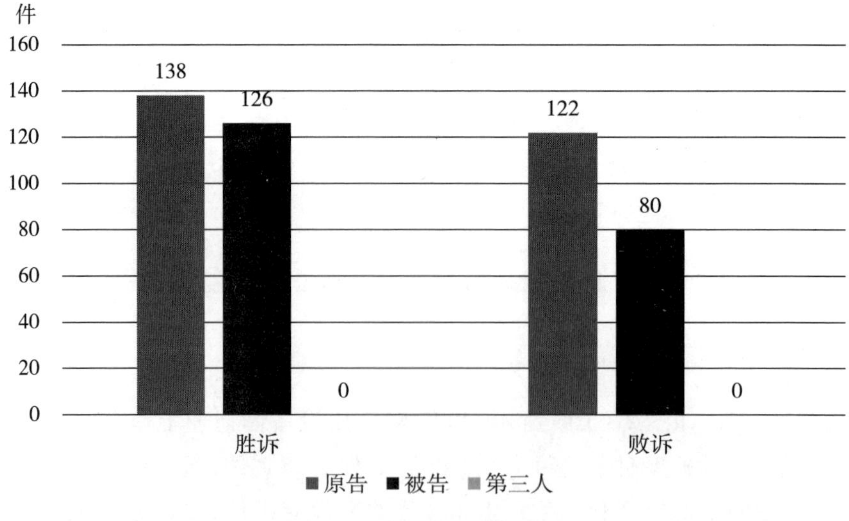

图 2－107　通用设备制造业上市公司胜诉情况与诉讼地位交叉分布情况

如图 2－108 所示，具体到不同的诉讼阶段，一审阶段，通用设备制造业上市公司胜诉的案件有 175 件，败诉的案件有 135 件，胜诉率约为 56.45%。二审阶段，胜诉的案件有 88 件，败诉的案件有 67 件，胜诉率约为 56.77%，与一审胜诉率基本持平。再审阶段，胜诉的案件有 1 件，败诉的案件有 0 件，胜诉率达 100%。

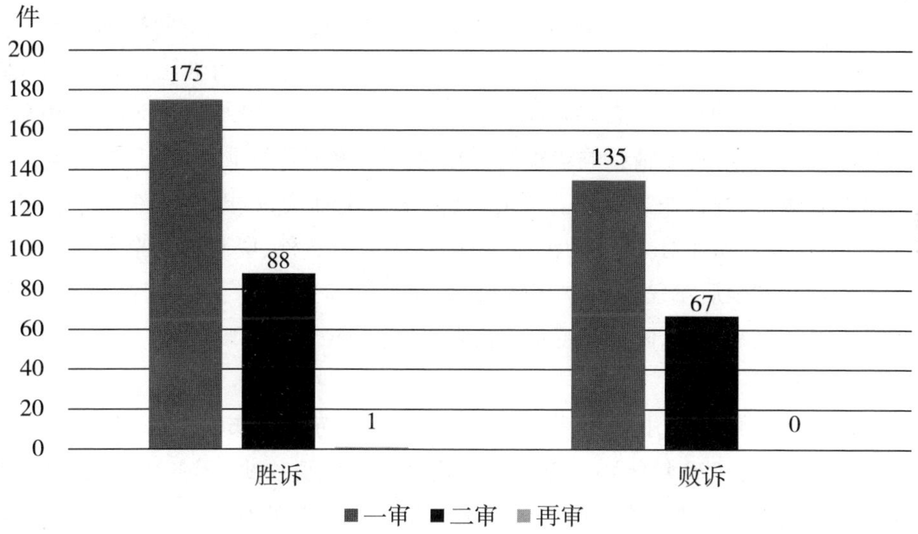

图 2－108　通用设备制造业上市公司胜诉情况与诉讼阶段交叉分布情况

第十三节　专用设备制造业

一、专用设备制造业上市公司概况

专用设备的关键在于专用，是相对于通用设备而言的。专门为某一个行业服务应用的设备归类于专用设备制造业，而可以应用于 2 个及其以上行业的设备归类于通用设备制造业。专用设备通常是在某一特定行业或企业中使用的，如汽车制造流水线，而通用装备如发电机，一般会在很多行业都有应用。

截至 2020 年第四季度，我国专用设备制造业上市公司共计 258 家。从市场规模看，我国上市公司中专用设备制造业的整体规模较大，其数量占全部上市公司的 6.25%，可见专用设备制造业在全国范围内具有较大市场影响力的企业数量之多。

二、专用设备制造行业政策和法律风险新动向

（一）专用设备制造行业政策新动向

1. 依法加快审查

2020 年 4 月 4 日，国家市场监督管理总局发布《关于支持疫情防控和复工复产反垄断执法的公告》。国家市场监督管理总局已建立绿色审查通道，对医药制造、医疗仪器设备及器械制造、食品制造、交通运输、批发零售等与疫情防控和基本民生密切相关的领域，受疫情影响较重的餐饮、住宿、旅游等行业，以及为复工复产实施的经营者集中，进行快速审查。同时，要求通过电话会议、电子邮件等非现场形式，主动与经营者加强对接、密切沟通，为经营者申报文件、资料提供全程指导。在基本文件资料齐全后第一时间立案审查，依法加快审查工作，切实提高审查效率，为经营者节约交易时间，降低交易成本，支持疫情防控和复工复产。

2. 鼓励外资引入

2020 年 12 月 28 日，国家发展和改革委员会、商务部发布最新修订的《鼓励外商投资产业目录（2020 年版）》。新版目录是贯彻落实党中央、国务院决策部署，进一步稳外资的重要举措。在保持已有鼓励政策基本稳定的基础上，坚持促增量、稳存量、提质量并举，进一步扩大鼓励外商投资范围，重点增加制造业、生产性服务业、中西部地区条目，引导外资投向，提振外资信心，促进外资基本盘稳定和产业链供应链稳定，鼓励外资投向先进制造业，增强重要产业链供应链韧性。其中，第三部分“制造业”的第 18 条详细罗列了与专用设备制造业相关的鼓励外商投资的类别。

3. 延长许可有效期

为应对疫情，国家铁路局于 2020 年 2 月 17 日发布《关于疫情防控期间延长铁路专用设备行政许可有效期的通知》，其中指出：铁路运输基础设备生产企业许可证和铁路机车车辆制造、维修许可证有效期到期或将于 2020 年 6 月底前到期需要延续的，可延期到疫情结束后办理。在此期间，铁路专用设备制造、维修企业需生产经营的，现许可证继续有效。

4. 确定领跑领域

2020 年 8 月 19 日，国家市场监督管理总局发布《关于印发〈2020 年度实施企业标准“领跑者”重点领域〉的公告》。其中将专用设备制造业划定为“领跑者”重点领域，包括矿山机械、石油钻采专用设备、建筑工程用机械、建筑材料生产专用机械等。

(二)专用设备制造行业法律风险新动向

1. 改革优化营商环境,并归专用设备制造业

2020 年 11 月 30 日,住房和城乡建设部发布《建设工程企业资质管理制度改革方案》,指出:对部分专业划分过细、业务范围相近、市场需求较小的企业资质类别予以合并,对层级过多的资质等级进行归并。专用设备制造业工程专业合并为机械工程专业,设甲、乙两级。

2. 关注民法适用,提供实施技术的专用设备属于组成部分

《民法典》第 862 条第 3 款、最高人民法院《关于审理技术合同纠纷案件适用法律若干问题的解释》第 22 条第 2 款都规定:技术转让合同和技术许可合同中关于提供实施技术的专用设备、原材料或者提供有关的技术咨询、技术服务的约定,属于合同的组成部分。

三、专用设备制造业上市公司诉讼情况统计

本书以专用设备制造业的 143 家上市公司为当事人检索案件,共收集 2020 年全国法院判决的各类司法判决书 777 份,作为统计分析的样本。

(一)案件类型分布

1. 案件诉讼类型

从案件诉讼类型看,2020 年专用设备制造业上市公司所涉及的 777 件案件以民事诉讼为主,共有 744 件,行政诉讼有 33 件,不涉及刑事诉讼。详见表 2 - 37。

表 2 - 37 专用设备制造业上市公司案件诉讼类型

诉讼类型	案件数量/件
民事诉讼	744
行政诉讼	33
刑事诉讼	0

2. 案件案由种类

首先,诉讼案件案由的基本类型看,2020 年专用设备制造业上市公司所涉及的 777 件案件主要集中在合同类纠纷和金融法纠纷两类中,具体分布情况如表 2 - 38 所示。

表 2－38　专用设备制造业上市公司案件案由基本类型分布

案由基本类型	案件数量/件
合同类纠纷	454
金融法纠纷	154
劳动法纠纷	80
行政诉讼	33
侵权责任纠纷	24
知识产权纠纷	9
公司法纠纷	9
竞争法纠纷	7
其他民事纠纷	5
物权纠纷	2
刑事诉讼	0
合计	777

其中，如图 2－109 所示，合同类纠纷案件共有 454 件，在全部案件中所占的比例最高。

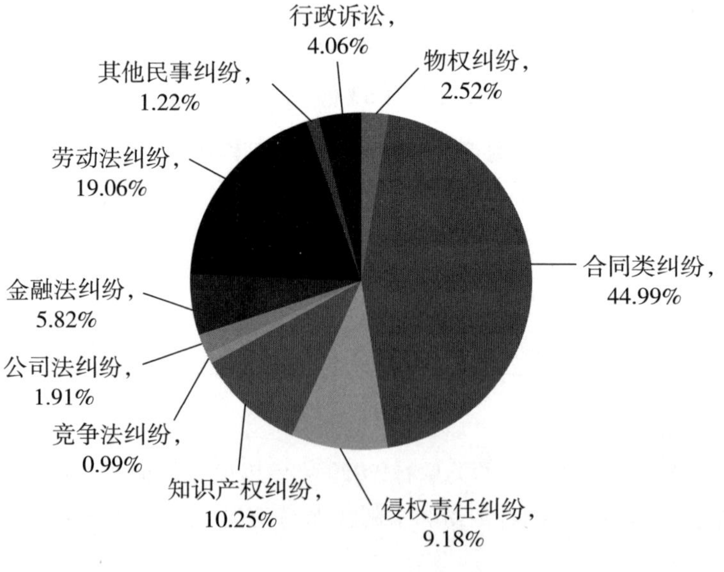

图 2－109　专用设备制造业上市公司案由基本类型分布情况

其次，从案件的具体案由看，2020 年专用设备制造业上市公司所涉及的 777 件案件以其他买卖合同纠纷案件数量最多，其他种类案由呈分散化分布状态，其分布情况如表 2－39 所示。

表 2－39　专用设备制造业上市公司案件具体案由分布

具体案由	案件数量/件
其他买卖合同纠纷	317
其他劳动争议、人事争议	210
其他合同纠纷	81
商标权权属、侵权纠纷	79
产品责任纠纷	76
承揽合同纠纷	53
其他行政管理	40
劳动合同纠纷	36
票据追索权纠纷	32
机动车交通事故责任纠纷	31
专利权权属、侵权纠纷	31
租赁合同纠纷	23
证券欺诈责任纠纷	21
著作权权属、侵权纠纷	21
追偿权纠纷	19
建设工程合同纠纷	17
借款合同纠纷	16
财产损害赔偿纠纷	14
财产保险合同纠纷	14
虚假宣传纠纷	11
劳动和社会保障行政管理	9
排除妨害纠纷	9
物业服务合同纠纷	9
返还原物纠纷	9
服务合同纠纷	8
股权转让纠纷	7

续表

具体案由	案件数量/件
广告合同纠纷	6
名誉权纠纷	6
运输合同纠纷	6
生命权、身体权、健康权纠纷	5
劳务合同纠纷	5
债权转让合同纠纷	4
对外追收债权纠纷	4
其他侵权责任纠纷	4
提供劳务者受害责任纠纷	4
票据付款请求权纠纷	4
特许经营合同纠纷	4
委托合同纠纷	4
证券交易合同纠纷	3
不当得利纠纷	3
海上、通海水域货物运输合同纠纷	3
中介合同纠纷	3
环境污染责任纠纷	3
公司决议纠纷	3
社会保险纠纷	3
债权人代位权纠纷	2
保证合同纠纷	2
专利行政管理	2
其他与企业、公司有关的纠纷	2
商标行政管理	2
股东资格确认纠纷	2
合伙合同纠纷	2
股东出资纠纷	2
侵害商业秘密纠纷	2
网络侵权责任纠纷	1
破产债权确认纠纷	1
证券发行纠纷	1
商标合同纠纷	1

3. 案件地域分布

从案件地域分布看,2020 年专用设备制造业上市公司所涉及的 777 件案件主要分布在江苏省、辽宁省等地。其中,辽宁省案件最多,共 104 件;其次是江苏省,共 98 件。具体分布情况如图 2－110 所示。

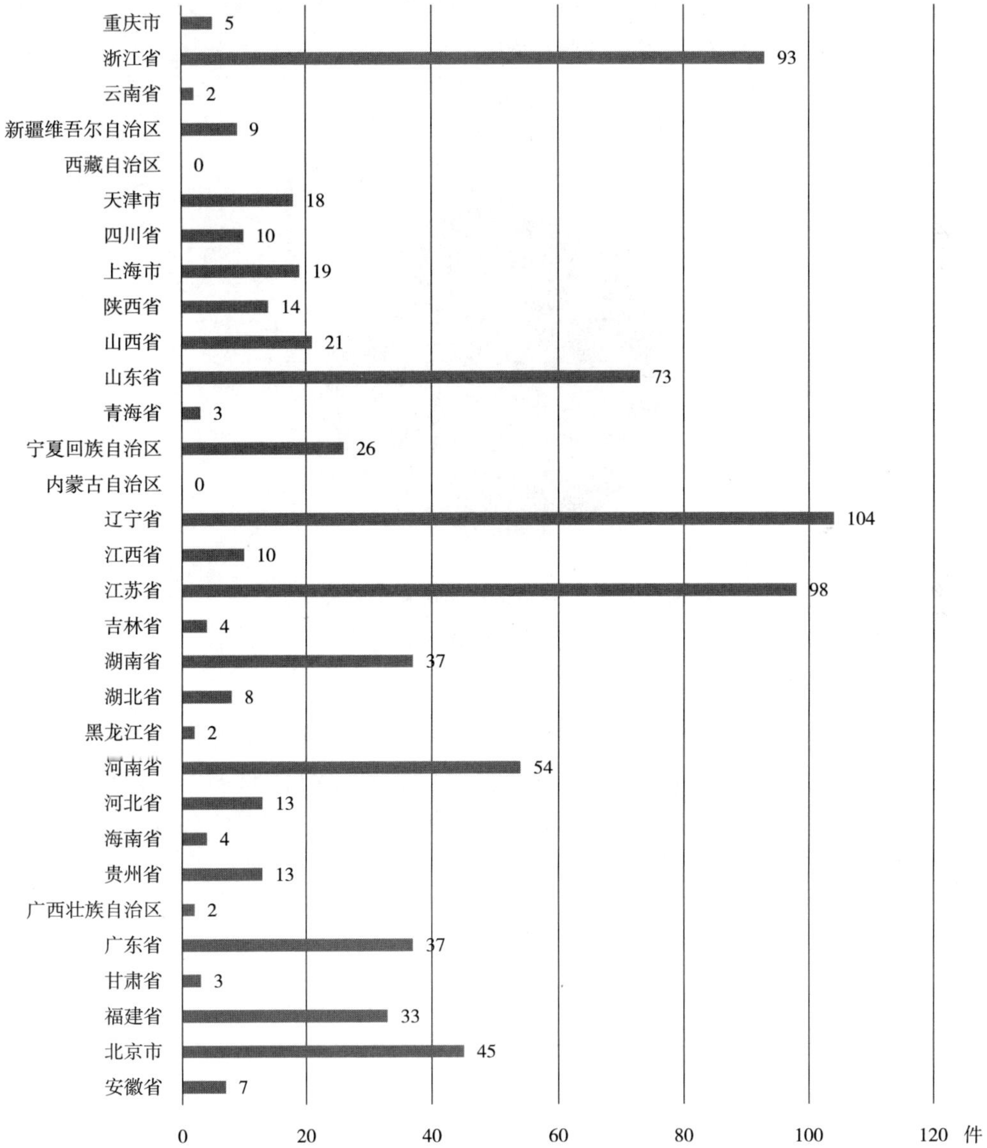

图 2－110　专用设备制造业上市公司案件地域分布情况

（二）案件审理程序

1. 诉讼阶段

如图 2－111 所示，从诉讼阶段看，2020 年专用设备制造业上市公司所涉及的 777 件案件中，一审案件有 578 件，占比约为 74.39%；二审案件有 194 件，占比约为 24.97%；再审案件有 5 件，占比约为 0.64%。

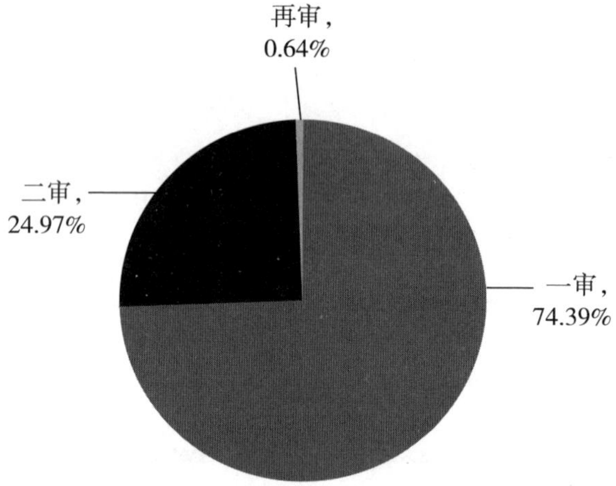

图 2－111　专用设备制造业上市公司案件诉讼阶段分布情况

2. 法院层级

如图 2－112 所示，从法院层级看，2020 年专用设备制造业上市公司所涉及的 777 件案件中，基层人民法院审结的案件有 411 件，占比约为 52.90%；中级人民法院审结的案件有 319 件，占比约为 41.06%；高级人民法院审结的案件有 37 件，占比约为 4.76%；最高人民法院审结的案件有 10 件，占比约为 1.28%。

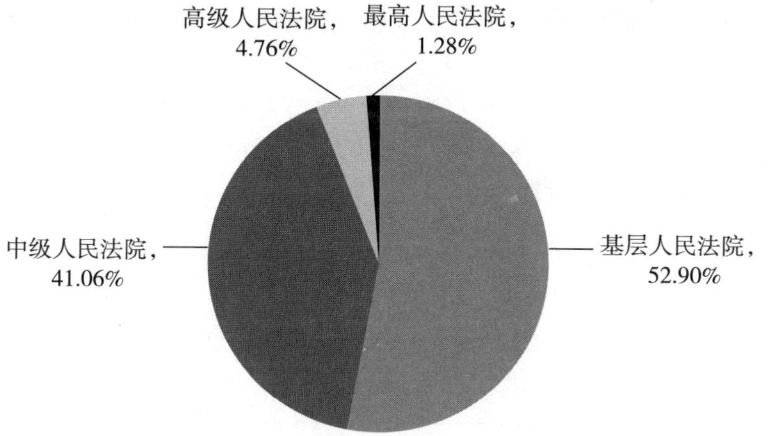

图 2－112　专用设备制造业上市公司案件审理法院层级分布情况

（三）上市公司诉讼地位

如图 2－113 所示，从上市公司的诉讼地位看，2020 年专用设备制造业上市公司所涉及的 777 件案件中，上市公司作为原告的案件有 360 件，占比约为 46.33%；上市公司作为被告的案件有 417 件，占比约为 53.67%。可见，专用设备制造业上市公司作为诉讼发动方的比例略低于作为应诉方的比例。

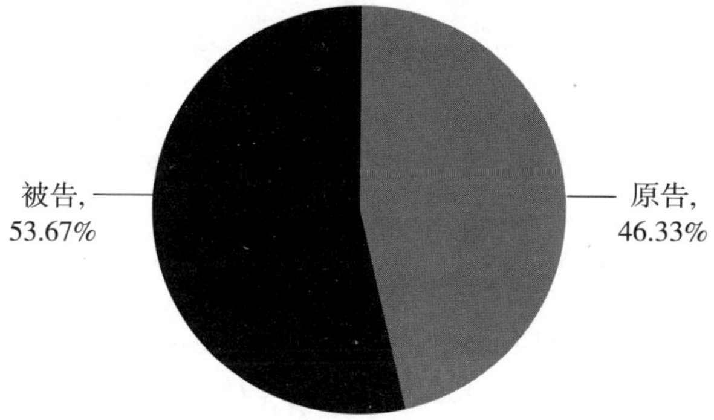

图 2－113　专用设备制造业上市公司诉讼地位分布情况

（四）诉讼标的额

如图 2－114 所示，从诉讼案件的标的额看，该行业上市公司诉讼案件的案件数量与标的范围呈反向发展的趋势，随着诉讼金额上升，案件数量逐渐减少。2020 年专用设备制造业上市公司所涉及的有标的额可查所有案件中，诉讼请求金额在 1 万元及以下的案件数量为0件、大于1万～10万元的案件数量为126件、大于10万～20万元的案件数量为28件、大于20万～50万元的案件数量为99件、大于50万～100万元的案件数量为65件、大于100万～200万元的案件数量为21件、大于200万～500万元的案件数量为76件、大于500万～1000万元的案件数量为14件、大于1000万～2000万元的案件数量为9件、2000万元以上的案件数量为24件。诉讼标的总额为1,669,093,677元，诉讼标的最大金额为94,773,665元，诉讼标的额最小为12,563元，行业平均诉讼标的额为3,612,756.88元。专用设备制造业诉讼各个诉讼标的起步金额较高，777件案件中诉讼标的起始金额均在1万元以上。

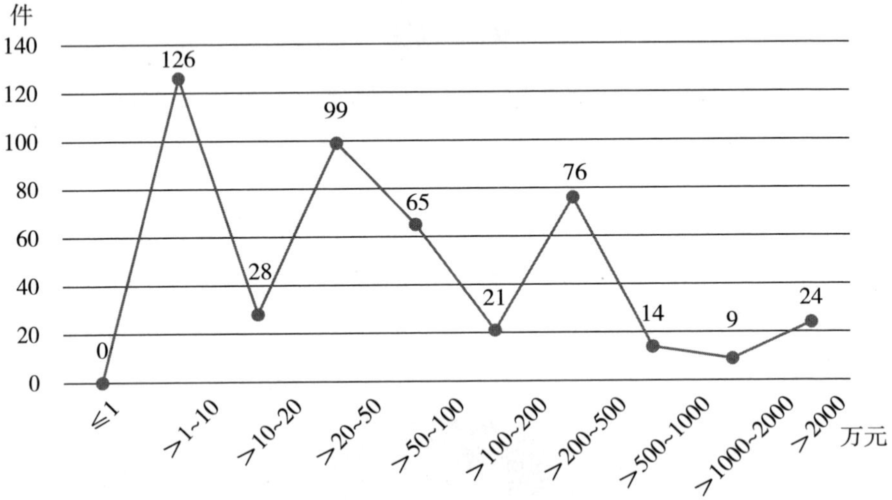

图2－114　专用设备制造业上市公司诉讼标的额分布情况

（五）诉讼结果和胜诉率

从总体上看，如图2－115所示，2020年专用设备制造业上市公司所涉及的所有案件中，胜诉的案件有386件，败诉的案件有371件，撤回起诉的案件有7件，撤回上诉的案件有3件，撤回再审申请的案件有1件，驳回起诉的案件有8件，驳回上诉的案件有1件。该行业上市公司胜诉的案件数量在全部案件中占比约为49.68%，如果排除撤诉等特殊情形，则该行业上市公司的总体胜诉率约为50.99%。

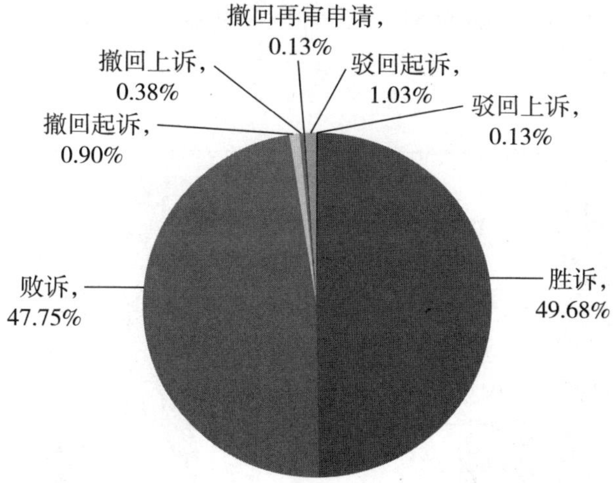

图 2－115　专用设备制造业上市公司诉讼结果占比情况

如图 2－116 所示，具体到不同的诉讼地位，当专用设备制造业上市公司为原告时，其胜诉的案件有 190 件，败诉的案件 159 件，胜诉率约为 54.44%。当专用设备制造业上市公司为被告时，其胜诉的案件有 196 件，败诉的案件有 212 件，胜诉率约为 48.04%。相较而言，采矿业上市公司作为原告时，胜诉率更高。

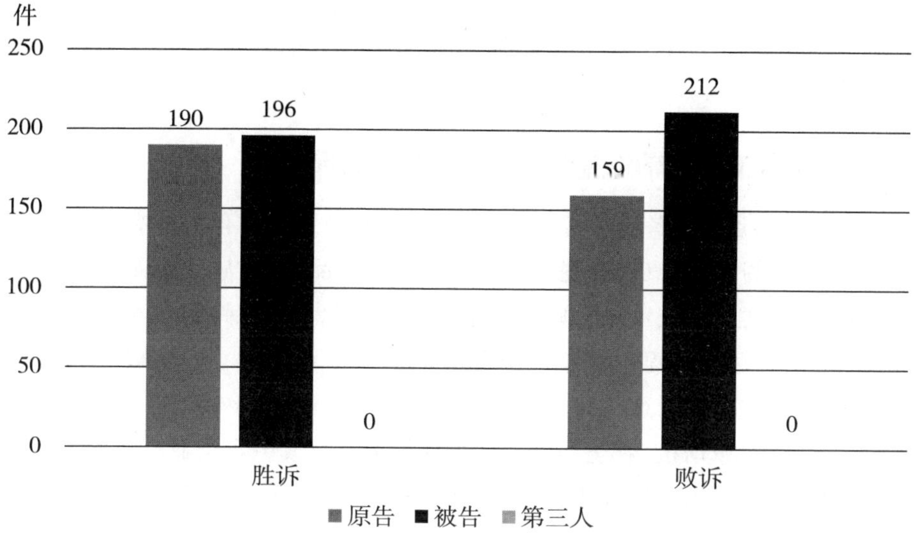

图 2－116　专用设备制造业上市公司胜诉情况与诉讼地位交叉分布情况

如图 2－117 所示，具体到不同的诉讼阶段，一审阶段，专用设备制造业上市公司胜诉的案件有 282 件，败诉的案件有 282 件，胜诉率为 50.00%。二审阶段，胜诉的案件有104件，败诉的案件有84件，胜诉率约为55.32%，略高于一审胜诉率。再审阶段，胜诉案件有0件，败诉的案件有5件，胜诉率为0，再审胜诉率极低。

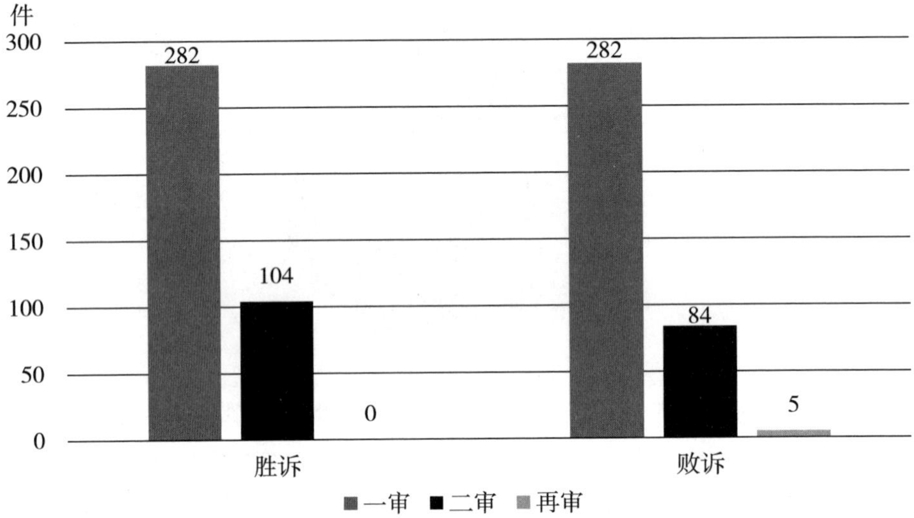

图2－117　专用设备制造业上市公司胜诉情况与诉讼阶段交叉分布情况

第十四节　汽车等交通运输设备制造业

一、汽车等交通运输设备制造业上市公司概况

汽车等交通运输设备制造业，是在许多相关联的工业和有关技术的基础上发展起来的综合性产业。汽车上使用着许多部门的产品，而且从毛坯加工到整车装配，需要采用各类加工技术。汽车零件包括大至地板，小至螺钉等数千个不同的部件。实际的汽车生产过程是由若干不同的专业生产厂（车间）合作完成的。为了经济且高效率地制造汽车，这些专业生产厂（车间）按产品的协作原则组织生产、分工合作。一般来说，发动机、变速器、车轴、车身等主要总成由本企业自己制造，而轮胎、玻璃、电器、车身内饰件与其他小型零部件等，多靠协作，由外面的专业厂生产。

截至2020年第四季度，我国汽车等交通运输设备制造业上市公司共计199家，从行业小类看，汽车制造业上市公司139家，铁路、船舶、航空航天和其他运输设备制造业上市公司60家。汽车制造业上市公司在汽车等交通运输设备制造业上市公司中占据主流。从市场规模看，我国上市公司中汽车等交通运输设备制造业的整体规模较大，其数量占全部上市公司的4.82%，可见汽车等交通运输设备制造业在全国范围内具有较大市场影响力的企业数量较多。

二、汽车制造行业政策和法律风险新动向

（一）汽车制造行业政策新动向

1. 享受税收优惠

为贯彻落实《海南自由贸易港建设总体方案》，支持海南自由贸易港建设，根据《海南自由贸易港鼓励类产业目录》，财政部、国家税务总局结合海南省实际，于2021年3月18日发布《海南自由贸易港旅游业、现代服务业、高新技术产业企业所得税优惠目录》。其中第三部分“鼓励外商投资产业目录中的产业”第15条为铁路、船舶、航空航天和其他运输设备制造业可享受税收优惠政策的行业类别。

2. 鼓励外资引入汽车制造行业

2020年12月28日，国家发展和改革委员会、商务部发布最新修订的《鼓励外商投资产业目录（2020年版）》。新版目录是贯彻落实党中央、国务院决策部署，进一步稳外资的重要举措。在保持已有鼓励政策基本稳定的基础上，坚持促增量、稳存量、提质量并举，进一步扩大鼓励外商投资范围，重点增加制造业、生产性服务业、中西部地区条目，引导外资投向，提振外资信心，促进外资基本盘稳定和产业链供应链稳定，鼓励外资投向先进制造业，增强重要产业链供应链韧性。其中，第三部分“制造业”第20条详细罗列了与铁路、船舶、航空航天和其他运输设备制造业相关的鼓励外商投资的类别。

3. 加快建立国际销售体系

2020年10月25日，国务院办公厅发布《关于推进对外贸易创新发展的实施意见》，指出：加快建立国际营销体系。鼓励企业以合作、自建等方式，完善营销和服务保障体系，开展仓储、展示、批发、销售、接单签约及售后服务。推进售后云服务模式和远端诊断、维修。重点推动汽车、机床等行业品牌企业建设国际营销服务网点。

4. 大力发展新能源汽车

2020年10月20日，国务院办公厅发布《关于印发新能源汽车产业发展规划》，其中开篇指出：发展新能源汽车是我国从汽车大国迈向汽车强国的必由之路，是应对气候变化、推动绿色发展的战略举措，应以市场主导、创新驱动、协调推进、开放发展为基本原则。同时明确新能源汽车产业发展目标，即到2025年，新能源汽车市场竞争力明显提高，动力电池、驱动电机、车载操作系统等新能源关键技术达到国际先进水平。

5. 依法加快相关行业审查

2020 年 4 月 4 日，国家市场监督管理总局发布《关于支持疫情防控和复工复产反垄断执法的公告》，指出：国家市场监督管理总局已建立绿色审查通道，对医药制造、医疗仪器设备及器械制造、食品制造、交通运输、批发零售等与疫情防控和基本民生密切相关领域，受疫情影响较重的餐饮、住宿、旅游等行业，以及为复工复产实施的经营者集中，进行快速审查。要求通过电话会议、电子邮件等非现场形式，主动与经营者加强对接、密切沟通，为经营者申报文件、提交资料提供全程指导。在基本文件资料齐全后第一时间立案审查，依法加快审查工作，切实提高审查效率，为经营者节约交易时间，降低交易成本，支持疫情防控和复工复产。

（二）汽车制造行业法律风险新动向

2020 年 3 月 27 日，生态环境部发布《排污许可申请与核发技术规范铁路、船舶、航空航天和其他运输设备制造业》规定了铁路、船舶、航空航天和其他运输设备制造业排污单位排污许可证申请与核发的基本情况填报要求、许可排放限值确定、实际排放量核算和合规判定的方法，以及自行监测、环境管理台账与排污许可证执行报告等环境管理要求，提出了铁路、船舶、航空航天和其他运输设备制造业排污单位污染防治可行技术参考要求等。

三、汽车等交通运输设备制造业上市公司诉讼情况统计

本书以汽车等交通运输设备制造业的 199 家上市公司为当事人检索案件，共收集 2020 年全国法院判决的各类司法判决书 1307 份，作为统计分析的样本。

（一）案件类型分布

1. 案件诉讼类型

从案件诉讼类型看，2020 年汽车等交通运输设备制造业上市公司涉及的 1307 件案件以民事诉讼为主，共有 1254 件，行政诉讼有 53 件，不涉及刑事诉讼。详见表 2－40。

表 2－40　汽车等交通运输设备制造业上市公司案件诉讼类型

诉讼类型	案件数量/件
民事诉讼	1254
行政诉讼	53
刑事诉讼	0

2. 案件案由种类

首先，诉讼案件案由的基本类型来看，2020 年汽车等交通运输设备制造业上市公司所涉及的 1307 件案件主要集中在合同类纠纷和劳动法纠纷两类中，具体分布情况如表 2－41 所示。

表 2－41　汽车等交通运输设备制造业上市公司案件案由基本类型分布

案由基本类型	案件数量/件
合同类纠纷	588
劳动法纠纷	249
知识产权纠纷	134
侵权责任纠纷	120
金融法纠纷	76
行政诉讼	53
物权纠纷	33
公司法纠纷	25
其他民事纠纷	16
竞争法纠纷	13
刑事诉讼	0
合计	1307

其中，如图 2－118 所示，合同类纠纷案件共有 588 件，在全部案件中所占的比例最高。

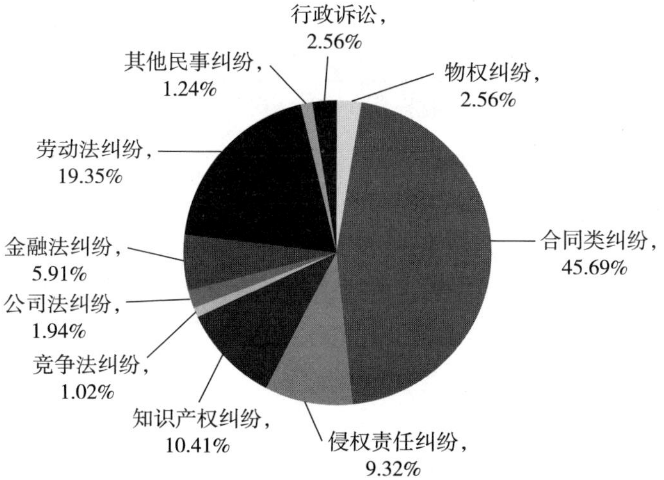

图 2－118　汽车等交通运输设备制造业上市公司案由基本类型分布情况

其次，从案件的具体案由看，2020 年汽车等交通运输设备制造业上市公司所涉及的 1307 件案件以其他买卖合同纠纷案件数量最多，其他种类案由呈分散化分布状态，其分布情况如表 2－42 所示。

表 2－42　汽车等交通运输设备制造业上市公司案件具体案由分布

具体案由	案件数量/件
其他买卖合同纠纷	317
其他劳动争议、人事争议	210
其他合同纠纷	81
商标权权属、侵权纠纷	79
产品责任纠纷	76
承揽合同纠纷	53
其他行政管理	40
劳动合同纠纷	36
票据追索权纠纷	32
机动车交通事故责任纠纷	31
专利权权属、侵权纠纷	31
租赁合同纠纷	23
证券欺诈责任纠纷	21
著作权权属、侵权纠纷	21
追偿权纠纷	19
建设工程合同纠纷	17
借款合同纠纷	16
财产损害赔偿纠纷	14
财产保险合同纠纷	14
虚假宣传纠纷	11
劳动和社会保障行政管理	9
排除妨害纠纷	9
物业服务合同纠纷	9

续表

具体案由	案件数量/件
返还原物纠纷	9
服务合同纠纷	8
股权转让纠纷	7
广告合同纠纷	6
名誉权纠纷	6
运输合同纠纷	6
生命权、身体权、健康权纠纷	5
劳务合同纠纷	5
债权转让合同纠纷	4
对外追收债权纠纷	4
其他侵权责任纠纷	4
提供劳务者受害责任纠纷	4
票据付款请求权纠纷	4
特许经营合同纠纷	4
委托合同纠纷	4
证券交易合同纠纷	3
不当得利纠纷	3
海上、通海水域货物运输合同纠纷	3
中介合同纠纷	3
环境污染责任纠纷	3
公司决议纠纷	3
社会保险纠纷	3
债权人代位权纠纷	2
保证合同纠纷	2
专利行政管理	2
其他与企业、公司有关的纠纷	2

续表

具体案由	案件数量/件
商标行政管理	2
股东资格确认纠纷	2
合伙合同纠纷	2
股东出资纠纷	2
侵害商业秘密纠纷	2
网络侵权责任纠纷	1
破产债权确认纠纷	1
证券发行纠纷	1
商标合同纠纷	1
委托理财合同纠纷	1
公司增资纠纷	1
确认不侵害知识产权纠纷	1
海上、通海水域保险合同纠纷	1
债权人撤销权纠纷	1
技术合同纠纷	1
提供劳务者致害责任纠纷	1
肖像权纠纷	1
融资租赁合同纠纷	1
拍卖合同纠纷	1
证券权利确认纠纷	1
共有纠纷	1
清算责任纠纷	1
公司分立纠纷	1
公司盈余分配纠纷	1

3. 案件地域分布

从案件地域分布看，2020 年汽车等交通运输设备制造业上市公司所涉及的 1307 件案件主要分布在北京市、山东省等地。其中，北京市案件最多，共 200 件；其次是山东省，共 177 件。具体分布情况如图 2－119 所示。

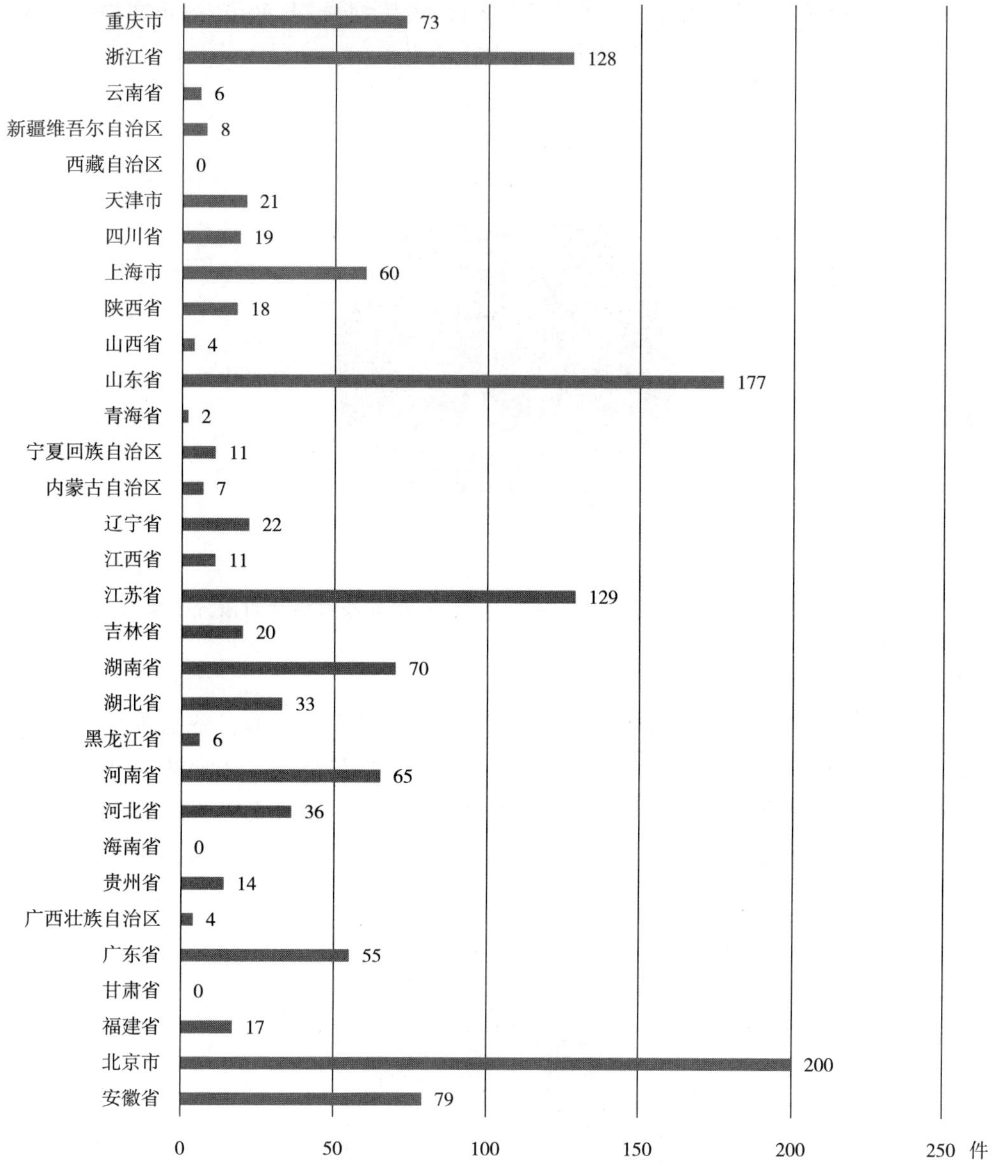

图 2－119 汽车等交通运输设备制造业上市公司案件地域分布情况

(二)案件审理程序

1. 诉讼阶段

如图 2－120 所示,从诉讼阶段看,2020 年汽车等交通运输设备制造业上市公司所涉及的1307件案件中，一审案件有934件，占比约为71.46%；二审案件有320件，占比约为24.48%；再审案件有53件，占比约为4.06%。

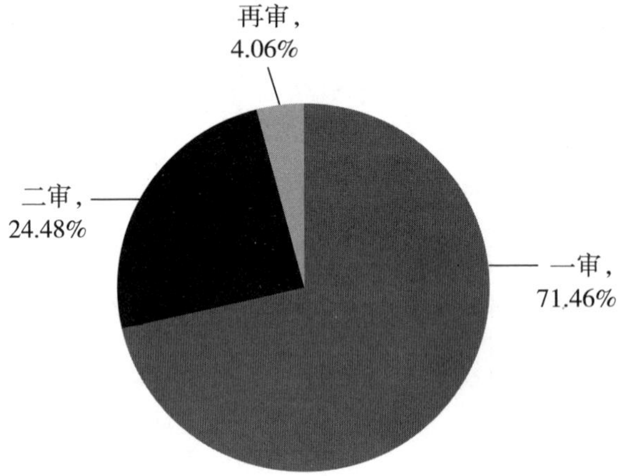

图2－120　汽车等交通运输设备制造业上市公司案件诉讼阶段分布情况

2. 法院层级

如图2－121所示，从法院层级看，2020年汽车等交通运输设备制造业上市公司所涉及的1307件案件中，基层人民法院审结的案件有767件，占比约为58.68%；中级人民法院审结的案件有455件，占比约为34.81%；高级人民法院审结的案件有73件，占比约为5.59%；最高人民法院审结的案件有12件，占比约为0.92%。

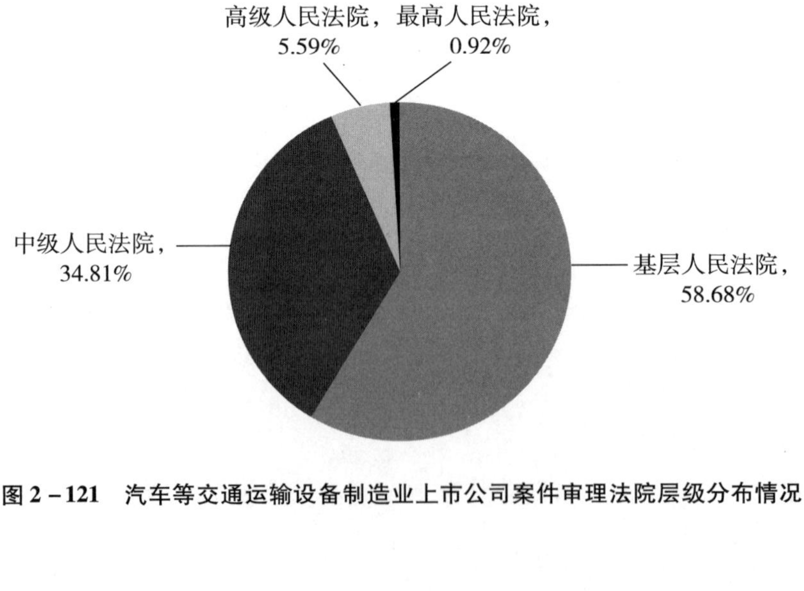

图2－121　汽车等交通运输设备制造业上市公司案件审理法院层级分布情况

(三)上市公司诉讼地位

如图 2－122 所示,从上市公司的诉讼地位看,2020 年汽车等交通运输设备制造业上市公司所涉及的 1307 件案件中,上市公司作为原告的案件有 581 件,占比约为 44.45%;上市公司作为被告的案件有 726 件,占比约为 55.55%。汽车等交通运输设备制造业上市公司主动启动诉讼与被动应诉比例相差不大。但相较而言,2020 年汽车等交通运输设备制造业上市公司作为被告应诉的情形更为多见。

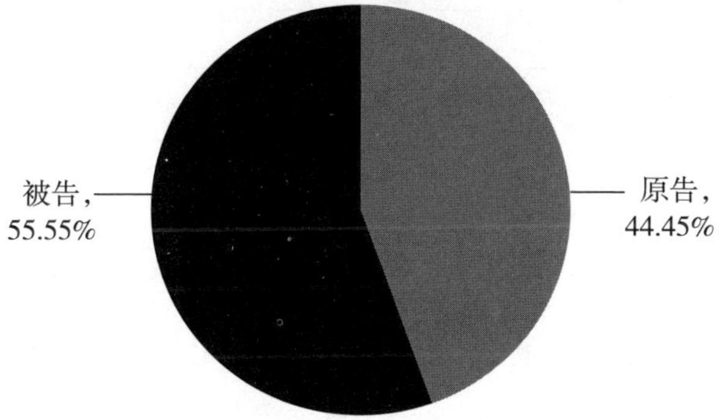

图 2－122 汽车等交通运输设备制造业上市公司诉讼地位分布情况

(四)诉讼标的额

如图 2－123 所示,从诉讼案件标的额看,汽车等交通运输设备制造业诉讼标的额分布范围较广,但大于 1 万～50 万元是其行业诉讼标的额分布集中区间。在 2020 年汽车等交通运输设备制造业上市公司所涉及的有标的额可查的案件中,诉讼请求金额在 1 万元及以下的案件数量为 3 件、大于 1 万～10 万元的案件数量为 115 件、大于 10 万～20 万元的案件数量为 35 件、大于 20 万～50 万元的案件数量为 94 件、大于 50 万～100 万元的案件数量为 23 件、大于 100 万～200 万元的案件数量为 20 件、大于 200 万～500 万元的案件数量为 40 件、大于 500 万～1000 万元的案件数量为 12 件、大于 1000 万～2000 万元的案件数量为 8 件、2000 万元以上的案件数量为 23 件。诉讼标的总额为 1,564,483,096 元,诉讼标的最大金额为 101,988,412 元,最小标的额为 6609 元,行业平均诉讼标的额为 4,194,324.65 元。

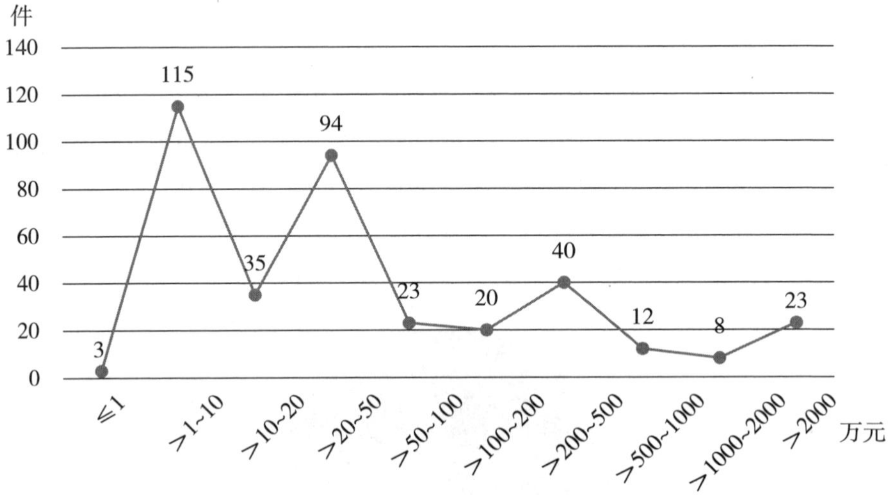

图 2－123　汽车等交通运输设备制造业上市公司诉讼标的额分布情况

（五）诉讼结果和胜诉率

总体上看，如图 2－124 所示，2020 年交通运输设备制造业上市公司所涉及的所有案件中，胜诉的案件有 616 件，败诉的案件有 608 件，撤回起诉的案件有 34 件，撤回上诉的案件有 11 件，撤回再审申请的案件有 9 件，驳回起诉的案件有 18 件，驳回上诉的案件有 4 件，驳回再审申请的案件有 3 件，发回重审的案件有 4 件。该行业上市公司胜诉的案件数量在全部案件中占比约为 47.13%，如果排除撤诉等特殊情形，则该行业上市公司的总体胜诉率约为 50.33%。

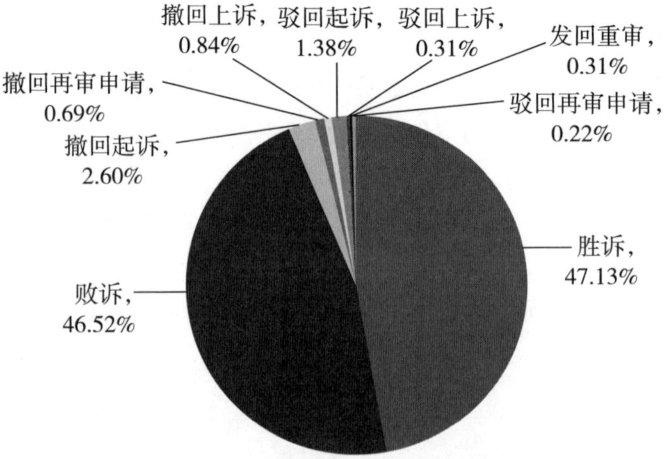

图 2－124　汽车等交通运输设备制造业上市公司诉讼结果占比情况

如图 1－125 所示，具体到不同的诉讼地位，当汽车等交通运输设备制造业上市公司为原告时，其胜诉的案件有 265 件，败诉的案件 270 件，胜诉率约为 49.53%；当汽车等交通运输设备制造业上市公司为被告时，其胜诉的案件有 351 件，败诉的案件有 338 件，胜诉率约为 50.94%。相较而言，汽车等交通运输设备制造业上市公司作为被告时，胜诉率更高。

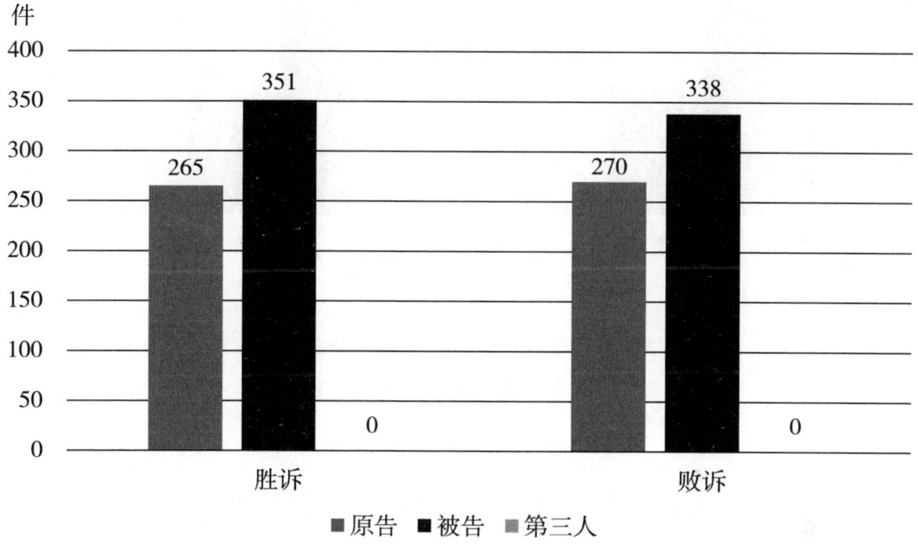

图 2－125　汽车等交通运输设备制造业上市公司胜诉情况与诉讼地位交叉分布情况

如图 1－126 所示，具体到不同的诉讼阶段，一审阶段，汽车等交通运输制造业上市公司胜诉的案件有 429 件，败诉的案件有 435 件，胜诉率约为 49.65%。二审阶段，胜诉的案件有 159 件，败诉的案件有 148 件，胜诉率约为 51.79%，略高于一审胜诉率。再审阶段，胜诉案件有 28 件，败诉的案件有 25 件，胜诉率约为 52.83%。

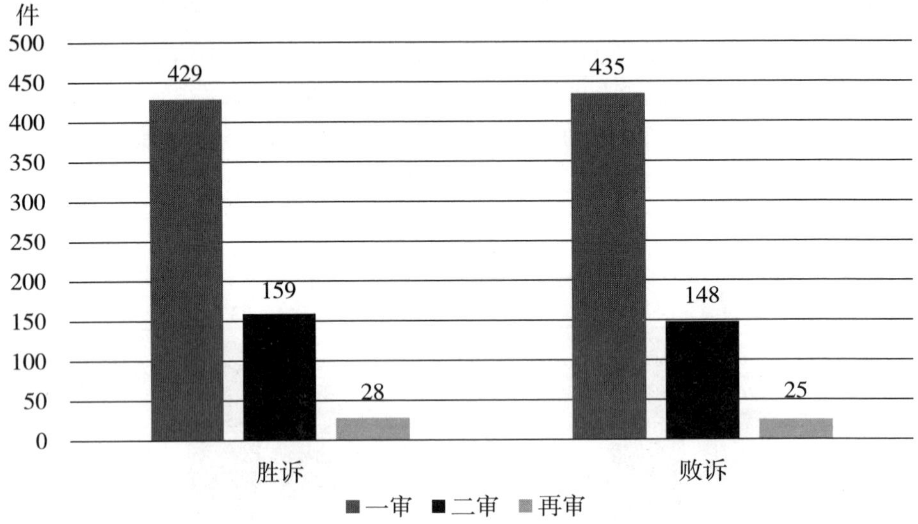

图 2－126　汽车等交通运输设备制造业上市公司胜诉情况与诉讼阶段交叉分布情况

第十五节　电气机械和器材制造业

一、电气机械和器材制造业上市公司概况

电气机械和器材制造业是国民经济的重要基础产业，包括电机制造业、输配电及控制设备制造业、电工器械制造业、日用电器制造业等。该行业产品技术密集程度相对较高，在提升产业经济、提高一国国民生活质量中起着不可替代的基础性作用。

截至 2020 年第四季度，我国电气机械和器材制造业上市公司共计 254 家。从市场规模看，我国上市公司中电气机械和器材制造业的整体规模较大，其数量占全部上市公司的 6.15%，可见电气机械和器材制造业在全国范围内具有较大市场影响力的企业数量较多。

二、电气机械和器材制造业行业政策和法律风险新动向

（一）电气机械和器材制造业行业政策新动向

1.《关于开展燃料电池汽车示范应用的通知》

为推动我国燃料电池汽车产业持续健康、科学有序发展，财政部、工业和信息

化部、科学技术部、国家发展和改革委员会(国家发改委)、国家能源局(以下简称五部门)于 2020 年 9 月 16 日发布《关于开展燃料电池汽车示范应用的通知》,决定开展燃料电池汽车示范应用工作。针对产业发展现状,五部门将对燃料电池汽车的购置补贴政策调整为燃料电池汽车示范应用支持政策,对符合条件的城市群开展燃料电池汽车关键核心技术产业化攻关和示范应用给予奖励,形成布局合理、各有侧重、协同推进的燃料电池汽车发展新模式。示范期暂定为四年。示范期间,五部门将采取"以奖代补"方式,对入围示范的城市群按照其目标完成情况给予奖励。奖励资金由地方和企业统筹用于燃料电池汽车关键核心技术产业化,人才引进及团队建设,以及新车型、新技术的示范应用等,不得用于支持燃料电池汽车整车生产投资项目和加氢基础设施建设。

2.《废铅蓄电池处理污染控制技术规范》

自 2010 年 3 月 1 日起实施的《废铅酸蓄电池处理污染控制技术规范》(HJ 519 - 2009,已失效),对于规范废铅蓄电池收集、贮存、运输、利用和处置过程污染控制,防止废铅蓄电池污染环境,保障人体健康发挥着重要作用。然而,随着时间的推移,上述技术规范已经难以支持和指导目前废铅蓄电池收集、贮存、运输、利用和处置过程的污染控制工作,为保证环境管理的科学性、合理性,有必要进一步修订完善。我国陆续发布了一批新的废铅蓄电池管理文件,对废铅蓄电池收集、贮存、利用、处置提出了更高的环境保护要求,提出建立规范有序的废铅蓄电池收集处理体系,对废铅蓄电池收集网点和集中转运点建设、零散社会源废铅蓄电池运输、加强收集处理全过程信息化管控等提出新的污染控制要求,并把这些最新的要求纳入技术规范之中,形成《废铅蓄电池处理污染控制技术规范》(HJ 519 - 2020),并由生态环境部于 2020 年 3 月 26 日发布,适用于废铅蓄电池收集、贮存、运输、利用和处置过程的污染控制,指导再生铅企业建厂选址、工程建设与建成后的污染控制管理工作。

(二)电气机械和器材制造业法律风险新动向

为贯彻落实《固体废物污染环境防治法》《危险废物经营许可证管理办法》,进一步规范废铅蓄电池危险废物经营许可证审批和证后监管工作,提高废铅蓄电池污染防治水平,生态环境部于 2020 年 5 月 19 日发布了《废铅蓄电池危险废物经营单位审查和许可指南(试行)》。包括总体要求、废铅蓄电池危险废物经营单位审查和许可要点两部分,总体要求明确了该指南的适用范围,以及从事废铅蓄电池收集、利用、处置经营活动申请许可证的单位应符合有关要求,并从技术人员要求,运输要求,包装和台账要求,贮存设施要求,利用处置设施及配套设备要求,技术、工艺和装备要求，规章制度和环境应急管理要求等 7 个方面对废铅蓄电池危险废物经营单位进行了规定。相关企业应当切实遵守指南，打赢污染防治攻坚战，切实防止废铅蓄电池污染。

三、电气机械和器材制造业上市公司诉讼情况统计

本书以电气机械和器材制造业的 199 家上市公司为当事人检索案件，共收集 2020 年全国法院判决的各类司法判决书 3513 份，作为统计分析的样本。

（一）案件类型分布

1. 案件诉讼类型

从案件诉讼类型看，2020 年电气机械和器材制造业上市公司所涉及的 3513 件案件以民事诉讼为主，共有 3391 件，行政诉讼有 121 件，刑事诉讼有 1 件。详见表 2－43。

表 2－43　电气机械和器材制造业上市公司案件诉讼类型

诉讼类型	案件数量/件
民事诉讼	3391
行政诉讼	121
刑事诉讼	1

2. 案件案由种类

首先，从诉讼案件案由的基本类型看，2020 年电气机械和器材制造业上市公司所涉及的 3513 件案件主要集中在合同类纠纷和金融法纠纷两类中，具体分布情况如表 2－44 所示。

表 2－44　电气机械和器材制造业上市公司案件案由基本类型分布

案由基本类型	案件数量/件
合同类纠纷	1380
金融法纠纷	816
知识产权纠纷	728
劳动法纠纷	190

续表

案由基本类型	案件数量/件
行政诉讼	121
竞争法纠纷	110
侵权责任纠纷	66
公司法纠纷	49
其他民事纠纷	33
物权纠纷	19
刑事诉讼	1
合计	3513

其中，如图 2 – 127 所示，合同类纠纷案件共有 1380 件，在全部案件中所占的比例最高。

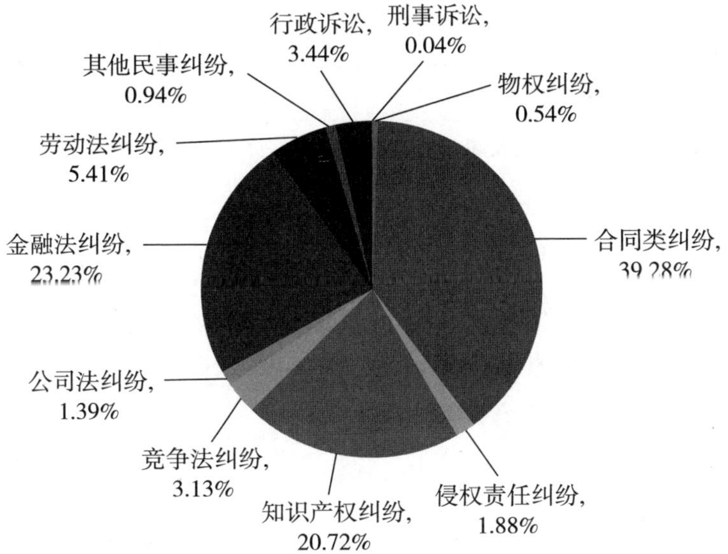

图 2 – 127　电气机械和器材制造业上市公司案由基本类型分布情况

其次，从案件的具体案由看，2020 年电气机械和器材制造业上市公司所涉及的 3513 件案件以其他买卖合同纠纷案件数量最多，其他种类案由呈分散化分布状态，其分布情况如表 2 – 45 所示。

表 2－45 电气机械和器材制造业上市公司案件具体案由分布

具体案由	案件数量/件
其他买卖合同纠纷	914
证券欺诈责任纠纷	656
商标权权属、侵权纠纷	512
专利权权属、侵权纠纷	184
其他合同纠纷	140
虚假宣传纠纷	110
其他行政管理	107
劳动合同纠纷	103
建设工程合同纠纷	94
其他劳动争议、人事争议	87
其他票据纠纷	54
承揽合同纠纷	51
票据追索权纠纷	47
金融衍生品种交易纠纷	47
借款合同纠纷	42
分期付款买卖合同纠纷	33
产品责任纠纷	28
其他侵权责任纠纷	19
著作权权属、侵权纠纷	16
股权转让纠纷	14
生命权、身体权、健康权纠纷	13
追偿权纠纷	12
海上、通海水域货物运输合同纠纷	10
服务合同纠纷	10
机动车交通事故责任纠纷	10

续表

具体案由	案件数量/件
委托合同纠纷	10
不当得利纠纷	9
融资租赁合同纠纷	9
提供劳务者受害责任纠纷	8
财产损害赔偿纠纷	8
专利行政管理	8
债权人代位权纠纷	8
票据付款请求权纠纷	8
技术合同纠纷	7
租赁合同纠纷	7
招标投标买卖合同纠纷	6
保证合同纠纷	6
排除妨害纠纷	6
名誉权纠纷	6
债权转让合同纠纷	6
损害公司债权人利益责任纠纷	6
确认合同效力纠纷	6
运输合同纠纷	6
其他与企业、公司有关的纠纷	5
信息网络买卖合同纠纷	5
商标合同纠纷	4
知识产权合同纠纷	4
清算责任纠纷	4
破产债权确认纠纷	4
返还原物纠纷	4

续表

具体案由	案件数量/件
请求变更公司登记纠纷	3
股东出资纠纷	3
中介合同纠纷	3
一般人格权纠纷	3
企业承包经营合同纠纷	3
劳务合同纠纷	2
损害公司利益责任纠纷	2
票据利益返还请求权纠纷	2
工商行政管理	1
人身保险合同纠纷	1
相邻关系纠纷	1
网络侵权责任纠纷	1
债务转移合同纠纷	1
对外追收债权纠纷	1
著作权合同纠纷	1
肖像权纠纷	1
商标行政管理	1
抢劫罪	1
劳动和社会保障行政管理	1
股东资格确认纠纷	1
请求公司收购股份纠纷	1
公司解散纠纷	1
能源行政管理	1

3. 案件地域分布

从案件地域分布看，2020 年电气机械和器材制造业上市公司所涉及的 3513 件案件主要分布在广东省、贵州省等地。其中，广东省案件最多，共 580 件；其次是贵州省，共 518 件。具体分布情况如图 2－128 所示。

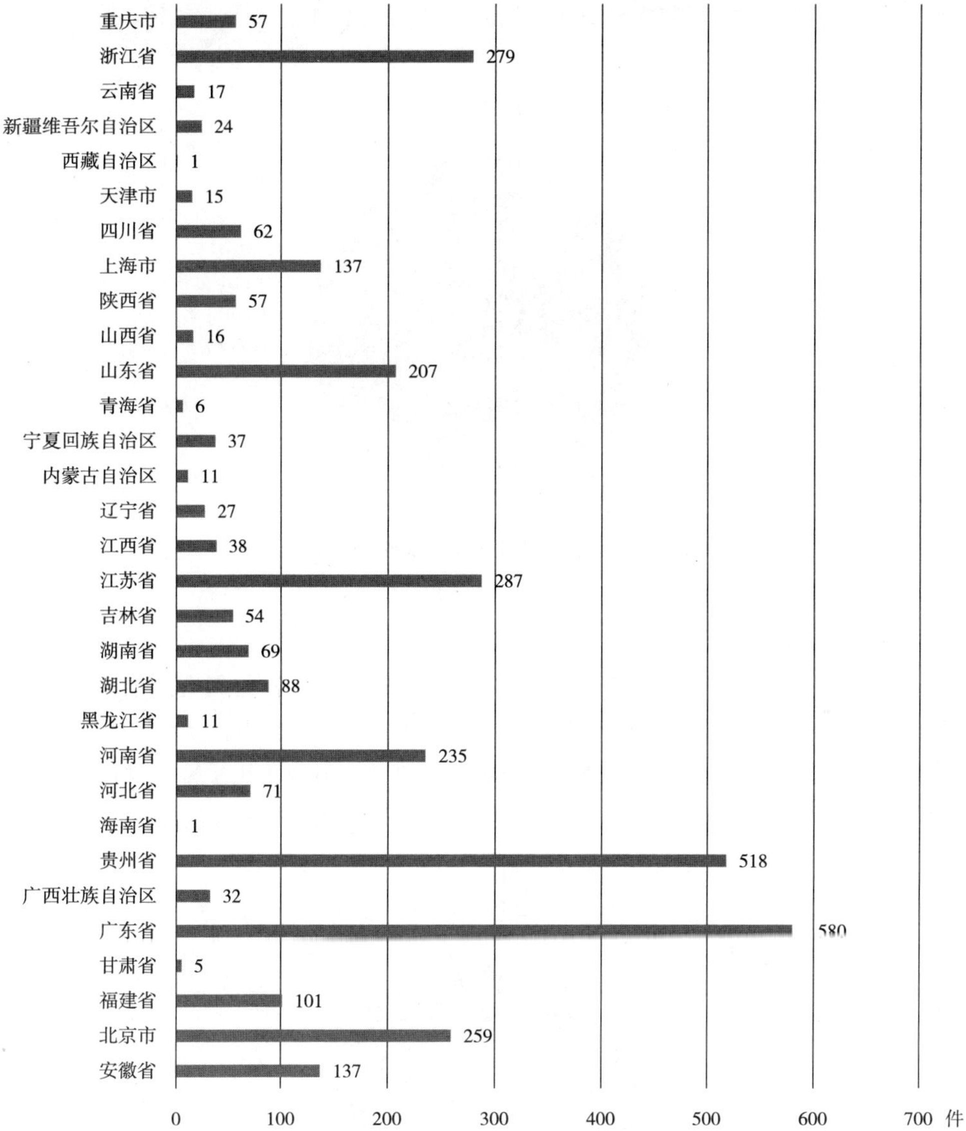

图 2－128　电气机械和器材制造业上市公司案件地域分布情况

(二)案件审理程序

1. 诉讼阶段

如图 2－129 所示,从诉讼阶段看,2020 年电气机械和器材制造业上市公司所涉及的 3513 件案件中,一审案件有 2377 件,占比约为 67.66%;二审案件有 1060

件，占比约为30.17%；再审案件有 76 件，占比约为 2.17%。

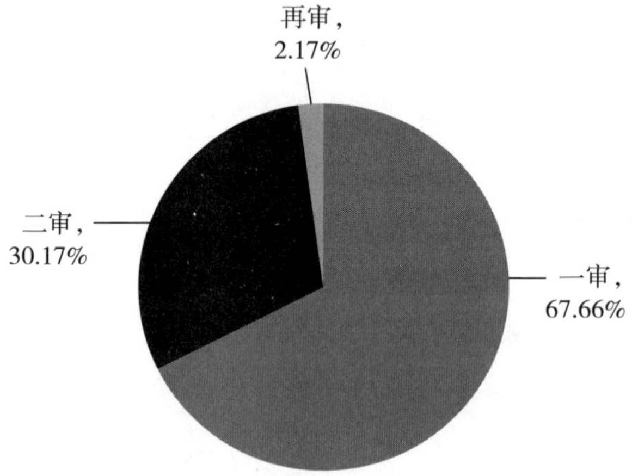

图 2－129　电气机械和器材制造业上市公司案件诉讼阶段分布情况

2. 法院层级

如图 2－130 所示，从法院层级看，2020 年电气机械和器材制造业上市公司所涉及的 3513 件案件中，基层人民法院审结的案件有 1517 件，占比约为 43.18%；中级人民法院审结的案件有 1431 件，占比约为 40.73%；高级人民法院审结的案件有 491 件，占比约为13.98%；最高人民法院审结的案件有 74 件，占比约为 2.11%。

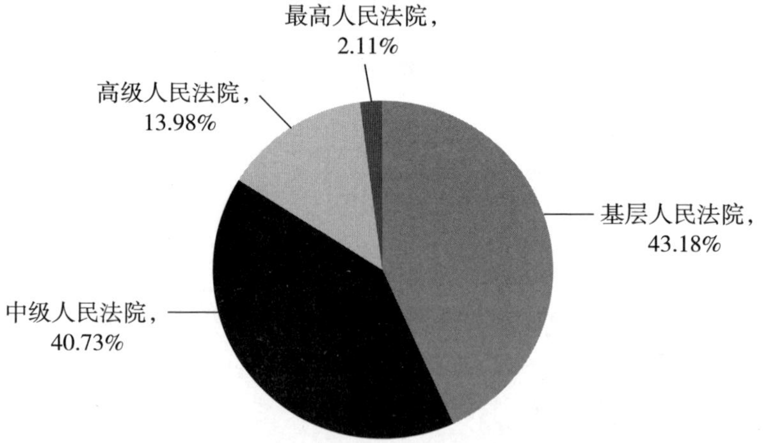

图 2－130　电气机械和器材制造业上市公司案件审理法院层级分布情况

（三）上市公司诉讼地位

如图 1 - 131 所示，从上市公司的诉讼地位看，2020 年电气机械和器材制造业上市公司所涉及的 3513 件案件中，上市公司作为原告的案件有 1746 件，占比约为 49.70%；上市公司作为被告的案件有 1758 件，占比约为 50.04%；此外，还有 9 件案件中，上市公司以第三人的身份参与诉讼的案件。

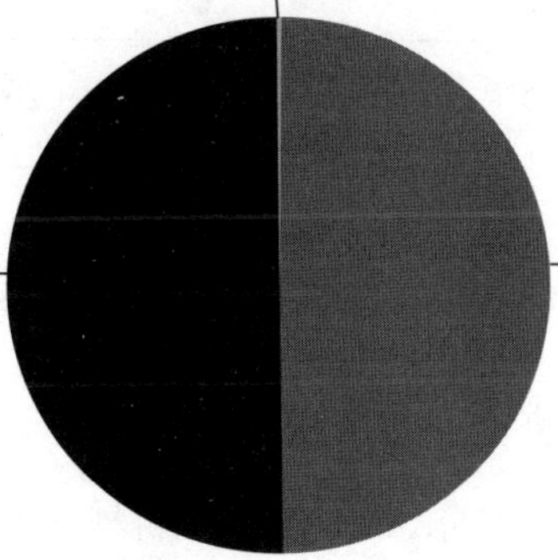

图 2 - 131　电气机械和器材制造业上市公司诉讼地位分布情况

（四）诉讼标的额

如图 2 - 132 所示，从诉讼案件标的额看，2020 年电气机械和器材制造业上市公司所涉及的有标的额可查的案件中，诉讼请求金额在 1 万元及以下的案件数量 0 件、大于 1 万 ~ 10 万元的案件数量为 609 件、大于 10 万 ~ 20 万元的案件数量为 70 件、大于 20 万 ~ 50 万元的案件数量为 305 件、大于 50 万 ~ 100 万元的案件数量为 134 件、大于 100 万 ~ 200 万元的案件数量为 46 件、大于 200 万 ~ 500 万元的案件数量为 101 件、大于 500 万 ~ 1000 万元的案件数量为 30 件、大于 1000 万 ~ 2000 万元的案件数量为 14 件、2000 万元以上的案件数量为 50 件。诉讼标的总额为 5,544,296,637 元，诉讼标的最大金额为 497,581,706 元，最小标的额为 34,422 元，行业平均诉讼标的额为4,079,688.47 元。

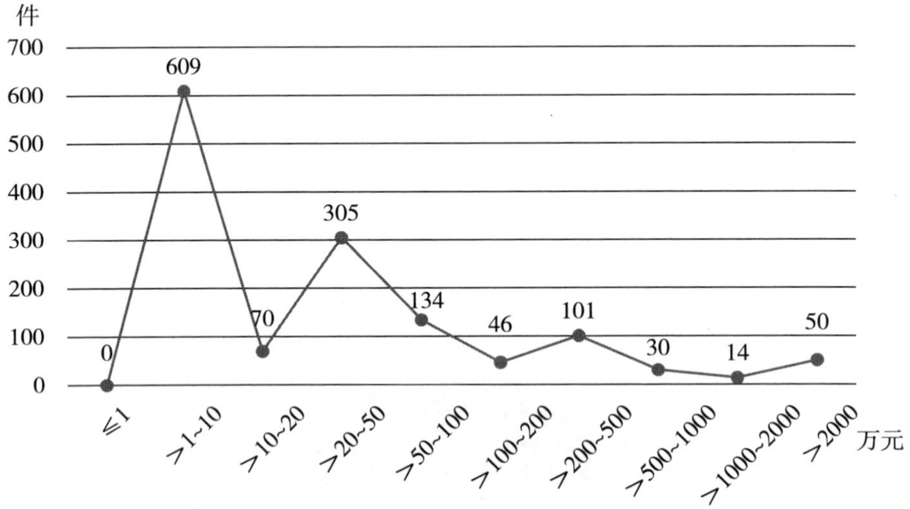

图 2－132　电气机械和器材制造业上市公司诉讼标的额分布情况

（五）诉讼结果和胜诉率

总体上看，如图 2－133 所示，2020 年电气机械和器材制造业上市公司所涉及的所有案件中，胜诉的案件有 1709 件，败诉的案件有 1665 件，撤回起诉的案件有 43 件，撤回上诉的案件有 23 件，撤回再审申请的案件有 4 件，驳回起诉的案件有 47 件，驳回上诉的案件有 21 件，驳回再审申请的案件有 1 件。该行业上市公司胜诉的案件数量在全部案件中占比约为 48.65%，如果排除撤诉等特殊情形，则该行业上市公司的总体胜诉率约为 50.65%。

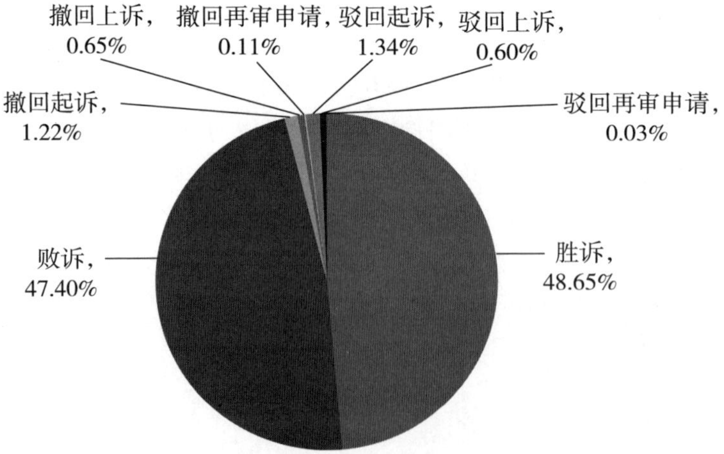

图 2－133　电气机械和器材制造业上市公司诉讼结果占比情况

如图 2－134 所示，具体到不同的诉讼地位，当电气机械和器材制造业上市公司为原告时，其胜诉的案件有 826 件，败诉的案件 825 件，胜诉率约为 50.03%。当电气机械和器材制造业上市公司为被告时，其胜诉的案件有 880 件，败诉的案件有 834 件，胜诉率约为 51.34%。相较而言，电气机械和器材制造业上市公司作为原告时的胜诉概率与作为被告的胜诉概率相差不大。

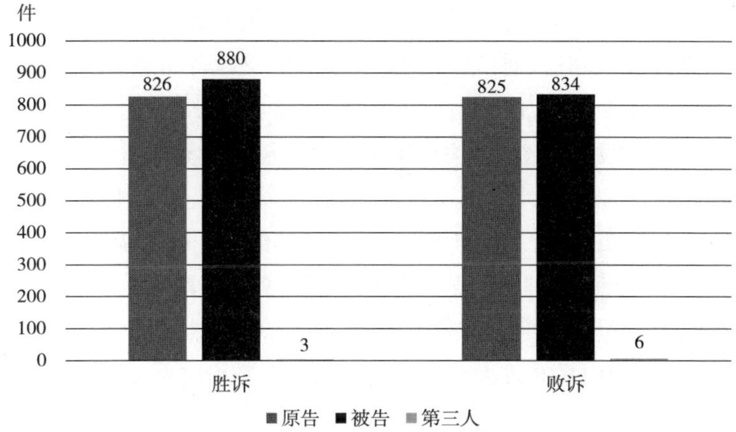

图 2－134　电气机械和器材制造业上市公司胜诉情况与诉讼地位交叉分布情况

如图 2－135 所示，具体到不同的诉讼阶段，一审阶段，电气机械和器材制造业上市公司胜诉的案件有 1151 件，败诉的案件有 1138 件，胜诉率约为 50.28%。二审阶段，胜诉的案件有 518 件，败诉的案件有 494 件，胜诉率约为 51.18%，略高于一审胜诉率。再审阶段，胜诉的案件有 40 件，败诉的案件有 33 件，胜诉率约为 54.79%。

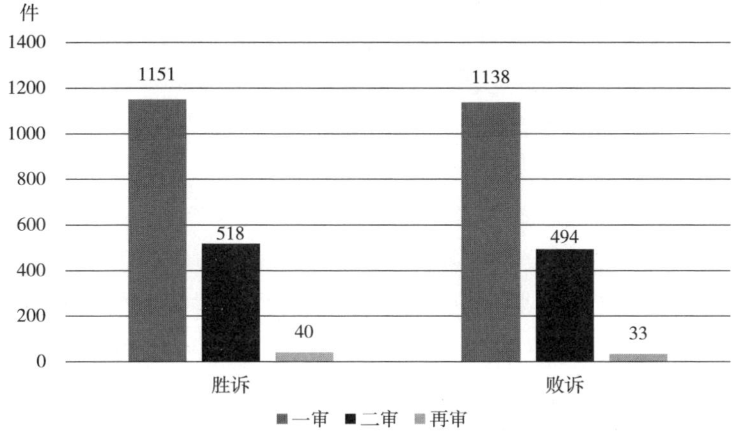

图 2－135　电气机械和器材制造业上市公司胜诉情况与诉讼阶段交叉分布情况

第十六节　计算机、通信和其他电子设备制造业

一、计算机、通信和其他电子设备制造业上市公司概况

计算机、通信和其他电子设备制造业属于制造业大类，在制造业中处于比较重要的位置，包括计算机制造、通信设备制造、广播电视设备制造、雷达及配套设施制造、非专业视听设备制造、智能消费设备制造、电子器件制造、电子元件及电子专用材料制造、其他电子设备制造。其中，计算机制造包括计算机整机、计算机零部件、计算机外围设备、工业控制计算机及系统、信息安全设备、其他计算机制造。

截至2020年第四季度，我国计算机、通信和其他电子设备制造业上市公司共计418家。从市场规模看，我国上市公司中计算机、通信和其他电子设备制造业的整体规模相当大，其数量占全部上市公司的10.13%，可见计算机、通信和其他电子设备制造业在全国范围内具有较大市场影响力的企业数量之巨大。

二、计算机、通信和其他电子设备制造业行业政策和法律风险新动向

（一）计算机、通信和其他电子设备制造业行业政策新动向

1.《鼓励外商投资产业目录（2020年版）》

自20世纪90年代以来，我国计算机、通信和其他电子设备制造业迎来了大发展，该行业已连年成为我国经济发展的第一支柱产业。新一代信息技术的不断发展与推广加速带动了该行业的发展，从国家到地方都为此出台了相应的政策。2020年12月27日，国家发改委通过和商务部审定，发布了《鼓励外商投资产业目录（2020年版）》，重点增加制造业、生产性服务业、中西部地区条目，引导外资投向，提振外资信心，促进外资基本盘稳定和产业链供应链稳定，鼓励外资投向先进制造业，增强重要产业链供应链韧性。

2.《海南自由贸易港旅游业、现代服务业、高新技术产业企业所得税优惠目录》

2021年3月18日，财政部和国家税务总局印发了《海南自由贸易港旅游业、现代服务业、高新技术产业企业所得税优惠目录》，旨在加大对计算机、通信和其他电子设备制造业的政策支持力度。同时，根据国家统计局统计，2020年上半年，在41个工业大类行业中，9个行业利润总额同比增加，1个行业持平，31个行业减少。其中计算机、通信和其他电子设备制造业利润总额同比增长27.2%，可见计算机、通信和其他电子设备制造业正在顺应电子化、数据化的发展趋势，成为发展热门行业。

3.《工业通信业行业标准制定管理办法》

2020 年 8 月 12 日,工业和信息化部公布了《工业通信业行业标准制定管理办法》,提出依据《标准化法》中关于行业标准制定的新要求,需进一步明确工业通信业行业标准制定职责,细化工业通信业行业标准制定程序和要求。该管理办法的主要内容包含明确适用范围和职责分工;确定行业标准制定原则和重点;规定标准立项程序;细化标准起草和技术审查要求;完善批准和发布要求;规范复审和修订程序等。

(二)计算机、通信和其他电子设备制造业行业法律风险新动向

2020 年 1 月 16 日,住房和城乡建设部(以下简称住建部)发布国家标准《通用雷达站设计标准》,自 2020 年 10 月 1 日起实施。其中,第 4.0.7 条,即"雷达天线塔、雷达机房、变配电室工作区域必须配置门禁。雷达天线塔内天线工作区域应设置紧急制动联动装置"为强制性条文,必须严格执行。相关行业上市公司应当严格遵守国家标准,确保自己的工程质量和作业标准符合规定。

三、计算机、通信和其他电子设备制造业上市公司诉讼情况统计

本书以计算机、通信和其他电子设备制造业的 254 家上市公司为当事人检索案件,共收集 2020 年全国法院判决的各类司法判决书 1475 份,作为统计分析的样本。

(一)案件类型分布

1. 案件诉讼类型

从案件诉讼类型看,2020 年计算机、通信和其他电子设备制造业上市公司所涉及的 1475 件案件以民事诉讼为主,共有 1407 件,行政诉讼有 68 件,不涉及刑事诉讼。详见表 2-46。

表 2-46　计算机、通信和其他电子设备制造业上市公司案件诉讼类型

诉讼类型	案件数量/件
民事诉讼	1407
行政诉讼	68
刑事诉讼	0

2. 案件案由种类

首先,从诉讼案件案由的基本类型看,2020 年计算机、通信和其他电子设备制

造业上市公司所涉及的1475件案件主要集中在合同类纠纷和劳动法纠纷两类中，具体分布情况如表2－47所示。

表2－47 计算机、通信和其他电子设备制造业上市公司案件案由基本类型分布

案由基本类型	案件数量/件
合同类纠纷	835
劳动法纠纷	242
金融法纠纷	138
知识产权纠纷	88
行政诉讼	68
公司法纠纷	46
竞争法纠纷	22
物权纠纷	16
侵权责任纠纷	16
其他民事纠纷	4
刑事诉讼	0
合计	1475

其中，如图2－136所示，合同类纠纷案件共有835件，在全部案件中所占的比例最高。

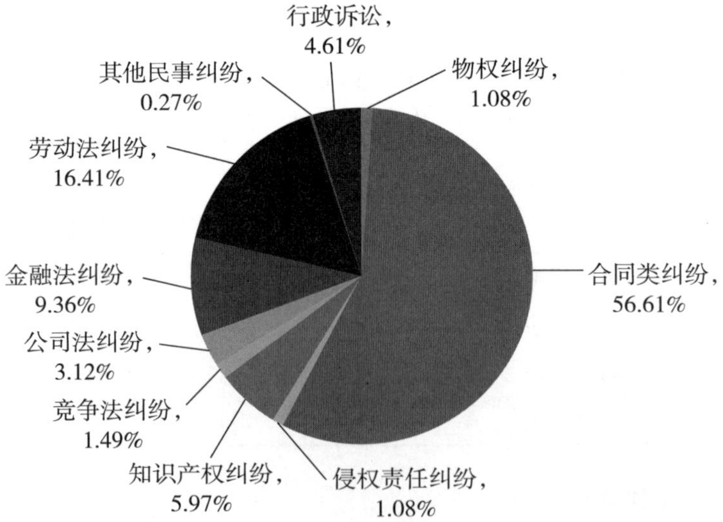

图2－136 计算机、通信和其他电子设备制造业上市公司案由基本类型分布情况

其次，从案件的具体案由看，2020 年计算机、通信和其他电子设备制造业上市公司所涉及的 1475 件案件以其他买卖合同纠纷案件数量最多，其他种类案由呈分散化分布状态，其分布情况如表 2－48 所示。

表 2－48　计算机、通信和其他电子设备制造业上市公司案件具体案由分布

具体案由	案件数量/件
其他买卖合同纠纷	522
其他劳动争议、人事争议	172
证券欺诈责任纠纷	89
其他合同纠纷	75
劳动合同纠纷	66
承揽合同纠纷	57
借款合同纠纷	55
其他行政管理	43
商标权权属、侵权纠纷	40
票据追索权纠纷	36
建设工程合同纠纷	31
专利权权属、侵权纠纷	23
虚假宣传纠纷	18
著作权权属、侵权纠纷	18
服务合同纠纷	16
专利行政管理	13
租赁合同纠纷	13
返还原物纠纷	10
股权转让纠纷	9
委托合同纠纷	8
损害公司债权人利益责任纠纷	8
其他侵权责任纠纷	7
保证合同纠纷	6
分期付款买卖合同纠纷	6
商标行政管理	6
公司决议纠纷	5
运输合同纠纷	5

续表

具体案由	案件数量/件
其他与企业、公司有关的纠纷	5
提供劳务者受害责任纠纷	4
债权人代位权纠纷	4
破产债权确认纠纷	4
行政确认	3
清算责任纠纷	3
追偿权纠纷	3
财产损害赔偿纠纷	3
机动车交通事故责任纠纷	3
票据利益返还请求权纠纷	3
信息网络买卖合同纠纷	3
确认合同效力纠纷	3
财产保险合同纠纷	3
损害公司利益责任纠纷	3
委托理财合同纠纷	3
社会保险纠纷	3
追收未缴出资纠纷	2
证券权利确认纠纷	2
房屋买卖合同纠纷	2
产品责任纠纷	2
债权转让合同纠纷	2
名誉权纠纷	2
排除妨害纠纷	2
技术合同纠纷	2
仓储合同纠纷	2
劳务合同纠纷	2
生命权、身体权、健康权纠纷	2
合伙合同纠纷	2
票据付款请求权纠纷	2
物业服务合同纠纷	2
对外追收债权纠纷	2

续表

具体案由	案件数量/件
确认不侵害知识产权纠纷	2
劳动和社会保障行政管理	2
仿冒纠纷	2
债务转移合同纠纷	2
股东资格确认纠纷	2
商业贿赂不正当竞争纠纷	1
广告合同纠纷	1
行政赔偿	1
信用证开证纠纷	1
损害股东利益责任纠纷	1
债权人撤销权纠纷	1
融资租赁合同纠纷	1
联营合同纠纷	1
专利合同纠纷	1
证券交易合同纠纷	1
证券回购合同纠纷	1
招标投标买卖合同纠纷	1
债权债务概括转移合同纠纷	1
民事主体间房屋拆迁补偿合同纠纷	1
企业承包经营合同纠纷	1
特许经营合同纠纷	1
试用买卖合同纠纷	1
国际货物买卖合同纠纷	1
保管合同纠纷	1
不当得利纠纷	1
聘用合同纠纷	1
侵害商业秘密纠纷	1
修理、重作、更换纠纷	1
侵害企业名称(商号)权纠纷	1
著作权合同纠纷	1

3. 案件地域分布

从案件地域分布看,2020 年计算机、通信和其他电子设备制造业上市公司所涉及的 1475 件案件主要分布在广东省、江苏省等地。其中,广东省案件最多,共 476 件;其次是江苏省,共 164 件。具体分布情况如图 2 - 137 所示。

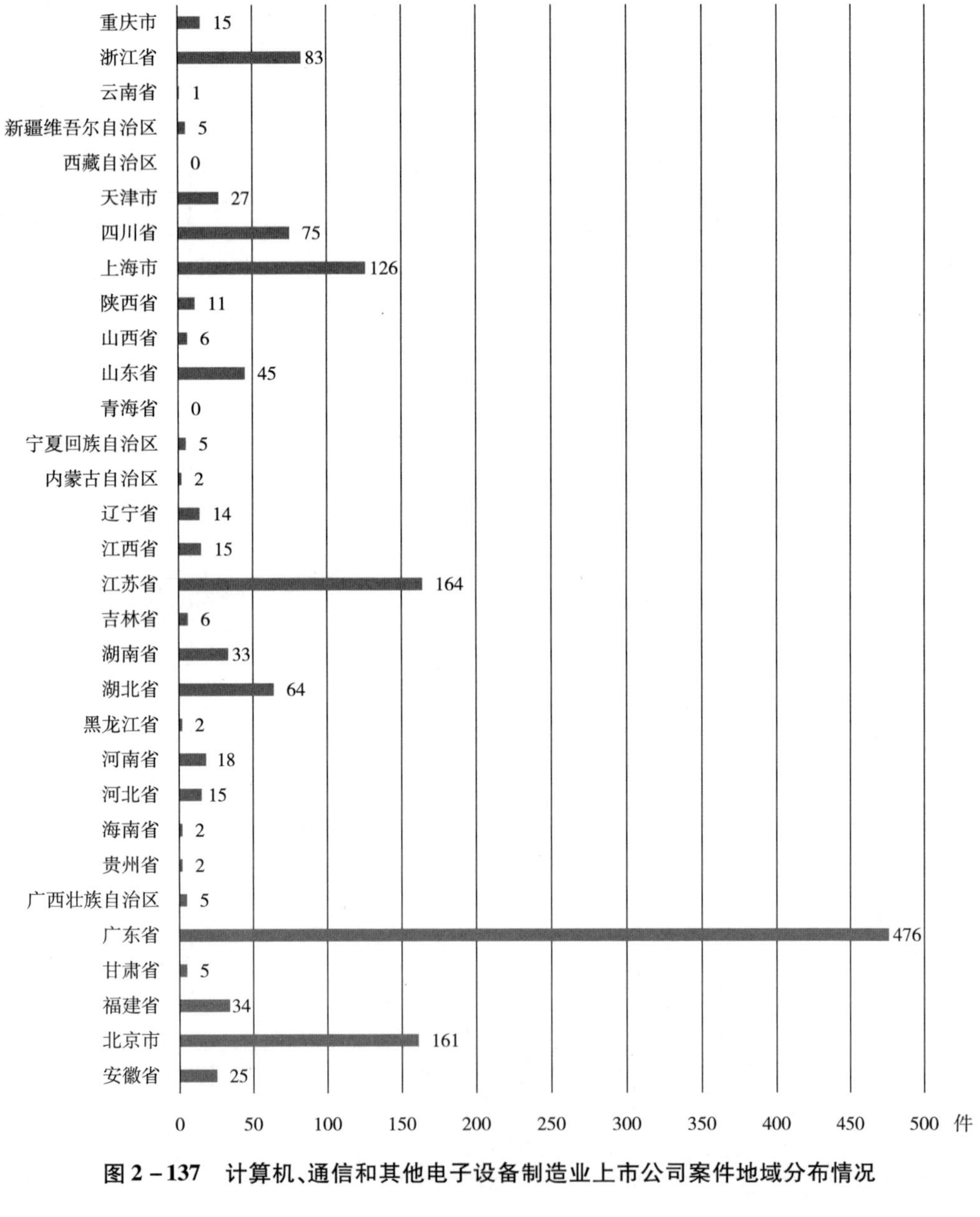

图 2 - 137 计算机、通信和其他电子设备制造业上市公司案件地域分布情况

（二）案件审理程序

1. 诉讼阶段

如图 2－138 所示，从诉讼阶段看，2020 年计算机、通信和其他电子设备制造业上市公司所涉及的 1475 件案件中，一审案件有 1036 件，占比约为 70.24%；二审案件有 389 件，占比约为 26.37%；再审案件有 50 件，占比约为 3.39%。

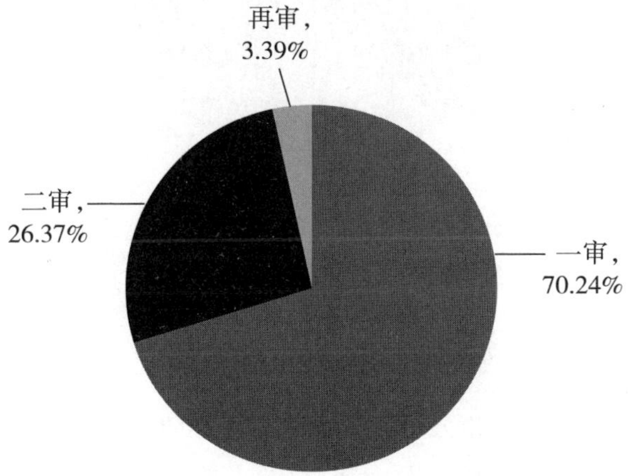

图 2－138　计算机、通信和其他电子设备制造业上市公司案件诉讼阶段分布情况

2. 法院层级

如图 2－139 所示，从法院层级看，2020 年计算机、通信和其他电子设备制造业上市公司所涉及的 1475 件案件中，基层人民法院审结的案件有 876 件，占比约为 59.39%；中级人民法院审结的案件有 460 件，占比约为 31.19%；高级人民法院审结的案件有 106 件，占比约为 7.19%；最高人民法院审结的案件有 33 件，占比约为 2.23%。

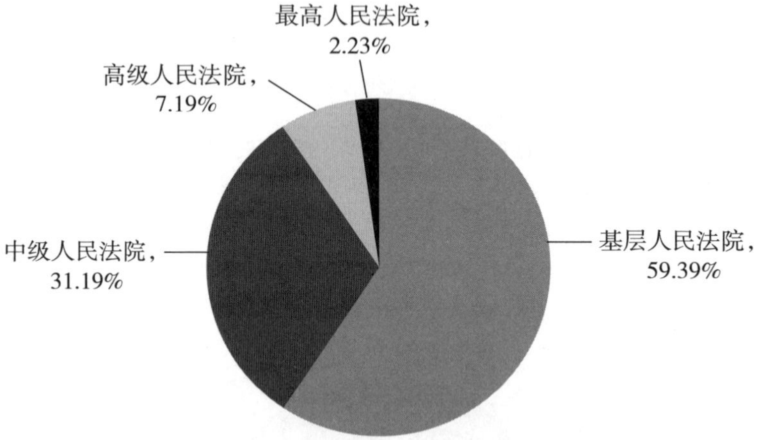

图 2 – 139　计算机、通信和其他电子设备制造业上市公司案件审理法院层级分布情况

（三）上市公司诉讼地位

如图 2 – 140 所示，从上市公司的诉讼地位看，2020 年计算机、通信和其他电子设备制造业上市公司所涉及的 1475 件案件中，上市公司作为原告的案件有 794 件，占比约为53.83%；上市公司作为被告的案件有 681 件，占比约为 46.17%。可见 2020 年计算机、通信和其他电子设备制造业上市公司诉讼中，被动应诉与主动发起诉讼均是计算机、通信和其他电子设备制造业上市公司参与诉讼的常见路径。

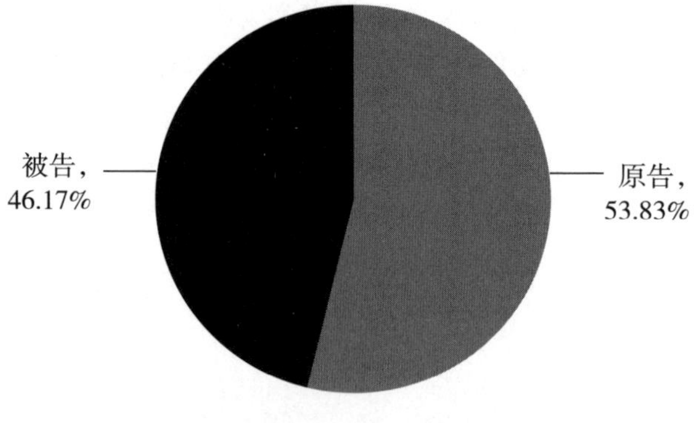

图 2 – 140　计算机、通信和其他电子设备制造业上市公司诉讼地位分布情况

（四）诉讼标的额

如图 2 – 141 所示，从诉讼案件标的额看，2020 年计算机、通信和其他电子设备制造业上市公司所涉及的有标的额可查的案件中,诉讼请求金额在 1 万元及以下的案件数量为 0 件、大于 1 万～10 万元的案件数量为 86 件、大于 10 万～20 万元的案件数量为 24 件、大于 20 万～50 万元的案件数量为 85 件、大于 50 万～100 万元的案件数量为 38 件、大于 100 万～200 万元的案件数量为 21 件、大于 200 万～500 万元的案件数量为 54 件、大于 500 万～1000 万元的案件数量为 23 件、大于 1000 万～2000 万元的案件数量为 7 件、2000 万元以上的案件数量为 28 件。诉讼标的总额为 2,225,321,134.21 元,最大的诉讼标的额为 173,348,462 元,最小金额为 13,689 元,行业平均诉讼标的额为 6,080,112.38 元。总体来看,计算机、通信和其他电子设备制造业诉讼标的额除 1 万元以下,在各个范围均有分布,1 万～50 万元诉讼标的额的案件比较常见。

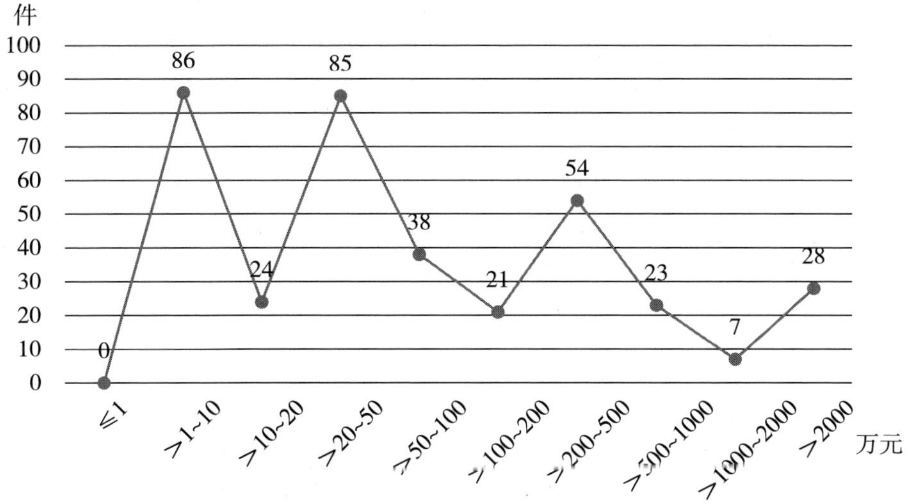

图 2－141　计算机、通信和其他电子设备制造业上市公司诉讼标的额分布情况

(五)诉讼结果和胜诉率

从总体上看,如图 2－142 所示,2020 年计算机、通信和其他电子设备制造业上市公司所涉及的所有案件中,胜诉的案件有 619 件,败诉的案件有 802 件,撤回起诉的案件有 14 件,撤回上诉的案件有 12 件,撤回再审申请的案件有 4 件,驳回起诉的案件有 17 件,驳回上诉的案件有 6 件,驳回再审申请的案件有 1 件。该行业上市公司胜诉的案件数量在全部案件中占比约为 41.97%,如果排除撤诉等特殊情形,则该行业上市公司的总体胜诉率约为 43.56%。

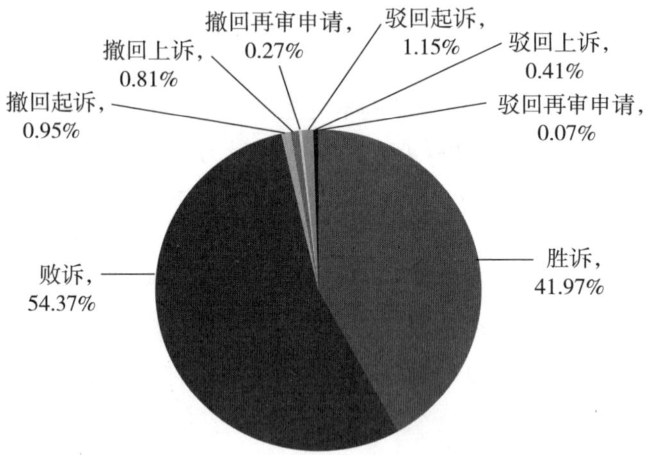

图 2－142　计算机、通信和其他电子设备制造业上市公司诉讼结果占比情况

如图 2－143 所示，具体到不同的诉讼地位，当计算机、通信和其他电子设备制造业上市公司为原告时，其胜诉的案件有 337 件，败诉的案件有 424 件，胜诉率约为 44.28%。当计算机、通信和其他电子设备制造业上市公司为被告时，其胜诉的案件有 282 件，败诉的案件有 378 件，胜诉率约为 42.72%。相较而言，计算机、通信和其他电子设备制造业上市公司作为原告时，胜诉率略高。

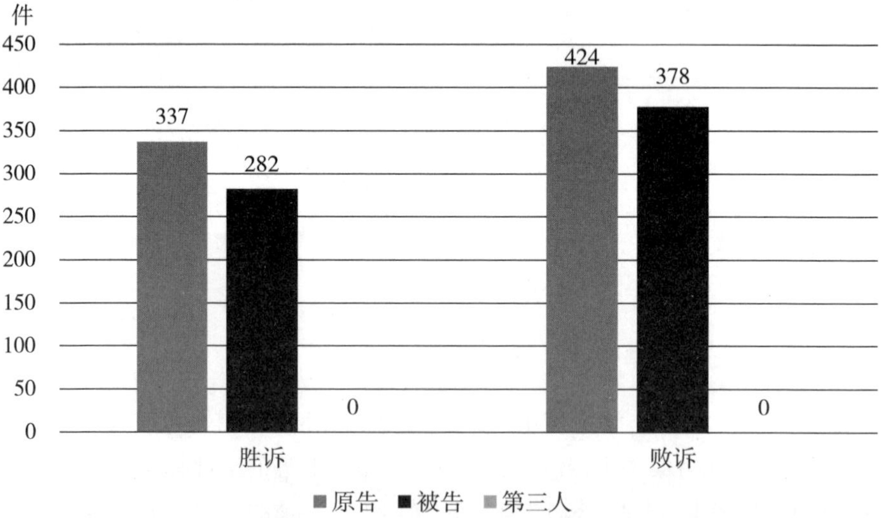

图 2－143　计算机、通信和其他电子设备制造业上市公司胜诉情况与诉讼地位交叉分布情况

如图 2－144 所示，具体到不同的诉讼阶段，一审阶段，计算机、通信和其他电子设备制造业上市公司胜诉的案件有 426 件,败诉的案件有 572 件,胜诉率约为 42.69%。二审阶段,胜诉的案件有 176 件,败诉的案件有 197 件,胜诉率约为 47.19%,略高于一审胜诉率。再审阶段,胜诉的案件有 17 件,败诉的案件有 33 件,胜诉率为 34.00%。

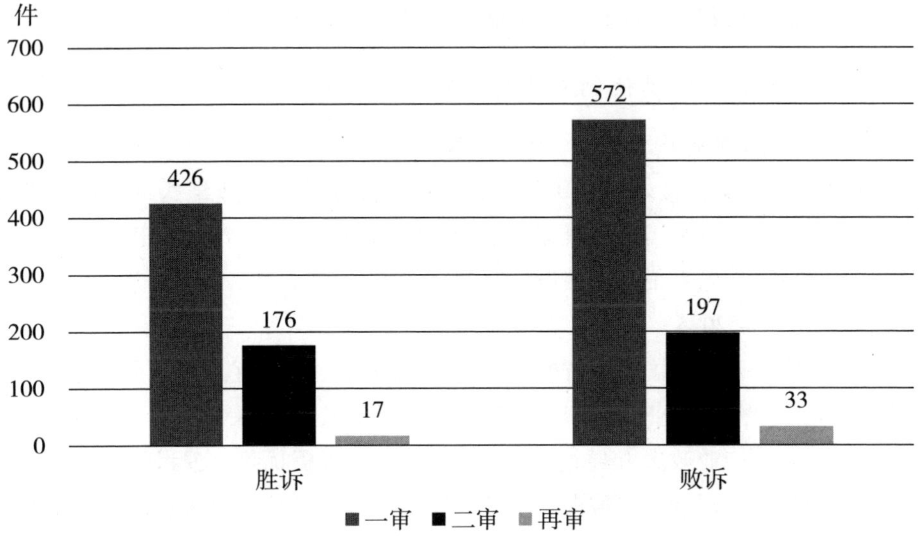

图 2－144　计算机、通信和其他电子设备制造业上市公司胜诉情况与诉讼阶段交叉分布情况

第十七节　仪器仪表等其他制造业

一、仪器仪表等其他制造业上市公司概况

仪器仪表等其他制造业属于制造业大类,包括仪器仪表制造业、其他制造业、废弃资源综合利用业和金属制品、机械和设备修理业。仪器仪表制造业是为国民经济发展以及基础设施建设等提供专业检测设备的先进制造业;其他制造业包括日用杂品制造、核辐射加工以及其他未列明制造业;废弃资源综合利用业是指在矿产资源开发、生产以及其与社会生产和消费过程中产生的废物资源进行回收和再利用的产业;金属制品、机械和设备修理业更是在工业生产上占有重要地位。

截至 2020 年第四季度,仪器仪表等其他制造业上市公司共计 91 家。从行业小类看,仪器仪表制造业上市公司 61 家、其他制造业上市公司 22 家、废弃资源综合利用业上市公司 8 家。仪器仪表制造业上市公司在仪器仪表等其他制造业上市公司中占据主流。从市场规模看，我国上市公司中仪器仪表等其他制造业的整体规模较小，其数量占全部上市公司的 2.21%，可见在全国范围内具有较大市场影响力的仪器仪表等其他制造业企业数量较少。

二、仪器仪表等其他制造业行业政策和法律风险新动向

（一）仪器仪表等其他制造业行业政策新动向

1.《产业结构调整指导目录(2019 年版)》

由国家发改委颁布，自 2020 年 1 月 1 日起施行的《产业结构调整指导目录(2019 年版)》，将“分析、试验、测试以及相关技术咨询与研发服务，智能产品整体方案、人机工程设计、系统仿真等设计服务”列为鼓励类行业。

2.《中国制造 2025》

仪器仪表产业作为国民经济的基础性、战略性产业，一直是我国在资金、技术、人才方面重点投入的产业。仪器仪表属于国家重点鼓励、扶持的行业。我国政府通过制定一系列的产业政策并通过颁布法律法规，从投资优惠、支持研究开发、加强人才培养、鼓励设备国产化、重视知识产权保护等方面为仪器仪表行业的发展创造了有利条件。《中国制造 2025》提出我国将加快发展智能制造装备和产品，突破新型传感器、智能测量仪表、工业控制系统等智能核心装置，推进工程化和产业化。

（二）仪器仪表等其他制造业法律风险新动向

仪器仪表作为发现数据的眼睛，执行操作的手脚，在工业控制领域及生活中的重要性不言而喻。从国家政策来看，《中国制造 2025》是国家重要战略。数据表明，2012～2020 年，我国仪器仪表制造行业工业增加值呈现逐年增长的态势，2019 年，其工业增加值增速达到 10.5%。但在 2020 年年初，一场突如其来的疫情给整个社会造成了巨大的影响，也给仪器仪表制造行业造成了巨大伤害。受疫情影响，2020 年 1～2 月，仪器仪表制造业实现利润总额 8.4 亿元，同比下降 71.7%。疫情得到有效控制后，行业也逐渐复苏。数据显示，2020 年 1～8 月，其工业增加值增速已恢复到 1.5%。增加值增速恢复使仪器仪表市场规模不断增长，仪器仪表行业未来发展趋势强劲。

三、仪器仪表等其他制造业上市公司诉讼情况统计

本书以仪器仪表等其他制造业的 91 家上市公司为当事人检索案件，共收集

2020 年全国法院判决的各类司法判决书 198 份，作为统计分析的样本。

（一）案件类型分布

1. 案件诉讼类型

从案件诉讼类型看，2020 年仪器仪表等其他制造业上市公司所涉及的 198 件案件以民事诉讼为主，共有 190 件，行政诉讼有 8 件，不涉及刑事诉讼。详见表 2 – 49。

表 2 – 49 仪器仪表等其他制造业上市公司案件诉讼类型

诉讼类型	案件数量/件
民事诉讼	190
行政诉讼	8
刑事诉讼	0

2. 案件案由种类

首先，从诉讼案件案由的基本类型看，2020 年仪器仪表等其他制造业上市公司所涉及的 198 件案件主要集中在合同类纠纷中，具体分布情况如表 2 – 50 所示。

表 2 – 50 仪器仪表等其他制造业上市公司案件案由基本类型分布

案由基本类型	案件数量/件
合同类纠纷	144
知识产权纠纷	19
侵权责任纠纷	9
劳动法纠纷	8
行政诉讼	8
公司法纠纷	5
金融法纠纷	3
物权纠纷	1
竞争法纠纷	1
其他民事纠纷	0
刑事诉讼	0
合计	198

其中，如图 2－145 所示，合同类纠纷案件共 144 件，在全部案件中所占比例最高。

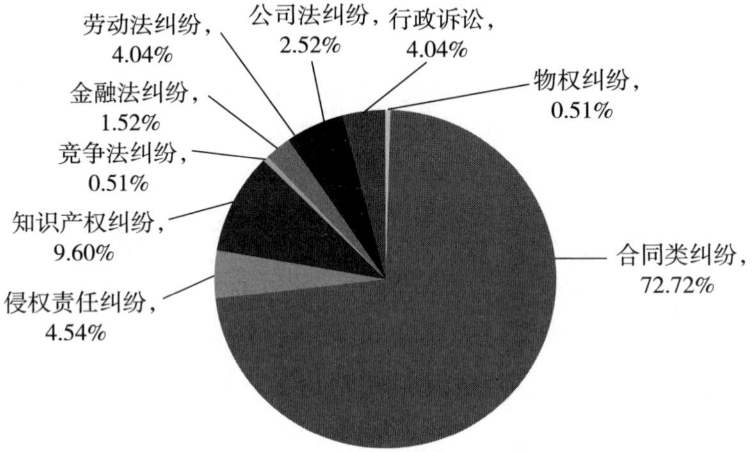

图 2－145　仪器仪表等其他制造业上市公司案由基本类型分布情况

其次，从案件的具体案由看，2020 年仪器仪表等其他制造业上市公司所涉及的 198 件案件中，其他买卖合同纠纷案件数量最多，其他种类案由呈分散化分布状态，其分布情况如表 2－51 所示。

表 2－51　仪器仪表等其他制造业上市公司案件具体案由分布

具体案由	案件数量/件
其他买卖合同纠纷	62
借款合同纠纷	55
商标权权属、侵权纠纷	13
其他合同纠纷	12
其他劳动争议、人事争议	8
行政确认	5
服务合同纠纷	5
机动车交通事故责任纠纷	4
租赁合同纠纷	4
其他行政管理	3

续表

具体案由	案件数量/件
破产债权确认纠纷	2
产品责任纠纷	2
其他侵权责任纠纷	2
著作权权属、侵权纠纷	2
证券交易合同纠纷	2
技术合同纠纷	2
追偿权纠纷	1
招标投标买卖合同纠纷	1
提供劳务者受害责任纠纷	1
侵害企业名称(商号)权纠纷	1
运输合同纠纷	1
票据追索权纠纷	1
返还原物纠纷	1
专利权权属、侵权纠纷	1
新增资本认购纠纷	1
股东资格确认纠纷	1
商业贿赂不正当竞争纠纷	1
融资租赁合同纠纷	1
承揽合同纠纷	1
建设用地使用权合同纠纷	1
股权转让纠纷	1

3. 案件地域分布

从案件地域分布看,2020 年仪器仪表等其他制造业上市公司所涉及的 198 件案件,主要分布在广东省、北京市等地。其中,广东省案件最多,共 46 件;其次是北京市,共 38 件。具体分布情况如图 2 - 146 所示。

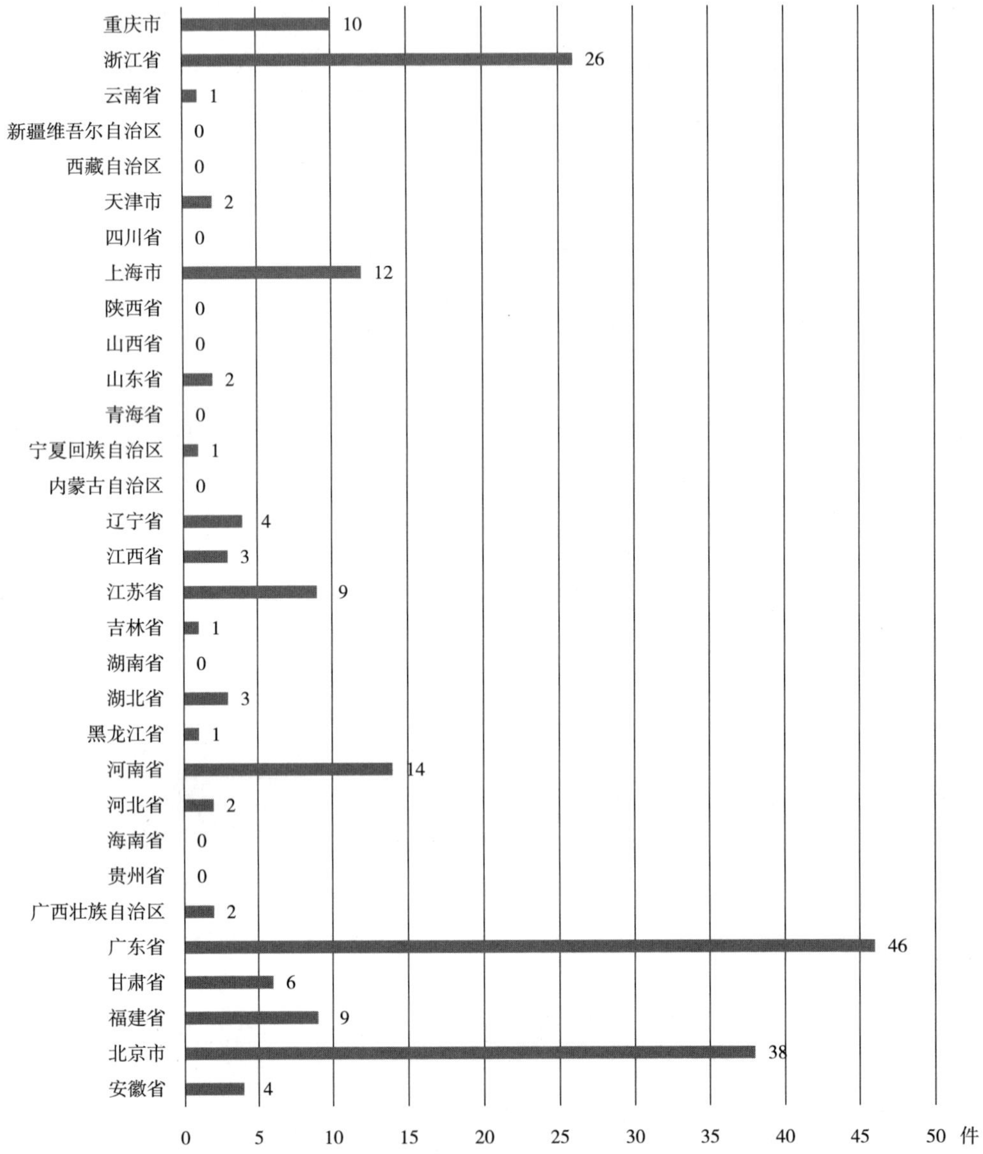

图 2－146　仪器仪表等其他制造业上市公司案件地域分布情况

(二)案件审理程序

1. 诉讼阶段

如图 2－147 所示,从诉讼阶段看,2020 年仪器仪表等其他制造业上市公司所涉及的 198 件案件中,一审案件有 138 件,占比约为 69.70%;二审案件有 59 件,占比约为 29.80%；再审案件有 1 件，占比约为 0.50%。

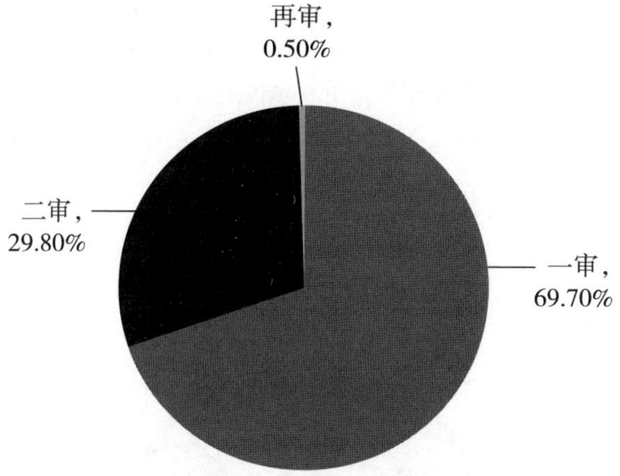

图 2－147 仪器仪表等其他制造业上市公司案件诉讼阶段分布情况

2. 法院层级

如图 2－148 所示，从法院层级看，2020 年仪器仪表等其他制造业上市公司所涉及的 198 件案件中，基层人民法院审结的案件有 112 件，占比约为 56.57%；中级人民法院审结的案件有 76 件，占比约为 38.38%；高级人民法院审结的案件有 8 件，占比约为 4.04%；最高人民法院审结的案件有 2 件，占比约为 1.01%。

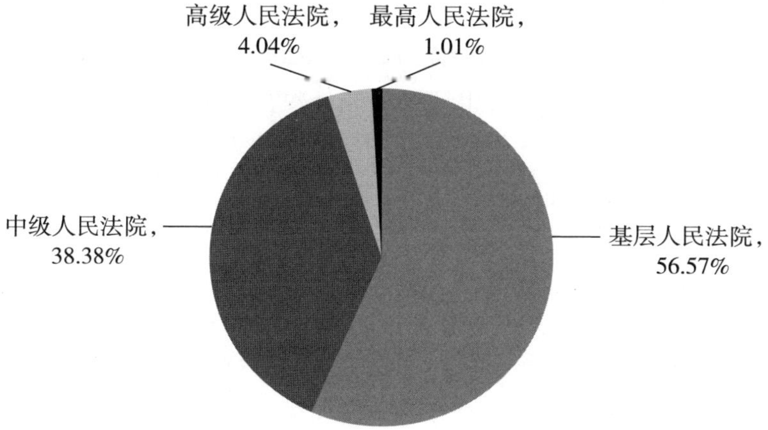

图 2－148 仪器仪表等其他制造业上市公司案件审理法院层级分布情况

(三)上市公司诉讼地位

如图 2－149 所示,从上市公司的诉讼地位看,2020 年仪器仪表等其他制造业上市公司所涉及的 198 件案件中,上市公司作为原告的案件有 89 件,占比约为 44.95%;上市公司作为被告的案件有 108 件,占比约为 54.54%;上市公司作为第三人的案例有 1 件,占比约为 0.51%。

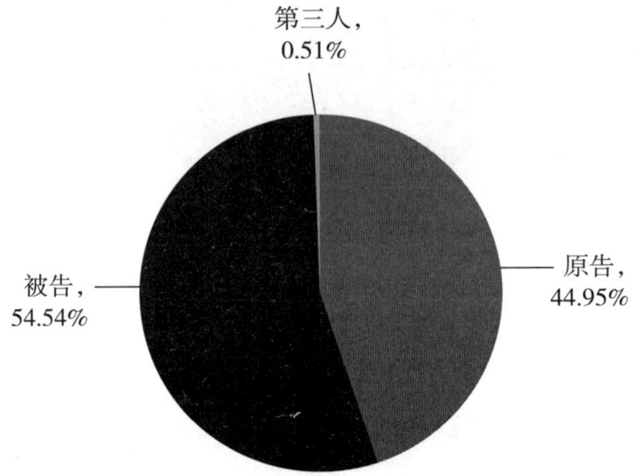

图 2－149 仪器仪表等其他制造业上市公司诉讼地位分布情况

(四)诉讼标的额

如图 2－150 所示,从诉讼案件标的额看,2020 年仪器仪表等其他制造业上市公司所涉及有标的额可查的案件中,诉讼请求金额在 1 万元及以下的案件数量为 2 件、大于 1 万～10 万元的案件数量为 58 件、大于 10 万～20 万元的案件数量为 3 件、大于 20 万～50 万元的案件数量为 12 件、大于 50 万～100 万元的案件数量为 27 件、大于 100 万～200 万元的案件数量为 0 件、大于 200 万～500 万元的案件数量为 0 件、大于 500 万～1000 万元的案件数量为 0 件、大于 1000 万～2000 万元的案件数量为 1 件、2000 万元以上的案件数量为 10 件。诉讼标的总额为 3,155,637,302 元,诉讼标的最大金额为 460,363,279 元,最小金额为 5450 元,行业平均诉讼标的额为 27,925,993.82 元。总体来看,仪器仪表等其他制造业诉讼标的额分布范围较广,大于 1 万～10 万元标的额案件占绝大多数。

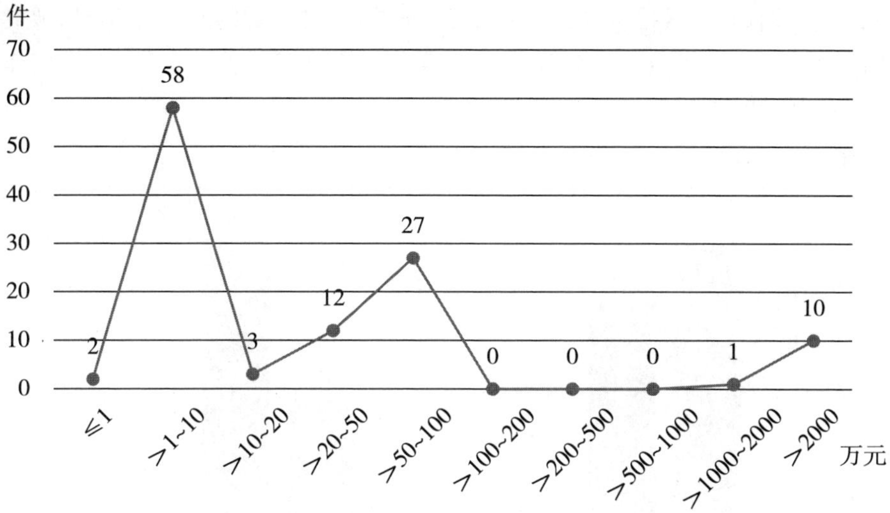

图 2－150　仪器仪表等其他制造业上市公司诉讼标的额分布情况

（五）诉讼结果和胜诉率

从总体上看，如图 2－151 所示，2020 年仪器仪表等其他制造业上市公司所涉及的案件中，胜诉的案件有 108 件，败诉的案件有 89 件，驳回上诉的案件有 1 件。该行业上市公司胜诉的案件数量在全部案件中占比约为 54.55%。如果排除驳回上诉等特殊情形，则该行业上市公司的总体胜诉率约为 54.82%。

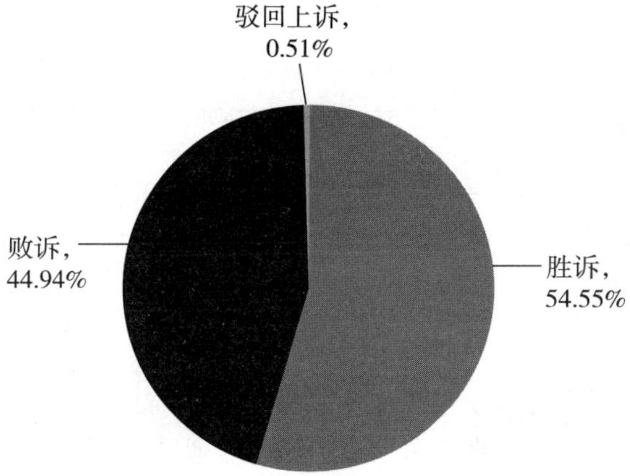

图 2－151　仪器仪表等其他制造业上市公司诉讼结果占比情况

如图 2－152 所示，具体到不同的诉讼地位，当仪器仪表等其他制造业上市公司为原告时，其胜诉的案件有 59 件，败诉的案件有 29 件，胜诉率约为 67.05%，胜诉率较高。当仪器仪表等其他制造业上市公司为被告时,其胜诉的案件有 48 件,败诉的案件有 60 件,胜诉率约为 44.44%。相较而言,仪器仪表等其他制造业上市公司作为原告时,胜诉率更高。

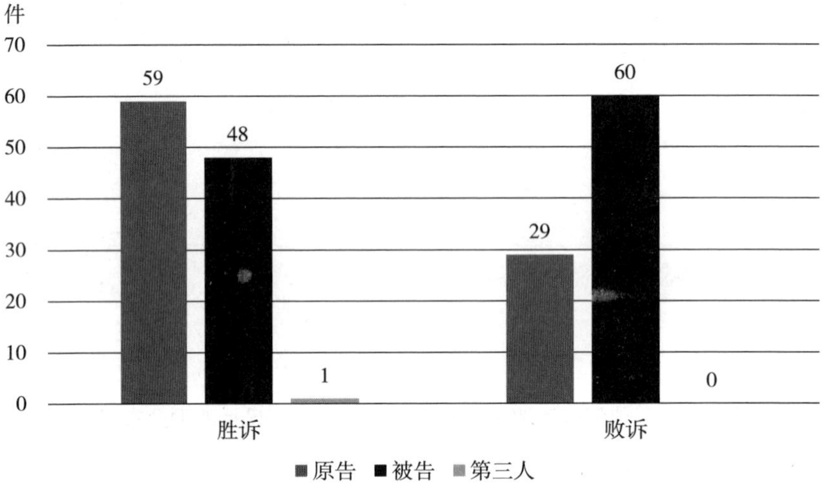

图 2－152　仪器仪表等其他制造业上市公司胜诉情况与诉讼地位交叉分布情况

如图 2－153 所示,具体到不同的诉讼阶段,一审阶段,仪器仪表等其他制造业上市公司胜诉的案件有 88 件,败诉的案件有 50 件,胜诉率约为 63.77%,胜诉率较高。二审阶段,胜诉的案件有 20 件,败诉的案件有 38 件,胜诉率约为 34.48%,明显低于一审胜诉率。再审阶段,胜诉的案件有 0 件,败诉的案件有 1 件,胜诉率为 0。

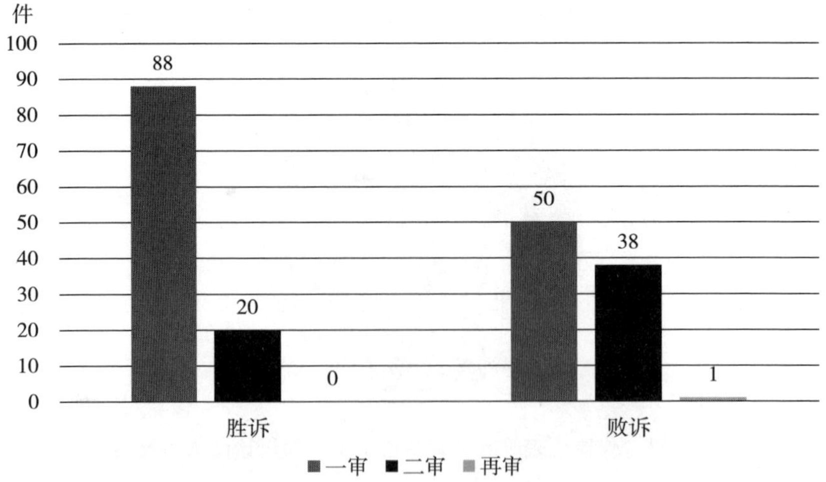

图 2－153　仪器仪表等其他制造业上市公司胜诉情况与诉讼阶段交叉分布情况

第十八节　电力、热力、燃气及水生产和供应业

一、电力、热力、燃气及水生产和供应业上市公司概况

电力、热力、燃气及水生产和供应业是国民生活之必需。根据我国国民经济行业分类,电力、热力、燃气及水生产和供应业包括电力、热力生产和供应业,燃气生产和供应业,水的生产和供应业三部分。

截至 2020 年第四季度,我国电力、热力、燃气及水生产和供应业上市公司共计 117 家,从行业小类看,电力、热力生产和供应业上市公司 75 家、燃气生产和供应业上市公司 28 家、水的生产和供应业 14 家。电力、热力生产和供应业上市公司在电力、热力、燃气及水生产和供应业上市公司中占据主流。从市场规模看,我国上市公司中电力、热力、燃气及水生产和供应业的整体规模较小,其数量占全部上市公司的 2.84% ,可见在全国范围内具有较大市场影响力的电力、热力、燃气及水生产和供应业企业数量较少。

二、电力、热力、燃气及水生产和供应业行业政策和法律风险新动向

(一)电力、热力、燃气及水生产和供应业行业政策新动向

1.《关于进一步明确电力建设工程质量监督机构业务工作的通知》

2020 年 6 月 15 日,国家能源局《关于进一步明确电力建设工程质量监督机构业务工作的通知》发布。为进一步完善电力建设工程质量监督体系,保证电力工程质量,国家能源局对各电力建设工程质量监督机构(以下简称电力质监机构)的业务范围进行了优化调整,要求各电力质监机构加强能力建设,保证质量监督工作正常开展,不得拒绝本机构业务范围内符合质量监督条件的电力建设工程质量监督申请,不得将质量监督工作委托给其他质量监督机构实施,开展质量监督工作不得收取质量监督费用。同时要求未经核准(审批、备案)的电力建设工程,电力质监机构不得受理其质量监督申请。未通过电力质监机构监督检查的电力建设工程,不得投入运行。

2.《关于进一步规范城镇(园区)污水处理环境管理的通知》

2020 年 12 月 13 日,为依法明晰各方责任,推动各方履职尽责,规范环境监督管理,保障污水处理行业健康发展,助力打赢打好污染防治攻坚战,生态环境部出台了《生态环境部关于进一步规范城镇(园区)污水处理环境管理的通知》,其主要内容如下:(1)明晰各方法律责任,明确地方人民政府应对本行政区域的水环境质量负责;同时进一步强调运营单位对污水集中处理设施出水水质负责的法定责任,

细化项目承接、污水排查、运营维护、事故应急等要求。(2)细化了推动各方履职尽责的具体要求,各级生态环境部门要加强与住建、水务等相关部门的协调联动,加强监督指导、推动各方依法履职。(3)提出了环境监督管理相关要求,要求各地依法依规明确污水处理厂污染物排放管控要求。

(二)电力、热力、燃气及水生产和供应业法律风险新动向

为进一步发挥电力业务许可证在规范企业经营行为、维护电力市场秩序、优化营商环境等方面的作用,国家能源局于2020年12月25日发布了修订的《电力业务许可证监督管理办法》,深入贯彻落实国务院"放管服"的改革要求,在简化许可管理的同时规范事中事后监管,并加强与告知承诺制、信用监管的衔接,着力提升许可监管效能。其重点修订内容包括:(1)合并两个监督管理办法。将原国家电力监督管理委员会印发的《电力业务许可证(发电类)监督管理办法(试行)》及《电力业务许可证(输电类、供电类)监督管理办法(试行)》两个规范性文件予以合并。《电力业务许可证监督管理办法》与《电力业务许可证管理规定》配套形成电力业务许可证全过程的许可监管制度体系。(2)调整实施主体。实施主体从原国家电力监督管理委员会及其派出机构调整为国家能源局及其派出机构。对于输电、供电企业"因故需要停业、歇业的",《电力业务许可证监督管理办法》明确应当在停业、歇业之前以书面形式向"发证机关"提出申请。(3)优化许可监督管理。一是深入贯彻落实国务院"放管服"改革要求,取消企业年度(定期)自查以及持证企业综合评价要求,并对涉及企业证明事项进行清理;二是落实电力体制改革精神,增加对电力交易机构、增量配电企业的监督内容;三是结合电力业务许可工作实际,在电力业务许可证监督管理工作中体现"双随机、一公开"、告知承诺制等新要求;四是构建以信用为基础的新型监管机制,对部分许可证监督管理措施予以调整,做好电力业务许可与信用监管工作衔接。

三、电力、热力、燃气及水生产和供应业上市公司诉讼情况统计

本书以电力、热力、燃气及水生产和供应业的117家上市公司为当事人检索案件,共收集2020年全国法院判决的各类司法判决书243份,作为统计分析的样本。

(一)案件类型分布

1. 案件诉讼类型

从案件诉讼类型看,2020年电力、热力、燃气及水生产和供应业上市公司所涉

及的 243 件案件以民事诉讼为主，共有 240 件，行政诉讼有 3 件，不涉及刑事诉讼。详见表 2－52。

表 2－52　电力、热力、燃气及水生产和供应业上市公司案件诉讼类型

诉讼类型	案件数量/件
民事诉讼	240
行政诉讼	3
刑事诉讼	0

2. 案件案由种类

首先，从诉讼案件案由的基本类型看，2020 年电力、热力、燃气及水生产和供应业上市公司所涉及的 243 件案件主要为合同类纠纷，具体分布情况如表 2－53 所示。

表 2－53　电力、热力、燃气及水生产和供应业上市公司案件案由基本类型分布

案由基本类型	案件数量/件
合同类纠纷	151
侵权责任纠纷	31
物权纠纷	22
其他民事纠纷	13
劳动法纠纷	9
金融法纠纷	8
公司法纠纷	6
行政诉讼	3
知识产权纠纷	0
竞争法纠纷	0
刑事诉讼	0
合计	243

其中，如图 2－154 所示，合同类纠纷案件共有 151 件，在全部案件中所占比例最高。

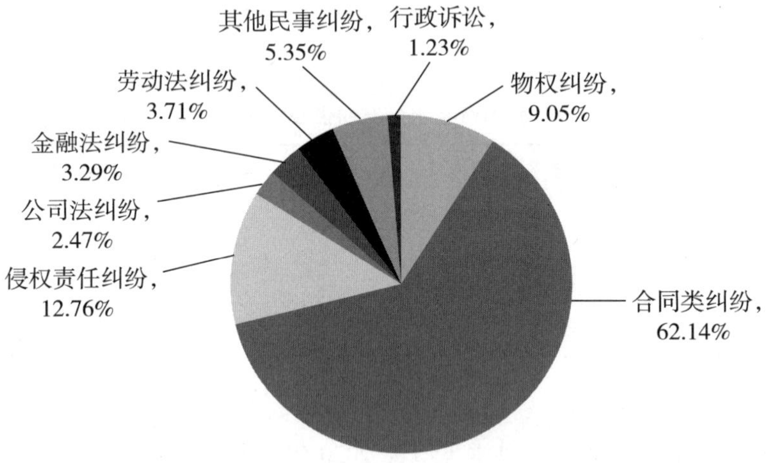

图 2－154　电力、热力、燃气及水生产和供应业上市公司案由基本类型分布情况

其次，从案件的具体案由看，2020 年电力、热力、燃气及水生产和供应业上市公司所涉及的 243 件案件中，供用热力合同纠纷案件数量最多，其他种类案由呈分散化分布状态，其分布情况如表 2－54 所示。

表 2－54　电力、热力、燃气及水生产和供应业上市公司案件具体案由分布

具体案由	案件数量/件
供用热力合同纠纷	66
其他买卖合同纠纷	29
其他合同纠纷	15
机动车交通事故责任纠纷	14
财产损害赔偿纠纷	13
生命权、身体权、健康权纠纷	13
建设工程合同纠纷	13
触电人身损害责任纠纷	9
票据追索权纠纷	7
租赁合同纠纷	7
其他劳动争议、人事争议	5
股权转让纠纷	4
排除妨害纠纷	4

续表

具体案由	案件数量/件
供用气合同纠纷	4
环境污染责任纠纷	3
融资租赁合同纠纷	3
返还原物纠纷	3
保证合同纠纷	3
承揽合同纠纷	3
行政复议	3
供用电合同纠纷	2
社会保险纠纷	2
见义勇为人受害责任纠纷	2
破产债权确认纠纷	2
劳动合同纠纷	2
借款合同纠纷	2
服务合同纠纷	1
相邻关系纠纷	1
其他侵权责任纠纷	1
物权确认纠纷	1
票据利益返还请求权纠纷	1
委托合同纠纷	1
违反安全保障义务责任纠纷	1
确认合同效力纠纷	1
提供劳务者受害责任纠纷	1
供用水合同纠纷	1

3. 案件地域分布

从案件地域分布看，2020 年电力、热力、燃气及水生产和供应业上市公司所涉及的 243 件案件主要分布在北京市、四川省等地。其中，北京市案件最多，共 73 件；其次是四川省，共 37 件。具体分布情况如图 2－155 所示。

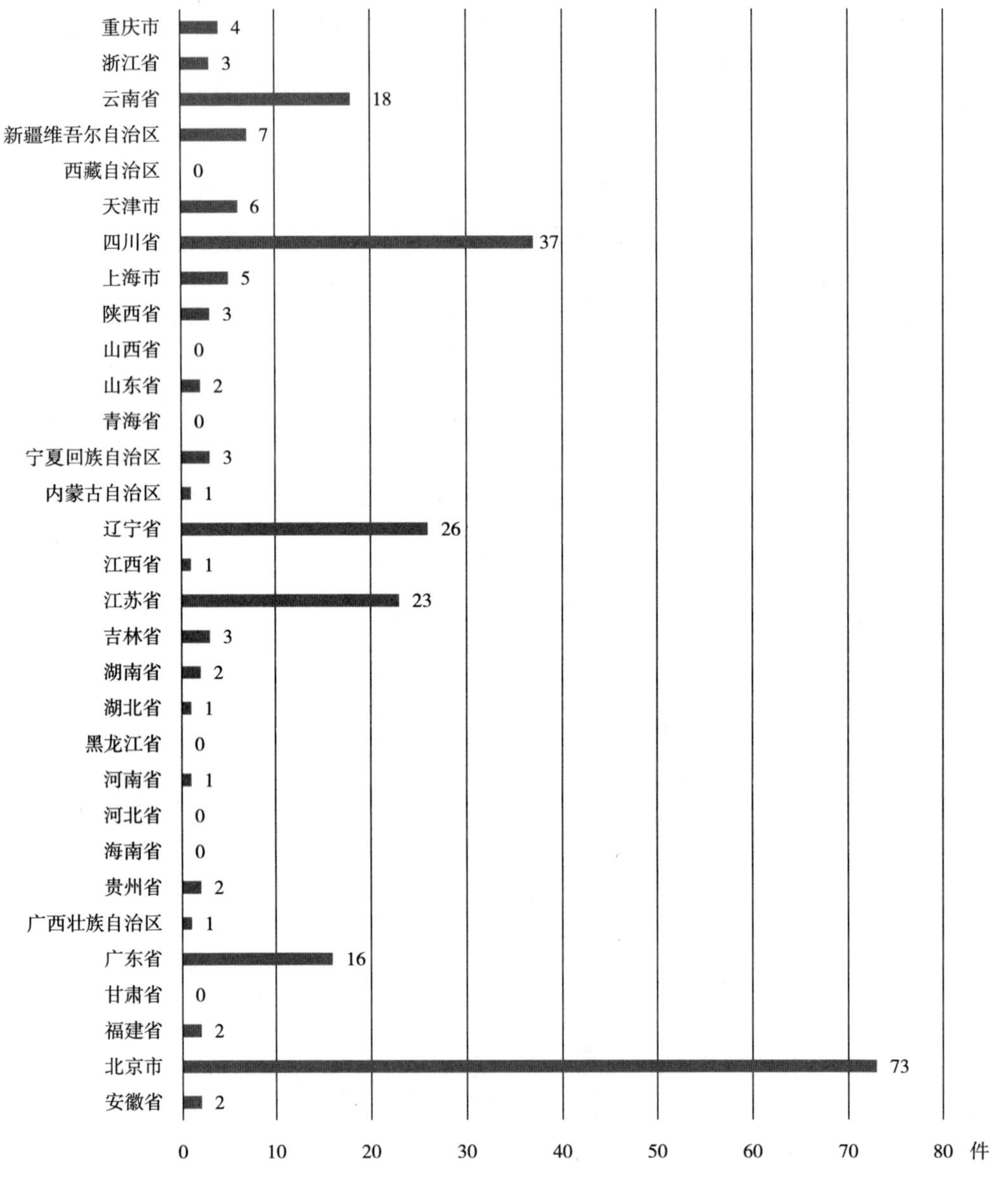

图 2－155　电力、热力、燃气及水生产和供应业上市公司案件地域分布情况

（二）案件审理程序

1. 诉讼阶段

如图 2－156 所示，从诉讼阶段看，2020 年电力、热力、燃气及水生产和供应业上市公司所涉及的 243 件案件中，一审案件有 156 件，占比约为 64. 20%；二审案件有 81 件，占比约为 33. 33%；再审案件有 6 件，占比约为 2. 47%。

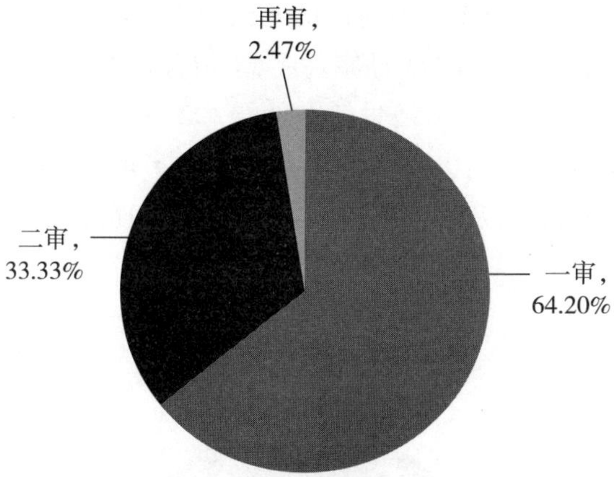

图 2－156　电力、热力、燃气及水生产和供应业上市公司案件诉讼阶段分布情况

2. 法院层级

如图 2－157 所示，从法院层级看，2020 年电力、热力、燃气及水生产和供应业上市公司所涉及的 243 件案件中，基层人民法院审结的案件有 152 件，占比约为 62. 55%；中级人民法院审结的案件有 76 件，占比约为 31. 28%；高级人民法院审结的案件有 14 件，占比约为 5. 76%；最高人民法院审结的案件有 1 件，占比约为 0. 41%。

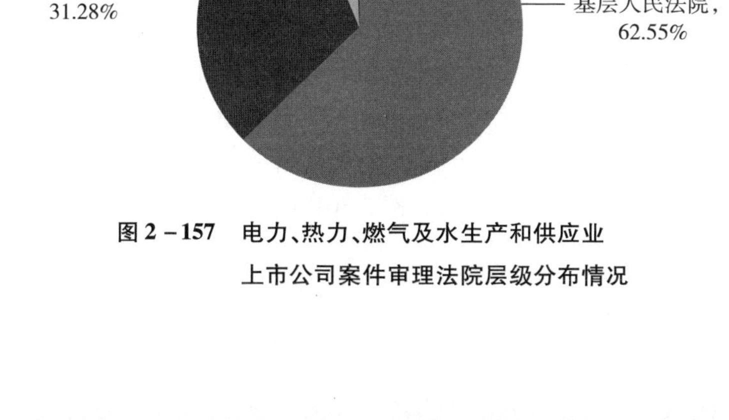

图 2－157　电力、热力、燃气及水生产和供应业上市公司案件审理法院层级分布情况

（三）上市公司诉讼地位

如图 2－158 所示，从上市公司的诉讼地位看，2020 年电力、热力、燃气及水生产和供应业上市公司所涉及的 243 件案件中，上市公司作为原告的案件有 110 件，占比约为45.27%；上市公司作为被告的案件有 132 件；占比约为 54.32%；除此之外，还有 1 件案件中上市公司以第三人的身份参与了诉讼，占比约为 0.41%。可见，2020 年电力、热力、燃气及水生产和供应业上市公司诉讼中，上市公司主动发起诉讼的比例较高。

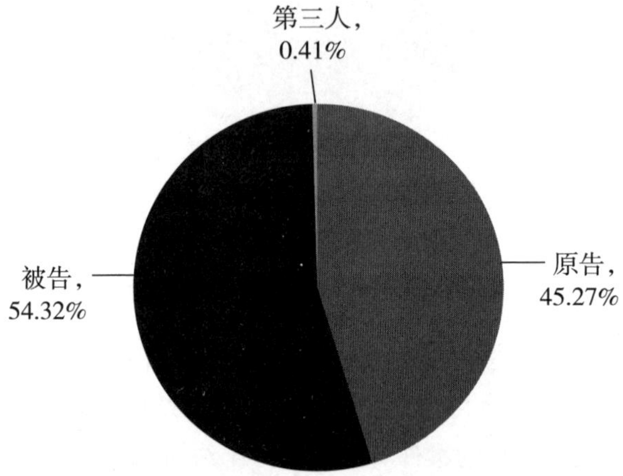

图 2－158　电力、热力、燃气及水生产和供应业上市公司诉讼地位分布情况

（四）诉讼标的额

如图 2－159 所示，从诉讼案件的标的额看，2020 年电力、热力、燃气及水生产和供应业上市公司所涉及有标的额可查的案件中，诉讼请求金额在 1 万元及以下的案件数量为 0 件、大于 1 万～10 万元的案件数量为 2 件、大于 10 万～20 万元的案件数量为 1 件、大于 20 万～50 万元的案件数量为 0 件、大于 50 万～100 万元的案件数量为 2 件、大于 100 万～200 万元的案件数量为 0 件、大于 200 万～500 万元的案件数量为 0 件、大于 500 万～1000 万元的案件数量为 1 件、大于 1000 万～2000 万元的案件数量为 1 件、2000 万元以上的案件数量为 9 件。诉讼标的总额为 768,490,729.20 元，诉讼标的最大金额为301,500,000元，行业平均诉讼标的额为 48,030,670.58 元。

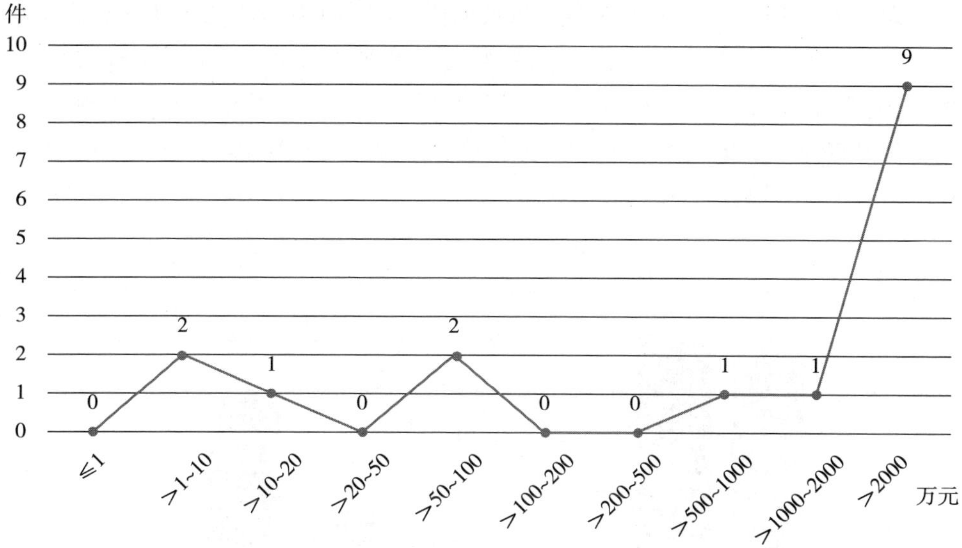

图 2－159　电力、热力、燃气及水生产和供应业上市公司诉讼标的额分布情况

（五）诉讼结果和胜诉率

从总体上看，如图 2－160 所示，2020 年电力、热力、燃气及水生产和供应业上市公司所涉及的案件中，胜诉的案件有 143 件，败诉的案件有 96 件，撤回起诉的案件有 3 件，驳回上诉的案件有 1 件。该行业上市公司胜诉的案件数量在全部案件中占比约为 58.85%。如果排除撤诉等特殊情形，则该行业上市公司的总体胜诉率约为 59.83%。

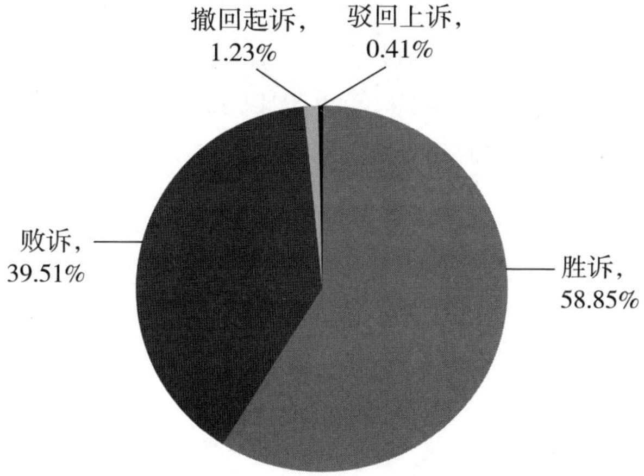

图 2－160　电力、热力、燃气及水生产和供应业上市公司诉讼结果占比情况

如图 2－161 所示，具体到不同的诉讼地位，电力、热力、燃气及水生产和供应业上市公司为原告时，其胜诉的案件有 71 件，败诉的案件 37 件，胜诉率约为65.74%。电力、热力、燃气及水生产和供应业上市公司为被告时，其胜诉的案件有 72 件，败诉的案件有 58 件，胜诉率约为 55.38%。相较而言，电力、热力、燃气及水生产和供应业上市公司作为原告时，胜诉概率更高。

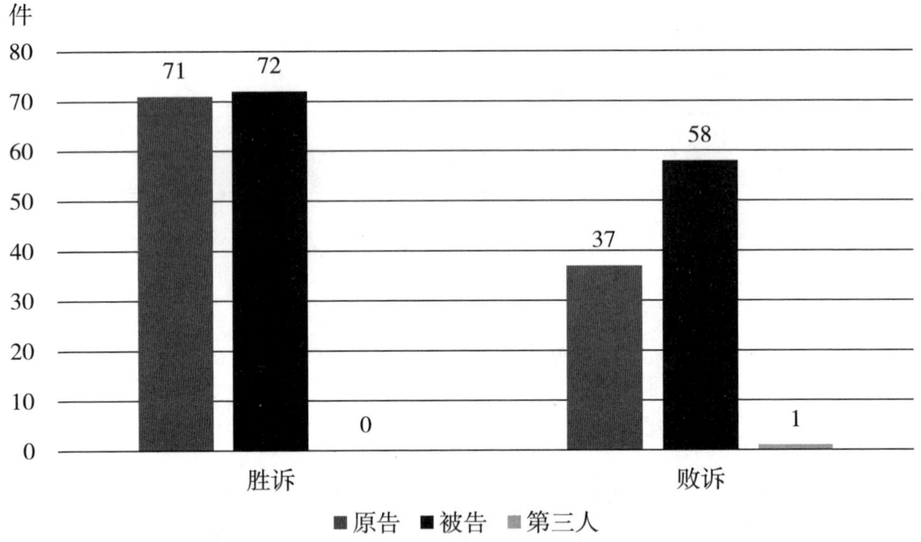

图 2－161　电力、热力、燃气及水生产和供应业上市公司胜诉情况与诉讼地位交叉分布情况

如图 2－162 所示，具体到不同的诉讼阶段，一审阶段，电力、热力、燃气及水生产和供应业上市公司胜诉的案件有 99 件，败诉的案件有 53 件，胜诉率约为 65.13%，胜诉率较高。二审阶段，胜诉的案件有 39 件，败诉的案件有 42 件，胜诉率为 48.14%，胜诉率低于一审胜诉率。再审阶段，胜诉的案件有 5 件，败诉的案件有 1 件，胜诉率约为 83.33%，总体胜诉率较高。

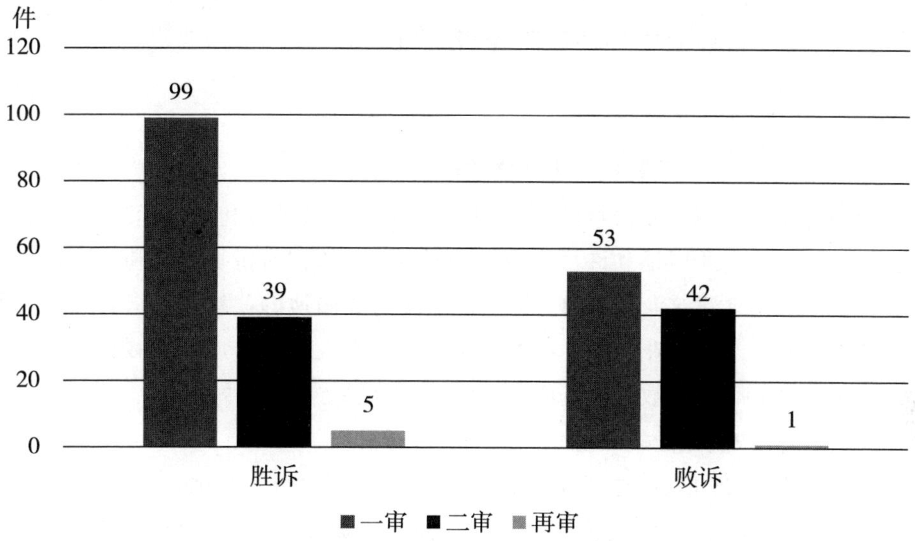

图 2-162　电力、热力、燃气及水生产和供应业上市公司胜诉情况与诉讼阶段交叉分布情况

第十九节　建　筑　业

一、建筑业上市公司概况

建筑业,是指国民经济中从事建筑安装工程的勘察、设计、施工以及对原有建筑物进行维修活动的物质生产部门。按照国民经济行业分类目录,作为国民经济十三门之一的建筑业由以下三个大类组成:土木工程建筑业,线路、管道和设备安装业,勘察设计业。建筑业的职能主要是对各种建筑材料和构件、机器设备等进行建筑安装活动,为国民经济建造生产性与非生产性固定资产。

截至 2020 年第四季度,我国建筑业上市公司共计 100 家,从行业小类看,房屋建筑业上市公司 2 家、土木工程建筑业上市公司 68 家、建筑安装业上市公司 1 家、建筑装饰和其他建筑业上市公司 29 家。土木工程建筑业上市公司在建筑业上市公司中占据主流。从市场规模看,我国上市公司建筑业的整体规模较小,其数量占全部上市公司的 2.42%,可见建筑业在全国范围内具有较大市场影响力的企业数量较少。

二、建筑业行业政策和法律风险新动向

（一）建筑业行业政策新动向

1.《建筑业企业资质管理规定和资质标准实施意见》

2020 年 1 月 16 日，新修订的《建筑业企业资质管理规定和资质标准实施意见》发布，在第 1 条“资质申请和许可程序”中增加第 13 款：“香港服务提供者和澳门服务提供者申请设立建筑业企业时，其在香港、澳门和内地的业绩可共同作为评定其在内地设立的建筑业企业资质的依据。管理和技术人员数量应以其在内地设立的建筑业企业的实际人员数量为资质评定依据”。此后条款编号顺延。

2.《关于加快新型建筑工业化发展的若干意见》

2020 年 8 月 28 日，住建部等部门《关于加快新型建筑工业化发展的若干意见》发布，说明新型建筑工业化是通过新一代信息技术驱动，以工程全寿命期系统化集成设计、精益化生产施工为主要手段，整合工程全产业链、价值链和创新链，实现工程建设高效益、高质量、低消耗、低排放的建筑工业化。为全面贯彻新发展理念，推动城乡建设绿色发展和高质量发展，以新型建筑工业化带动建筑业全面转型升级，打造具有国际竞争力的“中国建造”品牌，该意见提出以下要求：加强系统化集成设计；优化构件和部品部件生产；推广精益化施工；加快信息技术融合发展；创新组织管理模式；强化科技支撑；加快专业人才培育；加大政策扶持力度；开展新型建筑工业化项目评价等。

（二）建筑业法律风险新动向

建筑行业因产业链条长、牵涉主体广泛、项目流程复杂，在业务运作中风险重重。建筑企业风险来源多种多样，既受到宏观层面政策调整、法律变更的影响，也受到公司内部管理制度贯彻执行效率的制约。在众多风险点中，法律风险是企业经营中极为关键，也是最可控的风险之一。目前，我国建筑行业法律法规体系基本形成，工程项目管理体制逐步完善，公司内部治理日趋规范。但是受行业环境和业务特点的影响，当前建筑装饰行业应当重点关注以下法律风险：

1. 工程垫资的法律风险。垫资，是指按照工程项目的资金情况，工程项目对外付款大于项目已收款或者应收款合计所形成的代垫支出的资金。在建设合同法律关系中，与建设人和发包人相比，承包人往往处于较为弱势的地位。行业竞争比较激烈，为扩大业务，承包人往往承接垫资的项目。承包人垫资来源既有自有资金，也有银行贷款。在使用银行贷款进行垫资的情况下，承包人还承担着贷款逾期不能

偿还的法律风险，大大加重了企业的运营负担和融资成本。

2. 赊欠材料、设备款的风险。从本质上说，赊欠材料、设备款的风险是垫资风险的延续。在垫资施工的情况下，承包人为加快工期进度，或为在不延误工期的同时尽量减少资金投入，常常会通过赊欠材料、设备款的做法来节省前期开支。如此不但难以保证所购置的材料、设备的质量，购买价格亦会与支付现金时有所不同，甚至有时还会出现被追讨材料款、设备购置费的诉讼风险。

3. 拖欠工程款的法律风险。拖欠工程款是建筑业最常见的法律风险之一，主要表现为业主或者总包方（人）在施工过程中未按照合同约定支付相应的履约保证金、工程预付款、进度款、结算款、质量保证金等款项。由于施工企业处于弱势地位，时常不得不迁就业主或总包方的要求和条件，甚至满足其不合理的要求，给企业经营带来极大的经营风险和财务风险。

4. 项目挂靠的法律风险。建筑行业的挂靠，指有相应施工资质的施工单位，通常以内部承包合同的名义，与掌握施工项目而又不具备相应施工资质的个人或单位签订合同，允许其以“项目部”或类似名义挂靠经营，并收取管理费的行为。挂靠使一些企业在短期时间内做大，取得了一定的成就，但挂靠本身是非法行为，在工程质量管理和安全管理等方面存在巨大的法律风险。在挂靠模式下，被挂靠企业收取的管理费是有限的，承担的责任却有可能是无限的。项目挂靠中，被挂靠单位难以对挂靠人的经营活动进行有效的监督，挂靠人往往超越挂靠协议的权限进行经营活动，甚至以被挂靠人的名义从事违法活动，如违规利用项目公章，或者私刻印章、伪造公司印信对外从事违法犯罪活动等，给企业带来极大的法律风险。此类行为可能导致建筑施工合同无效、被挂靠企业对建设工程的质量承担连带责任、对建设工程的对外债务承担法律责任、对挂靠企业的劳动纠纷承担法律责任，管理费被没收、被行政主管机关予以行政处罚等风险。

5. 企业用工的法律风险。建筑业属劳动密集型产业，具有用工需求量大，管理难度大，用工具有流动性、分散性、短期性、阶段性、多工种配合等特点。当前建筑业用工方面存在用工不规范的问题，极易出现劳资纠纷、劳动者损害等法律风险，轻则影响企业的正产运营和工作秩序，重则导致企业承担相应的行政责任或刑事责任，影响公司形象和正常经营。

三、建筑业上市公司诉讼情况统计

本书以建筑业的 100 家上市公司为当事人检索案件，共收集 2020 年全国法院判决的各类司法判决书 789 份，作为统计分析的样本。

(一)案件类型分布

1. 案件诉讼类型

从案件诉讼类型看,2020 年建筑业上市公司所涉及的 789 件案件以民事诉讼为主,共有 787 件,行政诉讼有 2 件,不涉及刑事诉讼。详见表 2－55。

表 2－55　建筑业上市公司案件诉讼类型

诉讼类型	案件数量/件
民事诉讼	787
行政诉讼	2
刑事诉讼	0

2. 案件案由种类

首先,诉讼案件案由的基本类型看,2020 年建筑业上市公司所涉及的 789 件案件主要集中在合同类纠纷,具体分布情况如表 2－56 所示。

表 2－56　建筑业上市公司案件案由基本类型分布

案由基本类型	案件数量/件
合同类纠纷	635
侵权责任纠纷	55
劳动法纠纷	40
物权纠纷	35
其他民事纠纷	10
金融法纠纷	5
知识产权纠纷	4
公司法纠纷	3
行政诉讼	2
竞争法纠纷	0
刑事诉讼	0
合计	789

其中,如图 2－163 所示,合同类纠纷案件共有 635 件,在全部案件中所占比例最高。

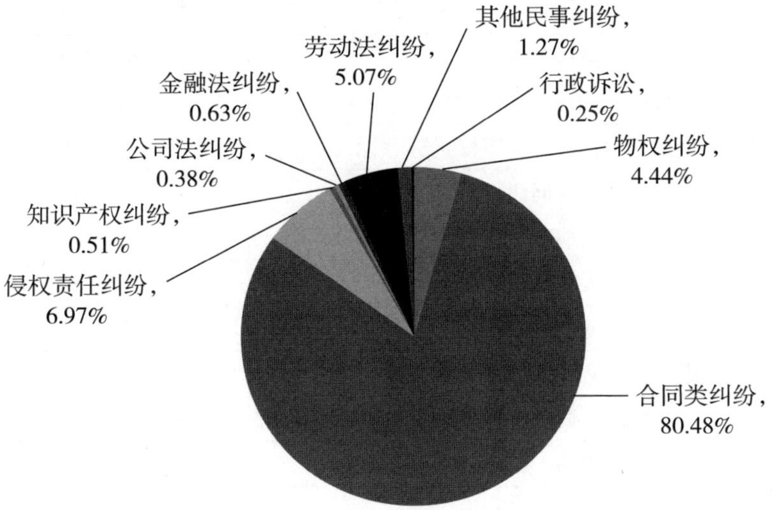

图 2－163　建筑业上市公司案由基本类型分布情况

其次，从案件的具体案由看，2020 年建筑业上市公司所涉及的 789 件案件中，建设工程合同纠纷案件数量最多，其他种类案由呈分散化分布状态，其分布情况如表 2－57 所示。

表 2－57　建筑业上市公司案件具体案由分布

具体案由	案件数量/件
建设工程合同纠纷	297
其他买卖合同纠纷	132
服务合同纠纷	42
租赁合同纠纷	36
劳务合同纠纷	36
承揽合同纠纷	34
其他合同纠纷	25
其他劳动争议、人事争议	24
建筑物和物件损害责任纠纷	22
财产损害赔偿纠纷	20
劳动合同纠纷	16
排除妨害纠纷	13
机动车交通事故责任纠纷	12

续表

具体案由	案件数量/件
提供劳务者受害责任纠纷	11
生命权、身体权、健康权纠纷	10
借款合同纠纷	10
其他侵权责任纠纷	9
债权人代位权纠纷	5
运输合同纠纷	3
其他与企业、公司有关的纠纷	3
确认合同效力纠纷	3
商标权权属、侵权纠纷	3
追偿权纠纷	2
委托合同纠纷	2
物业服务合同纠纷	2
行政确认	1
票据付款请求权纠纷	1
债权转让合同纠纷	1
不当得利纠纷	1
票据追索权纠纷	1
缔约过失责任纠纷	1
物权确认纠纷	1
票据利益返还请求权纠纷	1
民事主体间房屋拆迁补偿合同纠纷	1
行政强制	1
中介合同纠纷	1
财产保险合同纠纷	1
义务帮工人受害责任纠纷	1
相邻关系纠纷	1
证券返还纠纷	1
著作权权属、侵权纠纷	1
房屋买卖合同纠纷	1

3. 案件地域分布

从案件地域分布看,2020 年建筑业上市公司所涉及的 789 件案件主要分布在广东省、浙江省等地。其中,广东省案件最多,共 140 件;其次是浙江省,共 73 件。具体分布情况如图 2－164 所示。

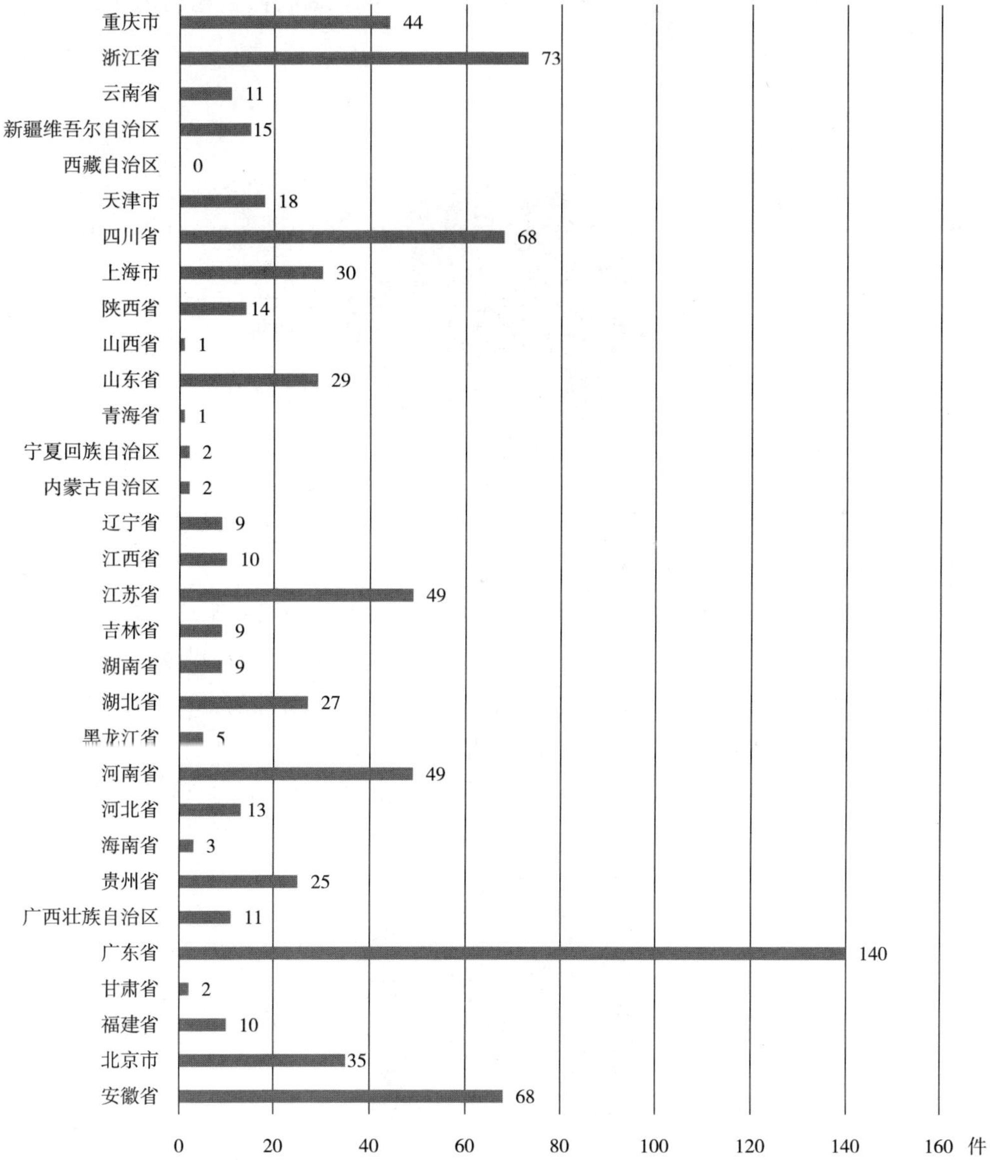

图 2－164 建筑业上市公司案件地域分布情况

（二）案件审理程序

1. 诉讼阶段

如图2-165所示，从诉讼阶段看，2020年建筑业上市公司所涉及的789件案件中，一审案件有480件，占比约为60.83%；二审案件有283件，占比约为35.87%；再审案件有26件，占比约为3.30%。

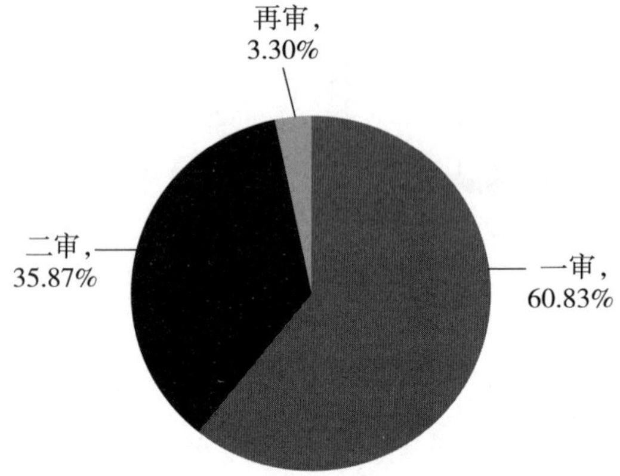

图2-165 建筑业上市公司案件诉讼阶段分布情况

2. 法院层级

如图2-166所示，从法院层级看，2020年建筑业上市公司所涉及的789件案件中，基层人民法院审结的案件有460件，占比约为58.30%；中级人民法院审结的案件有290件，占比约为36.75%；高级人民法院审结的案件有32件，占比约为4.06%；最高人民法院审结的案件有7件，占比约为0.89%。

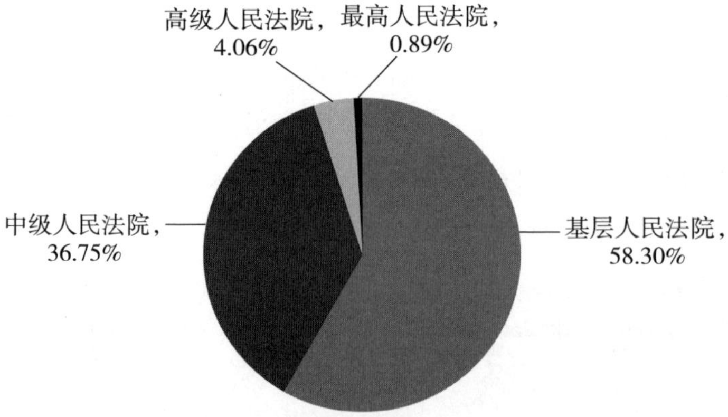

图2-166 建筑业上市公司案件审理法院层级分布情况

(三)上市公司诉讼地位

如图 2－167 所示,从上市公司的诉讼地位看,2020 年建筑业上市公司所涉及的 789 件案件中,上市公司作为原告的案件有 383 件,占比约为 48.54%;上市公司作为被告的案件有 404 件,占比约为 51.21%。除此之外,上市公司以第三人的身份参与诉讼的案件有 2 件。可见,2020 年建筑业上市公司诉讼中,上市公司主动参与诉讼和被动参与诉讼的比例相差不大。

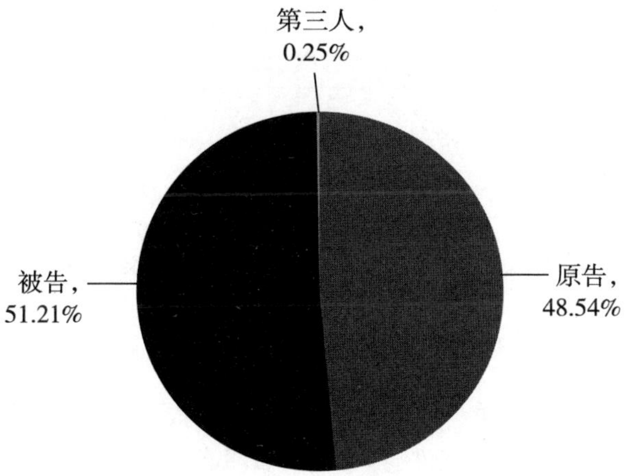

图 2－167　建筑业上市公司诉讼地位分布情况

(四)诉讼标的额

如图 2－168 所示,从诉讼案件的标的额看,2020 年建筑业上市公司所涉及有标的额可查的案件中,诉讼请求金额在 1 万元及以下的案件数量为 0 件、大于 1 万～10 万元的案件数量为 1 件、大于 10 万～20 万元的案件数量为 2 件、大于 20 万～50 万元的案件数量为 5 件、大于 50 万～100 万元的案件数量为 2 件、大于 100 万～200 万元的案件数量为 2 件、大于 200 万～500 万元的案件数量为 4 件、大于 500 万～1000 万元的案件数量为 1 件、大于 1000 万～2000 万元的案件数量为 2 件、2000 万元以上的案件数量为 23 件。诉讼标的总额为 2,814,847,365.12 元,诉讼标的最大金额为 1,425,202,500 元,行业平均诉讼标的额为 67,020,175.36 元。

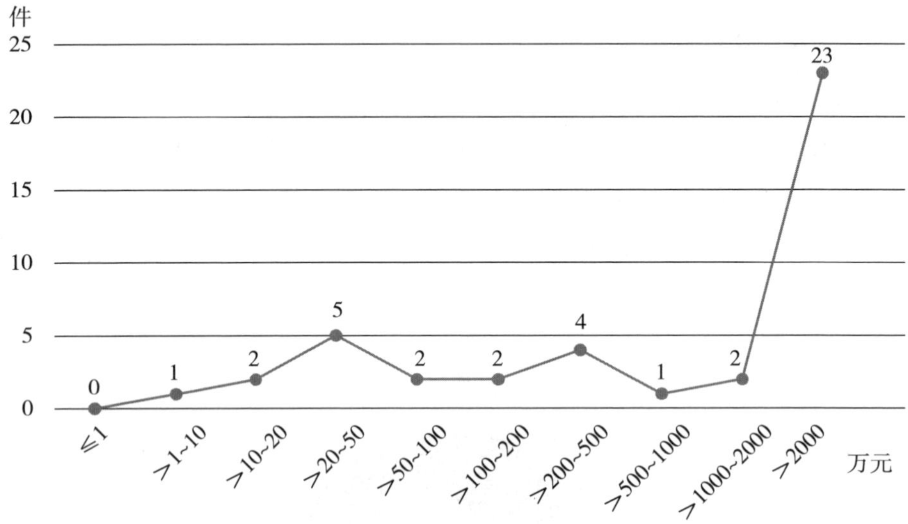

图2－168　建筑业上市公司诉讼标的额分布情况

（五）诉讼结果和胜诉率

从总体上看，如图2－169所示，2020年建筑业上市公司所涉及的所有案件中，胜诉的案件有405件，败诉的案件有369件，撤回起诉的案件有6件，撤回上诉的案件有3件，驳回起诉的案件有5件，驳回上诉的案件有1件。该行业上市公司胜诉的案件数量在全部案件中占比约为51.33%。如果排除撤诉等特殊情形，则该行业上市公司的总体胜诉率为52.33%。

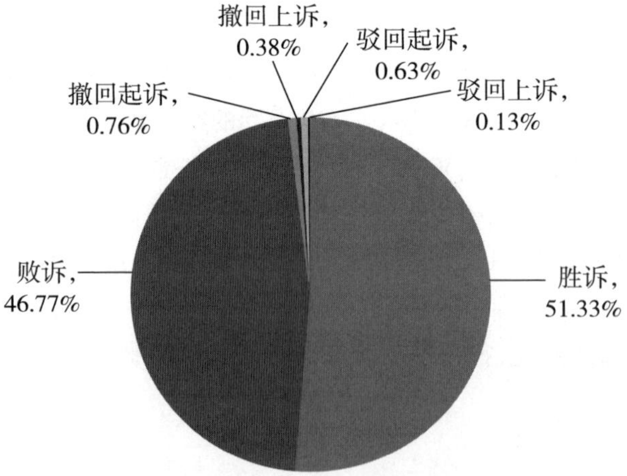

图2－169　建筑业上市公司诉讼结果占比情况

如图 2－170 所示,具体到不同的诉讼地位,建筑业上市公司为原告时胜诉的案件有 192 件,败诉的案件有 183 件,胜诉率为 51.20% 。建筑业上市公司为被告时,胜诉的案件有 212 件,败诉的案件有 186 件,胜诉率约为 53.27% 。相较而言,采矿业上市公司作为被告时,胜诉率更高。

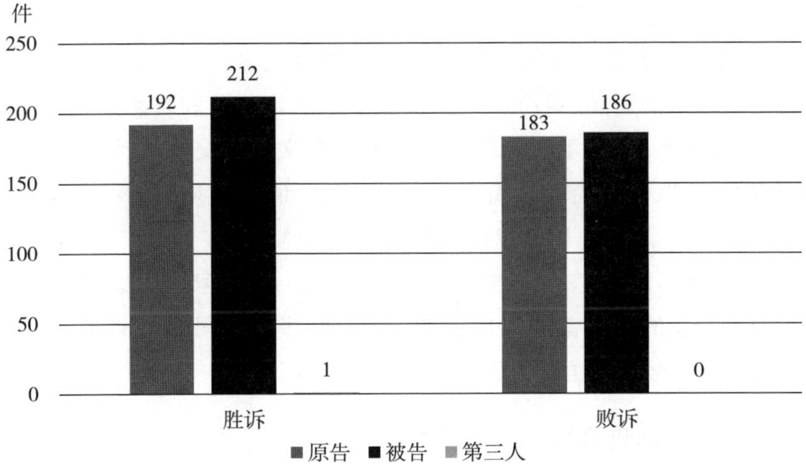

图 2－170　建筑业上市公司胜诉情况与诉讼地位交叉分布情况

如图 2－171 所示,具体到不同的诉讼阶段,一审阶段,建筑业上市公司胜诉的案件有 238 件,败诉的案件有 233 件,胜诉率约为 50.53% 。二审阶段,胜诉的案件有 155 件,败诉的案件有 123 件,胜诉率约为 55.76% ,胜诉率略高于一审胜诉率。再审阶段,胜诉的案件有 12 件,败诉的案件有 13 件,胜诉率为 48.00% ,总体胜诉率较低。

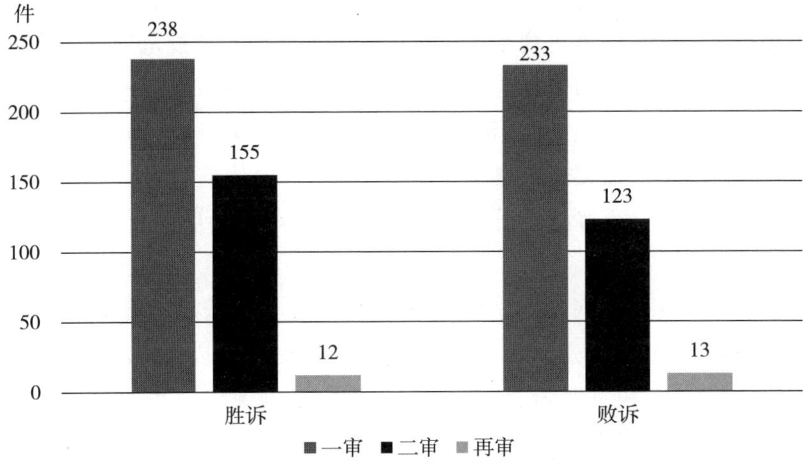

图 2－171　建筑业上市公司胜诉情况与诉讼阶段交叉分布情况

第二十节 批 发 业

一、批发业上市公司概况

批发业，是指向其他批发或零售单位(含个体经营者)及其他企事业单位、机关团体等批量销售生活用品、生产资料以及从事进出口贸易和贸易经纪与代理的活动，包括拥有货物所有权，并以本单位(公司)的名义进行交易活动，也包括不拥有货物的所有权，收取佣金的商品代理、商品代售活动；本类还包括各类商品批发市场中固定摊位的批发活动，以及以销售为目的的收购活动。

截至2020年第四季度，我国批发业上市公司共计76家。从市场规模看，我国上市公司中批发业的整体规模很小，其数量占全部上市公司的1.84%，可见在全国范围内具有较大市场影响力的批发业企业数量很少。

二、批发业行业政策和法律风险新动向

(一)批发业行业政策新动向

1.《关于加快推进食品农产品批发市场食品安全规范管理工作的通知》

批发业是我国市场成熟度最高，市场分化最细致的行业之一。作为生产与销售的中间环节，几乎各行各业都有批发业的影子。该行业受到《民法典》《价格法》《产品质量法》《反垄断法》等法律法规的调整，同时又受到各细分产业下政策规定的影响。例如，为进一步保障食品安全，2020年10月16日，国家市场监督管理总局食品经营司《关于加快推进食用农产品批发市场食品安全规范管理工作的通知》发布，对食用农产品批发市场的食品安全规范管理工作作出进一步规定。该文件要求严格落实市场开办者和入场销售者食品安全责任义务、全面开展农批市场食品管理信息摸底排查、加强塑料制品等食品包装材料使用监管等。

2.《医疗机构医疗保障定点管理暂行办法》和《零售药店医疗保障定点管理暂行办法》

2020年12月30日，国家医疗保障局印发《医疗机构医疗保障定点管理暂行办法》和《零售药店医疗保障定点管理暂行办法》，要求坚持“以人民健康为中心，遵循保障基本、公平公正、权责明晰、动态平衡”的原则。明确了医疗保障行政部门、医疗保障经办机构和医疗机构三者的职责和关系。具体内容主要包括定点医疗机构的确定，包括申请定点的医疗机构范围、条件、材料要求，组织评估、谈判协商，以及

不予受理的情形；定点医疗机构运行管理，严格执行医保协议，执行实名就医和购药管理规定，执行有关支付、集中招标采购、价格等政策；以及经办管理服务、定点医疗机构的动态管理，提出协议变更、续约、中止和解除协议的具体情形和定点医疗机构的监督。

3.《关于加快推进食用农产品批发市场食品安全规范管理工作的通知》

2020 年 10 月 16 日，国家市场监督管理总局食品经营司发布《关于加快推进食用农产品批发市场食品安全规范管理工作的通知》，要求各地严格落实市场开办者和入场销售者食品安全责任义务；全面开展农批市场食品安全管理信息摸底排查；加强塑料制品等食品包装材料使用监管以及及时报送工作信息，加快推进食用农产品批发市场食品安全规范管理工作。

4.《关于印发零售、餐饮企业在新型冠状病毒流行期间经营服务防控指南的通知》

2020 年 2 月 6 日，为进一步做好重要零售、餐饮企业新型冠状病毒肺炎疫情防控工作，商务部办公厅、国家卫生健康委办公厅印发《零售、餐饮企业在新型冠状病毒流行期间经营服务防控指南的通知》，对相关企业人员、场所、设施设备、商品、外卖服务管理和经营服务规范等作出要求。

根据该防控指南的要求，企业要全面采集了解上岗员工假期动态并登记汇总，有疫情发生地区生活史、旅行史以及与确诊病例有密切接触的员工暂不应返程返岗；员工每天进入经营场所前应检测体温并进行洗手消毒，若体温超过 37.3℃应要求隔离观察或及时就诊；员工上班期间应时刻佩戴口罩；对所有进入商业综合体的消费者测量体温。同时，防控指南要求，尽可能配备有杀菌作用的洗手液或提供消毒纸巾，有条件的企业可把水龙头改为非接触式水龙头；对于顾客接触多的地方如走廊、电梯、扶手、洗手间、厕位等增加消毒频次；增加线上平台外卖服务和外卖窗口；鼓励外卖平台推行“无接触配送”操作规范。企业应当切实遵守相关政策规定，为打响疫情攻坚战作出自己的贡献。

（二）批发业法律风险新动向

2020 年 11 月 19 日，原国家药品监督管理局发布《关于规范药品零售企业配备使用执业药师的通知》，提出执业药师是开展药品质量管理活动和提供药学服务的专业力量，是合理用药的重要保障。为规范执业药师配备使用，要坚持和完善执业药师职业资格准入制度，坚持药品经营企业执业药师依法配备使用要求。原则上，首先，经营处方药、甲类非处方药的药品零售企业，应当配备执业药师；只经营乙类非处方药的药品零售企业，应当配备经过药品监督管理部门组织考核合格的业务人员。其次，要化落实执业药师配备要求，强化监督检查责任落实，省级药品监督管理部门应制定差异化配备使用执业药师的过渡政策和实施方案，各市县负责药品监管的部门要加强对行政区域内药学技术人员的管理。此外，应切实发挥执业药师作用，持续加强队伍建设，药品零售企业执业药师应当负责本企业药品质量管理，督促执行药品管理相关的法律法规及规范。

批发行业涉及货物采购与销售，保证合同标的不存在瑕疵至关重要。为此，《民法典》第620条至第624条对检验作出最新规定。根据《民法典》的规定，当事人约定检验期限的，买受人应当在检验期限内将标的物的数量或者质量不符合约定的情形通知出卖人。买受人怠于通知的，视为标的物的数量或者质量符合约定。买受人在合理期限内未通知或者自收到标的物之日起二年内未通知出卖人的，视为标的物的数量或者质量符合约定。当事人对检验期限未作约定，买受人签收的送货单、确认单等载明标的物数量、型号、规格的，推定买受人已经对数量和外观瑕疵进行检验，但是有相关证据足以推翻的除外。上市公司要谨慎审查合同条款，合理约定检验期限并及时行使异议权，避免未及时检验导致的损失。

《民法典》第509条规定，当事人在履行合同过程中，应当避免浪费资源、污染环境和破坏生态。第1232条亦规定，侵权人违反法律规定故意污染环境、破坏生态造成严重后果的，被侵权人有权请求相应的惩罚性赔偿。绿色原则已被明确规定为一项民法基本原则，各民事主体均应依法遵循。随着"禁塑令"进一步严格，批发行业上市公司应更注意生态环境保护方面的问题。

三、批发业上市公司诉讼情况统计

本书以批发业的76家上市公司为当事人检索案件，共收集2020年全国法院判决的各类司法判决书77份，作为统计分析样本。

（一）案件类型分布

1. 案件诉讼类型

从案件诉讼类型看，2020年批发业上市公司所涉及的77件案件以民事诉讼为主，共有73件，行政诉讼有4件，不涉及刑事诉讼。详见表2-58。

表 2－58　批发业上市公司案件诉讼类型

诉讼类型	案件数量/件
民事诉讼	73
行政诉讼	4
刑事诉讼	0

2. 案件案由种类

首先，从诉讼案件案由的基本类型来看，2020 年批发业上市公司所涉及的 77 件案件主要集中于合同类纠纷，具体分布情况如表 2－59 所示。

表 2－59　批发业上市公司案件案由基本类型分布

案由基本类型	案件数量/件
合同类纠纷	51
金融法纠纷	10
劳动法纠纷	7
行政诉讼	4
公司法纠纷	2
其他民事纠纷	2
物权纠纷	1
侵权责任纠纷	0
知识产权纠纷	0
竞争法纠纷	0
刑事诉讼	0
合计	77

其中，如图 2－172 所示，合同类纠纷案件共有 51 件，在全部案件中所占比例最高。

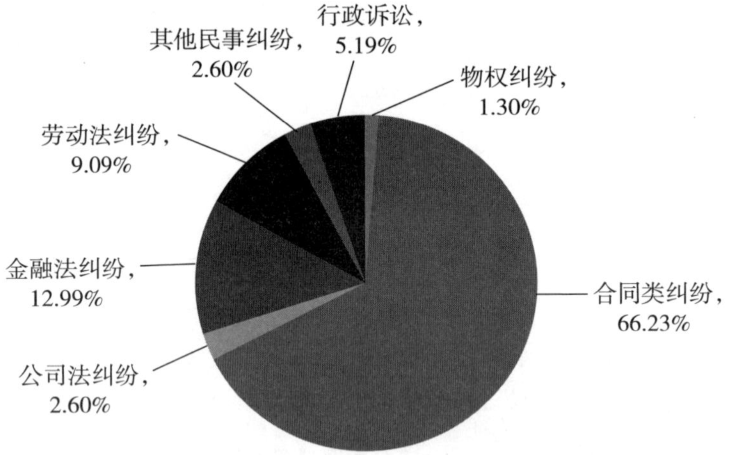

图 2－172　批发业上市公司案由基本类型分布情况

其次，从案件具体案由看，2020 年批发业上市公司所涉及的 77 件案件中，其他买卖合同纠纷案件数量最多，其他种类案由呈分散化分布状态，其分布情况如表 2－60 所示。

表 2－60　批发业上市公司案件具体案由分布

具体案由	案件数量/件
其他买卖合同纠纷	33
票据利益返还请求权纠纷	10
租赁合同纠纷	7
其他劳动争议、人事争议	4
其他合同纠纷	3
行政确认	3
劳动合同纠纷	3
借款合同纠纷	3
股东资格确认纠纷	2
服务合同纠纷	2
财产损害赔偿纠纷	1
债权人代位权纠纷	1
运输合同纠纷	1
委托合同纠纷	1
商标行政管理	1
海上、通海水域货物运输合同纠纷	1
航次租船合同纠纷	1

3. 案件地域分布

从案件地域分布看,2020年批发业上市公司所涉及的77件案件主要分布在湖北省、山东省等地。其中,湖北省案件最多,共20件;其次是山东省,共13件。具体分布情况如图2-173所示。

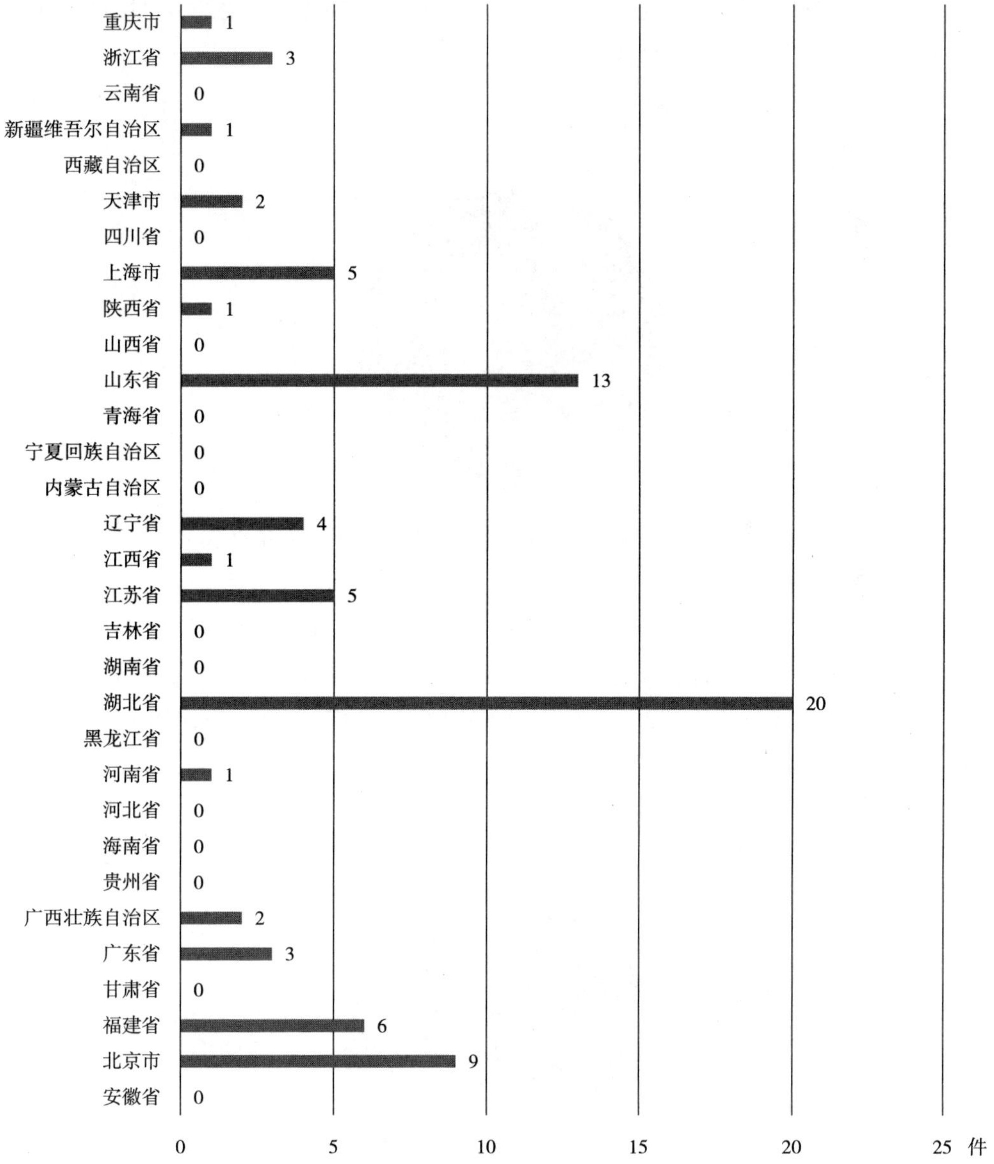

图2-173 批发业上市公司案件地域分布情况

(二)案件审理程序

1. 诉讼阶段

如图 2 - 174 所示,从诉讼阶段看,2020 年批发业上市公司所涉及的 77 件案件中,一审案件有 57 件,占比约为 74.02%;二审案件有 18 件,占比约为 23.38%;再审案件有 2 件,占比约为 2.60%。

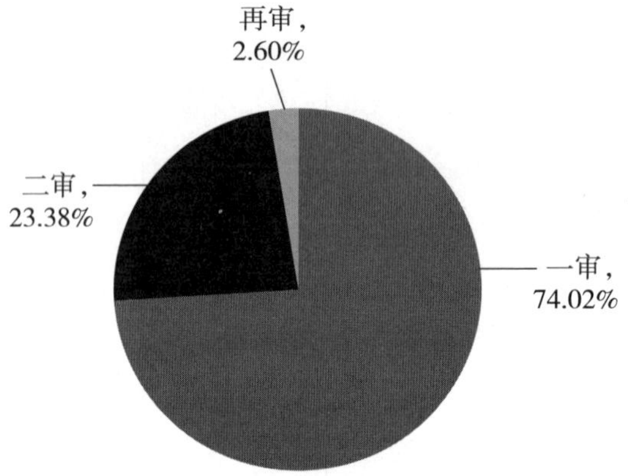

图 2 - 174　批发业上市公司案件诉讼阶段分布情况

2. 法院层级

如图 2 - 175 所示,从法院层级看,2020 年批发业上市公司所涉及的 77 件案件中,基层人民法院审结的案件有 50 件,占比约为 64.93%;中级人民法院审结的案件有 24 件,占比约为 31.17%;高级人民法院审结的案件有 3 件,占比约为 3.90%;没有最高人民法院审结的案件。

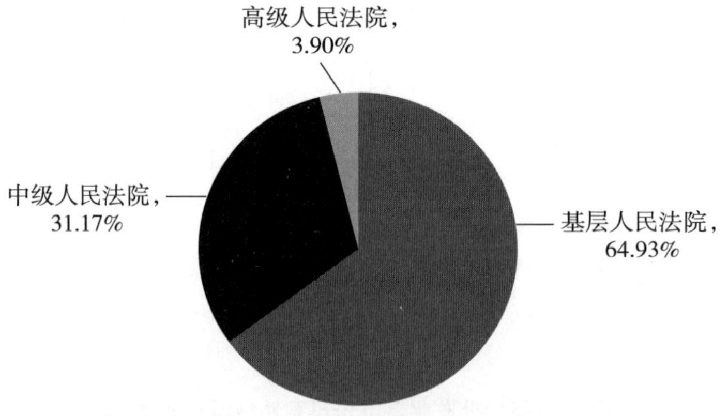

图 2 - 175　批发业上市公司案件审理法院层级分布情况

（三）上市公司诉讼地位

如图 2－176 所示，从上市公司的诉讼地位看，2020 年批发业上市公司所涉及的 77 件案件中，上市公司作为原告的案件为 58 件，占比约为 75.32%；上市公司作为被告的案件为 19 件，占比约为 24.68%。可见 2020 年批发业上市公司诉讼中，上市公司主要扮演着起诉方的角色，主动地发起诉讼情况明显较多。

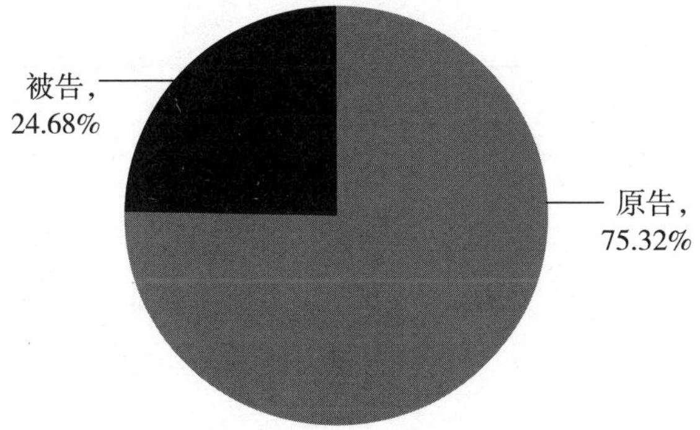

图 2－176　批发业上市公司诉讼地位分布情况

（四）诉讼标的额

如图 2－177 所示，从诉讼案件的标的额看，2020 年批发业上市公司所涉及有标的额可查案件中，诉讼请求金额在 1 万元及以下的案件数量为 4 件、大于 1 万～10 万元的案件数量为 10 件、大于 10 万～20 万元的案件数量为 9 件、大于 20 万～50 万元的案件数量为 7 件、大于 50 万～100 万元的案件数量为 7 件、大于 100 万～200 万元的案件数量为 9 件、大于 200 万～500 万元的案件数量为 11 件、大于 500 万～1000 万元的案件数量为 3 件、大于 1000 万～2000 万元的案件数量为 3 件、2000 万元以上的案件数量为 3 件。诉讼标的总额为 299,576,538.1 元，诉讼标的最大金额为 63,151,260 元，行业平均诉讼标的额为 4,539,038.457 元。

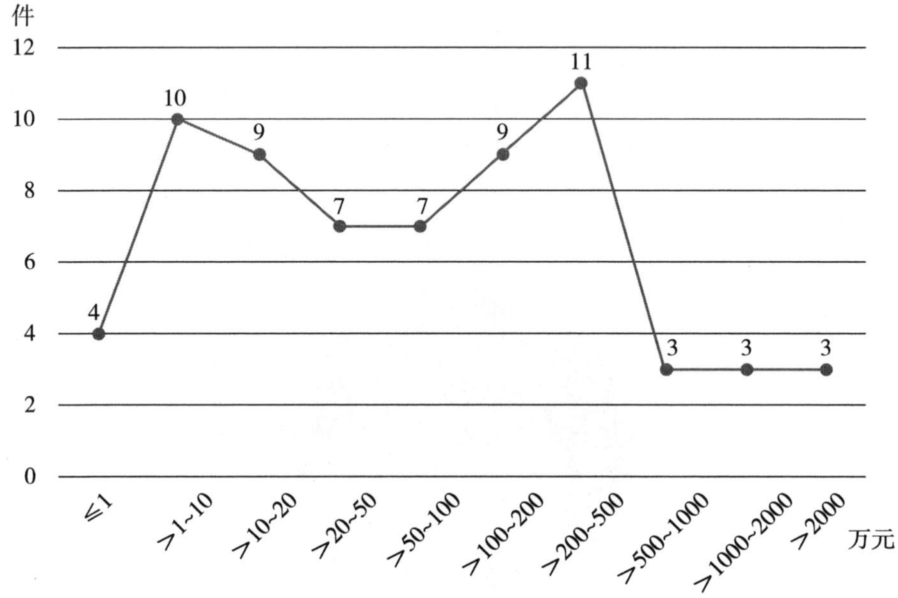

图 2－177　批发业上市公司诉讼标的额分布情况

(五)诉讼结果和胜诉率

从总体上看,如图 2－178 所示,2020 年批发业上市公司所涉及的案件中,胜诉的案件有 57 件,败诉的案件有 20 件。该行业上市公司总体胜诉率约为 74.03%。

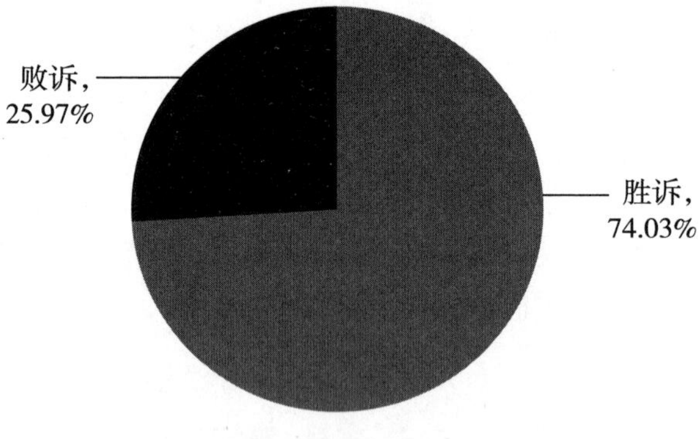

图 2－178　批发业上市公司诉讼结果占比情况

如图 2－179 所示,具体到不同的诉讼地位,批发业上市公司为原告时,胜诉的案件有 49 件,败诉的案件有 9 件,胜诉率约为 84.48%,高于总体胜诉率。批发业上市公司为被告时,胜诉的案件有 8 件,败诉的案件有 11 件,胜诉率约为 42.11%,其胜诉率低于总体胜诉率。相较而言，批发业上市公司作为原告时，胜诉率明显更高。

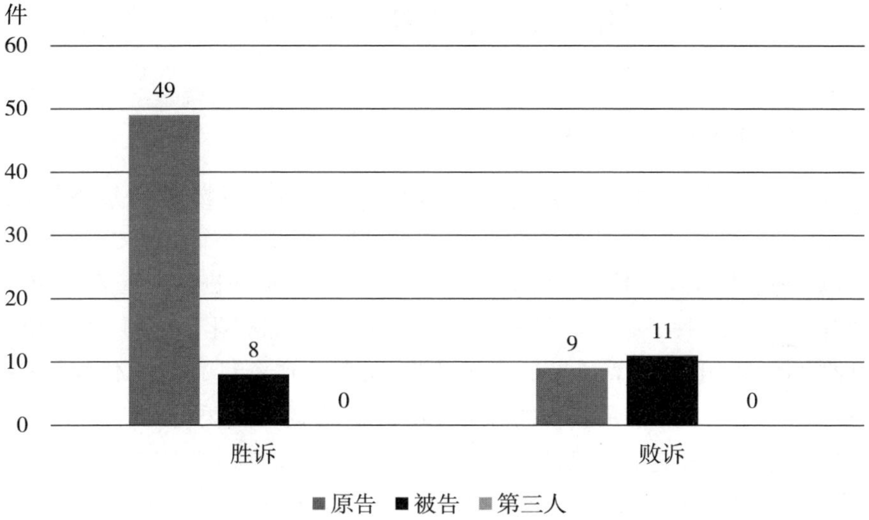

图 2－179　批发业上市公司胜诉情况与诉讼地位交叉分布情况

如图 2－180 所示，具体到不同的诉讼阶段，一审阶段，批发业上市公司胜诉的案件有 46 件，败诉的案件有 11 件，胜诉率约为 80.70%，总体胜诉率较高。二审阶段，上市公司胜诉的案件有 9 件，败诉的案件有 9 件，胜诉率为 50.00%，胜诉率与败诉率持平。再审阶段，上市公司胜诉的案件有 2 件，败诉的案件有 0 件。

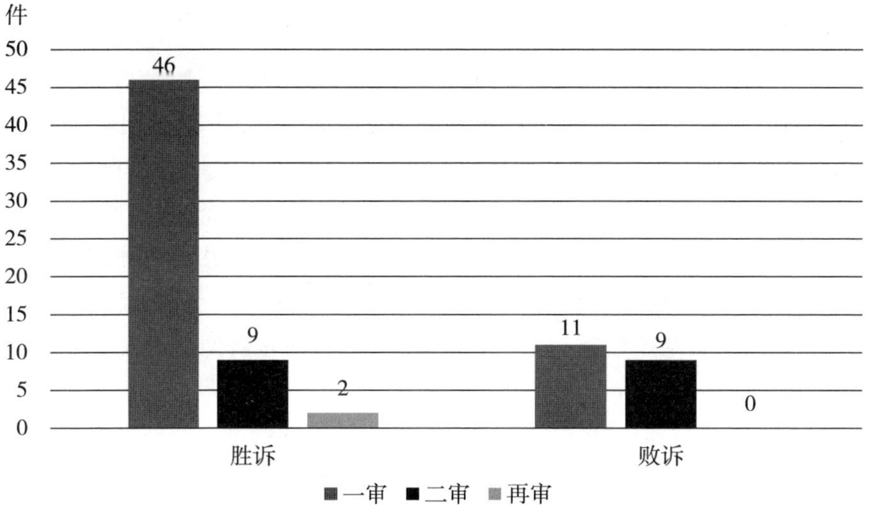

图 2－180　批发业上市公司胜诉情况与诉讼阶段交叉分布情况

第二十一节 零 售 业

一、零售业上市公司概况

零售业,是指百货商店、超级市场、专门零售商店、品牌专卖店、售货摊等主要面向最终消费者(如居民等)开展销售活动,以互联网、邮政、电话、售货机等方式开展销售活动,还包括在同一地点,后面加工生产,前面销售形式进行销售活动(如面包房)的行业。谷物、种子、饲料、牲畜、矿产品、生产用原料、化工原料、农用化工产品、机械设备(乘用车、计算机及通信设备除外)等生产资料的销售不作为零售活动。多数零售商对其销售的货物拥有所有权,有些则是充当委托人的代理人,进行委托销售或以收取佣金的方式进行销售。

截至 2020 年第四季度,我国零售业上市公司共计 93 家。从市场规模看,我国上市公司中零售业的整体规模很小,其数量占全部上市公司的 2.25%。可见,在全国范围内具有较大市场影响力的零售业企业数量并不多。

二、零售业行业政策和法律风险新动向

(一)零售业行业政策新动向

受 2020 年新冠肺炎疫情的影响,传统接触式线下零售模式受到影响,但是,以网络购物、移动支付、线上线下融合等新业态新模式为特征的新型零售业态却迅速发展。疫情防控常态化条件下,为弥补新型消费领域基础设施不足、服务能力偏弱、监管规范滞后等突出短板和问题,国务院办公厅 2020 年 9 月 21 日出台了《关于以新业态新模式引领新型消费加快发展的意见》,对新型业态发展进行指导。该意见提出,到 2025 年,要培育形成一批新型消费示范城市和领先企业,实现实物商品网上零售额占社会消费品零售总额比重显著提高,“互联网 + 服务”等消费新业态新模式得到普及并趋于成熟的目标。为此,意见指出要大力推动线上线下消费有机融合、加快新型消费基础设施和服务保障能力建设、优化新型消费发展环境、加大新型消费政策支持力度并强化组织保障等。

2020 年 9 月 9 日国务院常务会议指出,要通过推动新型消费扩容提质、加快新型消费基础设施建设、制定促进新业态新模式带动新型消费的税收政策、鼓励实体商业发展线上业务等。上述举措涉及新零售、线上医疗、线上教育、5G、物联网等方面,有力促进新零售行业发展,线上零售将迎来政策机遇。

2020 年 11 月 11 日的国务院常务会议，决定在上海市浦东新区开展市场准入“一业一证”试点，将一个行业准入涉及多个审批事项整合于一张“行业综合许可证”上。该试点将进一步深化“放管服”改革。试点前零售便利店一般须同时办理食品经营许可证、酒类商品零售许可证、药品经营许可证、第二类医疗器械经营备案凭证和烟草专卖零售许可证 5 张许可证，每张单项许可证都要单独申报，存在环节复杂、材料多、耗时长的弊端。改革后，市场主体可一个证申领所有单项许可。该试点有助于优化政府业务流程，简化零售企业行政审批手续，进一步释放市场活力。如试点结果良好，有望得到进一步推广。

2020 年 10 月 25 日发布的国务院办公厅《关于推进对外贸易创新发展的实施意见》指出，要促进跨境电商等新业态发展。积极推进跨境电商综合试验区建设，不断探索好经验好做法，研究建立综合试验区评估考核机制。支持建设一批海外仓，扩大跨境电商零售进口试点，推广跨境电商应用，促进企业对企业（B2B）业务发展，研究筹建跨境电商行业联盟。推进市场采购贸易方式试点建设，总结经验并完善配套服务。促进外贸综合服务企业发展，研究完善配套监管政策。

（二）零售业法律风险新动向

新冠肺炎疫情暴发以来，零售市场创新不断，直播电商、智能门店等零售新业态有效激发了消费需求，获得消费者认可，成为零售市场新的增长点，但虚假宣传、欺诈消费等问题也层出不穷。为应对零售行业新业态带来的监管短板，国务院办公厅于 2020 年 9 月 16 日出台《关于以新业态新模式引领新型消费加快发展的意见》，指出要完善跨部门协同监管机制，实现线上线下协调互补、市场监管与行业监管连接互动，加大对销售假冒伪劣商品、侵犯知识产权、虚假宣传、价格欺诈、泄露隐私等行为的打击力度。零售行业上市公司应格外注重上述风险，加强内控和合规，避免因此导致的纠纷。

三、零售业上市公司诉讼情况统计

本书以零售业的 93 家上市公司为当事人检索案件，共收集 2020 年全国法院判决的各类司法判决 349 份，作为统计分析的样本。

（一）案件类型分布

1. 案件诉讼类型

从案件诉讼类型看，2020 年零售业上市公司所涉及的 349 件案件以民事诉讼为主，共有 336 件，行政诉讼有 13 件，不涉及刑事诉讼。详见表 2－61。

表 2－61　零售业上市公司案件诉讼类型

诉讼类型	案件数量/件
民事诉讼	336
行政诉讼	13
刑事诉讼	0

2. 案件案由种类

首先，从诉讼案件案由的基本类型看，2020 年零售业上市公司所涉及的 349 件案件主要为合同类纠纷，具体分布情况如表 2－62 所示。

表 2－62　零售业上市公司案件案由基本类型分布

案由基本类型	案件数量/件
合同类纠纷	191
劳动法纠纷	67
知识产权纠纷	27
侵权责任纠纷	15
行政诉讼	13
公司法纠纷	11
其他民事纠纷	11
物权纠纷	7
金融法纠纷	4
竞争法纠纷	3
刑事诉讼	0
合计	349

其中，如图 2－181 所示，合同类纠纷案件共有 191 件，在全部案件中所占比例最高。

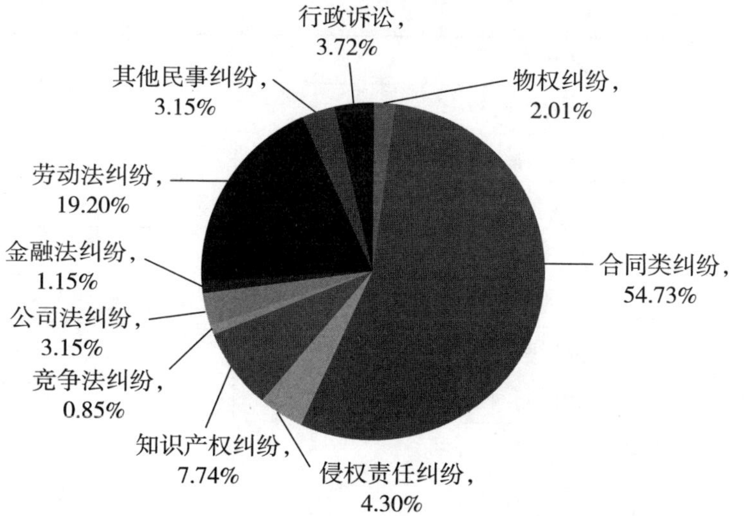

图 2－181 零售业上市公司案由基本类型分布情况

其次，从案件的具体案由看，2020 年零售业上市公司所涉及的 349 件案件中，租赁合同纠纷案件数量最多，其他种类案由呈分散化分布状态，其分布情况如表 2－63 所示。

表 2－63 零售业上市公司案件具体案由分布

具体案由	案件数量/件
租赁合同纠纷	64
其他劳动争议、人事争议	62
其他买卖合同纠纷	46
其他合同纠纷	40
商标权权属、侵权纠纷	21
商标行政管理	11
信息网络买卖合同纠纷	9
生命权、身体权、健康权纠纷	9
产品责任纠纷	9
服务合同纠纷	8
建设工程合同纠纷	7
著作权权属、侵权纠纷	6
股权转让纠纷	5

续表

具体案由	案件数量/件
劳动合同纠纷	5
借款合同纠纷	5
票据追索权纠纷	4
承揽合同纠纷	3
财产损害赔偿纠纷	3
排除妨害纠纷	3
联营合同纠纷	3
机动车交通事故责任纠纷	3
物业服务合同纠纷	2
名誉权纠纷	2
虚假宣传纠纷	2
行政确认	2
其他侵权责任纠纷	1
违反安全保障义务责任纠纷	1
追偿权纠纷	1
公司证照返还纠纷	1
仿冒纠纷	1
特许经营合同纠纷	1
返还原物纠纷	1
网络侵权责任纠纷	1
损害公司债权人利益责任纠纷	1
民事主体间房屋拆迁补偿合同纠纷	1
保管合同纠纷	1
破产债权确认纠纷	1
确认合同效力纠纷	1
融资租赁合同纠纷	1
劳务合同纠纷	1

3. 案件地域分布

从案件地域分布看，2020 年零售业上市公司所涉及的 349 件案件主要分布在湖南省、辽宁省等地。其中，湖南省案件最多，共 50 件；其次是辽宁省，共 42 件。具体分布情况如图 2－182 所示。

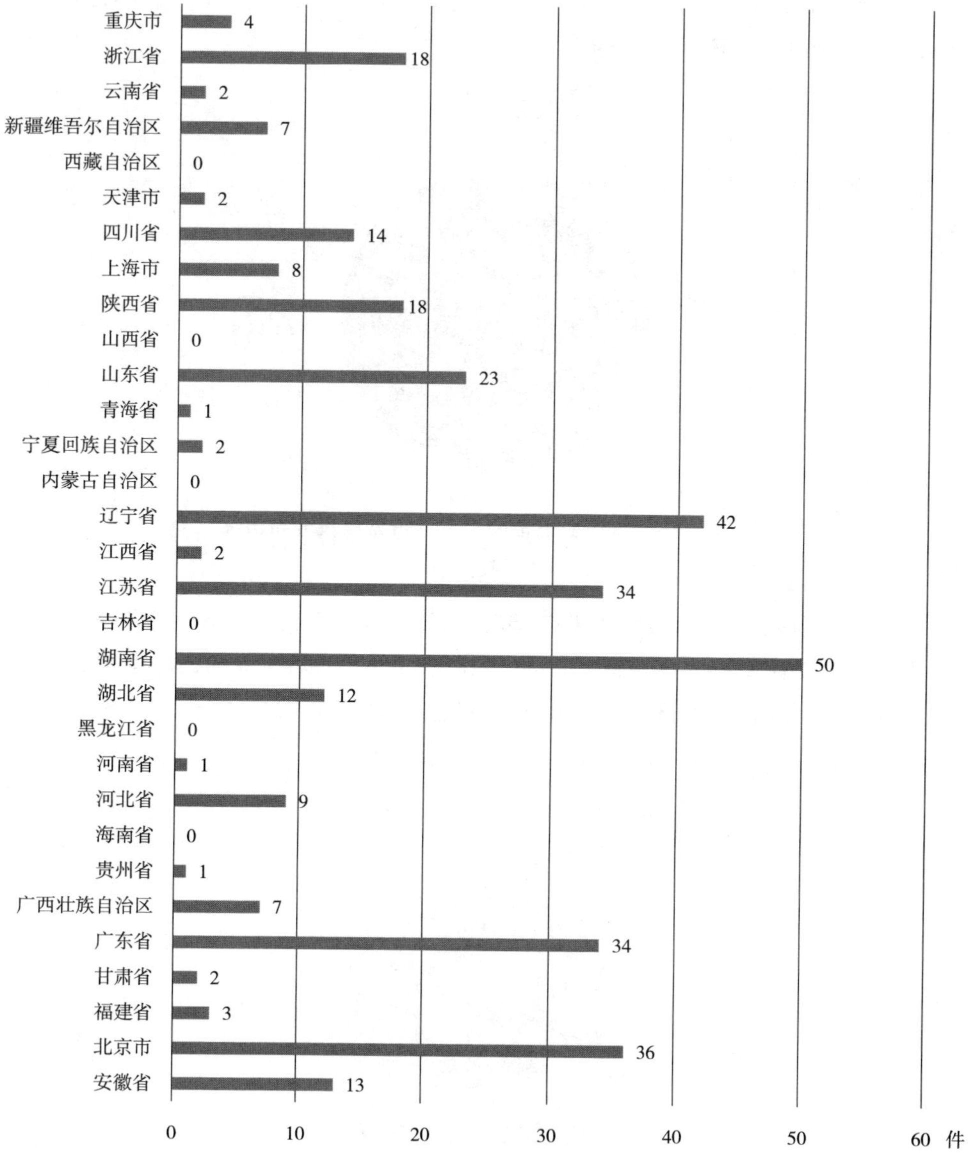

图 2－182　零售业上市公司案件地域分布情况

(二)案件审理程序

1. 诉讼阶段

如图2－183所示,从诉讼阶段看,2020年零售业上市公司所涉及的349件案件中,一审案件有224件,占比约为64.18%;二审案件有109件,占比约为31.23%;再审案件有16件,占比约为4.59%。

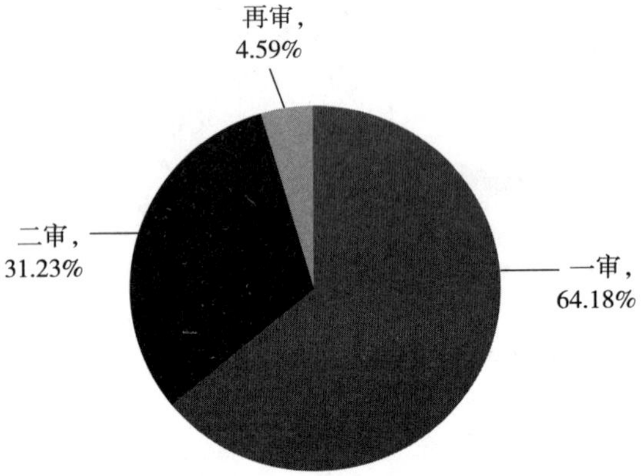

图2－183　零售业上市公司案件诉讼阶段分布情况

2. 法院层级

如图2－184所示,从法院层级看,2020年零售业上市公司所涉及的349件案件中,基层人民法院审结的案件有198件,占比约为56.73%;中级人民法院审结的案件有117件,占比约为33.52%;高级人民法院审结的案件有30件,占比约为8.60%;最高人民法院审结的案件有4件,占比约为1.15%。

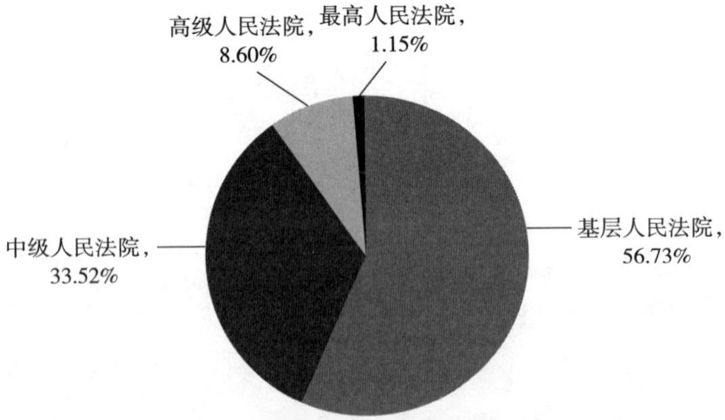

图2－184　零售业上市公司案件审理法院层级分布情况

（三）上市公司诉讼地位

如图 2 – 185 所示，从上市公司诉讼地位看，2020 年零售业上市公司所涉及的 349 件案件中，上市公司作为原告的案件有 89 件，占比约为 25.50%；上市公司作为被告的案件有 259 件，占比约为 74.21%。可见 2020 年零售业上市公司诉讼中，上市公司主要扮演着被诉方的角色，被动参与诉讼。

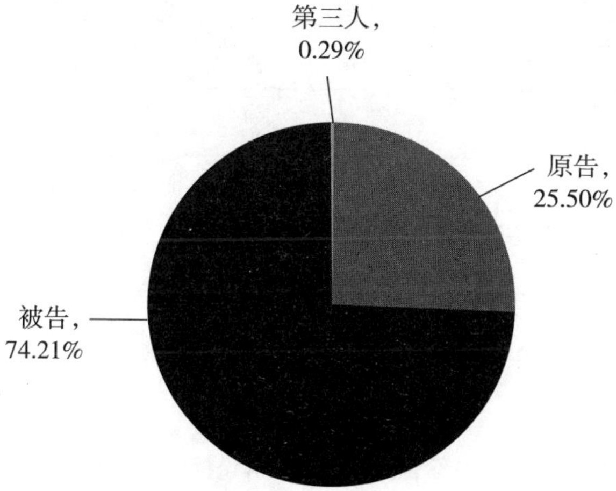

图 2 – 185　零售业上市公司诉讼地位分布情况

（四）诉讼标的额

如图 2 – 186 所示，从诉讼案件的标的额看，2020 年零售业上市公司所涉及有标的额可查案件中，诉讼请求金额在 1 万元及以下的案件数量为 16 件、大于 1 万～10 万元的案件数量为 72 件、大于 10 万～20 万元的案件数量为 47 件、大于 20 万～50 万元的案件数量为 68 件、大于 50 万～100 万元的案件数量为 34 件、大于 100 万～200 万元的案件数量为 23 件、大于 200 万～500 万元的案件数量为 19 件、大于 500 万～1000 万元的案件数量为 4 件、大于 1000 万～2000 万元的案件数量为 4 件、2000 万元以上的案件数量为 15 件。诉讼标的总额为 2,306,947,812 元，诉讼标的最大金额为 300,000,000 元，行业平均诉讼标的额为 7,638,900.039 元。

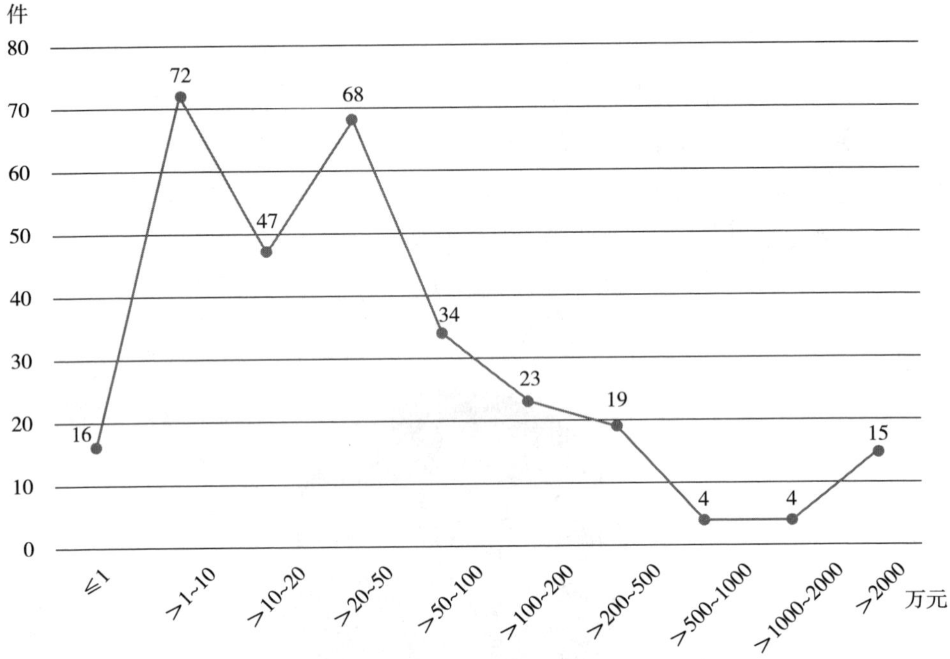

图 2－186　零售业上市公司诉讼标的额分布情况

（五）诉讼结果和胜诉率

从总体上看，如图 2－187 所示，2020 年零售业上市公司所涉及的案件中，胜诉的案件有 163 件，败诉的案件有 180 件，撤回起诉的案件有 3 件，驳回起诉的案件有 1 件，驳回上诉的案件有 2 件。该行业上市公司胜诉的案件数量在全部案件中占比约为 46.70%，如果排除撤诉等特殊情形，则该行业上市公司的总体胜诉率约为 47.52%。

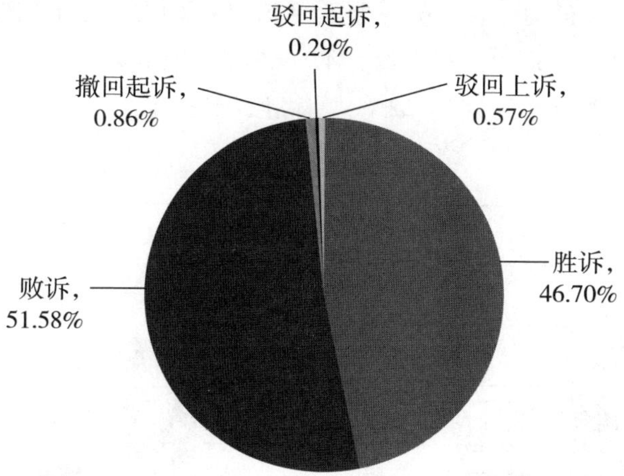

图 2－187　零售业上市公司诉讼结果占比情况

如图 2－188 所示，具体到不同的诉讼地位，零售业上市公司为原告时，胜诉的案件有 53 件，败诉的案件有 35 件，胜诉率约为 60.23%，其胜诉率高于总体胜诉率。零售业上市公司为被告时，胜诉的案件有 110 件，败诉的案件有 144 件，胜诉率约为 43.31%，其胜诉率低于总体胜诉率。相较而言，零售业上市公司作为原告时，胜诉率更高。

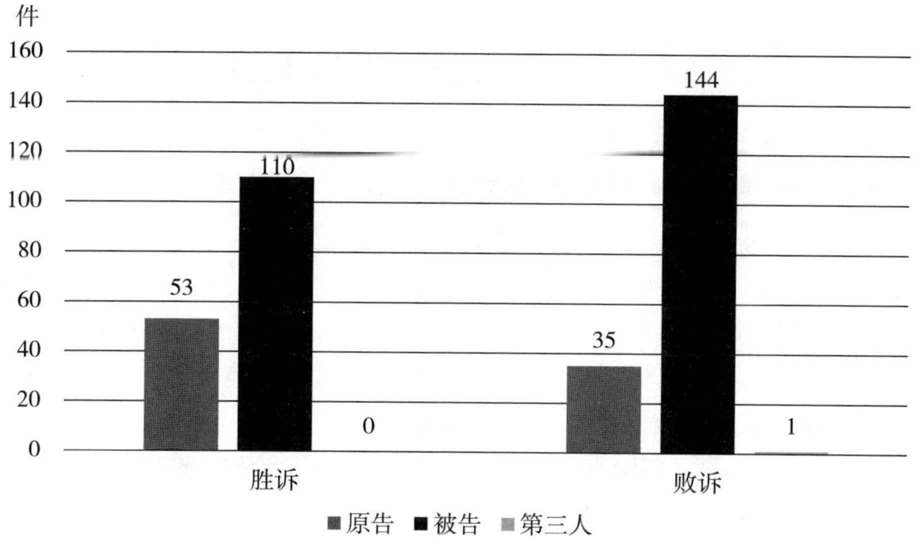

图 2－188　零售业上市公司胜诉情况与诉讼地位交叉分布情况

如图 2－189 所示，具体到不同的诉讼阶段，一审阶段，零售业上市公司胜诉的案件有 101 件，败诉的案件有 120 件，胜诉率约为 45.70%；二审阶段，胜诉的案件有 51 件，败诉的案件有 56 件，胜诉率约为 47.66%；再审阶段，胜诉的案件有 11 件，败诉的案件有 4 件，胜诉率约为 73.33%，总体胜诉率较高。

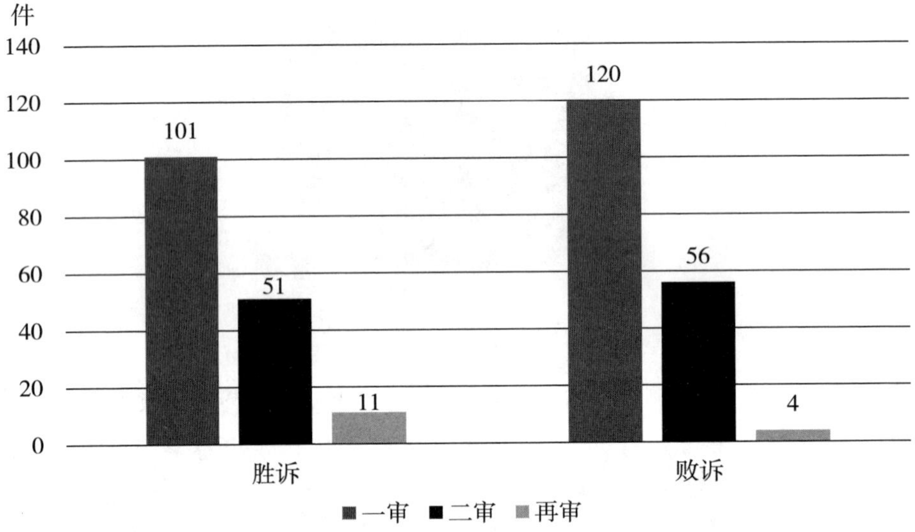

图 2－189　零售业上市公司胜诉情况与诉讼阶段交叉分布情况

第二十二节　交通运输、仓储、邮政、住宿和餐饮业

一、交通运输、仓储、邮政、住宿和餐饮业上市公司概况

交通运输、仓储、邮政、住宿和餐饮业属于服务业。交通运输、仓储、邮政业又细分为交通运输业、道路运输业、水上运输业、航空运输业、管道运输业、多式联运和运输代理业、专业搬运和仓储业、邮政业；住宿和餐饮业又细分为住宿业与餐饮业。住宿业，是指为旅行者提供短期留宿场所活动的行业，有些单位只提供住宿，也有些单位提供集住宿、饮食、商务、娱乐于一体的服务，本类不包括主要按月或按年长期出租房屋住所的活动。餐饮业，是指通过即时制作加工、商业销售和服务性劳动等活动，向消费者提供食品和消费场所及设施的服务。

截至 2020 年第四季度，我国交通运输、仓储、邮政、住宿和餐饮业上市公司共计 119 家，从行业小类看，铁路运输业上市公司 6 家、道路运输业上市公司 36 家、水上运输业上市公司 30 家、航空运输业上市公司 13 家、装卸搬运和其他运输代理业上市公司 9 家、仓储业上市公司 10 家、邮政业上市公司 5 家、住宿业上市公司 6 家、餐饮业上市公司 4 家；道路运输业上市公司在交通运输、仓储、邮政、住宿和餐饮业上市公司中占据主流地位。从市场规模看，我国上市公司中交通运输、仓储、邮政、住宿和餐饮业的整体规模较小，其数量占上市公司的 2.88%，可见交通运输、仓储、邮政、住宿和餐饮业在全国范围内具有较大市场影响力的企业数量较少。

二、交通运输、仓储、邮政、住宿和餐饮业行业政策和法律风险新动向

（一）交通运输、仓储、邮政、住宿和餐饮业行业政策新动向

自动驾驶技术发展成为交通运输业发展新方向。为加快推动自动驾驶技术在我国道路交通运输中的发展应用，全面提升交通运输现代化水平，更好地满足人民群众多元化、高品质出行需求，为加快建设交通强国提供支撑，2020 年 12 月 20 日，交通运输部发布《关于促进道路交通自动驾驶技术发展和应用的指导意见》，提出到 2025 年，要实现自动驾驶基础理论研究取得积极进展，道路基础设施智能化、车路协同等关键技术及产品研发和测试验证取得重要突破；出台一批自动驾驶方面的基础性、关键性标准；建成一批国家级自动驾驶测试基地和先导应用示范工程，在部分场景实现规模化应用，推动自动驾驶技术产业化落地的发展目标。为此，该指导意见提出要加强自动驾驶技术研发、提升道路基础设施智能化水平、推动自动驾驶技术试点和示范应用、健全适应自动驾驶的支撑体系。

为支持新型农业经营主体建设仓储保鲜冷链设施，从源头加快解决农产品出村进城"最初一公里"问题，农业农村部于 2020 年 4 月 13 日出台《关于加快农产品仓储保鲜冷链设施建设的实施意见》，其实施重点在河北、山西、辽宁、山东、湖北、湖南、广西、海南、四川、重庆、贵州、云南、陕西、甘肃、宁夏、新疆 16 个省（区、市）。该实施意见聚焦鲜活农产品主产区、特色农产品优势区和贫困地区，选择产业重点县（市），主要围绕水果、蔬菜等鲜活农产品开展仓储保鲜冷链设施建设，根据 2020 年 4 月 14 日发布的农业农村部、财政部《关于做好 2020 年农业生产发展等项目实施工作的通知》的要求，鼓励各地统筹利用相关资金开展农产品仓储保鲜冷链设施建设。

为加强邮政业寄递安全管理，维护邮政通信与信息安全，保障从业人员、用户人身和财产安全，促进邮政业持续健康发展，交通运输部于 2020 年 1 月 2 日发布《邮政业寄递安全监督管理办法》，对邮政业安全管理作出进一步细致规定。

2020 年 7 月 14 日，国家发展和改革委员会等十一部门联合发布了《关于支持新业态新模式健康发展激活消费市场带动扩大就业的意见》。该意见指出，要鼓励

共享出行、餐饮外卖、团购、在线购药、共享住宿、文化旅游等领域产品智能化升级和商业模式创新，发展生活消费新方式，鼓励餐饮外卖、共享住宿等新业态的发展，培育线上高端品牌。

（二）交通运输、仓储、邮政、住宿和餐饮业法律风险新动向

交通运输、仓储、邮政、住宿和餐饮业新规范以鼓励性政策为主，仅《邮政业寄递安全监督管理办法》对快递企业违法违规的法律责任作出最新规定。邮政管理部门应当记录邮政企业、快递企业违法失信行为信息，并纳入邮政业信用管理，依法实施联合惩戒措施。未按照国务院邮政管理部门的规定作出收寄验视标识、安全检查标识的邮政的，使用塑料包装袋、普通胶带不符合国家规定，或者使用有毒物质作为邮件、快件填充材料的，未向协议用户书面告知对封装用品和胶带的要求等违法行为的邮政、快递企业，会面临责令改正、罚款等处罚措施。

三、交通运输、仓储、邮政、住宿和餐饮业上市公司诉讼情况统计

本书以交通运输、仓储、邮政、住宿和餐饮业的 119 家上市公司为当事人检索案件，共收集 2020 年全国法院判决的各类司法判决书 290 份，作为统计分析的样本。

（一）案件类型分布

1. 案件诉讼类型

从案件诉讼类型看，2020 年交通运输、仓储、邮政、住宿和餐饮业上市公司所涉及的 290 件案件以民事诉讼为主，共有 288 件，行政诉讼有 2 件，不涉及刑事诉讼。详见表 2－64。

表 2－64　交通运输、仓储、邮政、住宿和餐饮业上市公司案件诉讼类型

诉讼类型	案件数量/件
民事诉讼	288
行政诉讼	2
刑事诉讼	0

2. 案件案由种类

首先，从诉讼案件案由的基本类型看，2020 年交通运输、仓储、邮政、住宿和餐饮业上市公司所涉及的 290 件案件主要为合同类纠纷，具体分布情况如表 2－65 所示。

表 2－65 交通运输、仓储、邮政、住宿和餐饮业上市公司案件案由基本类型分布

案由基本类型	案件数量/件
合同类纠纷	86
侵权责任纠纷	72
劳动法纠纷	66
金融法纠纷	25
其他民事纠纷	22
物权纠纷	8
公司法纠纷	8
行政诉讼	2
竞争法纠纷	1
知识产权纠纷	0
刑事诉讼	0
合计	290

其中，如图 2－190 所示，合同类纠纷案件共有 86 件，在全部案件中所占比例最高。

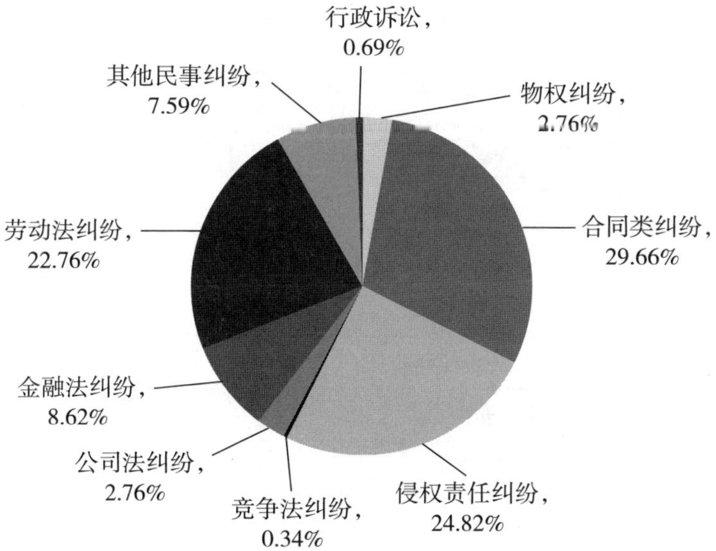

图 2－190 交通运输、仓储、邮政、住宿和餐饮业上市公司案由基本类型分布情况

其次，从案件的具体案由看，2020 年交通运输、仓储、邮政、住宿和餐饮业上市公司所涉及的 290 件案件中，机动车交通事故责任纠纷案件数量最多，其他种类案由呈分散化分布状态，其分布情况如表 2－66 所示。

表 2－66　交通运输、仓储、邮政、住宿和餐饮业上市公司案件具体案由分布

具体案由	案件数量/件
机动车交通事故责任纠纷	67
其他劳动争议、人事争议	57
运输合同纠纷	29
海上、通海水域货物运输合同纠纷	16
财产保险合同纠纷	11
其他合同纠纷	10
其他买卖合同纠纷	10
劳动合同纠纷	9
票据追索权纠纷	9
建设工程合同纠纷	7
借款合同纠纷	6
财产损害赔偿纠纷	5
仓储合同纠纷	5
租赁合同纠纷	5
人身保险合同纠纷	3
服务合同纠纷	3
确认合同效力纠纷	3
违反安全保障义务责任纠纷	2
股东知情权纠纷	2
其他侵权责任纠纷	2
清算责任纠纷	2
追收未缴出资纠纷	2

续表

具体案由	案件数量/件
损害公司债权人利益责任纠纷	1
破产债权确认纠纷	1
生命权、身体权、健康权纠纷	1
虚假宣传纠纷	1
海上、通海水域财产损害责任纠纷	1
房屋买卖合同纠纷	1
保管合同纠纷	1
排除妨害纠纷	1
追偿权纠纷	1
其他行政管理	1
物权确认纠纷	1
返还原物纠纷	1
提供劳务者受害责任纠纷	1
承揽合同纠纷	1
船舶触碰损害责任纠纷	1
劳务合同纠纷	1
期货经纪合同纠纷	1
海上、通海水域人身损害责任纠纷	1
航次租船合同纠纷	1
缔约过失责任纠纷	1
航空行政管理	1
保证合同纠纷	1
证券回购合同纠纷	1
委托合同纠纷	1
一般人格权纠纷	1

3. 案件地域分布

从案件地域分布看,2020 年交通运输、仓储、邮政、住宿和餐饮业上市公司所涉及的 290 件案件主要分布在上海市、山东省等地。其中,上海市案件最多,共 81 件;其次是广东省,共 41 件。具体分布情况如图 2－191 所示。

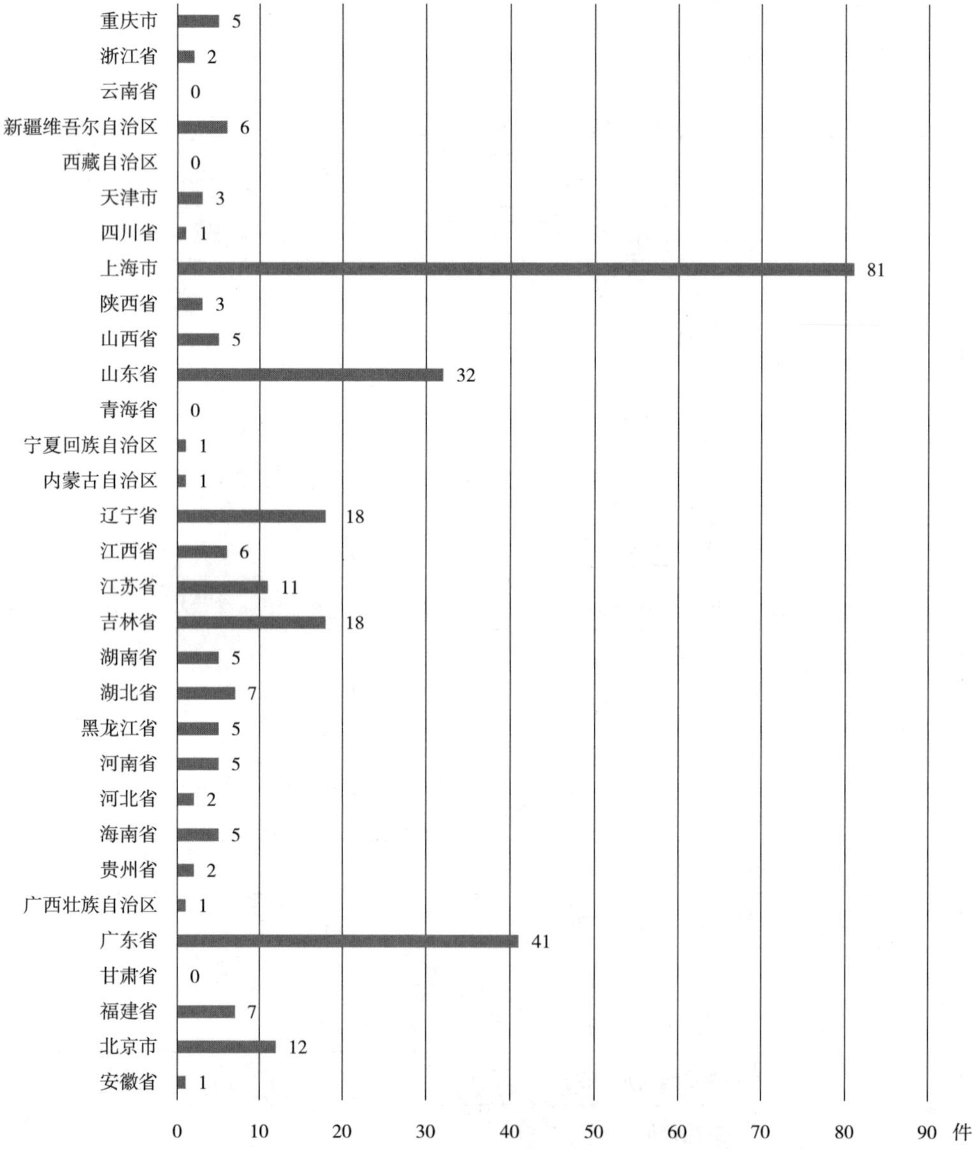

图 2－191 交通运输、仓储、邮政、住宿和餐饮业上市公司案件地域分布情况

(二)案件审理程序

1. 诉讼阶段

如图2-192所示,从诉讼阶段看,2020年交通运输、仓储、邮政、住宿和餐饮业上市公司所涉及的290件案件中,一审案件有167件,占比约为57.59%;二审案件有94件,占比约为32.41%;再审案件有29件,占比为10.00%。

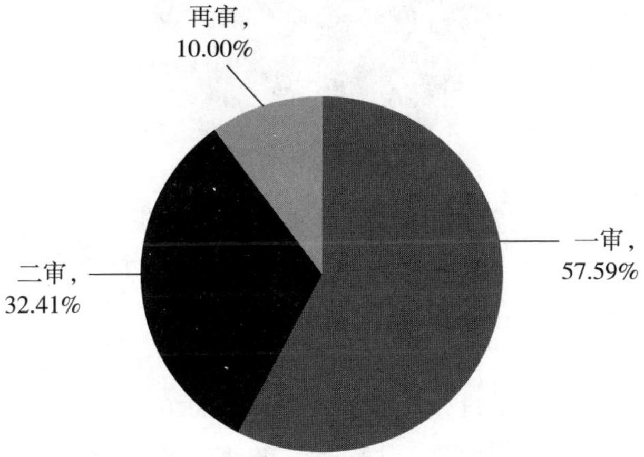

图2-192 交通运输、仓储、邮政、住宿和餐饮业上市公司案件诉讼阶段分布情况

2. 法院层级

如图2-193所示,从法院层级看,2020年交通运输、仓储、邮政、住宿和餐饮业上市公司所涉及的290件案件中,基层人民法院审结的案件有150件,占比约为51.72%;中级人民法院审结的案件有104件,占比约为35.86%;高级人民法院审结的案件有32件,占比约为11.03%;最高人民法院审结的案件有4件,占比约为1.39%。

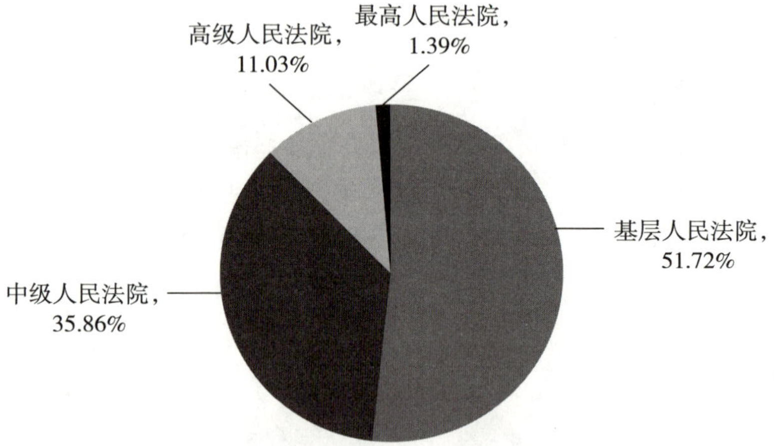

图 2－193　交通运输、仓储、邮政、住宿和餐饮业上市公司案件审理法院层级分布情况

（三）上市公司诉讼地位

如图 2－194 所示，从上市公司的诉讼地位看，2020 年交通运输、仓储、邮政、住宿和餐饮业上市公司所涉及的 290 件案件中，上市公司作为原告的案件有 71 件，占比约为 24.48%；上市公司作为被告的案件有 216 件，占比约为 74.48%；此外，上市公司以第三人的身份参与诉讼的案件有 3 件。可见，2020 年交通运输、仓储、邮政、住宿和餐饮业上市公司诉讼中，上市公司以被动参与诉讼为主。

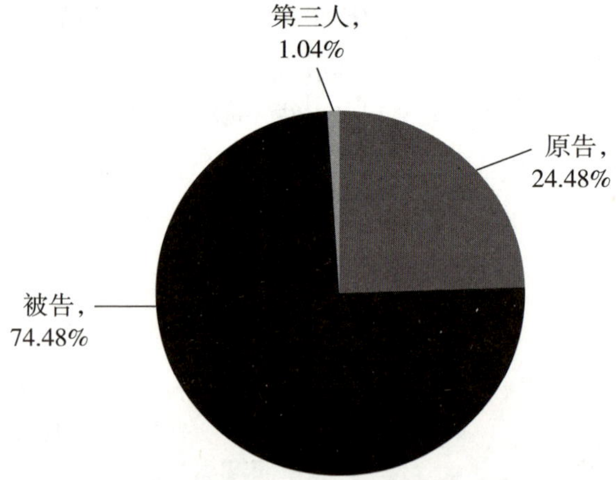

图 2－194　交通运输、仓储、邮政、住宿和餐饮业上市公司一审程序诉讼地位分布情况

（四）诉讼标的额

如图 2－195 所示，从诉讼案件的标的额看，2020 年交通运输、仓储、邮政、住宿和餐饮业上市公司所涉及有标的额可查的案件中，诉讼请求金额在 1 万元及以下的案件数量为 10 件、大于 1 万～10 万元的案件数量为 62 件、大于 10 万～20 万元的案件数量为 33 件、大于 20 万～50 万元的案件数量为 55 件、大于 50 万～100 万元的案件数量为 25 件、大于 100 万～200 万元的案件数量为 12 件、大于 200 万～500 万元的案件数量为 9 件、大于 500 万～1000 万元的案件数量为 6 件、大于 1000 万～2000 万元的案件数量为 0 件、2000 万元以上的案件数量为 7 件。诉讼标的总额为 666,471,701.2 元，诉讼标的最大金额为 104,990,000 元，行业平均诉讼标的额为 3,043,249.777 元。

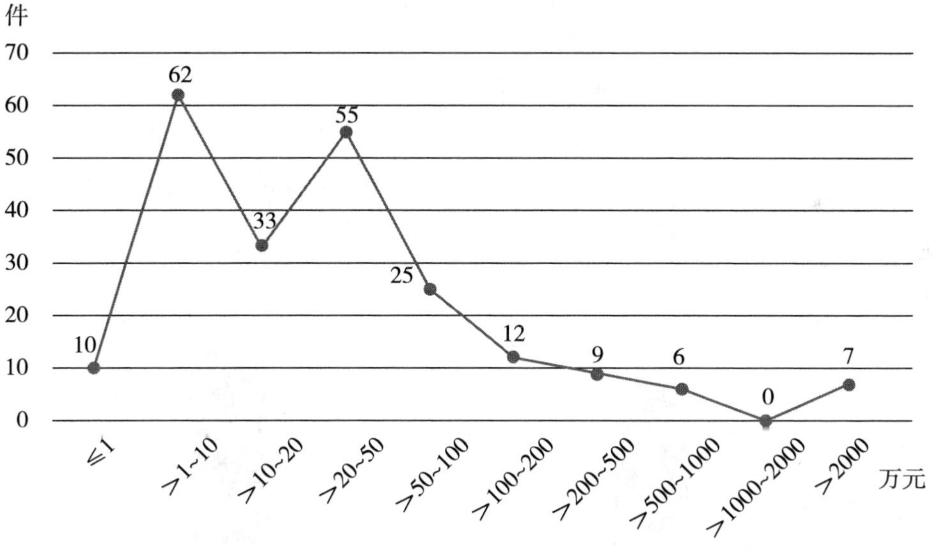

图 2－195　交通运输、仓储、邮政、住宿和餐饮业上市公司诉讼标的额分布情况

（五）诉讼结果和胜诉率

从总体上看，如图 2－196 所示，2020 年交通运输、仓储、邮政、住宿和餐饮业上市公司所涉及的所有案件中，胜诉的案件有 149 件，败诉的案件有 138 件，撤回起诉的案件有 2 件，驳回上诉的案件有 1 件。该行业上市公司胜诉的案件数量在全部案件中占比约为 51.38%，如果排除撤诉等特殊情形，则该行业上市公司的总体胜诉率约为 51.92%。

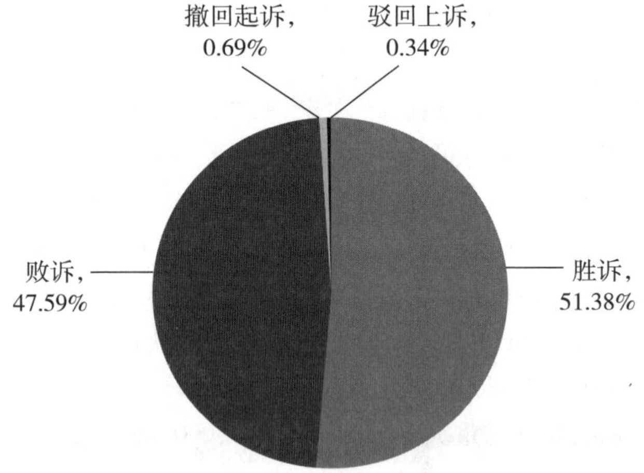

图 2－196　交通运输、仓储、邮政、住宿和餐饮业上市公司诉讼结果占比情况

如图 2－197 所示，具体到不同的诉讼地位，交通运输、仓储、邮政、住宿和餐饮业上市公司为原告时，胜诉的案件有 45 件，败诉的案件有 25 件，胜诉率约为 64.29%，高于总体胜诉率。交通运输、仓储、邮政、住宿和餐饮业上市公司为被告时，胜诉的案件有 102 件，败诉的案件有 112 件，胜诉率约为 47.66%，低于总体胜诉率。相较而言，交通运输、仓储、邮政、住宿和餐饮业上市公司作为原告时，胜诉率更高。

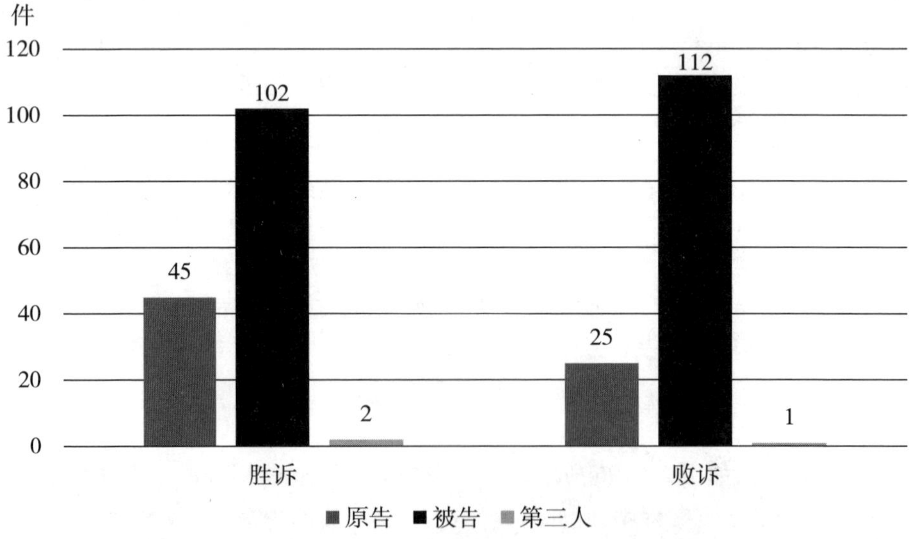

图 2－197　交通运输、仓储、邮政、住宿和餐饮业上市公司胜诉情况与诉讼地位交叉分布情况

如图 2－198 所示，具体到不同的诉讼阶段，一审阶段，交通运输、仓储、邮政、住宿和餐饮业上市公司胜诉的案件有 66 件，败诉的案件有 100 件，胜诉率约为 39.76%。二审阶段，胜诉的案件有 59 件，败诉的案件有 34 件，胜诉率约为 63.44%，胜诉率高于一审胜诉率。再审阶段，胜诉的案件有 24 件，败诉的案件有 4 件，胜诉率约为 85.71%。

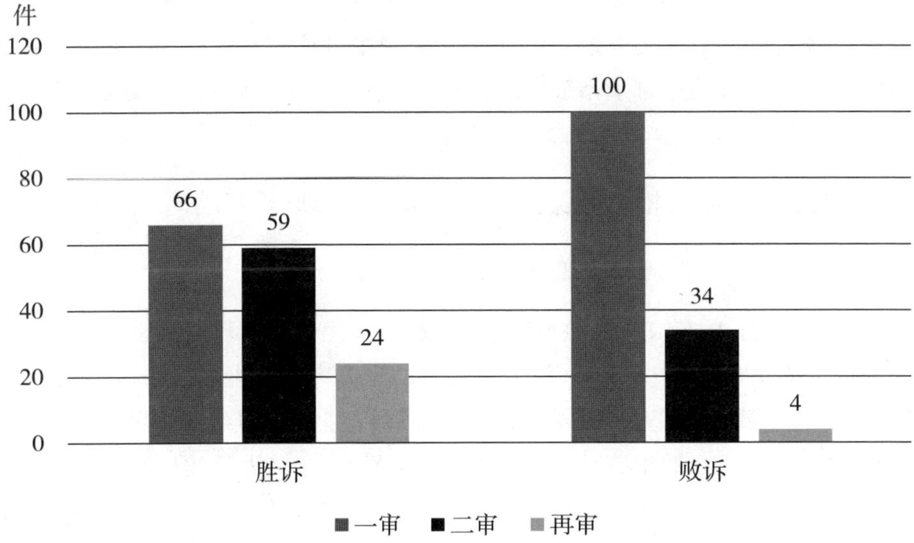

图 2－198　交通运输、仓储、邮政、住宿和餐饮业上市公司胜诉情况与诉讼阶段交叉分布情况

第二十三节　电信和互联网相关服务业

一、电信和互联网相关服务业上市公司概况

电信和互联网相关服务业包括电信服务业和互联网服务业。电信，是指利用有线、无线的电磁系统或者光电系统，传送、发射或接受信息的活动。互联网，是指网络与网络之间所串连成的庞大网络，这些网络以一组通用的协议相连，形成逻辑上的单一巨大国际网络。互联网服务行业是随着互联网发展起来的新兴行业，并呈现与电信服务日益融合的趋势，具有极大的发展潜力。互联网服务业主要有应用网络服务和基础网络服务两大类。应用网络服务是在应用层面上的网络服务业表现形式，如网络游戏、网上交易、网络广告、网络教育、网络短信等，其中最主要的

代表是网络游戏业和网上交易(电子商务)。基础网络服务是为网络应用服务业提供网络基础平台及数据通信保障的专业性服务提供商,其中很重要的是企业网络服务,如互联网数据中心、互联网内容提供商等。

截至2020年第四季度,我国电信和互联网相关服务业上市公司共计87家,从行业小类看,电信、广播电视和卫星传输服务业上市公司17家、互联网和相关服务业上市公司70家,互联网和相关服务业上市公司在电信和互联网相关服务业上市公司中占据主流。从市场规模看,我国上市公司中电信和互联网相关服务业的整体规模不大,其数量占全部上市公司的2.11%,可见电信和互联网相关服务业在全国范围内具有较大市场影响力的企业数量较少。

二、电信和互联网相关服务业行业政策和法律风险新动向

(一)电信和互联网相关服务业行业政策新动向

2020年12月4日,文化和旅游部《关于进一步优化营商环境推动互联网上网服务行业规范发展的通知》发布,深入贯彻党的十九大和十九届二中、三中、四中、五中全会精神,深化"放管服"改革,推动上网服务行业转型升级和规范发展。该文件提出,通过落实准入政策、落实"证照分离"改革要求、扩大长效机制时点等方式优化营商环境,同时,要求加强综合性上网服务场所管理及自助式上网服务场所管理,推动行业转型升级并加强事中事后监管。

为加快推进我国信息无障碍建设,努力消除"数字鸿沟",助力社会包容性发展,2020年9月11日,工业和信息化部、中国残疾人联合会出台了《关于推进信息无障碍的指导意见》,通过完善网络及信息基础设施建设、鼓励推出电信资费优惠等举措,加快推广便利普惠的电信服务,同时要求推进互联网无障碍建设,推动互联网应用无障碍优化与研发并提升信息技术无障碍服务水平。

2020年5月11日,为进一步激发市场活力、优化营商环境,工业和信息化部发布《关于深化信息通信领域"放管服"改革的通告》,提出减少电信业务经营许可事项的申请材料、深化电信行业"不见面审批"、推行并行审批和检测优化、推进行政审批服务便民化、加强和规范涉企检查并不断深化"证照分离"等改革。

2020年7月14日,国家发改委等十一部门联合出台《关于支持新业态新模式健康发展激活消费市场带动扩大就业的意见》,要求把支持线上线下融合的新业态新模式作为经济转型和促进改革创新的重要突破口,打破传统惯性思维,从问题出发深化改革、加强制度供给,充分发挥数字化创新对实体经济提质增效的带动作用,推动"互联网+"和大数据、平台经济等迈向新阶段。其内容主要包括大力发展

融合在线教育、互联网医疗等行业，探索线上服务新模式、发挥互联网平台对传统产业的赋能和效益倍增作用，加快推进产业数字化转型，壮大实体经济新动能、支持微商电商、网络直播等多样化的自主就业、分时就业，鼓励发展新个体经济，开辟消费和就业新空间以及培育发展共享经济新业态，创造生产要素供给新方式。

（二）电信和互联网相关服务业法律风险新动向

《关于进一步优化营商环境推动互联网上网服务行业规范发展的通知》要求依法查处无证经营行为，对缺乏基本设立条件尤其是安全状况恶劣的，责令其立即停止经营活动并会同公安、应急管理等部门坚决予以取缔，查封其从事违法经营活动的场所，扣押用于违法经营活动的专用工具、设备，将相关情况通报电信管理机构，确保停止接入互联网服务等措施的落实，依法将其列入文化市场黑名单。

2020 年 3 月 1 日起施行的《国家互联网信息办公室令》要求网络信息内容服务平台应当履行信息内容管理主体责任，加强本平台网络信息内容生态治理，培育积极健康、向上向善的网络文化。网络信息内容服务平台违反规定的，可能面临被设区的市级以上网信部门约谈，给予警告，责令限期改正、限制从事网络信息服务、网上行为限制、行业禁入等惩戒措施。

2020 年 9 月 12 日，为回应《民法典》对网络运营者责任的最新规定，最高人民法院《关于涉网络知识产权侵权纠纷几个法律适用问题的批复》发布，规定网络服务提供者、电子商务平台经营者收到知识产权权利人依法发出的通知后，应当及时将权利人的通知转送相关网络用户、平台内经营者，并根据构成侵权的初步证据和服务类型采取必要措施，否则权利人有权主张网络服务提供者、电子商务平台经营者对损害的扩大部分与网络用户、平台内经营者承担连带责任。

三、电信和互联网相关服务业上市公司诉讼情况统计

本书以电信和互联网相关服务业的 87 家上市公司为当事人检索案件，共收集 2020 年全国法院判决的各类司法判决书 220 份，作为统计分析的样本。

（一）案件类型分布

1. 案件诉讼类型

从案件诉讼类型看，2020 年电信和互联网相关服务业上市公司所涉及的 220 件案件以民事诉讼为主，共有 206 件，行政诉讼有 14 件，不涉及刑事诉讼。详见表 2 - 67。

表 2-67 电信和互联网相关服务业上市公司案件诉讼类型

诉讼类型	案件数量/件
民事诉讼	206
行政诉讼	14
刑事诉讼	0

2. 案件案由种类

首先,诉讼案件案由的基本类型看,2020 年电信和互联网相关服务业上市公司所涉及的 220 件案件主要集中在知识产权纠纷中,具体分布情况如表 2-68 所示。

表 2-68 电信和互联网相关服务业上市公司案件案由基本类型分布

案由基本类型	案件数量/件
知识产权纠纷	115
合同类纠纷	66
行政诉讼	14
劳动法纠纷	7
公司法纠纷	5
金融法纠纷	5
竞争法纠纷	4
侵权责任纠纷	3
物权纠纷	1
其他民事纠纷	0
刑事诉讼	0
合计	220

其中,如图 2-199 所示,知识产权纠纷案件共有 115 件,在全部案件中所占的比例最高。

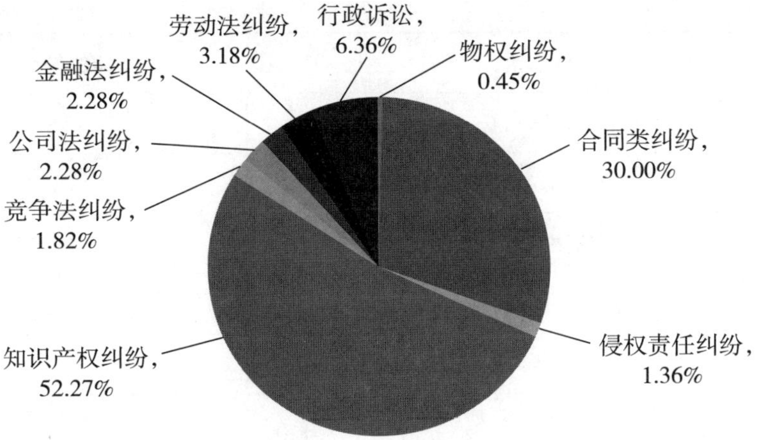

图 2－199　电信和互联网相关服务业上市公司案由基本类型分布情况

其次，从案件的具体案由看，2020 年电信和互联网相关服务业上市公司所涉及的 220 件案件，以商标权权属、侵权纠纷案件数量最多，其他种类案由呈分散化分布状态，其分布情况如表 2－69 所示。

表 2－69　电信和互联网相关服务业上市公司案件具体案由分布

具体案由	案件数量/件
商标权权属、侵权纠纷	17
其他行政管理	14
广告合同纠纷	12
借款合同纠纷	12
其他合同纠纷	11
建设工程合同纠纷	6
服务合同纠纷	6
融资租赁合同纠纷	5
其他买卖合同纠纷	5
劳动合同纠纷	4
股权转让纠纷	4

续表

具体案由	案件数量/件
承揽合同纠纷	3
其他劳动争议、人事争议	3
机动车交通事故责任纠纷	3
租赁合同纠纷	3
虚假宣传纠纷	3
票据追索权纠纷	2
证券欺诈责任纠纷	2
著作权合同纠纷	2
追偿权纠纷	1
财产损害赔偿纠纷	1
损害公司债权人利益责任纠纷	1
证券交易合同纠纷	1
技术合同纠纷	1
中介合同纠纷	1
劳务合同纠纷	1
侵害商业秘密纠纷	1

3. 案件地域分布

从案件地域分布看，2020 年电信和互联网相关服务业上市公司所涉及的 220 件案件，多数集中在北京市，共 119 件；其余零散分布在各地。具体分布情况如图 2－200所示。

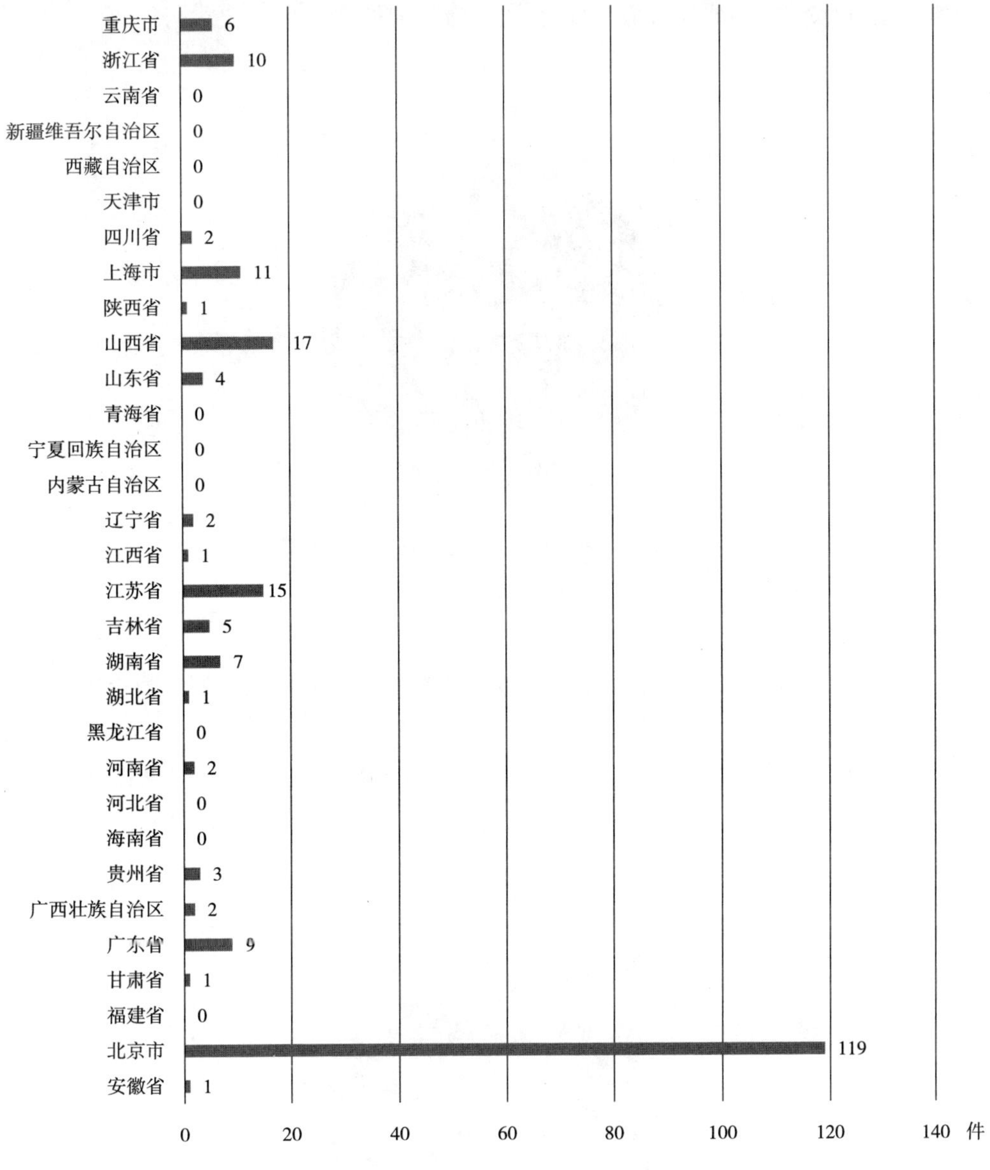

图 2－200　电信和互联网相关服务业上市公司案件地域分布情况

(二)案件审理程序

1. 诉讼阶段

如图 2－201 所示,从诉讼阶段看,2020 年电信和互联网相关服务业上市公司所涉及的 220 件案件中,一审案件有 137 件,占比约为 62.27%;二审案件有 82 件,占比约为 37.28%；再审案件有 1 件，占比约为 0.45%。

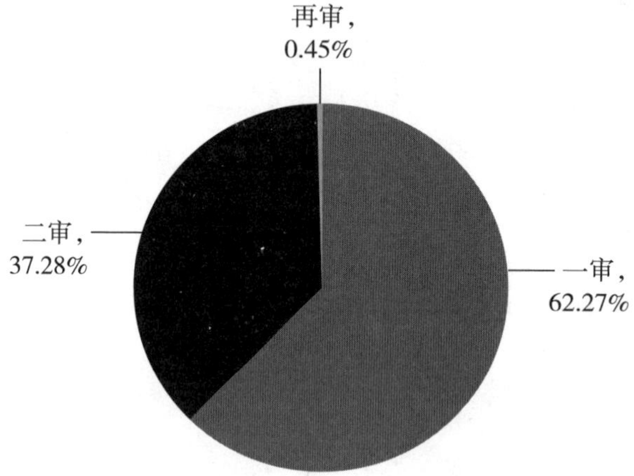

图 2－201　电信和互联网相关服务业上市公司案件诉讼阶段分布情况

2. 法院层级

如图 2－202 所示，从法院层级看，2020 年电信和互联网相关服务业上市公司所涉及的 220 件案件中，基层人民法院审结的案件有 109 件，占比约为 49.55%；中级人民法院审结的案件有 78 件，占比约为 35.45%；高级人民法院审结的案件有 32 件，占比约为14.55%；最高人民法院审结的案件有 1 件，占比约为 0.45%。

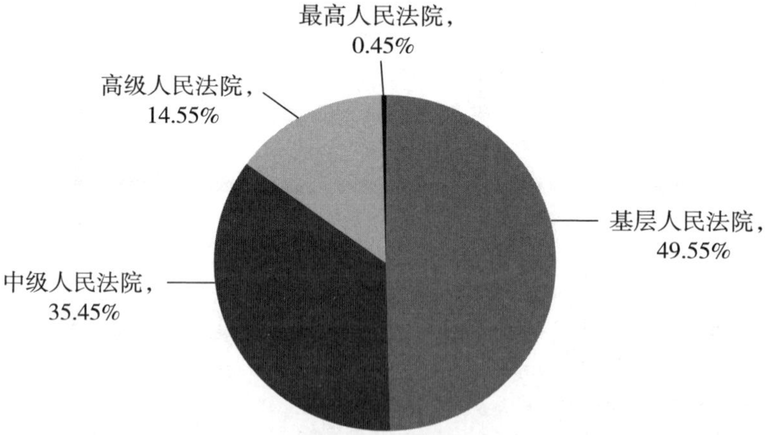

图 2－202　电信和互联网相关服务业上市公司案件审理法院层级分布情况

(三)上市公司诉讼地位

如图 2 - 203 所示,从上市公司的诉讼地位看,2020 年电信和互联网相关服务业上市公司所涉及的 220 件案件中,上市公司作为原告的案件有 114 件,占比约为 51.82%;上市公司作为被告的案件有 105 件,占比约为 47.73%;此外,还有 1 件上市公司以第三人的身份参与诉讼的案件。

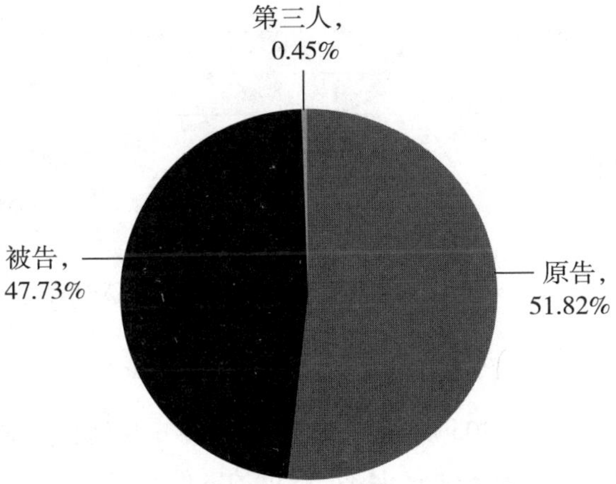

图 2 - 203　电信和互联网相关服务业上市公司诉讼地位分布情况

(四)诉讼标的额

如图 2 - 204 所示,从诉讼案件标的额看,2020 年电信和互联网相关服务业上市公司所涉及的有标的额可查的案件中,诉讼请求金额在 1 万元及以下的案件数量 2 件、大于 1 万 ~ 10 万元的案件数量为 6 件、大于 10 万 ~ 20 万元的案件数量为 2 件、大于 20 万 ~ 50 万元的案件数量为 2 件、大于 50 万 ~ 100 万元的案件数量为 0 件、大于 100 万 ~ 200 万元的案件数量为 1 件、大于 200 万 ~ 500 万元的案件数量为 4 件、大于 500 万 ~ 1000 万元的案件数量为 2 件、大于 1000 万 ~ 2000 万元的案件数量为 1 件、2000 万元以上的案件数量为 17 件。诉讼标的总额为 2,237,743,072 元,诉讼标的最大金额为 548,848,730.5 元,最小标的额为 6966 元,行业平均诉讼标的额为 60,479,542.48 元。

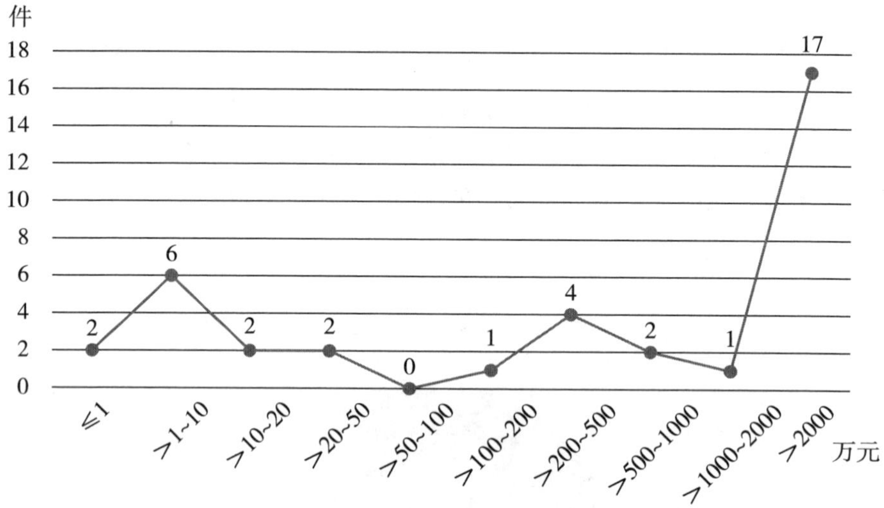

图 2－204　电信和互联网相关服务业上市公司诉讼标的额分布情况

（五）诉讼结果和胜诉率

从总体上看，如图 2－205 所示，2020 年电信和互联网相关服务业上市公司所涉及的所有案件中，胜诉的案件有 94 件，败诉的案件有 126 件。该行业上市公司的总体胜诉率约为 42.73%。

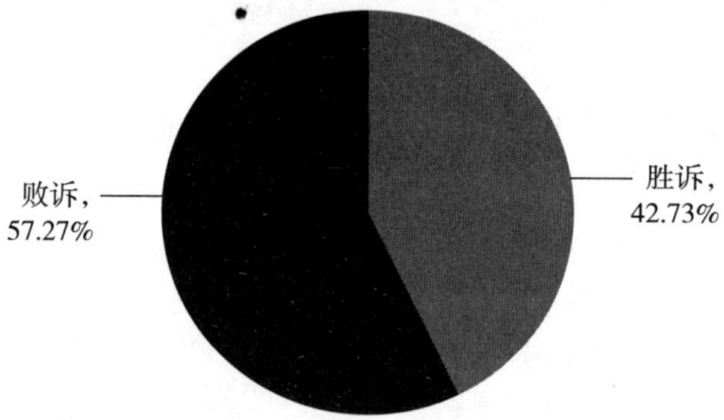

图 2－205　电信和互联网相关服务业上市公司诉讼结果占比情况

如图 2－206 所示，具体到不同的诉讼地位，当电信和互联网相关服务业上市公司为原告时，其胜诉的案件有 34 件，败诉的案件有 80 件，胜诉率约为 29.82%，整体较低。当电信和互联网相关服务业上市公司为被告时，其胜诉的案件有 59 件，败诉的案件有 46 件，胜诉率约为 56.19%。相较而言，电信和互联网相关服务业上市公司作为被告时，胜诉率明显更高。

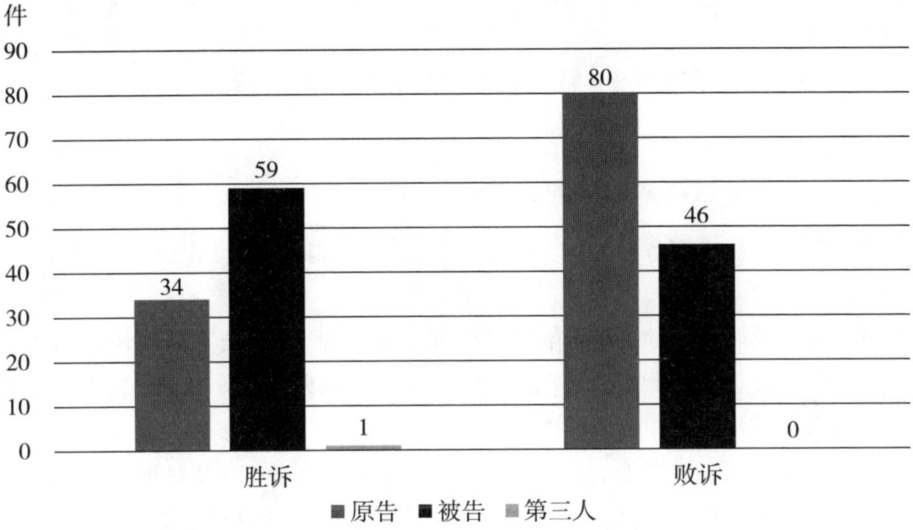

图 2－206　电信和互联网相关服务业上市公司胜诉情况与诉讼地位交叉分布情况

如图 2－207 所示，具体到不同的诉讼阶段，一审阶段，电信和互联网相关服务业上市公司胜诉的案件有 58 件，败诉的案件有 79 件，胜诉率约为 42.34%。二审阶段，胜诉的案件有 36 件，败诉的案件有 46 件，胜诉率约为 43.90%，稍高于一审胜诉率。再审阶段没有胜诉案件，败诉的案件有 1 件，胜诉率为 0。

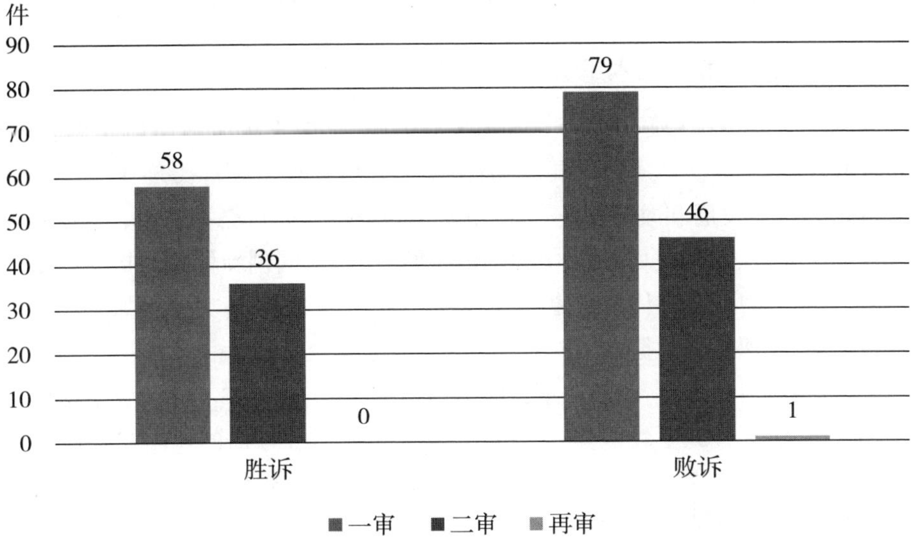

图 2－207　电信和互联网相关服务业上市公司胜诉情况与诉讼阶段交叉分布情况

第二十四节　软件和信息技术服务业

一、软件和信息技术服务业上市公司概况

软件和信息技术服务业，是指对信息传输、信息制作、信息提供和信息接收过程中产生的技术问题或技术需求所提供的服务。软件和信息技术服务业是关系国民经济和社会发展全局的基础性、战略性、先导性产业，具有技术更新快、产品附加值高、应用领域广、渗透能力强、资源消耗低、人力资源利用充分等突出特点，对经济社会发展具有重要的支撑和引领作用。发展、提升软件和信息技术服务业，对于推动信息化和工业化深度融合，培育和发展战略性新兴产业，建设创新型国家，加快经济发展方式转变和产业结构调整，提高国家信息安全保障能力和国际竞争力具有重要意义。

截至 2020 年第四季度，我国软件和信息技术服务业上市公司共计 251 家。从市场规模看，我国上市公司中软件和信息技术服务业的整体规模很大，其数量占全部上市公司的 6.08%，可见软件和信息技术服务业在全国范围内具有较大市场影响力的企业数量比较多。

二、软件和信息技术服务业行业政策和法律风险新动向

（一）软件和信息技术服务业行业政策新动向

以加快建设数据强国为目标，强化数据中心、数据资源的顶层统筹和要素流通，引领我国数字经济高质量发展，助力国家治理体系和治理能力现代化，2020 年 12 月 23 日，国家发展和改革委员会、网络安全和信息化委员会办公室、工业和信息化部及能源局《关于加快构建全国一体化大数据中心协同创新体系的指导意见》发布，要求创新大数据中心体系构建、优化数据中心布局、推动算力资源服务化、加速数据流通融合、深化大数据应用创新并强化大数据安全防护。

为应对新冠肺炎疫情带来的不良影响，充分发挥信息化在支撑疫情监测分析、创新诊疗模式、提升服务效率、促进人员安全有序流动等方面的作用，2020 年 6 月 28 日，国家卫生健康委员会办公厅《关于做好信息化支撑常态化疫情防控工作的通知》发布。该通知要求完善中国疾病预防控制信息系统、完善疫情防控信息平台建设、大力促进“互联网 + 医疗健康”行业发展、拓展“互联网 + 政务”服务、推进信息化新型基础设施建设并强化个人信息和网络安全保障。

为大力实施数字农业农村建设，深入推进农业数字化转型，促进农业农村现代化，2020 年 5 月 7 日，农业农村部办公厅印发《2020 年农业农村部网络安全和信息化工作要点》。该文件要求通过深入推进信息进村入户工程、加快启动实施“互联网 +”农产品出村进城工程等措施大力推进数字农业农村建设，并加强推进农产品质量安全、种植业、畜牧兽医、渔业渔政等方面信息化建设，推进农业数字化转型。据此，广大农村地区有望成为信息技术服务行业新的“蓝海”。

5G 技术是移动通信领域重大技术变革点，5G 技术的迅速发展将成为我国经济发展的新增长点。2020 年我国 5G 强劲增长，成为名副其实的 5G 大国。为全力推进 5G 网络建设、应用推广、技术发展和安全保障，充分发挥 5G 新型基础设施的规模效应和带动作用，支撑经济高质量发展，2020 年 3 月 4 日，工业和信息化部《关于推动 5G 加快发展的通知》出台，指出要加快 5G 网络技术部署、丰富 5G 技术应用场景、持续加大 5G 技术研发力度及着力构建 5G 安全保障体系。5G 领域正在成为软件和信息技术行业上市公司可开拓的新兴广阔市场。

此外，2020 年 7 月 27 日，国务院《关于印发新时期促进集成电路产业和软件产业高质量发展若干政策的通知》发布，为软件行业发展提供财税、投融资、研究开发、进出口、人才引进、知识产权、市场应用、国际合作等全方面，多层次的优惠政策，大力促进软件行业发展。综上所述，软件产业发展迎来重大政策利好。

（二）软件和信息技术服务业法律风险新动向

为规范网络运营者个人信息收集行为，确保个人信息收集遵循合法、正当、必要的原则，减少违法违规收集使用个人信息行为，保障公民个人信息安全，2021 年 3 月 21 日，国家互联网信息办公室、工业和信息化部、公安部、国家市场监督管理总局联合制定了《常见类型移动互联网应用程序必要个人信息范围规定》。该文件指出，网络运营者仅有权收集保障 App 基本功能服务正常运行所必需的个人信息，不得因为用户不同意提供非必要个人信息而拒绝用户使用其基本功能服务。同时，该文件对常见类型的 App 必要个人信息范围予以明确，对于违规行为，任何组织和个人有权向相关部门举报。随着大数据技术的发展，个人信息被赋予了财产价值，日益成为一项数据资源，但软件和信息技术服务业上市公司对个人信息的收集和利用必须在合法的框架内，不得侵犯公民合法权利，否则必将受到法律的严惩。

2020 年 8 月 20 日，《个人信息保护法》发布，并于 2021 年 11 月 1 日起实施。规定违反本法规定处理个人信息，或者处理个人信息未按照规定采取必要的安全保护措施的，由履行个人信息保护职责的部门责令改正，给予警告，没收违法所得；拒不改正的，将面临罚款、没收非法所得、责令暂停相关业务、停业整顿、通报有关主管部门吊销相关业务许可或者吊销营业执照等法律责任并按照相关法律的规定计入信用档案，予以公示。违反治安管理行为的，将依法给予治安管理处罚；构成犯罪的，依法追究刑事责任。随着个人信息保护法律保护日益周密，软件和信息技术服务行业上市公司尤其应注意跟进最新法律政策，规避个人信息方面的合规法律风险。

三、软件和信息技术服务业上市公司诉讼情况统计

本书以软件和信息技术服务业的251家上市公司为当事人检索案件，共收集2020年全国法院判决的各类司法判决书1037份，作为统计分析的样本。

（一）案件类型分布

1. 案件诉讼类型

从案件诉讼类型看，2020年软件和信息技术服务业上市公司所涉及的1037件案件以民事诉讼为主，共有1017件，行政诉讼20件，不涉及刑事诉讼。详见表2－70。

表2－70　软件和信息技术服务业上市公司案件诉讼类型

诉讼类型	案件数量/件
民事诉讼	1017
行政诉讼	20
刑事诉讼	0

2. 案件案由种类

首先，从诉讼案件案由的基本类型看，2020年软件和信息技术服务业上市公司所涉及的1037件案件主要集中在合同类纠纷，具体分布情况如表2－71所示。

表2－71　软件和信息技术服务业上市公司案件案由基本类型分布

案由基本类型	案件数量/件
合同类纠纷	594
金融法纠纷	171
劳动法纠纷	114
知识产权纠纷	71
公司法纠纷	26

续表

案由基本类型	案件数量/件
侵权责任纠纷	23
行政诉讼	20
竞争法纠纷	7
其他民事纠纷	6
物权纠纷	5
刑事诉讼	0
合计	1037

其中，如图 2－208 所示，知识产权纠纷案件共有 594 件，在全部案件中所占的比例最高。

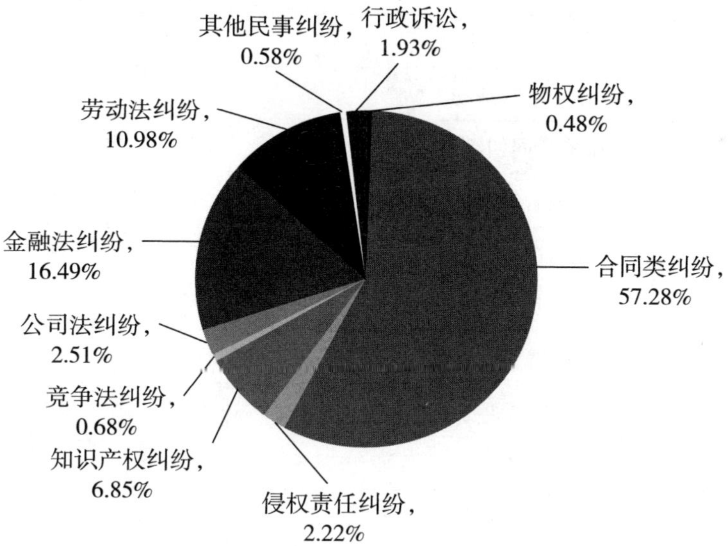

图 2－208 软件和信息技术服务业上市公司案由基本类型分布情况

其次，从案件的具体案由看，2020 年软件和信息技术服务业上市公司所涉及的 1037 件案件以其他买卖合同纠纷案件数量最多，其他种类案由呈分散化分布状态，其分布情况如表 2－72 所示。

表2-72 软件和信息技术服务业上市公司案件具体案由分布

具体案由	案件数量/件
其他买卖合同纠纷	212
证券欺诈责任纠纷	138
建设工程合同纠纷	118
其他合同纠纷	94
其他劳动争议、人事争议	87
借款合同纠纷	45
承揽合同纠纷	34
租赁合同纠纷	29
著作权权属、侵权纠纷	28
劳动合同纠纷	27
票据追索权纠纷	22
服务合同纠纷	21
著作权合同纠纷	15
机动车交通事故责任纠纷	14
其他行政管理	10
专利权权属、侵权纠纷	10
技术合同纠纷	10
劳务合同纠纷	9
股权转让纠纷	9
票据付款请求权纠纷	6
其他侵权责任纠纷	5
商标权权属、侵权纠纷	5
生命权、身体权、健康权纠纷	5
专利行政管理	4
追偿权纠纷	4

续表

具体案由	案件数量/件
垄断协议纠纷	4
中介合同纠纷	3
公司解散纠纷	3
提供劳务者受害责任纠纷	3
票据利益返还请求权纠纷	3
股东出资纠纷	3
融资租赁合同纠纷	3
清算责任纠纷	3
运输合同纠纷	3
行政复议	3
信息电讯行政管理	2
财产损害赔偿纠纷	2
股东资格确认纠纷	2
虚假宣传纠纷	2
集成电路布图设计专有权权属、侵权纠纷	2
保证合同纠纷	2
债权转让合同纠纷	2
保理合同纠纷	2
确认合同效力纠纷	2
确认不侵害知识产权纠纷	1
教育行政管理	1
信息网络买卖合同纠纷	1
相邻关系纠纷	1
股东知情权纠纷	1
损害公司利益责任纠纷	1

续表

具体案由	案件数量/件
房屋买卖合同纠纷	1
债权人代位权纠纷	1
排除妨害纠纷	1
招标投标买卖合同纠纷	1
联营合同纠纷	1
委托理财合同纠纷	1
公司决议纠纷	1
用人单位责任纠纷	1
国际货物买卖合同纠纷	1
广告合同纠纷	1
分期付款买卖合同纠纷	1
合伙合同纠纷	1
返还原物纠纷	1
财产保险合同纠纷	1
其他与企业、公司有关的纠纷	1
公司减资纠纷	1
委托合同纠纷	1
证券交易合同纠纷	1
不当得利纠纷	1
名誉权纠纷	1
侵害商业秘密纠纷	1

3. 案件地域分布

从案件地域分布看,2020 年软件和信息技术服务业上市公司所涉及的 1037 件案件主要分布在北京市、上海市,其中,北京市案件最多,共 184 件;其次是上海市,共 183 件。具体分布情况如图 2－209 所示。

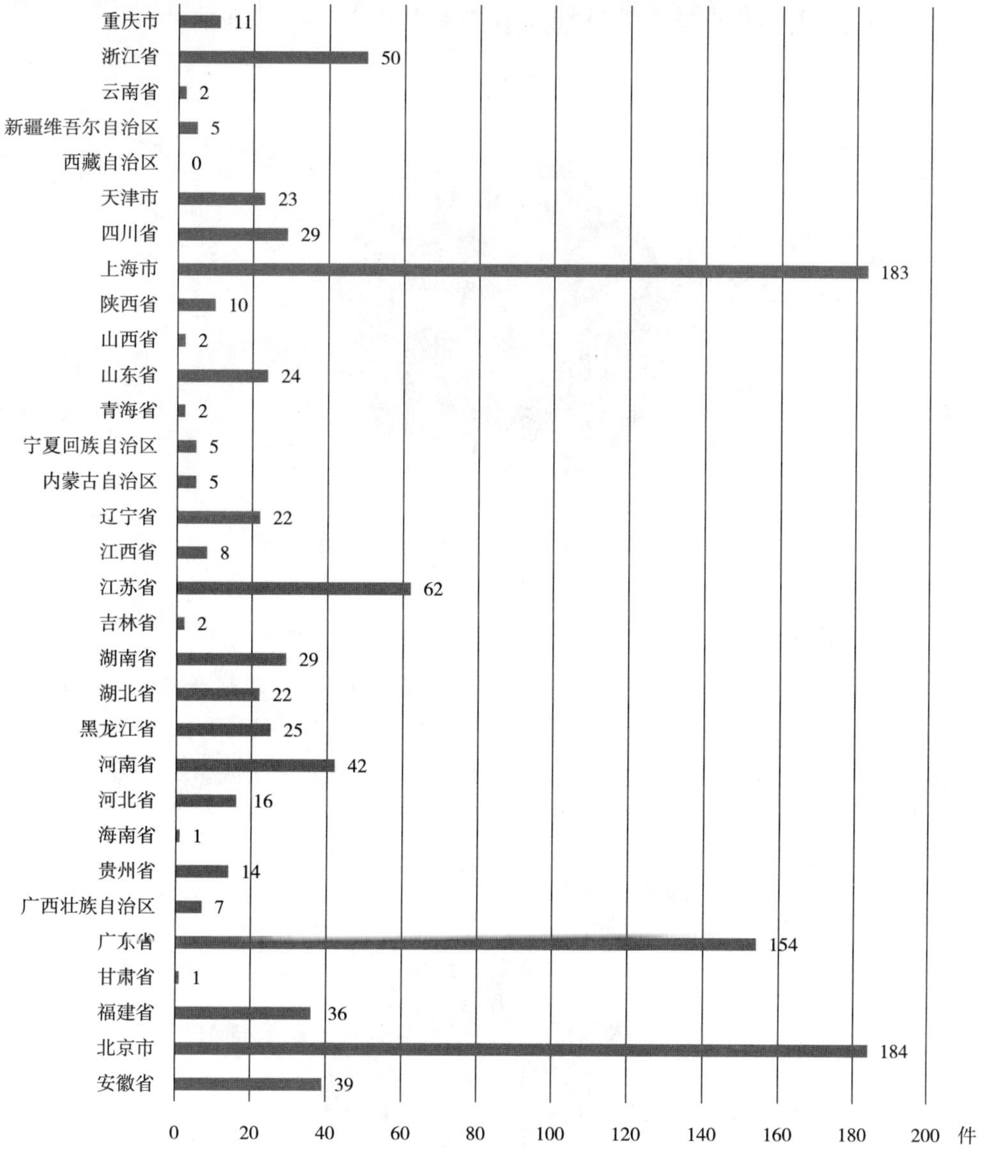

图 2-209 软件和信息技术服务业上市公司案件地域分布情况

(二)案件审理程序

1. 诉讼阶段

如图 2-210 所示,从诉讼阶段看,2020 年软件和信息技术服务业上市公司所涉及的 1037 件案件中,一审案件有 734 件,占比约为 70.78%;二审案件有 278 件,占比约为 26.81%；再审案件有 25 件，占比约为 2.41%。

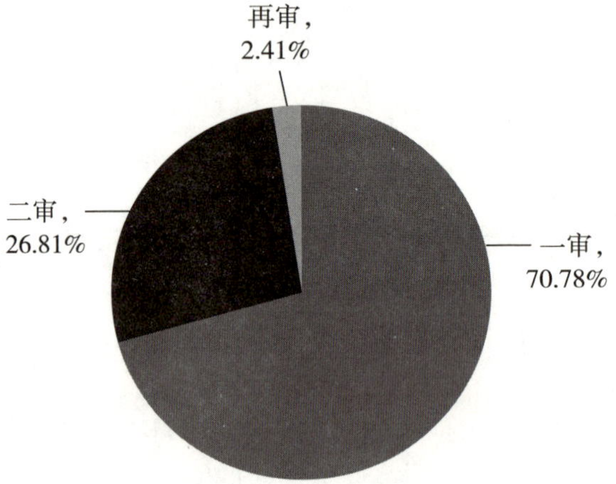

图 2－210　软件和信息技术服务业上市公司案件诉讼阶段分布情况

2. 法院层级

如图 2－211 所示，从法院层级看，2020 年软件和信息技术服务业上市公司所涉及的 1037 件案件中，基层人民法院审结的案件有 565 件，占比约为 54.48%；中级人民法院审结的案件有 382 件，占比约为 36.84%；高级人民法院审结的案件有 68 件，占比约为6.56%；最高人民法院审结的案件有 22 件，占比约为 2.12%。

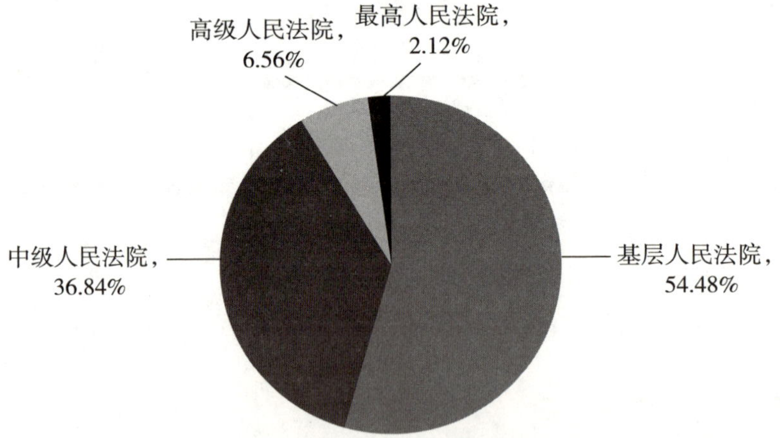

图 2－211　软件和信息技术服务业上市公司案件审理法院层级分布情况

(三)上市公司诉讼地位

如图 2 - 212 所示,从上市公司的诉讼地位看,2020 年软件和信息技术服务业上市公司所涉及的 1037 件案件中,上市公司作为原告的案件有 545 件,占比约为 52.56%;上市公司作为被告的案件有 492 件,占比约为 47.44%。

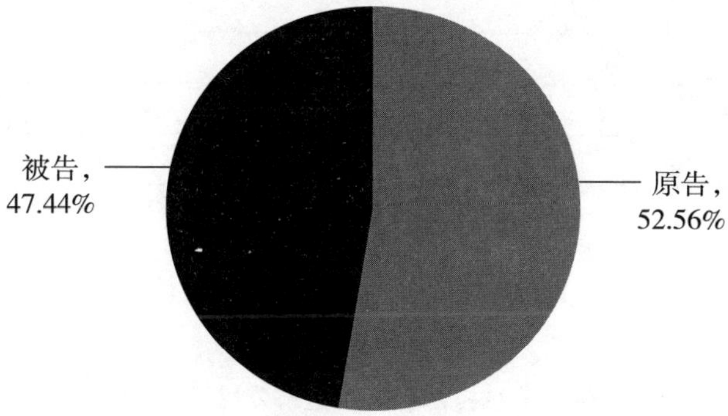

图 2 - 212　软件和信息技术服务业上市公司诉讼地位分布情况

(四)诉讼标的额

如图 2 - 213 所示,从诉讼案件标的额看,2020 年软件和信息技术服务业上市公司所涉及的有标的额可查的案件中,诉讼请求金额在 1 万元及以下的案件数量 4 件、大于 1 万 ~10 万元的案件数量为 76 件、大于 10 万 ~20 万元的案件数量为 17 件、大于 20 万 ~50 万元的案件数量为 54 件、大于 50 万 ~100 万元的案件数量为 10 件、大于 100 万 ~200 万元的案件数量为 11 件、大于 200 万 ~500 万元的案件数量为 39 件、大于 500 万 ~1000 万元的案件数量为 4 件、大于 1000 万 ~2000 万元的案件数量为 0 件、2000 万元以上的案件数量为 20 件。诉讼标的总额为 2,014,630,719 元,诉讼标的最大金额为 740,883,665.2 元,最小标的额为 1728 元,行业平均诉讼标的额为 8,572,896.677 元。

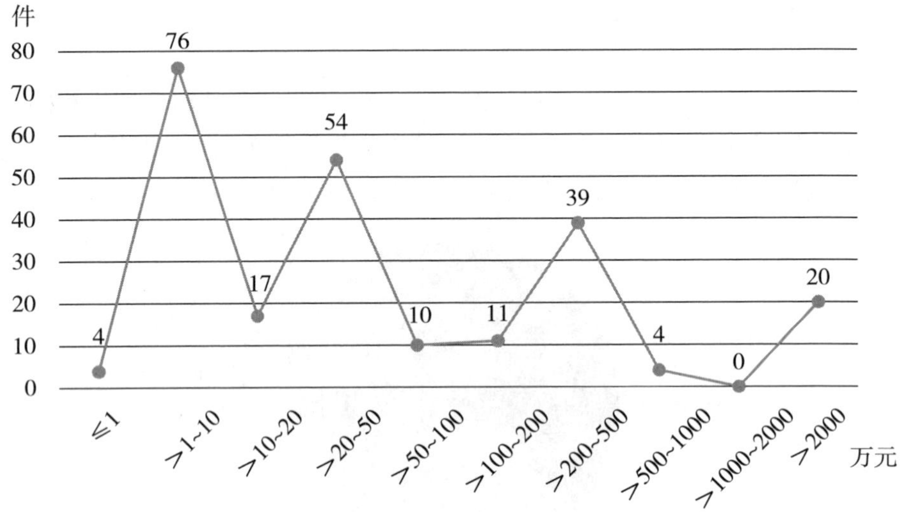

图 2－213　软件和信息技术服务业上市公司诉讼标的额分布情况

(五)诉讼结果和胜诉率

从总体上看,如图 2－214 所示,2020 年软件和信息技术服务业上市公司所涉及的所有案件中,胜诉的案件有 595 件,败诉的案件有 415 件,撤回起诉的案件有 19 件,驳回起诉的案件有 7 件,驳回上诉的案件有 1 件。该行业上市公司胜诉的案件数量在全部案件中占比约为 57.38%,如果排除撤诉等特殊情形,则该行业上市公司的总体胜诉率约为 58.91%。

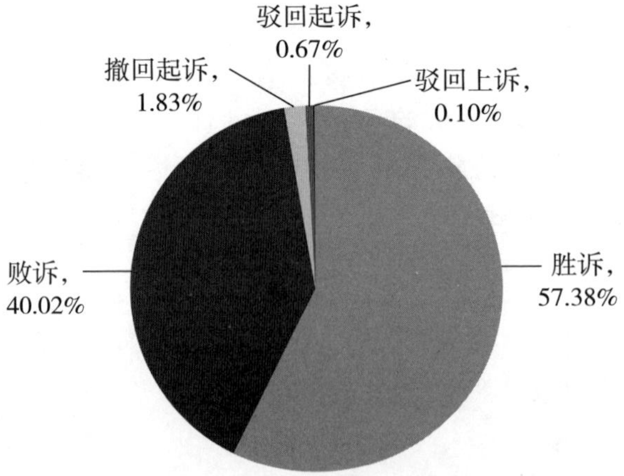

图 2－214　软件和信息技术服务业上市公司诉讼结果占比情况

如图 2－215 所示，具体到不同的诉讼地位，当软件和信息技术服务业上市公司为原告时，胜诉的案件有 296 件，败诉的案件 234 件，胜诉率约为 55.85%。当软件和信息技术服务业上市公司为被告时，胜诉的案件有 299 件，败诉的案件有 181 件，胜诉率约为 62.29%。相较而言，软件和信息技术服务业上市公司作为被告时，胜诉率更高。

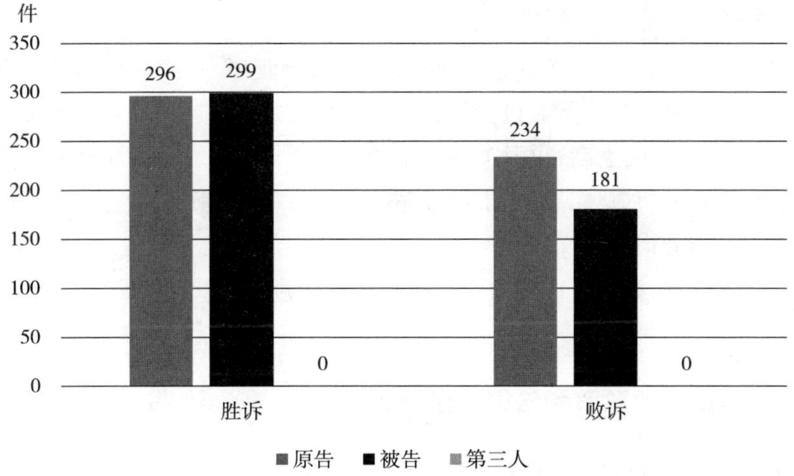

图 2－215　软件和信息技术服务业上市公司胜诉情况与诉讼地位交叉分布情况

如图 2－216 所示，具体到不同的诉讼阶段，一审阶段，软件和信息技术服务业上市公司胜诉的案件有 412 件，败诉的案件有 301 件，胜诉率约为 57.78%。二审阶段，胜诉的案件有 168 件，败诉的案件有 104 件，胜诉率约为 61.76%，胜诉率稍高于一审阶段。再审阶段，胜诉的案件有 15 件，败诉的案件有 10 件，胜诉率为 60.00%。

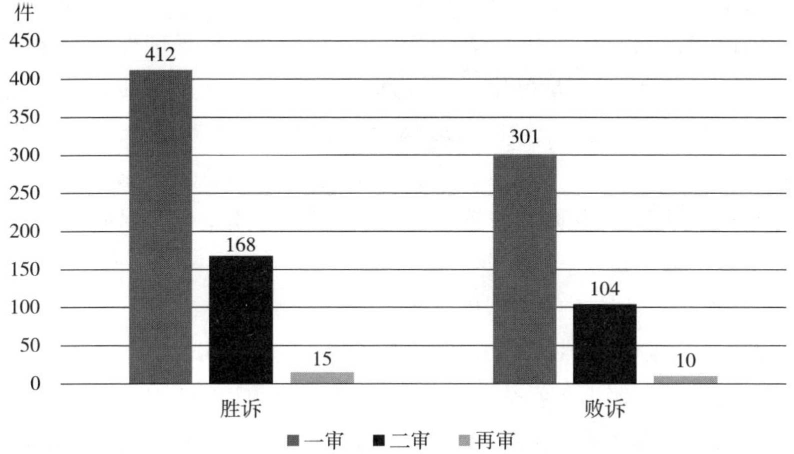

图 2－216　软件和信息技术服务业上市公司胜诉情况与诉讼阶段交叉分布情况

第二十五节　金　融　业

一、金融业上市公司概况

金融业，是指银行与相关资金合作社，还有保险业，除了工业性的经济行为外，其他与经济相关的都是金融业，包括银行业、保险业、信托业、证券业和租赁业。

截至2020年第四季度，我国金融业上市公司共计122家，从行业小类看，货币金融服务业上市公司39家、资本市场服务业上市公司55家、保险业上市公司7家、其他金融业上市公司21家。资本市场服务业上市公司在金融业上市公司中占据主流。从市场规模看，我国上市公司中金融业的整体规模不大，其数量占全部上市公司的2.96%。

二、金融业行业政策和法律风险新动向

（一）金融业行业政策新动向

1.《关于以新业态新模式引领新型消费加快发展的意见》

2020年9月16日，国务院办公厅《关于以新业态新模式引领新型消费加快发展的意见》出台，提出要深化政银企合作，拓展新型消费领域投融资渠道，鼓励金融机构按照市场化原则，在风险可控的前提下，结合新型消费领域相关企业经营特点，积极开发金融产品和服务；优化与新型消费相关的支付环境，鼓励银行等各类型支付清算服务主体降低手续费用，降低商家、消费者支付成本，推动银行卡、移动支付在便民消费领域广泛应用；完善跨境支付监管制度，稳妥推进跨境移动支付应用，提升境外人员境内支付规范化、便利化水平。支持符合条件的企业通过发行新股、发行公司债券、"新三板"挂牌等方式融资；发展股权投资基金，推动生产要素向更具前景、更具活力的新型消费领域转移和集聚，具体措施由国家发改委、财政部、中国人民银行、中国银行保险监督管理委员会（以下简称中国银保监会）、中国证监会等部门按职责分工负责。

2.《银行保险机构应对突发事件金融服务管理办法》

为规范银行保险机构应对突发事件的经营活动和金融服务，增强监管工作的针对性，维护银行业、保险业安全稳健运行，2020年9月9日，中国银保监会《银行保险机构应对突发事件金融服务管理办法》发布。该办法要求银行保险机构应当建立突发事件应对管理体系、加强突发事件预警并应当依法对银行保险机构突发

事件应对机制、活动和效果进行指导和监督检查，以确保切实履行应对突发事件的职责，保证完善突发事件金融服务。

3.《关于推动银行业和保险业高质量发展的指导意见》

为落实“创新、协调、绿色、开放、共享”新发展理念，深化金融供给侧结构性改革，扩大金融业开放，健全具有高度适应性、竞争力、普惠性的现代金融体系，不断提升金融服务实体经济质效，有效防范化解金融风险，2019 年 12 月 30 日，中国银保监会《关于推动银行业和保险业高质量发展的指导意见》出台，要求推动形成多层次、广覆盖、有差异的银行保险机构体系，完善服务实体经济和人民群众生活需要的金融产品体系，精准有效防范化解银行保险体系各类风险，建立健全中国特色现代金融企业制度，实现更高水平的对外开放以及加强金融监管和廉洁金融建设。

4.《关于规范发展供应链金融、支持供应链产业链稳定循环和优化升级的意见》

为精准服务供应链产业链完整稳定，提升整体运行效率，促进经济良性循环和优化布局，2020 年 9 月 18 日，中国人民银行、工业和信息化部、司法部等联合发布《关于规范发展供应链金融、支持供应链产业链稳定循环和优化升级的意见》，要求准确把握供应链金融的内涵和发展方向，稳步推动供应链金融规范、发展和创新，加强供应链金融配套基础设施建设，防范供应链金融风险并严格对供应链金融的监管约束。

5.《关于金融资产投资公司开展资产管理业务有关事项的通知》

为促进市场化债转股健康发展，规范金融资产投资公司资产管理业务，依法保护投资者合法权益，2020 年 4 月 16 日，中国银保监会《关于金融资产投资公司开展资产管理业务有关事项的通知》出台，要求金融资产投资公司开展资产管理业务，应当遵守成本可算、风险可控、信息充分披露的原则，诚实守信、勤勉尽职地履行职责，按照约定条件和实际投资收益情况向投资者支付收益，不保证本金支付和收益水平，投资者自担投资风险并获得收益，并对资金募集、投资运作、登记托管、信息披露与报送等事项作出规定。

6.《非银行金融机构行政许可事项实施办法》

2020 年 3 月 23 日，中国银保监会发布了《非银行金融机构行政许可事项实施办法》。此办法的修订重点是：(1)进一步落实简政放权工作要求，精简审批事项，优化许可条件及程序；(2)进一步规范和加强非银行金融机构股权管理，提升相关监管规则一致性；(3)进一步完善非银行金融机构募集发行债务资本补充工具及高风险机构处置等相关规定，弥补监管实践中发现的制度“短板”。

从机构设立方面，该办法适度提高了金融租赁公司发起人的持续盈利能力、权益性投资余额占比等财务指标要求，并对金融租赁公司章程内容提出更高要求，股东要求更为严格；另外新增规定了对消费金融公司设立时的科技水平要求，加强对股东资质的相关要求，并扩大章程约束范围；从机构变更方面，该办法简化部分变更审批事项及流程，加强对非银行金融机构主要股东及其关联方、一致行动人的穿透监管，增加股东入股非银行金融机构家数的规定，防范金融风险。

7.《关于进一步强化中小微企业金融服务的指导意见》

2020 年 5 月 26 日，中国人民银行、中国银保监会、国家发改委、工业和信息化部、财政部、国家市场监管管理总局、中国证监会、国家外汇管理局发布《关于进一步强化中小微企业金融服务的指导意见》，宣布支持扩内需、助复产、保就业，为疫情防控、复工复产、实体经济发展提供了精准金融服务。同时，提出不折不扣落实中小微企业复工复产信贷支持政策、开展商业银行中小微企业金融服务能力提升工程、改革完善外部政策环境和激励约束机制、发挥多层次资本市场融资支持作用、加强中小微企业信用体系建设、优化地方融资环境。

8.《关于银行业金融机构信贷资产证券化信息登记有关事项的通知》

2020 年 9 月 30 日，中国银保监会办公厅发布《关于银行业金融机构信贷资产证券化信息登记有关事项的通知》，宣布为贯彻落实国务院“放管服”政策精神，推进简政放权，促进信贷资产证券化业务规范健康发展，进一步优化银行业金融机构信贷资产证券化登记管理流程，中国银保监会不再对信贷资产证券化产品备案登记，实施信贷资产证券化信息登记。

（二）金融业法律风险新动向

1.《关于加强小额贷款公司监督管理的通知》

2020 年 9 月 7 日，中国银保监会办公厅《关于加强小额贷款公司监督管理的通知》发布，要求小额贷款公司强化资金管理、完善经营制度、规范债务催收、加强信息披露、保管客户信息并积极配合监管，对于小额贷款公司违法违规经营，有关法律法规有处罚规定的，地方金融监管部门应当协调有关部门依照规定给予处罚；有关法律法规未作处罚规定及未达到处罚标准的，地方金融监管部门可以采取监管谈话、出具警示函、责令改正、通报批评、将其违法违规情况记入违法违规经营行为信息库并公布等监管措施；涉嫌犯罪的，移交公安机关查处。因此，具有小额贷款业务的上市公司应严格规范经营行为，改善金融服务，严守行为底线，避免违法放贷、催贷带来的监管风险。

2.《关于预防银行业保险业从业人员金融违法犯罪的指导意见》

监管机构进一步加大对金融违法犯罪监管和预防,金融业上市公司应注意该方面的风险防控。2020 年 2 月 20 日,中国银保监会办公厅发布《关于预防银行业保险业从业人员金融违法犯罪的指导意见》,要求严防信贷业务领域、资产处置领域、资产管理业务领域、信用卡业务领域等重点领域金融违法犯罪。对于涉及金融违法犯罪,被追究刑事责任或受到严重行政处罚的从业人员,各级银行保险行业协会要依法依规加强行业性约束和惩戒,将相关行为记入会员信用档案,并按照行业标准、行规、行约等,视情节轻重对银行保险机构及其从业人员采取行业性惩戒措施。同时加强与监察机关、公安机关、司法机关和其他金融管理部门的沟通协作,建立联席会议、信息共享、案件移送、行政执法与刑事司法衔接等机制,加强交流互训,形成防范打击合力,加大金融领域反腐败力度,积极维护金融秩序和社会稳定。在金融违法犯罪日益猖獗、监管日渐严格的形势下,金融业上市公司应严守行业底线,强化公司治理,健全内部控制,强化行业责任感,避免金融违法犯罪刑事风险。

3.《金融控股公司监督管理试行办法》

2020 年 9 月 11 日,国务院发布《关于实施金融控股公司准入管理的决定》,同日,中国人民银行也正式发布《金融控股公司监督管理试行办法》。至此,中国人民银行根据国务院授权正式对金融控股公司实施市场准入管理并组织实施监管。《金融控股公司监督管理试行办法》将市场准入作为防控风险的第一道门槛,并设立了明确的准入条件和负面清单,并将金融控股公司正式作为一种全新类别的持牌金融机构纳入监管范畴。《金融控股公司监督管理试行办法》首次明确了金融控股公司的法律地位、监管机构、准入条件等,补齐了监管制度"短板",系继中国人民银行 2018 年颁布《关于加强非金融企业投资金融机构监管的指导意见》后,加强非金融企业投资金融机构监管的又一重磅顶层制度设计,将从源头上进一步规范非金融企业作为控股股东、实际控制人的金融控股公司行为。《金融控股公司监督管理试行办法》实施后,中国人民银行将依法依规开展金融控股公司准入管理和持续监管。可以合理预期,市场将迎来一大波申请金融控股公司牌照的热潮,同时更多存量"金控"主体将面临整改压力,机遇与挑战并存。

4.《金融消费者权益保护实施办法》

2020 年 9 月 15 日,中国人民银行《金融消费者权益保护实施办法》发布,并于 2020 年 11 月 1 日起施行。该办法在《中国人民银行金融消费者权益保护实施办法》的基础上,吸收新需求、新情况、新问题,进行了修订、增补,总体而言效力层级更高、适用范围更明确、违法成本更高。除此之外,该办法在加强内部管理、扩大了信息披露范围、规范营销宣传行为、保护消费者金融信息方面对金融机构作出了新要求，因此上市公司应当将切实落实《金融消费者权益保护实施办法》的要求，确保业务合规。

三、金融业上市公司诉讼情况统计

本书以金融业的 122 家上市公司为当事人检索案件，共收集 2020 年全国法院判决的各类司法判决书 3330 份，作为统计分析的样本。

(一)案件类型分布

1. 案件诉讼类型

从案件诉讼类型看，2020 年金融业上市公司所涉及的 3330 件案件以民事诉讼为主，共有 3173 件，行政诉讼有 156 件，刑事诉讼仅有 1 件。详见表 2－73。

表 2－73　金融业上市公司案件诉讼类型

诉讼类型	案件数量/件
民事诉讼	3173
行政诉讼	156
刑事诉讼	1

2. 案件案由种类

首先，诉讼案件案由的基本类型看，2020 年金融业上市公司所涉及的 3330 件案件主要集中在合同类纠纷中，具体分布情况如表 2－74 所示。

表 2－74　金融业上市公司案件案由基本类型分布

案由基本类型	案件数量/件
合同类纠纷	2218
金融法纠纷	663
行政诉讼	156
公司法纠纷	89
知识产权纠纷	66
劳动法纠纷	44
侵权责任纠纷	43

续表

案由基本类型	案件数量/件
物权纠纷	25
其他民事纠纷	20
竞争法纠纷	5
刑事诉讼	1
合计	3330

其中,如图 2－217 所示,合同类案件共有 2218 件,在全部案件中所占的比例最高。

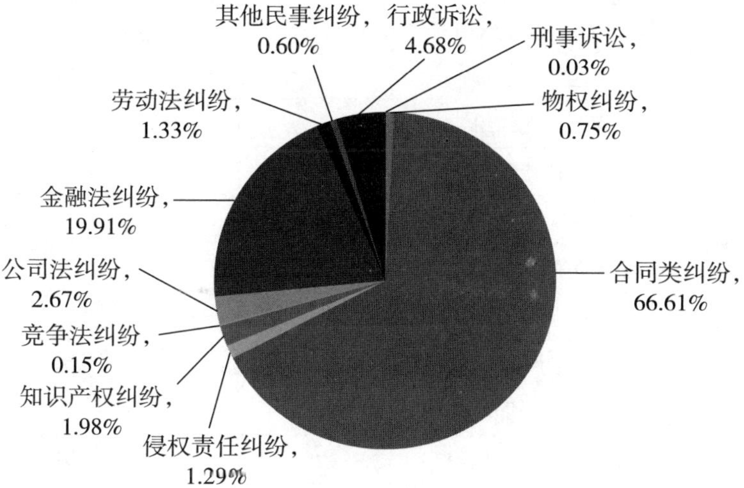

图 2－217 金融业上市公司案由基本类型分布情况

其次,从案件的具体案由看,2020 年金融业上市公司所涉及的 3330 件案件以借款合同纠纷案件数量最多,其他种类案由呈分散化分布状态,其分布情况如表 2－75 所示。

表 2－75 金融业上市公司案件具体案由分布

具体案由	案件数量/件
借款合同纠纷	1415
银行卡纠纷	353
证券欺诈责任纠纷	317

续表

具体案由	案件数量/件
其他合同纠纷	148
城建行政管理	107
证券回购合同纠纷	92
证券交易合同纠纷	83
物业服务合同纠纷	57
融资融券交易纠纷	55
融资租赁合同纠纷	53
房屋买卖合同纠纷	52
著作权权属、侵权纠纷	48
其他行政管理	44
营业信托纠纷	36
股权转让纠纷	35
人身保险合同纠纷	33
其他劳动争议、人事争议	32
公司盈余分配纠纷	29
机动车交通事故责任纠纷	26
委托理财合同纠纷	25
财产保险合同纠纷	24
其他买卖合同纠纷	20
商标权权属、侵权纠纷	15
保证合同纠纷	13
租赁合同纠纷	13
信息网络买卖合同纠纷	11
劳动合同纠纷	11
其他侵权责任纠纷	10
股东资格确认纠纷	10
名誉权纠纷	10
财产损害赔偿纠纷	9

续表

具体案由	案件数量/件
票据追索权纠纷	8
服务合同纠纷	8
建设工程合同纠纷	7
不当得利纠纷	6
提供劳务者受害责任纠纷	6
返还原物纠纷	6
债权人撤销权纠纷	5
破产撤销权纠纷	5
虚假宣传纠纷	5
确认合同效力纠纷	5
追偿权纠纷	4
票据利益返还请求权纠纷	4
债权人代位权纠纷	4
中介合同纠纷	4
期货经纪合同纠纷	4
被继承人债务清偿纠纷	3
储蓄存款合同纠纷	3
拍卖合同纠纷	3
生命权、身体权、健康权纠纷	3
共有纠纷	3
证券交易代理合同纠纷	3
物权确认纠纷	3
破产债权确认纠纷	3
赠与合同纠纷	2
排除妨害纠纷	2
姓名权纠纷	2
侵害集体经济组织成员权益纠纷	2
债权转让合同纠纷	2

续表

具体案由	案件数量/件
专利行政管理	2
专利权权属、侵权纠纷	2
损害股东利益责任纠纷	2
证券承销合同纠纷	2
金融行政管理	2
著作权合同纠纷	1
证券权利确认纠纷	1
离婚后财产纠纷	1
网络侵权责任纠纷	1
婚约财产纠纷	1
承揽合同纠纷	1
取回权纠纷	1
股东知情权纠纷	1
请求公司收购股份纠纷	1
社会保险纠纷	1
民事信托纠纷	1
房地产开发经营合同纠纷	1
资源行政管理	1
互易纠纷	1
公司决议纠纷	1
股东出资纠纷	1
运输合同纠纷	1
诈骗罪	1
债务转移合同纠纷	1

3. 案件地域分布

从案件地域分布看，2020 年金融业上市公司所涉及的 3330 件案件，主要分布在江苏省、上海市等地。其中江苏省案件最多，共 759 件；其次是上海市，共 388 件。具体分布情况如图 2－218 所示。

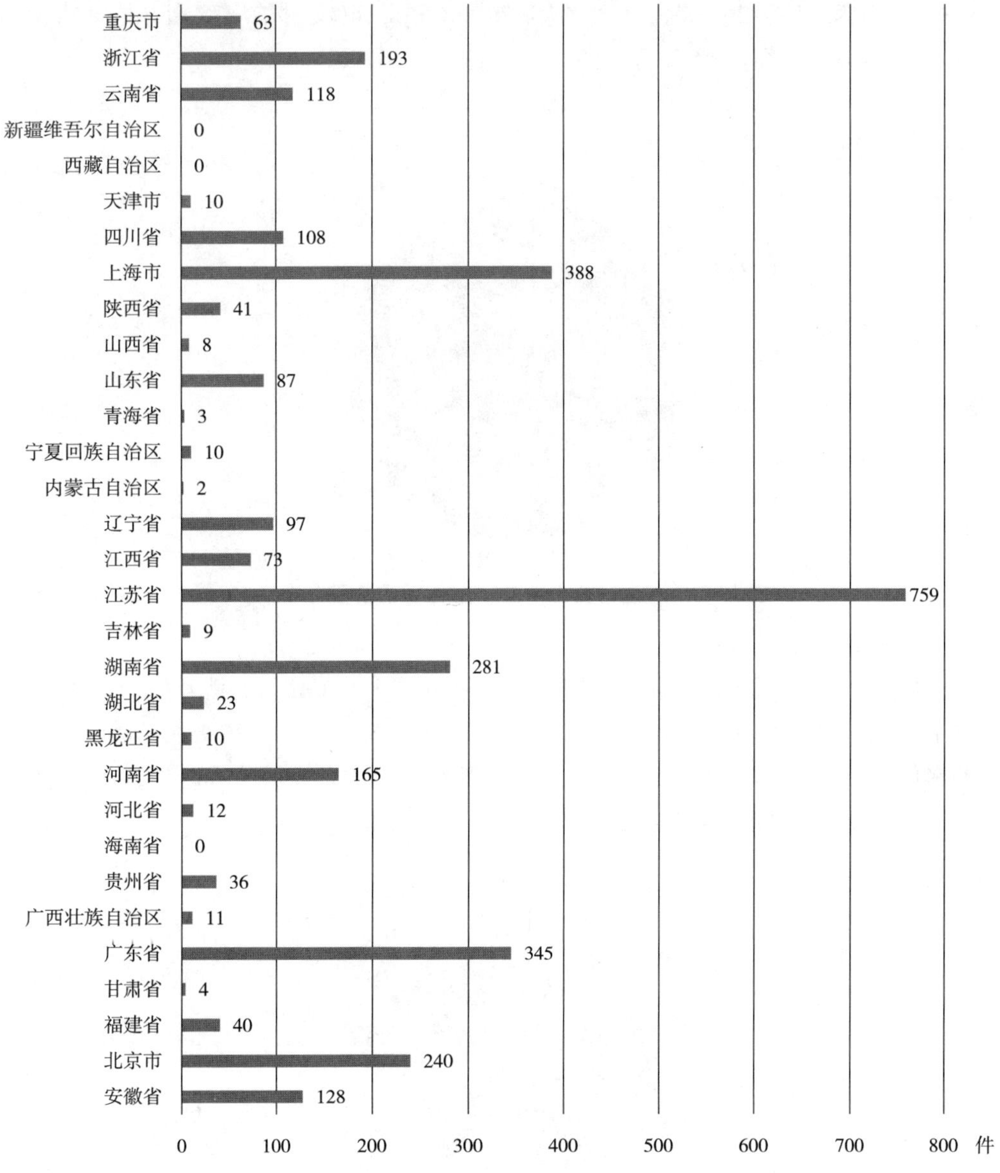

图 2－218 金融业上市公司案件地域分布情况

(二)案件审理程序

1. 诉讼阶段

如图 2－219 所示,从诉讼阶段看,2020 年金融业上市公司所涉及的 3330 件案件中，一审案件有 2638 件，占比约为 79.22%；二审案件有 478 件，占比约为 14.35%；再审案件有 214 件，占比约为 6.43%。

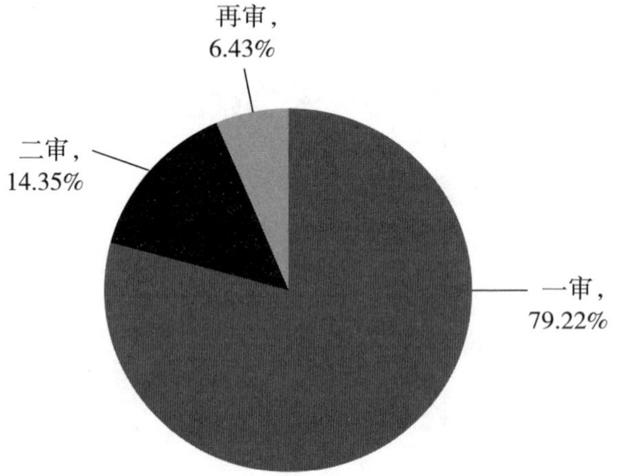

图 2－219　金融业上市公司案件诉讼阶段分布情况

2. 法院层级

如图 2－220 所示，从法院层级看，2020 年金融业上市公司所涉及的 3330 件案件中，基层人民法院审结的案件有 2351 件，占比约为 70.60%；中级人民法院审结的案件有 549 件；占比约为 16.49%；高级人民法院审结的案件有 364 件，占比约为 10.93%；最高人民法院审结的案件有 66 件，占比约为 1.98%。

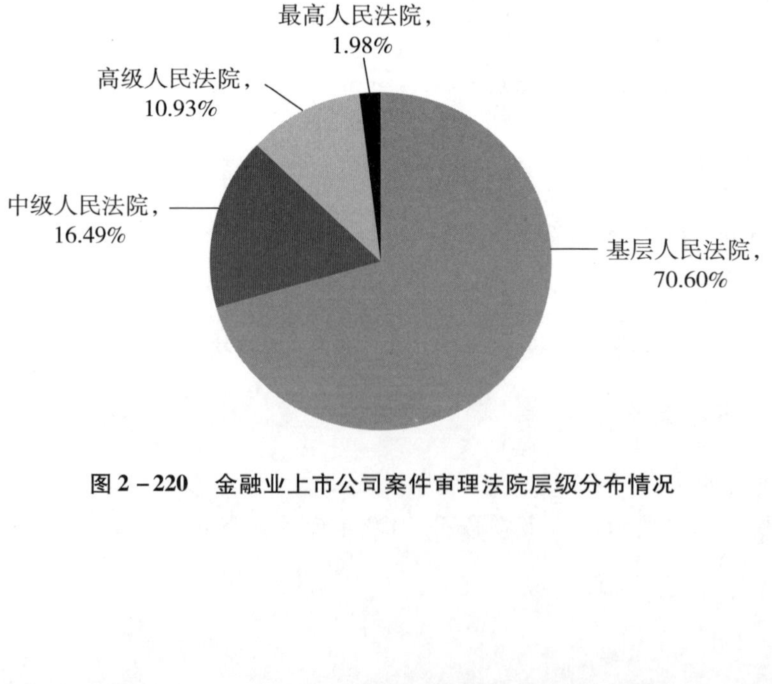

图 2－220　金融业上市公司案件审理法院层级分布情况

（三）上市公司诉讼地位

如图 2－221 所示，从上市公司的诉讼地位看，2020 年金融业上市公司所涉及的 3330 件案件中，上市公司作为原告的案件有 1695 件，占比约为 50.90%；上市公司作为被告的案件有 1635 件，占比约为 49.10%。没有上市公司以第三人的身份参与诉讼的案件。

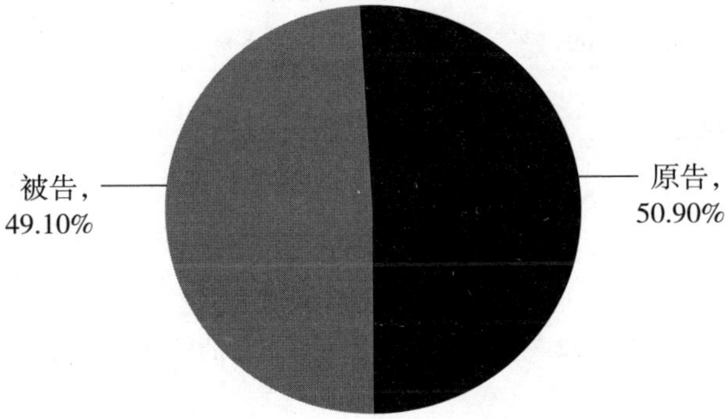

图 2－221 金融业上市公司诉讼地位分布情况

（四）诉讼标的额

如图 2－222 所示，从诉讼案件标的额看，2020 年金融业上市公司所涉及的有标的额可查的案件中，诉讼请求金额在 1 万元及以下的案件数量 48 件、大于 1 万～10 万元的案件数量为 544 件、大于 10 万～20 万元的案件数量为 169 件、大于 20 万～50 万元的案件数量为 493 件、大于 50 万～100 万元的案件数量为 71 件、大于 100 万～200 万元的案件数量为 25 件、大于 200 万～500 万元的案件数量为 83 件、大于 500 万～1000 万元的案件数量为 11 件、大于 1000 万～2000 万元的案件数量为 10 件、2000 万元以上的案件数量为 66 件。诉讼标的总额为 106,439,625,312 元，诉讼标的最大金额为4,950,898,770 元，最小标的额为 1278 元，行业平均诉讼标的额为 70,026,069.28 元。

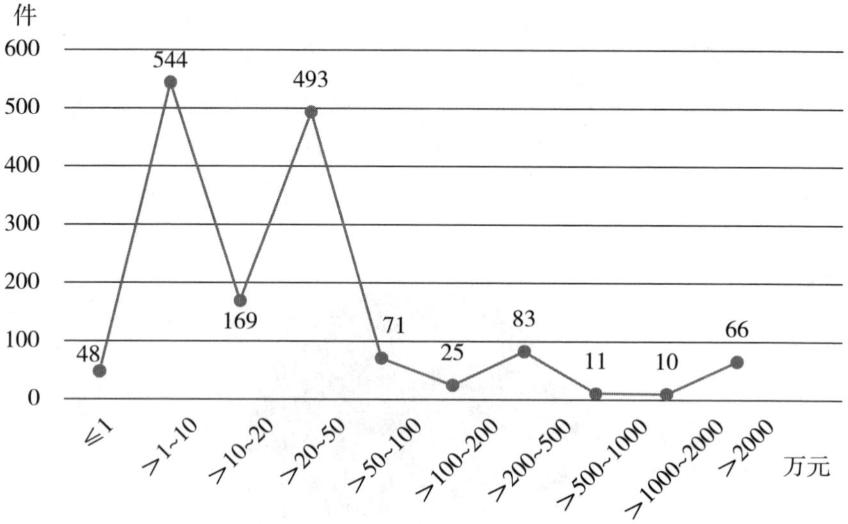

图 2－222　金融业上市公司诉讼标的额分布情况

（五）诉讼结果和胜诉率

从总体上看，如图 2－223 所示，2020 年金融业上市公司所涉及的所有案件中，胜诉的案件有 1628 件，败诉的案件有 1640 件，撤回起诉的案件有 32 件，撤回上诉的案件有 11 件，驳回起诉的案件有 6 件，驳回起诉的案件有 13 件。该行业上市公司胜诉的案件数量在全部案件中占比约为 48.89%。如果排除撤诉等特殊情形，则该行业上市公司的总体胜诉率约为 49.82%。

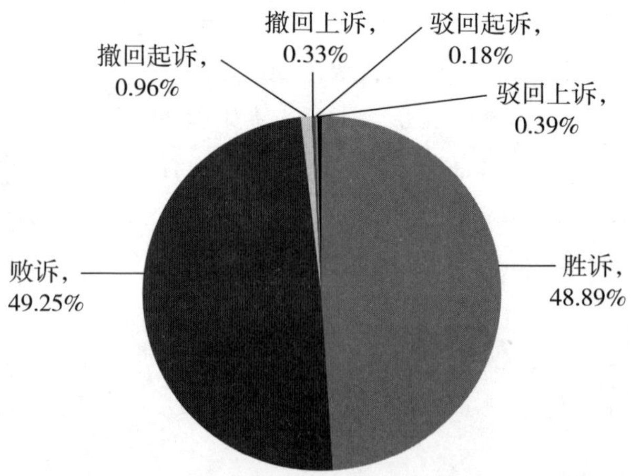

图 2－223　金融业上市公司诉讼结果占比情况

如图 2－224 所示，具体到不同的诉讼地位，当金融业上市公司为原告时，其胜诉的案件有 782 件，败诉的案件 796 件，胜诉率约为 49.56%，胜诉率与败诉率基本持平。当金融业上市公司为被告时，其胜诉的案件有 846 件，败诉的案件有 844 件，胜诉率约为 50.06%。相较而言，金融业上市公司作为原告时的胜诉概率与作为被告的胜诉概率相差不大。

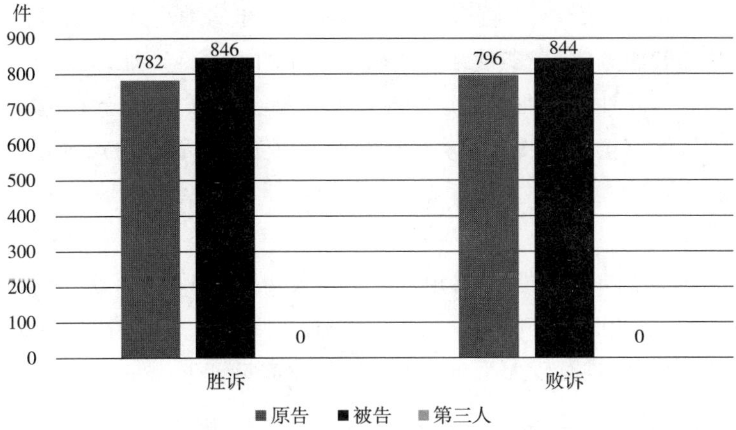

图 2－224　金融业上市公司胜诉情况与诉讼地位交叉分布情况

如图 2－225 所示，具体到不同的诉讼阶段，一审阶段，金融业上市公司胜诉的案件有 1269 件，败诉的案件有 1308 件，胜诉率约为 49.24%。二审阶段，胜诉的案件有 246 件，败诉的案件有 231 件，胜诉率约为 51.57%。再审阶段，胜诉的案件有 113 件，败诉的案件有 101 件，胜诉率约为 52.80%。

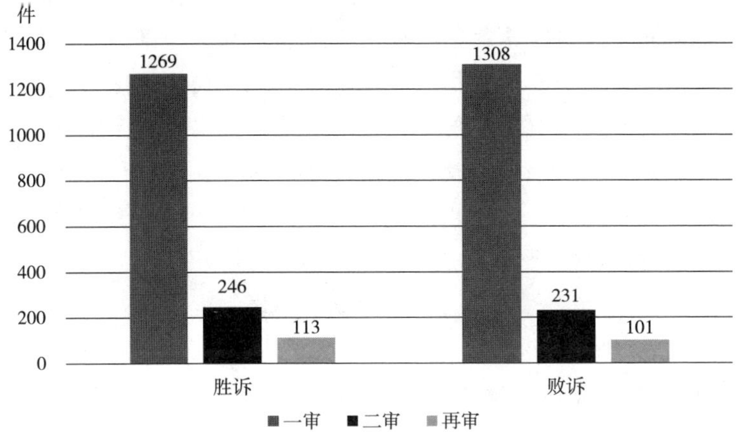

图 2－225　金融业上市公司胜诉情况与诉讼阶段交叉分布情况

第二十六节　房 地 产 业

一、房地产业上市公司概况

房地产业，是指以土地和建筑物为经营对象，从事房地产开发、建设、经营、管理以及维修、装饰和服务的，集多种经济活动为一体的综合性产业，是具有先导性、基础性、带动性和风险性的产业。房地产业主要包括土地开发，房屋的建设、维修、管理，土地使用权的有偿划拨、转让，房屋所有权的买卖、租赁，房地产的抵押贷款以及由此形成的房地产市场。在实际生活中，人们习惯于将从事房地产开发和经营的行业称为房地产业。

截至 2020 年第四季度，我国房地产业上市公司共计 122 家。从市场规模看，我国上市公司中房地产业的整体规模较小，其数量占全部上市公司的 2.96%，可见房地产业在全国范围内具有较大市场影响力的企业数量较少。

二、房地产业行业政策和法律风险新动向

（一）房地产业行业政策新动向

1.《关于推动智能建造与建筑工业化协同发展的指导意见》

2020 年 7 月 3 日，住建部、国家发改委、科学技术部、工业和信息化部、人力资源和社会保障部、生态环境部、交通运输部、水利部、国家税务总局、国家市场监督管理总局、中国银保监会、国家铁路局、中国民用航空局联合发布《关于推动智能建造与建筑工业化协同发展的指导意见》，提出建筑业是国民经济的支柱产业，为我国经济持续健康发展提供了有力支撑。但建筑业生产方式仍然比较粗放，与高质量发展要求相比还有很大差距。为推进建筑工业化、数字化、智能化升级，加快建造方式转变，推动建筑业高质量发展，制定该指导意见，并提出应当以加快建筑工业化升级、加强技术创新、提升信息化水平、培育产业体系、积极推行绿色建造、开放拓展应用场景、创新行业监管与服务模式作为当前的重点任务。

2.《关于进一步做好建设工程企业资质告知承诺制审批有关工作的通知》

2020 年 12 月 23 日，住建部办公厅发布《关于进一步做好建设工程企业资质告知承诺制审批有关工作的通知》，指出为贯彻落实全国深化“放管服”改革优化营商环境电视电话会议精神，深入推进建设工程企业资质审批制度改革，进一步做好建筑业企业资质、工程监理企业资质告知承诺制审批工作，自 2021 年 1 月 1 日起，在

全国范围内对房屋建筑工程、市政公用工程监理甲级资质实行告知承诺制审批，建筑工程、市政公用工程施工总承包一级资质继续实行告知承诺制审批，涉及上述资质的重新核定事项不实行告知承诺制审批。实施建设工程企业资质审批权限下放试点的地区，上述企业资质审批方式由相关省级住房和城乡建设主管部门自行确定。

（二）房地产业法律风险新动向

2020 年 3 月 26 日，住建部发布《关于印发房地产企业复工复产指南的通知》，适用于疫情防控期间房地产企业复工复产的运营和管理，指出应当统筹推进新冠肺炎疫情防控和经济社会发展工作的重要指示精神，在做好疫情防控的同时积极推动房地产企业复工复产，同时对于房地产企业的售楼处管理、经纪场所管理与租赁房屋管理、物业现场管理等方面做了较为细致的要求，督促企业完善应急管理、加强监督检查、落实保障措施。

三、房地产业上市公司诉讼情况统计

本书以房地产业的 122 家上市公司为当事人检索案件，共收集 2020 年全国法院判决的各类司法判决书 364 份，作为统计分析的样本。

（一）案件类型分布

1. 案件诉讼类型

从案件诉讼类型看，2020 年房地产业上市公司涉及的 364 件案件，以民事诉讼为主，共有 348 件，行政诉讼有 16 件，不涉及刑事诉讼。详见表 2 - 76。

表 2 - 76　房地产业上市公司案件诉讼类型

诉讼类型	案件数量/件
民事诉讼	348
行政诉讼	16
刑事诉讼	0

2. 案件案由种类

首先，从诉讼案件案由的基本类型看，2020 年房地产业上市公司所涉及的 364 件案件主要集中在合同类纠纷中，具体分布情况如表 2 - 77 所示。

表 2-77　房地产业上市公司案件案由基本类型分布

案由基本类型	案件数量/件
合同类纠纷	244
物权纠纷	31
劳动法纠纷	24
行政诉讼	16
公司法纠纷	13
知识产权纠纷	12
金融法纠纷	10
其他民事纠纷	8
侵权责任纠纷	4
竞争法纠纷	2
刑事诉讼	0
合计	364

其中，如图 2-226 所示，合同类案件共有 244 件，在全部案件中所占的比例最高。

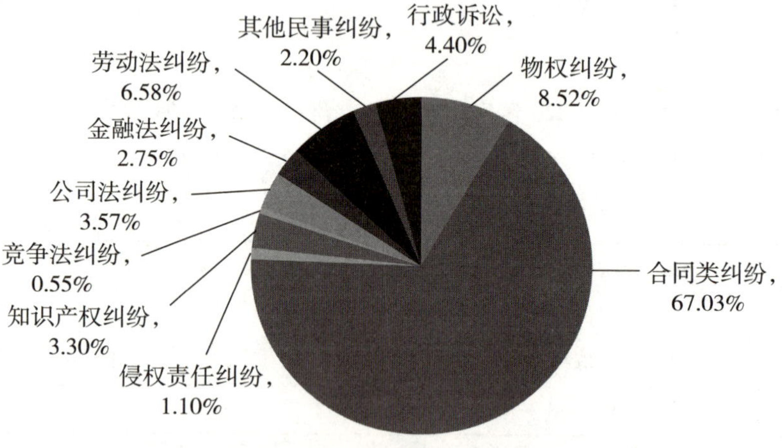

图 2-226　房地产业上市公司案由基本类型分布情况

其次，从案件的具体案由看，2020 年房地产业上市公司所涉及的 364 件案件以房屋买卖合同纠纷案件数量最多，其他种类案由呈分散化分布状态，其分布情况如表 2-78 所示。

表2-78 房地产业上市公司案件具体案由分布

具体案由	案件数量/件
房屋买卖合同纠纷	100
租赁合同纠纷	33
物业服务合同纠纷	23
劳动合同纠纷	22
借款合同纠纷	14
著作权权属、侵权纠纷	10
其他买卖合同纠纷	10
行政确认	10
返还原物纠纷	9
其他合同纠纷	9
建设工程合同纠纷	9
服务合同纠纷	8
建筑物区分所有权纠纷	8
股权转让纠纷	6
承揽合同纠纷	6
票据追索权纠纷	6
民事主体间房屋拆迁补偿合同纠纷	6
劳务合同纠纷	4
不当得利纠纷	4
确认合同效力纠纷	4
行政登记	4
房地产开发经营合同纠纷	3
财产损害赔偿纠纷	3
生命权、身体权、健康权纠纷	3
排除妨害纠纷	3
票据损害责任纠纷	3
名誉权纠纷	3
业主知情权纠纷	3
债权转让合同纠纷	2

续表

具体案由	案件数量/件
虚假宣传纠纷	2
业主撤销权纠纷	2
合伙合同纠纷	2
社会保险纠纷	2
股东资格确认纠纷	2
其他侵权责任纠纷	2
其他行政管理	2
定金合同纠纷	1
破产债权确认纠纷	1
环境污染责任纠纷	1
物权确认纠纷	1
采矿权转让合同纠纷	1
著作权合同纠纷	1
债权人撤销权纠纷	1
保证合同纠纷	1
商标权权属、侵权纠纷	1
肖像权纠纷	1
产品责任纠纷	1
清算责任纠纷	1
票据付款请求权纠纷	1
供用电合同纠纷	1
修理、重作、更换纠纷	1
广告合同纠纷	1
股东知情权纠纷	1
海上、通海水域货物运输合同纠纷	1
侵害企业出资人权益纠纷	1
缔约过失责任纠纷	1
建设用地使用权纠纷	1
公司决议纠纷	1

3. 案件地域分布

从案件地域分布看,2020 年房地产业上市公司所涉及的 364 件案件主要分布在广东省、浙江省等地。其中广东省案件最多,共 73 件;其次是浙江省,共 66 件。具体分布情况如图 2－227 所示。

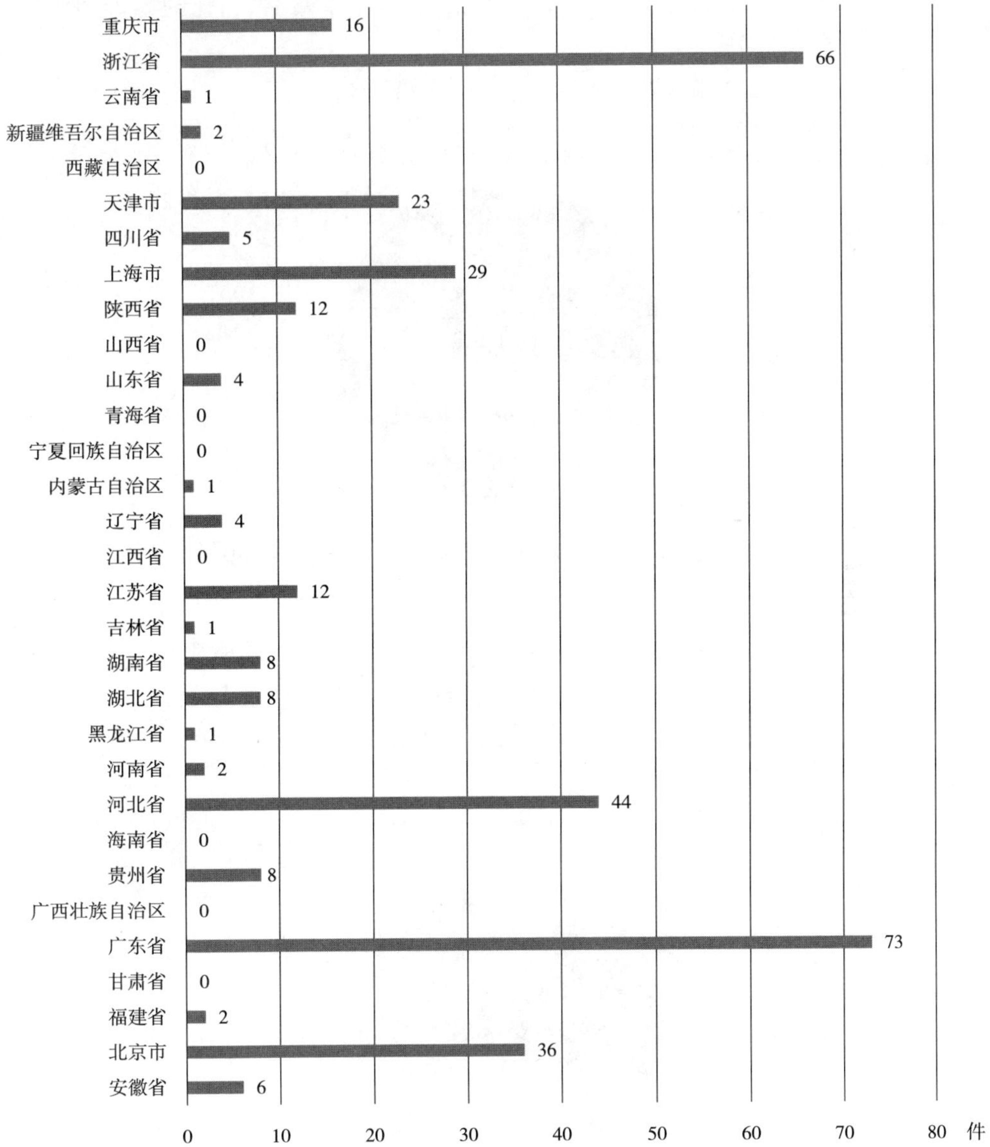

图 2－227 房地产业上市公司案件地域分布情况

（二）案件审理程序

1. 诉讼阶段

如图2－228所示，从诉讼阶段看，2020年房地产业上市公司所涉及的364件案件中，一审案件有266件，占比约为73.08%；二审案件有93件，占比约为25.55%；再审案件有5件，占比约为1.37%。

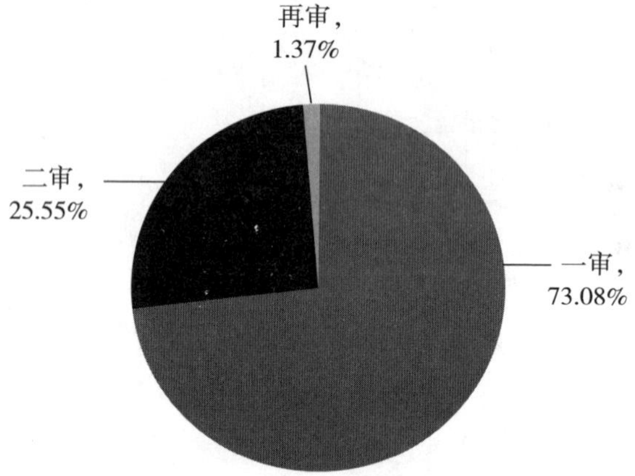

图2－228　房地产业上市公司案件诉讼阶段分布情况

2. 法院层级

如图2－229所示，从法院层级看，2020年房地产业上市公司所涉及的364件案件中，基层人民法院审结的案件有233件，占比约为64.01%；中级人民法院审结的案件有114件，占比约为31.32%；高级人民法院审结的案件有17件，占比约为4.67%。

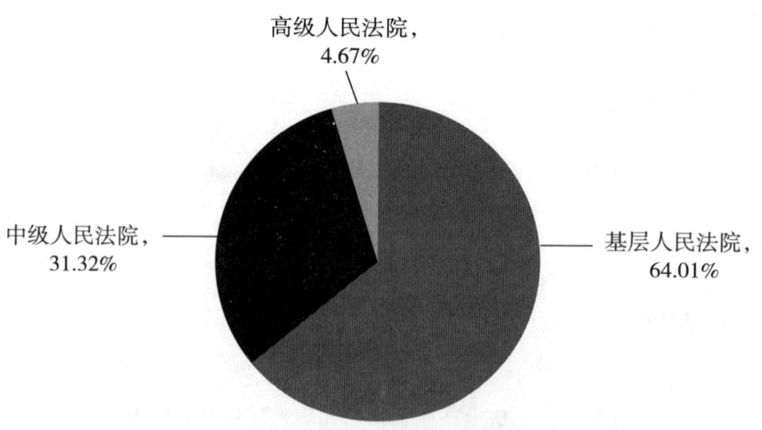

图2－229　房地产业上市公司案件审理法院层级分布情况

(三)上市公司诉讼地位

如图 2－230 所示,从上市公司的诉讼地位看,2020 年房地产业上市公司所涉及的 364 件案件中,上市公司作为原告的案件有 100 件,占比约为 27.47%;上市公司作为被告的案件有 254 件,占比约为 69.78%。此外,上市公司以第三人的身份参与诉讼的案件有 10 件,占比约为 2.75%。上市公司作为原告和被告时对应的胜诉率有较大差别,当其作为被告时胜诉率明显更高。

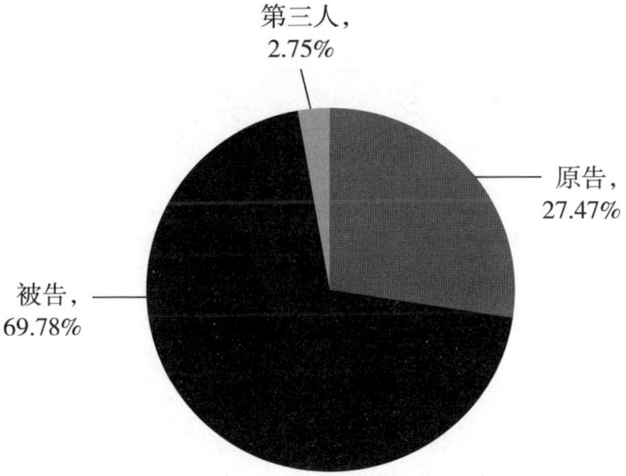

图 2－230 房地产业上市公司诉讼地位分布情况

(四)诉讼标的额

如图 2－231 所示,从诉讼案件标的额看,2020 年房地产业上市公司所涉及的有标的额可查的案件中,诉讼请求金额在 1 万元及以下的案件数量为 10 件、大于 1 万～10 万元的案件数量为 26 件、大于 10 万～20 万元的案件数量为 20 件、大于 20 万～50 万元的案件数量为 61 件、大于 50 万～100 万元的案件数量为 20 件、大于 100 万～200 万元的案件数量为 5 件、大于 200 万～500 万元的案件数量为 10 件、大于 500 万～1000 万元的案件数量为 3 件、大于 1000 万～2000 万元的案件数量为 4 件、2000 万元以上的案件数量为 23 件。诉讼标的总额为 6,539,127,302 元,诉讼标的最大金额为 1,533,435,616 元,最小标的额为 1 元,行业平均诉讼标的额为 35,929,270.89 元。

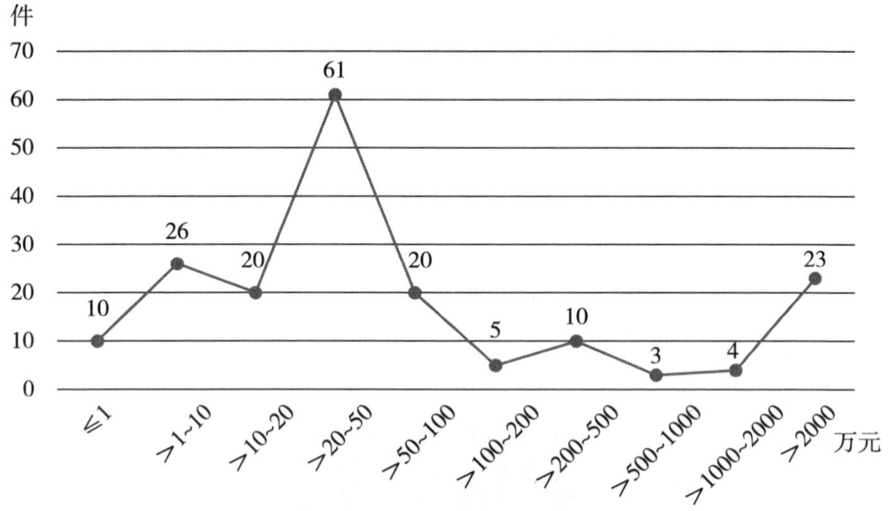

图 2－231　房地产业上市公司诉讼标的额分布情况

（五）诉讼结果和胜诉率

从总体上看，如图 2－232 所示，2020 年房地产业上市公司所涉及的所有案件中，胜诉的案件有 173 件，败诉的案件有 119 件，撤回起诉的案件有 67 件，撤回上诉的案件有 5 件。该行业上市公司胜诉的案件数量在全部案件中占比约为 47.53%，如果排除撤诉等特殊情形，则该行业上市公司的总体胜诉率约为 59.25%。

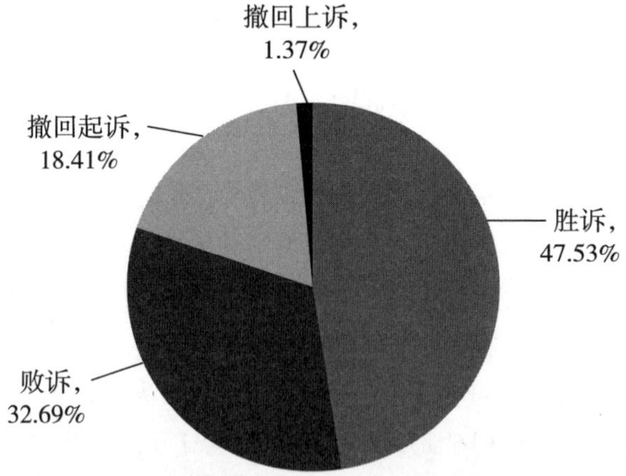

图 2－232　房地产业上市公司诉讼结果占比情况

如图 2－233 所示，具体到不同的诉讼地位，当房地产业上市公司为原告时，其胜诉的案件有 50 件，败诉的案件有 24 件，胜诉率约为 67.57%，胜诉率较高。当房地产业上市公司为被告时，其胜诉的案件有 116 件，败诉的案件有 92 件，胜诉率约为 55.77%。相较而言，房地产业上市公司作为原告时，胜诉率更高。

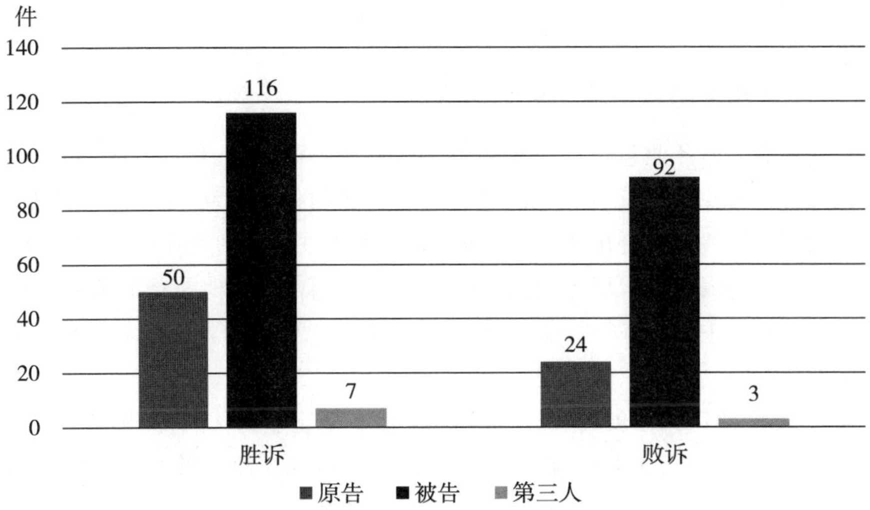

图 2－233　房地产业上市公司胜诉情况与诉讼地位交叉分布情况

如图 2－234 所示，具体到不同的诉讼阶段，一审阶段，房地产业上市公司胜诉的案件有 103 件，败诉的案件有 96 件，胜诉率约为 51.76%。二审阶段，胜诉的案件有 65 件，败诉的案件有 23 件，胜诉率约为 73.86%。再审阶段，胜诉的案件有 5 件，无败诉案件，胜诉率为 100.00%。

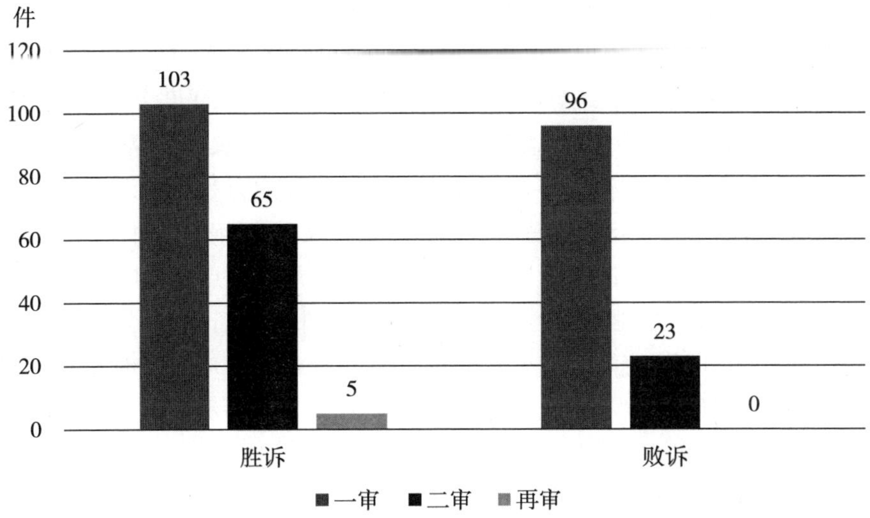

图 2－234　房地产业上市公司胜诉情况与诉讼阶段交叉分布情况

第二十七节　租赁和商务服务业

一、租赁和商务服务业上市公司概况

租赁和商务服务业包括租赁业和商业服务业。租赁业，是以金融信贷和物资信贷相结合的方式提供信贷服务的经营业。一般的租赁活动，是出租人将自己拥有的物质资料按一定条件出租给他人使用，承租人在使用过程中按照规定交纳租金。商业服务业属于现代服务业的范畴，包括企业管理服务、法律服务、咨询与调查、广告业、职业中介服务等行业，是符合现代服务业要求的人力资本密集行业，也是高附加值行业。

截至2020年第四季度，我国租赁和商务服务业上市公司共计59家，从行业小类看，租赁业上市公司3家、商业服务业上市公司56家。商业服务业上市公司在租赁和商务服务业上市公司中占据主流。从市场规模看，我国上市公司中租赁和商务服务业的整体规模较小，其数量占全部上市公司的1.42%，可见租赁和商务服务业在全国范围内具有较大市场影响力的企业数量不多。

二、租赁和商务服务业行业政策和法律风险新动向

（一）租赁和商务服务业行业政策新动向

1.《整治虚假违法广告部际联席会议2020年工作要点》

2020年3月9日，国家市场监督管理总局等十一部门发布《整治虚假违法广告部际联席会议2020年工作要点》和《整治虚假违法广告部际联席会议工作制度》，要求进一步创新广告监管机制、监管方式，加强部际联席会议成员单位之间的协调配合，完善广告协同监管体系，不断提高广告协同监管能力和水平，全力维护良好的广告市场秩序。《整治虚假违法广告部际联席会议2020年工作要点》指出，应当加强广告导向监管、推动全国广告道德委员会建设、加强重点领域广告监管、治理规范移动端互联网广告、强化广告协同监管。同时，市场监管部门、党委宣传部、互联网信息办公室、电信主管部门、公安机关、卫生健康部门等应当明确分工，形成合力，制订详细的工作计划，采取扎实有力的措施，加大虚假违法广告整治力度，确保各项工作任务落到实处。

2.《融资租赁公司监督管理暂行办法》

2020年5月26日，中国银保监会印发了《融资租赁公司监督管理暂行办法》，

相较《融资租赁业务经营监管管理暂行办法(征求意见稿)》作出了部分修改。《融资租赁公司监督管理暂行办法》明确了融资租赁公司业务范围和融资渠道;调整及细化了一系列监管指标的阈值并要求租赁公司建立资产质量分类、准备金和关联交易等制度。还要求地方金融监管部门对辖内存量融资租赁公司进行分类梳理,并可根据实际情况调整相应监管指标。此次《融资租赁公司监督管理暂行办法》的落地,将对融资租赁公司的业务、盈利等方面产生较大影响。同时,由于集中度和杠杆水平等方面的要求,部分融资租赁公司将面临较大的资本补充压力。

(二)租赁和商务服务业法律风险新动向

1.《兽药广告审查发布规定》《农药广告审查发布规定》

2020年10月23日,国家市场监督管理总局发布了新修订的《兽药广告审查发布规定》与《农药广告审查发布规定》,对农药兽药广告的内容、类别、用语等方面作了禁止性规定,同时规定了广告经营者在确保广告内容合规方面的相关义务以及违反规定的处罚,以达到有效保证农药兽药广告的真实、合法、科学的目的。因此,提供广告经营服务的上市公司在对农药、兽药产品发布广告时应当切实履行审查义务,保证其内容合法合规。

2.《小微型客车租赁经营服务管理办法》

2020年12月20日,交通运输部发布《小微型客车租赁经营服务管理办法》,并于2021年8月11日修订。该办法共5章28条,分别为总则、经营服务、监督管理、法律责任、附则。主要内容包括明确小微型客车租赁管理职责、建立小微型客车租赁经营备案管理制度、规范小微型客车租赁经营服务活动、强化对小微型客车租赁经营活动的监管、对租赁车辆使用性质予以规范、明确不得随车提供驾驶劳务、合理规范平台公司的活动等。相关企业应当合法合规进行小微型客车租赁经营服务行为,保护经营者和承租人合法权益。

三、租赁和商务服务业上市公司诉讼情况统计

本书以租赁和商务服务业的59家上市公司为当事人检索案件,共收集2020年全国法院判决的各类司法判决书622份,作为统计分析的样本。

(一)案件类型分布

1.案件诉讼类型

从案件诉讼类型看,2020年租赁和商务服务业上市公司所涉及的622件案件,

以民事诉讼为主，共有615件，行政诉讼仅有7件，不涉及刑事诉讼。详见表2－79。

表2－79 租赁和商务服务业上市公司案件诉讼类型

诉讼类型	案件数量/件
民事诉讼	615
行政诉讼	7
刑事诉讼	0

2. 案件案由种类

首先，诉讼案件案由的基本类型看，2020年租赁和商务服务业上市公司所涉及的622件案件主要集中在合同类纠纷中，具体分布情况如表2－80所示。

表2－80 租赁和商务服务业上市公司案件案由基本类型分布

案由基本类型	案件数量/件
合同类纠纷	259
金融法纠纷	169
竞争法纠纷	89
劳动法纠纷	40
知识产权纠纷	35
公司法纠纷	11
侵权责任纠纷	9
行政诉讼	7
物权纠纷	2
其他民事纠纷	1
刑事诉讼	0
合计	622

其中，如图2－235所示，合同类案件共有259件，在全部案件中所占的比例最高。

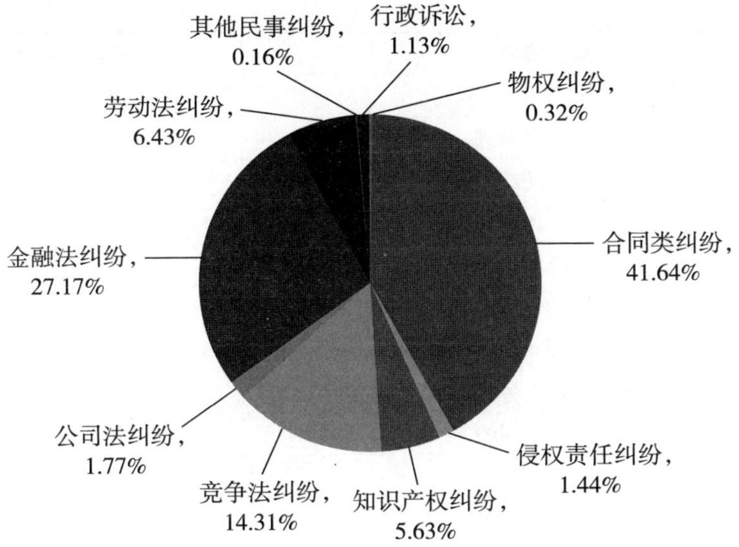

图 2－235 租赁和商务服务业上市公司案由基本类型分布情况

其次，从案件的具体案由看，2020 年租赁和商务服务业上市公司所涉及的 622 件案件以证券欺诈责任纠纷案件数量最多，其他种类案由呈分散化分布状态，其分布情况如表 2－81 所示。

表 2－81 租赁和商务服务业上市公司案件具体案由分布

具体案由	案件数量/件
证券欺诈责任纠纷	161
虚假宣传纠纷	89
借款合同纠纷	59
其他买卖合同纠纷	37
其他合同纠纷	37
租赁合同纠纷	32
其他劳动争议、人事争议	24
商标权权属、侵权纠纷	22
广告合同纠纷	18
劳动合同纠纷	16
服务合同纠纷	15
合伙合同纠纷	13
追偿权纠纷	10

续表

具体案由	案件数量/件
著作权权属、侵权纠纷	10
其他行政管理	7
承揽合同纠纷	7
股权转让纠纷	6
保证合同纠纷	5
票据追索权纠纷	4
委托合同纠纷	4
违反安全保障义务责任纠纷	4
中介合同纠纷	3
运输合同纠纷	3
不当得利纠纷	3
专利权权属、侵权纠纷	3
公司决议纠纷	3
房屋买卖合同纠纷	3
建设工程合同纠纷	3
网络侵权责任纠纷	2
证券回购合同纠纷	2
展览合同纠纷	2
机动车交通事故责任纠纷	2
证券权利确认纠纷	1
融资融券交易纠纷	1
保理合同纠纷	1
劳务合同纠纷	1
其他侵权责任纠纷	1
债权人撤销权纠纷	1
融资租赁合同纠纷	1
债权转让合同纠纷	1
质权纠纷	1
公司解散纠纷	1
肖像权纠纷	1
损害公司债权人利益责任纠纷	1
财产损害赔偿纠纷	1

3. 案件地域分布

从案件地域分布看,2020 年租赁和商务服务业上市公司所涉及的 622 件案件主要分布在北京市、浙江省等地。其中,北京市案件最多,共 218 件;其次是浙江省,共 134 件。具体分布情况如图 2-236 所示。

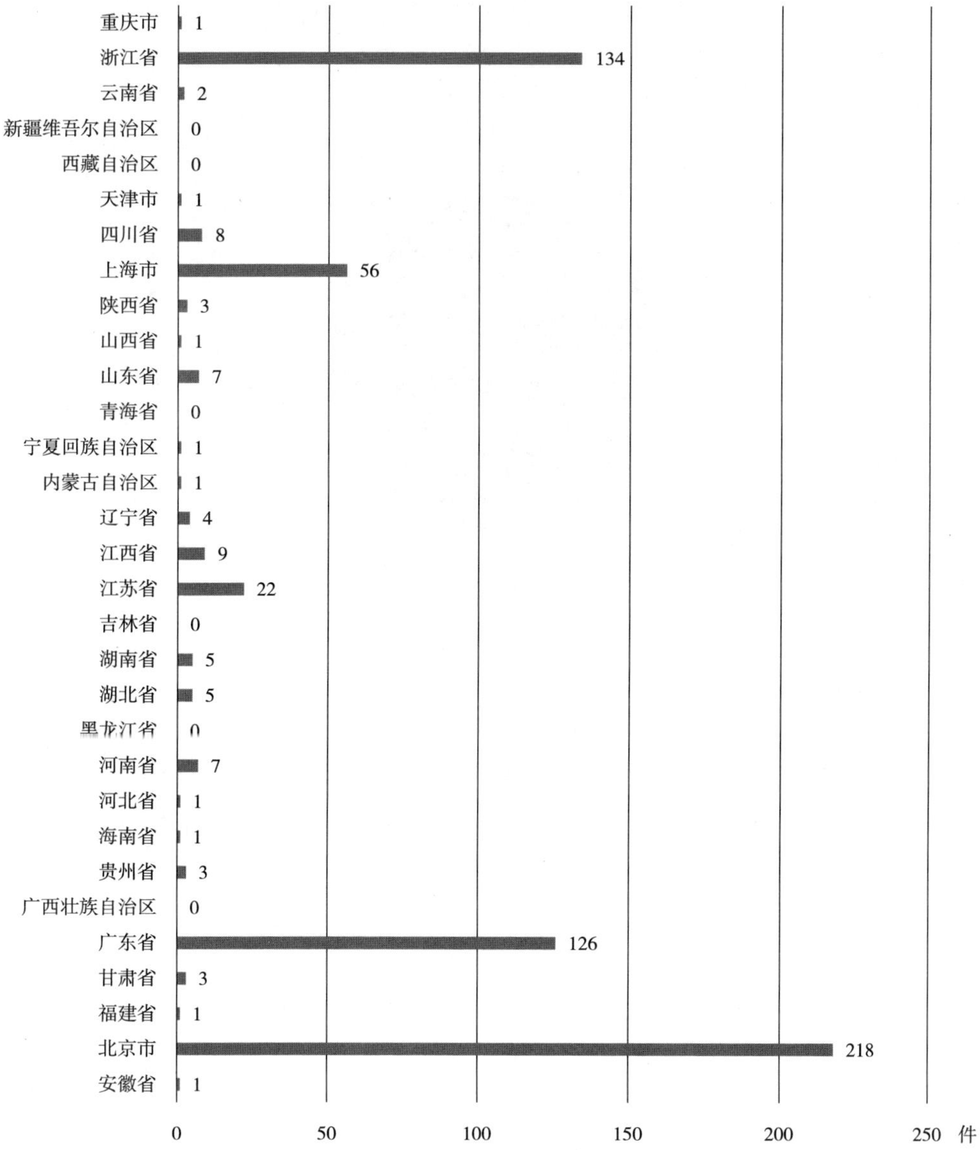

图 2-236 租赁和商务服务业上市公司案件地域分布情况

(二)案件审理程序

1. 诉讼阶段

如图 2－237 所示,从诉讼阶段看,2020 年租赁和商务服务业上市公司所涉及的 622 件案件中,一审案件有 491 件,占比约为 78.94%;二审案件有 127 件,占比约为 20.42%;再审案件有 4 件,占比约为 0.64%。

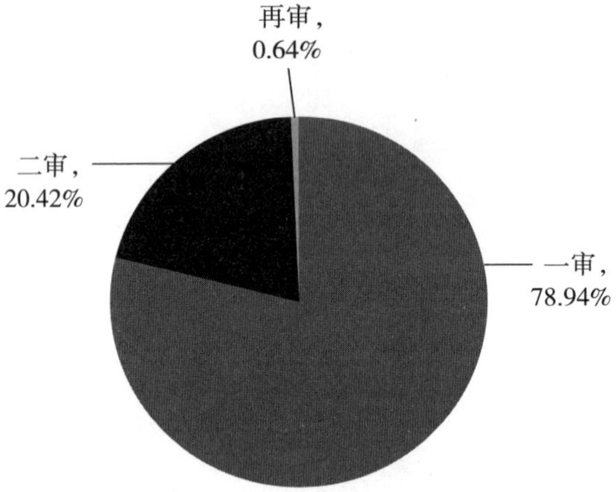

图 2－237　租赁和商务服务业上市公司案件诉讼阶段分布情况

2. 法院层级

如图 2－238 所示,从法院层级看,2020 年租赁和商务服务业上市公司所涉及的 622 件案件中,基层人民法院审结的案件有 262 件,占比约为 42.13%;中级人民法院审结的案件有 327 件,占比约为 52.57%;高级人民法院审结的案件有 32 件,占比约为 5.14%;最高人民法院审结的案件有 1 件,占比约为 0.16%。

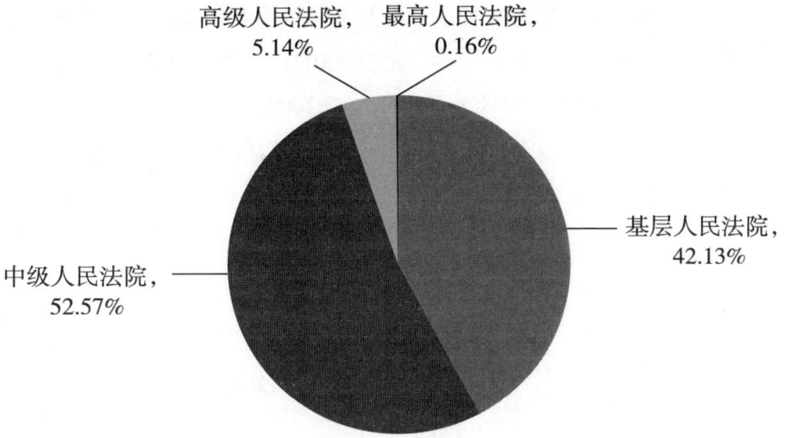

图 2－238　租赁和商务服务业上市公司案件审理法院层级分布情况

（三）上市公司诉讼地位

如图 2－239 所示，从上市公司的诉讼地位看，2020 年租赁和商务服务业上市公司所涉及的 622 件案件中，上市公司作为原告的案件有 320 件，占比约为 51.45%；上市公司作为被告的案件有 302 件，占比约为 48.55%。可见 2020 年租赁和商务服务业上市公司诉讼中，上市公司更多是扮演起诉方角色，主动参与诉讼。

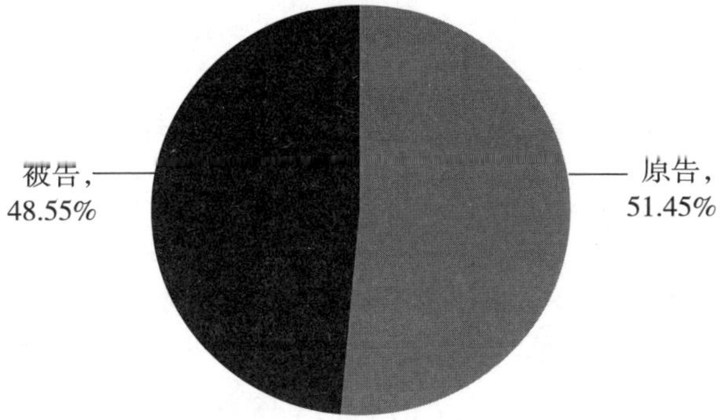

图 2－239　租赁和商务服务业上市公司诉讼地位分布情况

（四）诉讼标的额

如图 2－240 所示，从诉讼案件标的额看，2020 年租赁和商务服务业上市公司所涉及的有标的额可查的案件中，诉讼请求金额在 1 万元及以下的案件数量为 0 件、大于 1 万～10 万元的案件数量为 31 件、大于 10 万～20 万元的案件数量为 10 件、大于 20 万～50 万元的案件数量为 12 件、大于 50 万～100 万元的案件数量为 17 件、大于 100 万～200 万元的案件数量为 16 件、大于 200 万～500 万元的案件数量为 17 件、大于 500 万～1000 万元的案件数量为 10 件、大于 1000 万～2000 万元的案件数量为 4 件、2000 万元以上的案件数量为 16 件。诉讼标的总额为 2,689,191,476.45 元，诉讼标的最大金额为 1,030,618,474.14 元，行业平均诉讼标的额为 20,219,484.79 元。

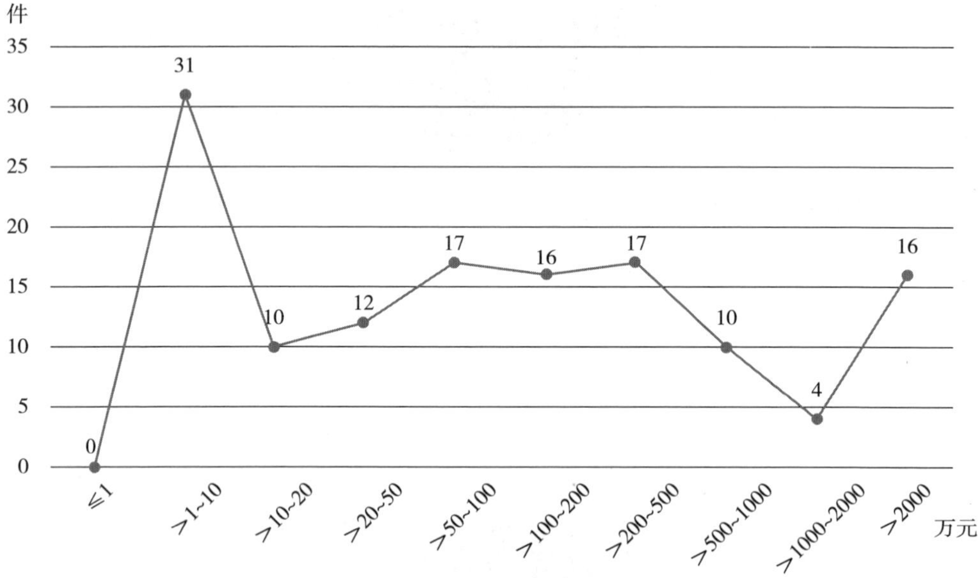

图 2－240　租赁和商务服务业上市公司诉讼标的额分布情况

（五）诉讼结果和胜诉率

从总体上看，如图 2－241 所示，2020 年租赁和商务服务业上市公司所涉及的所有案件中，胜诉的案件有 284 件，败诉的案件有 281 件，原告撤回起诉的案件有 38 件，驳回起诉的案件有 1 件，驳回上诉的案件有 18 件。该行业上市公司胜诉的案件数量占比约为 45.66%，如果排除撤诉等特殊情形，则租赁和商务服务业上市公司的总体胜诉率约为 50.27%。

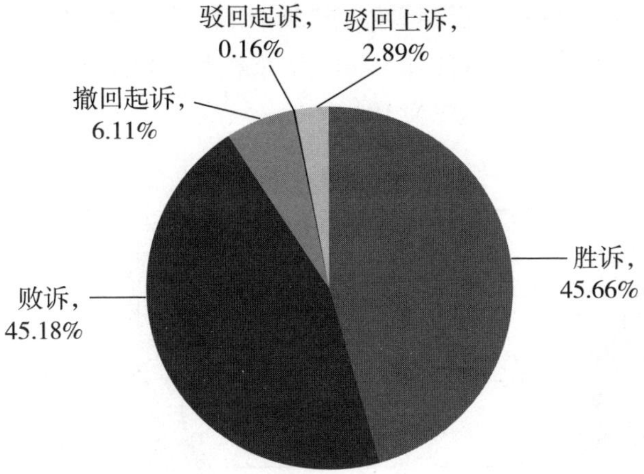

图 2－241　租赁和商务服务业上市公司诉讼结果占比情况

如图 2－242 所示，具体到不同的诉讼地位，租赁和商务服务业上市公司为原告时，胜诉的案件有 149 件，败诉的案件有 138 件，胜诉率约为 51.92%。租赁和商务服务业上市公司为被告时，胜诉的案件有 135 件，败诉的案件有 143 件，胜诉率约为 48.56%。相较而言，租赁和商务服务业上市公司作为原告时，胜诉率更高。

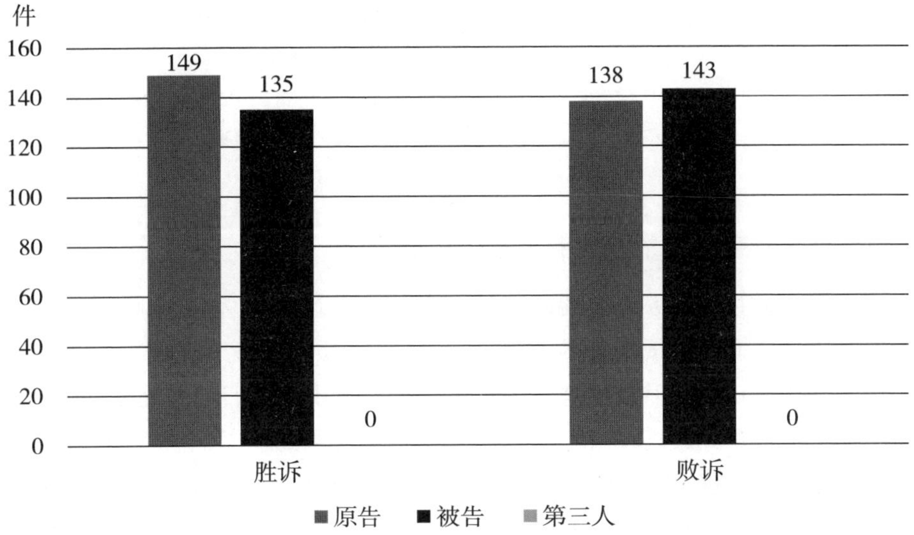

图 2－242　租赁和商务服务业上市公司胜诉情况与诉讼地位交叉分布情况

如图 2－243 所示，具体到不同的诉讼阶段，一审阶段，租赁和商务服务业上市公司胜诉的案件有 227 件,败诉的案件有 226 件,胜诉率约为 50.11%。二审阶段,胜诉的案件有 53 件,败诉的案件有 55 件,胜诉率约为 49.07%。再审阶段,胜诉的案件有 4 件,无败诉案件,胜诉率为 100.00%。

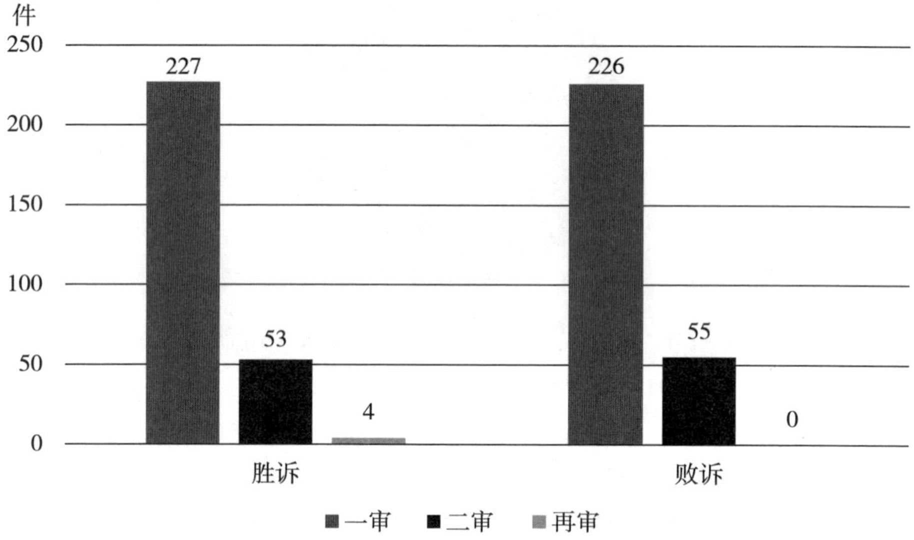

图 2－243　租赁和商务服务业上市公司胜诉情况与诉讼阶段交叉分布情况

第二十八节　科学研究和技术服务业

一、科学研究和技术服务业上市公司概况

科学研究和技术服务业包括研究和试验发展业、专业技术服务业及科学推广和应用服务业。研究和试验发展,是指为了增加知识(包括有关自然、工程、人类、文化和社会的知识),以及运用这些知识创造新的应用,所进行的系统的、创造性的活动;该活动仅限于对新发现、新理论的研究,对新技术、新产品、新工艺的研制研究与试验发展,包括基础研究、应用研究和试验发展。专业技术服务业,是指由专门为客户或社会提供职业化和科技服务活动的机构所组成的现代服务行业,这些活动要求有高度的专业技能和培训。从市场准入的角度看,专业技术服务业可以分为两类:第一类是需要由政府授予执业资格的;第二类则无须政府批准即可执业。在我国,专业技术服务业包括气象服务、地震服务、海洋服务、测绘服务、技术检测、环境监测、工程技术与规划管理、工程管理服务、工程勘察设计、规划管理、其他专业技

术服务等。科学推广和应用服务业，是指将新技术、新产品、新工艺等运用现代科技知识和技术方法向社会提供治理服务的新兴产业。

截至 2020 年第四季度，我国科学研究和技术服务业上市公司共计 58 家，从行业小类上看，研究和试验发展业上市公司 11 家、专业技术服务业上市公司 46 家、科技推广和应用服务业上市公司 1 家。专业技术服务业上市公司在科学研究和技术服务业上市公司中占据主流。从市场规模看，我国上市公司中科学研究和技术服务业的整体规模较小，其数量占全部上市公司的 1.41%，可见科学研究和技术服务业在全国范围内具有较大市场影响力的企业数量不多。

二、科学研究和技术服务业行业政策和法律风险新动向

（一）科学研究和技术服务业行业政策新动向

1.《法治建设与法学理论研究部级科研项目管理办法》

2020 年 11 月 26 日，司法部发布《法治建设与法学理论研究部级科研项目管理办法》，规定了法治建设与法学理论研究部级科研项目的申请与受理、组织机构、评审与审批、课题结项与成果推广以及经费和监督等问题，力求推进法治国家、法治政府、法治社会一体建设提供有效理论支持。该办法指出，部级科研项目坚持以应用对策研究为主、基础理论研究为辅，注重网络法学、人工智能法学、数据法学等新兴学科研究和跨学科综合研究，推动法学理论的进一步发展和完善。

2.《关于持续开展减轻科研人员负担激发创新活力专项行动的通知》

2020 年 10 月 22 日，科学技术部、财政部、教育部、中国科学院发布《关于持续开展减轻科研人员负担激发创新活力专项行动的通知》，要求通过持续深化已部署的专项行动，巩固和扩大行动成果；组织开展新的专项行动，回应科研人员新期盼来进一步减负，充分激发科技创新活力，提升创新绩效，更好发挥科技支撑高质量发展的作用。

（二）科学研究和技术服务业法律风险新动向

根据 2020 年的政策法规，党的十八大以来，党中央、国务院大力实施创新驱动发展战略，陆续出台了一系列政策措施，有力推动了科学研究和技术服务业的快速发展。科学研究和技术服务业上市公司也应当在合法合规的前提下把握机遇，科技服务业应以促进自主创新、引领产业升级、培育新兴产业和提升服务社会能力为主要发展目标，促进自主创新，大力发展研发服务业；引领产业升级，加强工业设计服务业；培育新兴产业，促进创业服务业；提升社会服务能力，做大信息咨询业，着力

推动创新发展,增强自身竞争力。

三、科学研究和技术服务业上市公司诉讼情况统计

本书以科学研究和技术服务业的 58 家上市公司为当事人检索案件,共收集 2020 年全国法院判决的各类司法判决书 189 份,作为统计分析的样本。

(一)案件类型分布

1. 案件诉讼类型

从案件诉讼类型看,2020 年科学研究和技术服务业上市公司所涉及的 189 件案件以民事诉讼为主,共有 180 件,行政诉讼有 9 件,不涉及刑事诉讼。详见表 2－82。

表 2－82　科学研究和技术服务业上市公司案件诉讼类型

诉讼类型	案件数量/件
民事诉讼	180
行政诉讼	9
刑事诉讼	0

2. 案件案由种类

首先,诉讼案件案由的基本类型看,2020 年科学研究和技术服务业上市公司所涉及的 189 件案件主要集中在合同类纠纷中,具体分布情况如表 2－83 所示。

表 2－83　科学研究和技术服务业上市公司案件案由基本类型分布

案由基本类型	案件数量/件
合同类纠纷	113
知识产权纠纷	22
劳动法纠纷	21
行政诉讼	9
侵权责任纠纷	6
其他民事纠纷	5
金融法纠纷	4
公司法纠纷	4
竞争法纠纷	3

续表

案由基本类型	案件数量/件
物权纠纷	2
刑事诉讼	0
合计	189

其中，如图 2－244 所示，合同类案件共有 113 件，在全部案件中所占的比例最高。

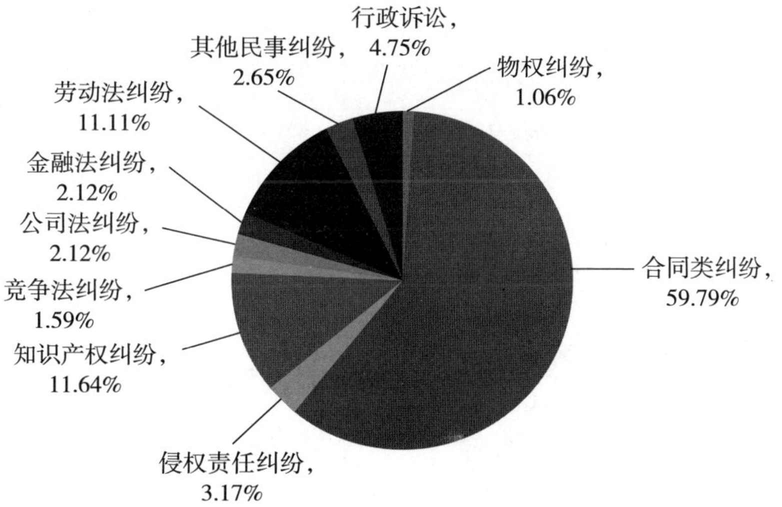

图 2－244　科学研究和技术服务业上市公司案由基本类型分布情况

其次，从案件的具体案由看，2020 年科学研究和技术服务业上市公司所涉及的 189 件案件以其他买卖合同纠纷案件数量最多，其他种类案由呈分散化分布状态，其分布情况如表 2－84 所示。

表 2－84　科学研究和技术服务业上市公司案件具体案由分布

具体案由	案件数量/件
其他买卖合同纠纷	30
建设工程合同纠纷	30
其他合同纠纷	24
其他劳动争议、人事争议	15
承揽合同纠纷	11
技术合同纠纷	10

续表

具体案由	案件数量/件
其他行政管理	8
租赁合同纠纷	5
劳动合同纠纷	5
专利权权属、侵权纠纷	5
票据追索权纠纷	4
劳务合同纠纷	4
机动车交通事故责任纠纷	4
商标权权属、侵权纠纷	3
虚假宣传纠纷	3
委托合同纠纷	3
财产损害赔偿纠纷	2
生命权、身体权、健康权纠纷	2
法定继承纠纷	2
著作权权属、侵权纠纷	2
破产债权确认纠纷	2
名誉权纠纷	1
公司解散纠纷	1
著作权合同纠纷	1
运输合同纠纷	1
损害公司利益责任纠纷	1
服务合同纠纷	1
物业服务合同纠纷	1
社会保险纠纷	1
追偿权纠纷	1
提供劳务者受害责任纠纷	1
债权人代位权纠纷	1
专利行政管理	1
分期付款买卖合同纠纷	1
其他侵权责任纠纷	1
商业秘密合同纠纷	1

3. 案件地域分布

从案件地域分布看,2020 年科学研究和技术服务业上市公司所涉及的 189 件案件主要分布在北京市、江苏省等地。其中,北京市案件最多,共 28 件;其次是江苏省,共 27 件。具体分布情况如图 2-245 所示。

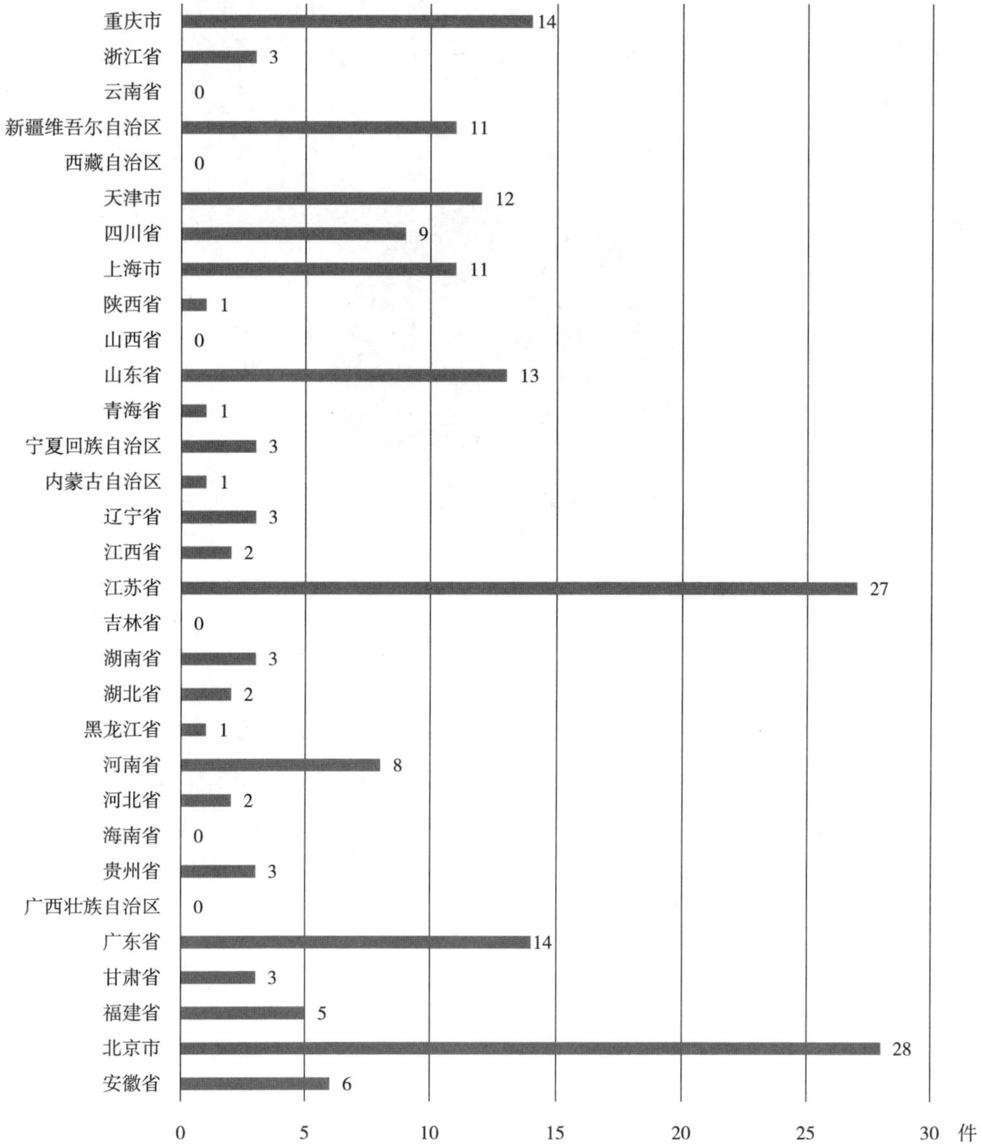

图 2-245　科学研究和技术服务业上市公司案件地域分布情况

(二)案件审理程序

1. 诉讼阶段

如图 2 – 246 所示,从诉讼阶段看,2020 年科学研究和技术服务业上市公司所涉及的 189 件案件中,一审案件有 140 件,占比约为 74.07%;二审案件有 41 件,占比约为 21.69%;再审案件有 8 件,占比约为 4.24%。

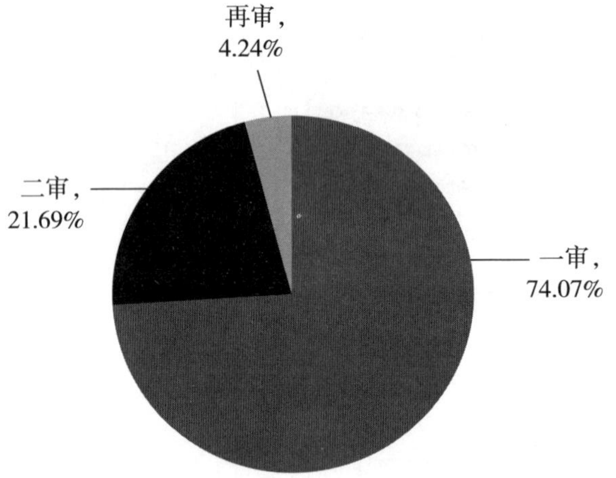

图 2 – 246　科学研究和技术服务业上市公司案件诉讼阶段分布情况

2. 法院层级

如图 2 – 247 所示,从法院层级看,2020 年科学研究和技术服务业上市公司所涉及的 189 件案件中,基层人民法院审结的案件有 116 件,占比约为 61.38%;中级人民法院审结的案件有 63 件,占比约为 33.33%;高级人民法院审结的案件有 7 件,占比约为 3.70%;最高人民法院审结的案件有 3 件,占比约为 1.59%。

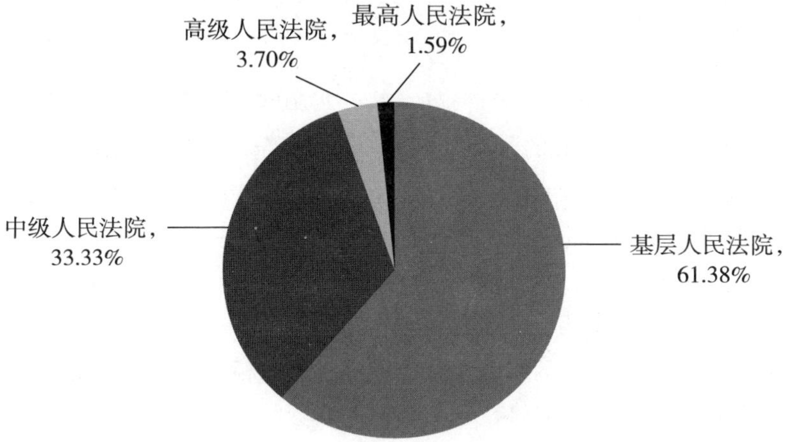

图2－247 科学研究和技术服务业上市公司案件审理法院层级分布情况

(三)上市公司诉讼地位

如图2－248所示,从上市公司的诉讼地位看,2020年科学研究和技术服务业上市公司所涉及的189件案件中,上市公司作为原告的案件有78件,占比约为41.27%;上市公司作为被告的案件有111件,占比约为58.73%。可见2020年科学研究和技术服务业上市公司诉讼中,上市公司仍是主要扮演应诉方角色,被动地参与诉讼。

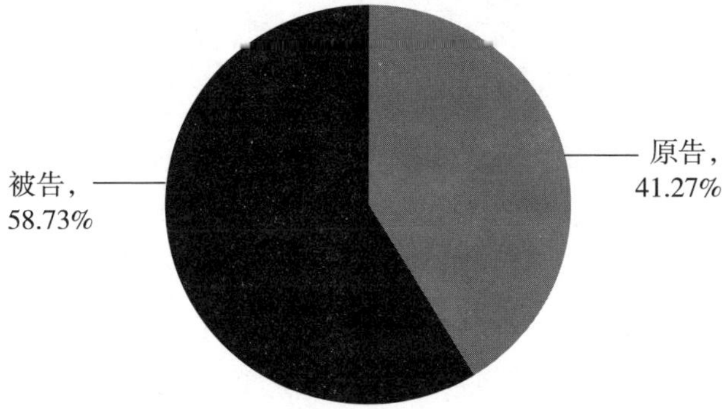

图2－248 科学研究和技术服务业上市公司诉讼地位分布情况

（四）诉讼标的额

如图 2－249 所示，从诉讼案件标的额看，2020 年科学研究和技术服务业上市公司所涉及的有标的额可查的所有案件中，诉讼请求金额在 1 万元及以下的案件数量为 1 件、大于 1 万～10 万元的案件数量为 6 件、大于 10 万～20 万元的案件数量为 1 件、大于 20 万～50 万元的案件数量为 8 件、大于 50 万～100 万元的案件数量为 6 件、大于 100 万～200 万元的案件数量为 0 件、大于 200 万～500 万元的案件数量为 14 件、大于 500 万～1000 万元的案件数量为 6 件、大于 1000 万～2000 万元的案件数量为 2 件、2000 万元以上的案件数量为 3 件。诉讼标的总额为 231，765，495 元，诉讼标的最大金额为 34，383，414 元，行业平均诉讼标的额为 4，931，180.745 元。

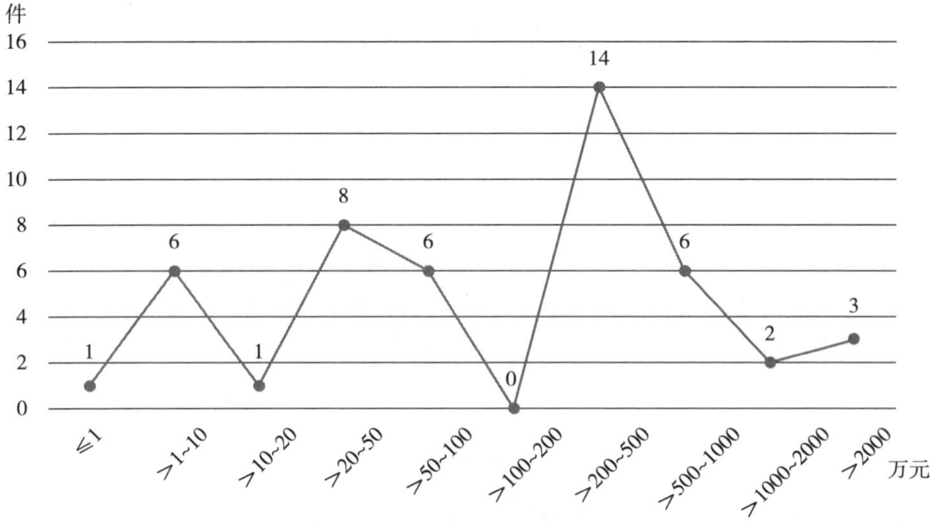

图 2－249　科学研究和技术服务业上市公司诉讼标的额分布情况

（五）诉讼结果和胜诉率

从总体上看，如图 2－250 所示，2020 年科学研究和技术服务业上市公司所涉及的所有案件中，胜诉的案件有 87 件，败诉的案件有 84 件，撤回起诉的案件有 11 件，撤回上诉的案件有 1 件，驳回起诉的案件有 6 件。该行业上市公司胜诉的案件数量占比约为 46.03%，如果排除撤回起诉、撤回上诉、驳回起诉的情形，则该行业上市公司的总体胜诉率约为 50.88%。

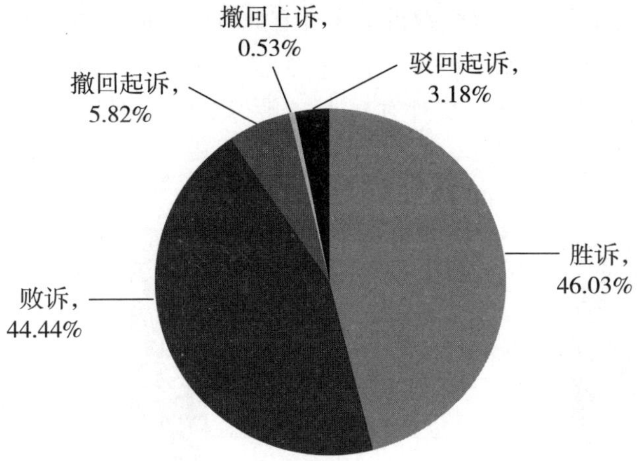

图 2-250 科学研究和技术服务业上市公司诉讼结果占比情况

如图 2-251 所示，具体到不同的诉讼地位，科学研究和技术服务业上市公司为原告时，胜诉的案件有 32 件，败诉的案件 34 件，胜诉率约为 48.48%，胜诉率低于总体胜诉率。科学研究和技术服务业上市公司为被告时，胜诉的案件有 55 例，败诉的案件有 50 例，胜诉率为 52.38%，胜诉率高于总体胜诉率。相较而言，科学研究和技术服务业上市公司作为被告时，胜诉率更高。

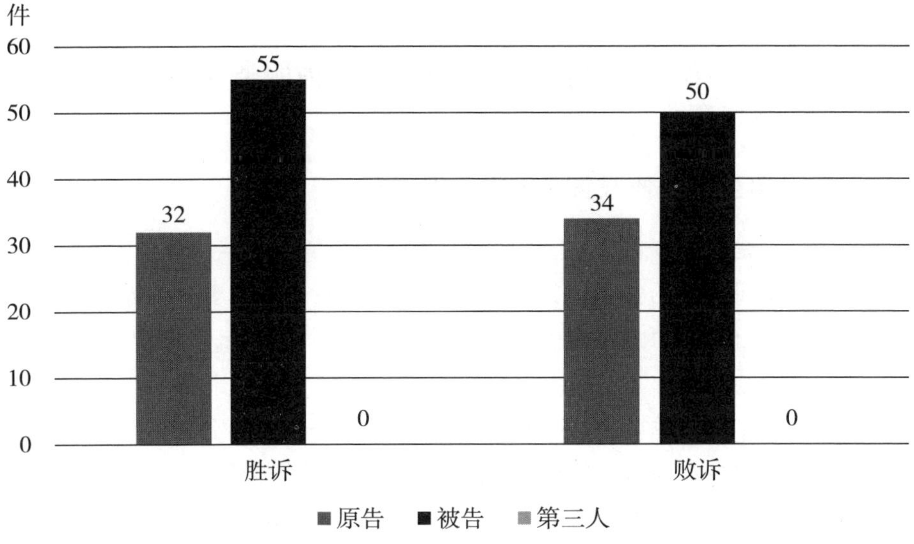

图 2-251 科学研究和技术服务业上市公司胜诉情况与诉讼地位交叉分布情况

如图 2-252 所示，具体到不同的诉讼阶段，一审阶段，科学研究和技术服务业上市公司胜诉的案件有 64 件，败诉的案件有 66 件，胜诉率约为 49.23%。二审阶段，胜诉的案件有 15 件，败诉的案件有 18 件，胜诉率约为 45.45%，胜诉率略低于一审胜诉率。再审阶段，胜诉的案件有 8 件，无败诉案件，总体胜诉率很高。

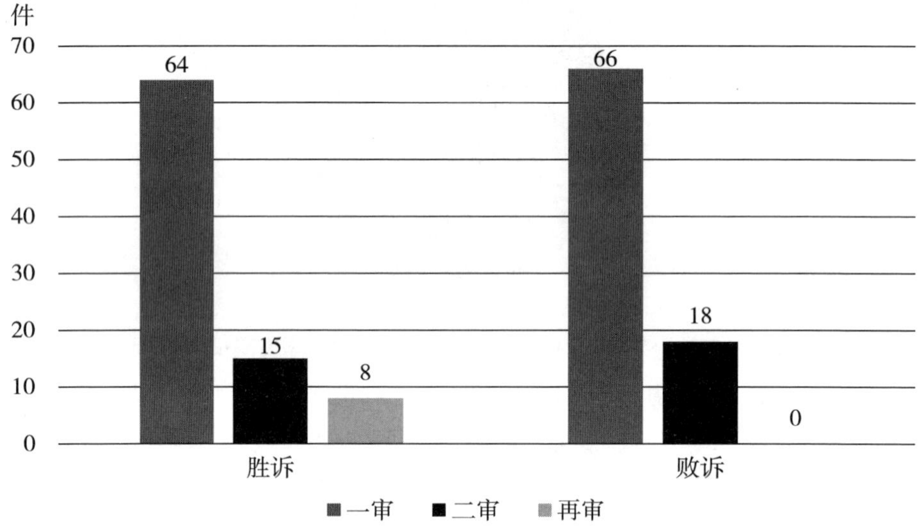

图 2－252　科学研究和技术服务业上市公司胜诉情况与诉讼阶段交叉分布情况

第二十九节　公共事业等其他服务业

一、公共事业等其他服务业上市公司概况

公共事业，是对具有各企业、事业单位和居民共享的基本特征的，服务于城市生产、流通和居民生活的负责维持公共服务基础设施的各类事业的总称。公共事业等其他服务业包括水利、环境和公共设施管理业，居民服务、修理和其他服务业，教育，卫生和社会工作。

截至 2020 年第四季度，我国公共事业等其他服务业上市公司共计 92 家，从行业小类看，生态保护和环境治理业上市公司 52 家，公共设施管理业上市公司 19 家，居民服务、修理和教育业上市公司 9 家，卫生和社会工作业上市公司 12 家。生态保护和环境治理业上市公司在公共事业等其他服务业上市公司中占据主流。从市场规模看，我国上市公司中公共事业等其他服务业的整体规模较小，其数量占全部上市公司的 2.22%，可见公共事业等其他服务业在全国范围内具有较大市场影响力的企业数量不多。

二、公共事业等其他服务业行业政策和法律风险新动向

（一）公共事业等其他服务业行业政策新动向

1.《生态环境标准管理办法》

2020年12月15日，生态环境部发布《生态环境标准管理办法》，紧密围绕我国生态环境管理发展需求和标准工作亟须解决的问题，提出了我国新时期生态环境标准工作的总体思路与方向，完善了标准类别和体系划分，明确了各类标准的作用定位和制定原则及实施规则。同时，规定地方标准制定与备案有关新要求，更加注重标准实施及评估。《生态环境标准管理办法》对于贯彻落实环境法律要求，进一步规范和促进国家、地方生态环境标准发展，加强标准实施，推进生态环境标准体系完善具有重要作用，将更有力地支撑精准治污、科学治污和依法治污。

2.《关于调整完善土地出让收入使用范围优先支持乡村振兴的意见》

2020年9月23日，中共中央办公厅、国务院办公厅印发了《关于调整完善土地出让收入使用范围优先支持乡村振兴的意见》，提出坚持把解决好"三农"问题作为全党工作重中之重，坚持农业农村优先发展，按照"取之于农、主要用之于农"的要求，调整土地出让收益城乡分配格局，稳步提高土地出让收入用于农业农村比例。为此，应重点做到提高土地出让收入用于农业农村比例，做好与相关政策衔接，建立市县留用为主、中央和省级适当统筹的资金调剂机制，加强土地出让收入用于农业农村资金的统筹使用，加强对土地出让收入用于农业农村资金的核算，同时要加强这一举措的各级保障措施。

3.《关于深入推进"互联网+医疗健康""五个一"服务行动的通知》

2020年12月4日，国家卫生健康委员会、国家医疗保障局、国家中医药管理局印发《关于深入推进"互联网+医疗健康""五个一"服务行动的通知》，要求进一步聚焦人民群众看病就医的"急难愁盼"问题，持续推动"互联网+医疗健康"便民惠民服务向纵深发展，做到推进"一体化"共享服务，提升便捷化智能化人性化服务水平；推进"一码通"融合服务，破除多码并存互不通用信息壁垒；推进"一站式"结算服务，完善"互联网+"医疗在线支付工作；推进"一网办"政务服务，化解办事难、办事慢、办事繁问题；推进"一盘棋"抗疫服务，加强常态化疫情防控信息技术支撑。

（二）公共事业等其他服务业法律风险新动向

2020 年 9 月 1 日，新修订的《固体废物污染环境防治法》正式生效，实现了固体废物污染防治相关制度的全面完善。这是依法推动打赢打好污染防治攻坚战的实际行动，也是坚持和完善生态文明制度体系的重要举措。2020 年版《固体废物污染环境防治法》在总结固体废物污染防治工作经验的基础上，主要从转变发展方式、落实污染责任、统筹综合治理等方面，补齐固体废物污染防治“短板”，深入推进固体废物减量化、资源化、无害化，全面确保生态安全，要求明确固体废物污染防治责任、强化产生者的固体废物处理处置责任、统筹推进各类固体废物综合治理，通过完善查封扣押、按日连续处罚、企业和负责人双处罚、打击环境犯罪等措施，突出违法者需要承担的法律责任。

三、公共事业等其他服务业上市公司诉讼情况统计

本书以公共事业等其他服务业的 92 家上市公司为当事人检索案件，共收集 2020 年全国法院判决的各类司法判决书 852 份，作为统计分析的样本。

（一）案件类型分布

1. 案件诉讼类型

从案件诉讼类型看，2020 年公共事业等其他服务业上市公司所涉及的 852 件案件以民事诉讼为主，共有 839 件，行政诉讼仅有 13 件，不涉及刑事诉讼。详见表 2－85。

表 2－85　公共事业等其他服务业上市公司案件诉讼类型

诉讼类型	案件数量/件
民事诉讼	839
行政诉讼	13
刑事诉讼	0

2. 案件案由种类

首先，从诉讼案件案由的基本类型看，2020 年公共事业等其他服务业上市公司所涉及的 852 件案件主要集中在合同类纠纷中，具体分布情况如表 2－86 所示。

表 2-86　公共事业等其他服务业上市公司案件案由基本类型分布

案由基本类型	案件数量/件
合同类纠纷	608
劳动法纠纷	115
公司法纠纷	36
侵权责任纠纷	33
金融法纠纷	28
行政诉讼	13
知识产权纠纷	9
其他民事纠纷	6
物权纠纷	3
竞争法纠纷	1
刑事诉讼	0
合计	852

其中，如图 2-253 所示，合同类案件共有 608 件，在全部案件中所占的比例最高。

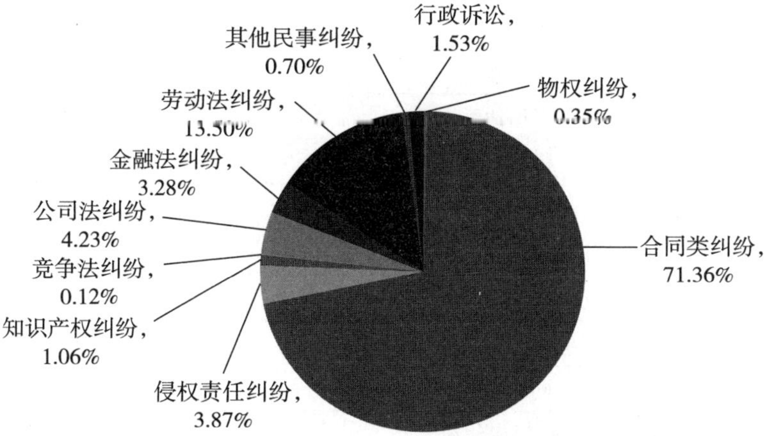

图 2-253　公共事业等其他服务业上市公司案由基本类型分布情况

其次，从案件的具体案由看，2020 年公共事业等其他服务业上市公司所涉及的 852 件案件以建设工程合同纠纷案件数量最多，其他种类案件又呈分散化分布状态，其分布情况如表 2-87 所示。

表 2－87　公共事业等其他服务业上市公司案件具体案由分布

具体案由	案件数量/件
建设工程合同纠纷	220
其他买卖合同纠纷	180
其他劳动争议、人事争议	84
其他合同纠纷	61
租赁合同纠纷	36
承揽合同纠纷	34
福利待遇纠纷	20
股权转让纠纷	18
提供劳务者受害责任纠纷	15
票据利益返还请求权纠纷	15
劳务合同纠纷	15
借款合同纠纷	15
票据追索权纠纷	12
招标投标买卖合同纠纷	10
劳动合同纠纷	10
机动车交通事故责任纠纷	8
请求变更公司登记纠纷	8
服务合同纠纷	8
其他侵权责任纠纷	7
环境保护行政管理	6
生命权、身体权、健康权纠纷	5
其他行政管理	5
委托合同纠纷	4
分期付款买卖合同纠纷	4
中介合同纠纷	4
著作权权属、侵权纠纷	4
公司决议纠纷	3
运输合同纠纷	3
物业服务合同纠纷	2

续表

具体案由	案件数量/件
债权人代位权纠纷	2
返还原物纠纷	2
不当得利纠纷	2
对外追收债权纠纷	2
合伙企业财产份额转让纠纷	2
公司解散纠纷	2
技术合同纠纷	2
保证合同纠纷	2
追偿权纠纷	2
债权人撤销权纠纷	1
清算责任纠纷	1
确认合同效力纠纷	1
融资租赁合同纠纷	1
虚假宣传纠纷	1
海上、通海水域货物运输合同纠纷	1
著作权合同纠纷	1
专利权权属、侵权纠纷	1
修理、重作、更换纠纷	1
行政赔偿	1
建筑物和物件损害责任纠纷	1
特许经营合同纠纷	1
财政行政管理	1
社会保险纠纷	1
信用证融资纠纷	1
提供劳务者致害责任纠纷	1
违反安全保障义务责任纠纷	1
商标权权属、侵权纠纷	1

3. 案件地域分布

从案件地域分布看,2020 年公共事业等其他服务业上市公司所涉及的 852 件案件,主要分布在北京市、江苏省等地,其中北京市案件最多,共 147 件;其次是江苏省,共 82 件。具体分布情况如图 2－254 所示。

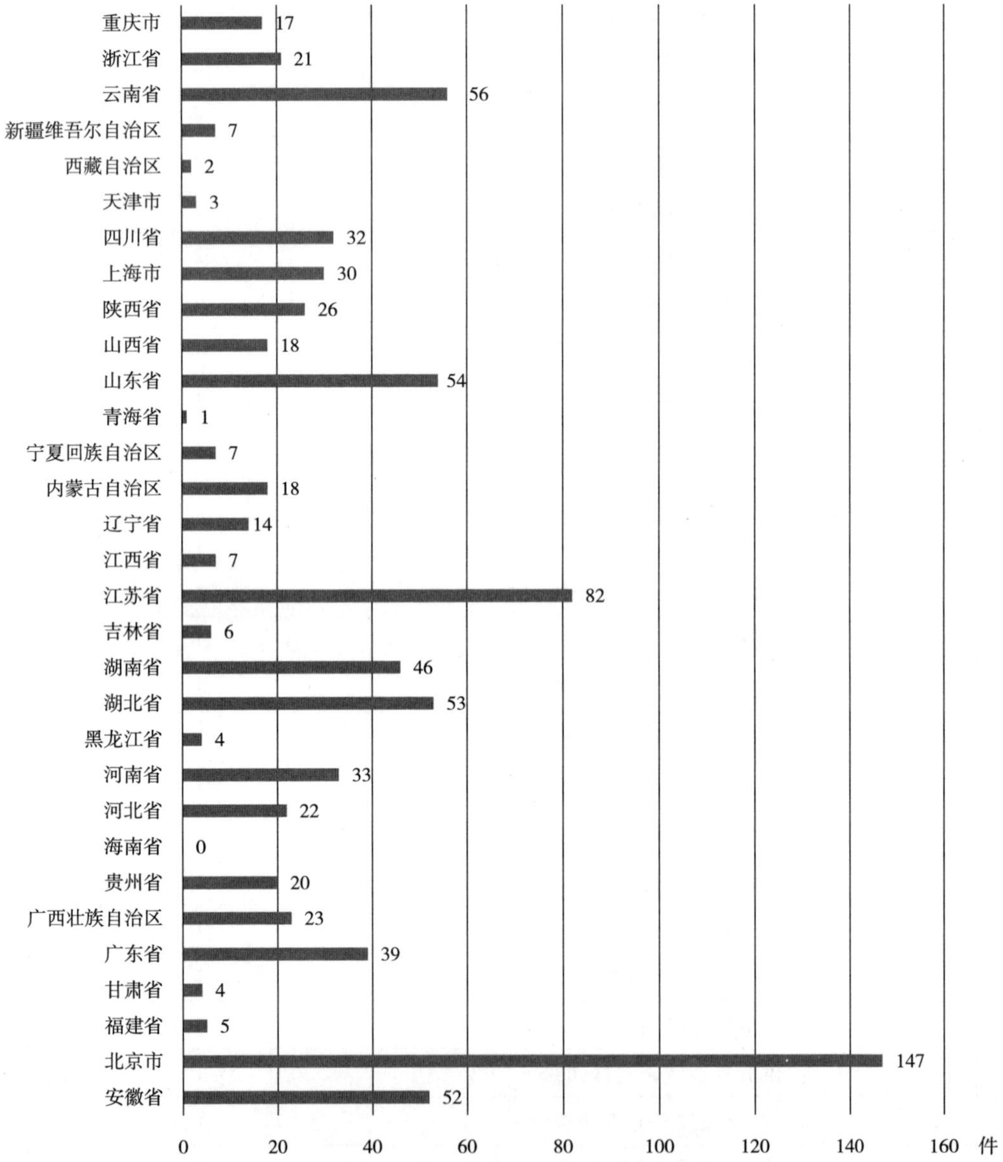

图 2－254　公共事业等其他服务业上市公司案件地域分布情况

（二）案件审理程序

1. 诉讼阶段

如图2－255所示，从诉讼阶段看，2020年公共事业等其他服务业上市公司所涉及的852件案件中，一审案件有646件，占比约为75.82%；二审案件有188件，占比约为22.07%；再审案件有18件，占比约为2.11%。

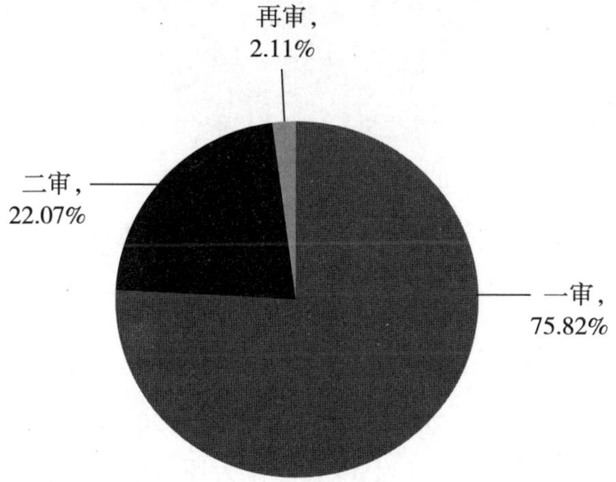

图2－255 公共事业等其他服务业上市公司案件诉讼阶段分布情况

2. 法院层级

如图2－256所示，从法院层级看，2020年公共事业等其他服务业上市公司所涉及的852件案件中，基层人民法院审结的案件有616件，占比约为72.30%；中级人民法院审结的案件有201件，占比约为23.59%；高级人民法院审结的案件有32件，占比约为3.76%；最高人民法院审结的案件有3件，占比约为0.35%。

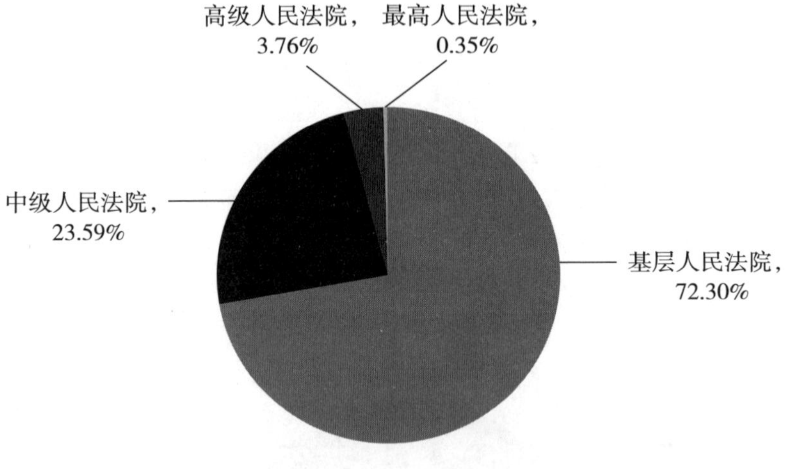

图 2－256　公共事业等其他服务业上市公司案件审理法院层级分布情况

（三）上市公司诉讼地位

如图 2－257 所示，从上市公司的诉讼地位看，2020 年公共事业等其他服务业上市公司所涉及的 852 件案件中，上市公司作为原告的案件有 405 件，占比约为 47.54%；上市公司作为被告的案件有 447 件，占比约为 52.46%。可见 2020 年公共事业等其他服务业上市公司诉讼中，上市公司主要扮演应诉方角色、被动参与诉讼更多。

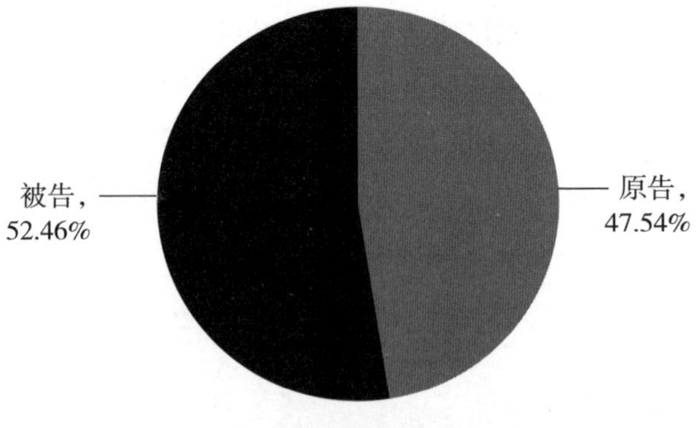

图 2－257　公共事业等其他服务业上市公司诉讼地位分布情况

（四）诉讼标的额

如图 2－258 所示，从诉讼案件标的额看，2020 年公共事业等其他服务业上市公司所涉及的有标的额可查的案件中，诉讼请求金额在 1 万元及以下的案件数量为 6 件、大于 1 万～10 万元的案件数量为 54 件、大于 10 万～20 万元的案件数量为 18 件、大于 20 万～50 万元的案件数量为 67 件、大于 50 万～100 万元的案件数量为 17 件、大于 100 万～200 万元的案件数量为 19 件、大于 200 万～500 万元的案件数量为 50 件、大于 500 万～1000 万元的案件数量为 17 件、大于 1000 万～2000 万元的案件数量为 3 件、2000 万元以上的案件数量为 8 件。诉讼标的总额为 785,897,571.8 元，诉讼标的最大金额为 97,987,343 元，行业平均诉讼标的额为 3,034,353.559 元。

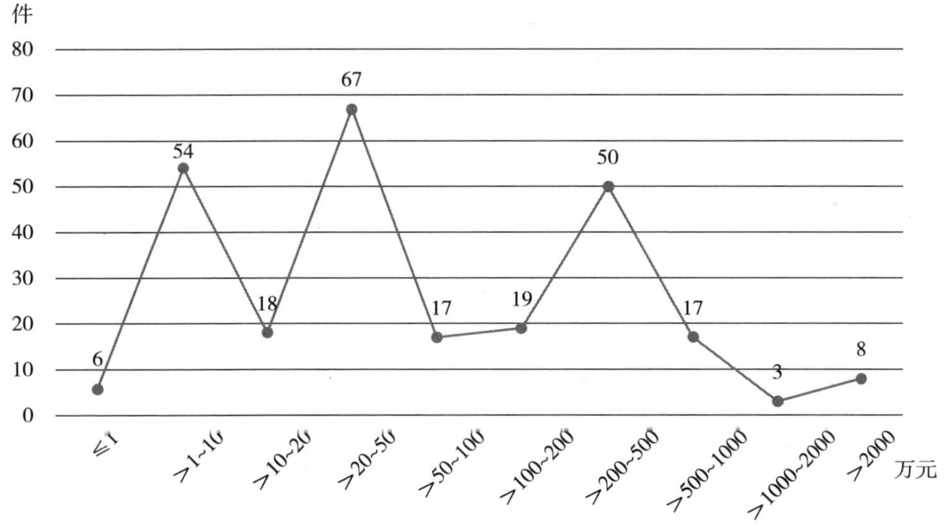

图 2－258　公共事业等其他服务业上市公司诉讼标的额分布情况

（五）诉讼结果和胜诉率

从总体上看，如图 2－259 所示，2020 年公共事业等其他服务业上市公司所涉及的 852 件案件中，胜诉的案件有 417 件，败诉的案件有 406 件，原告撤回起诉的有 19 件，撤回上诉的有 3 件，驳回起诉的有 6 件，驳回上诉的有 1 件。该行业上市公司胜诉的案件数量在全部案件中占比约为 48.94%，如果排除撤诉等特殊情形，则该行业上市公司的总体胜诉率约为 50.67%。

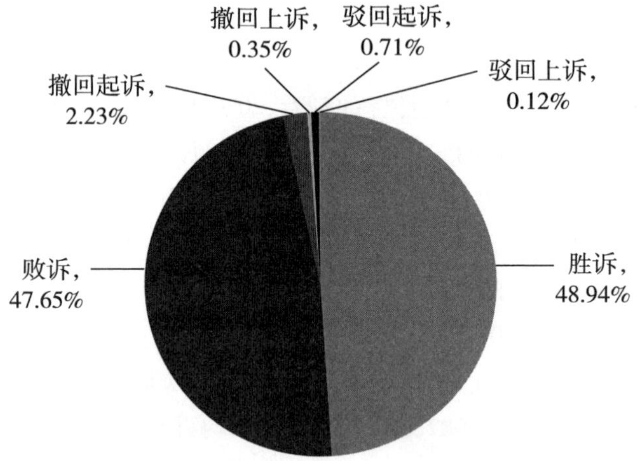

图 2-259 公共事业等其他服务业上市公司诉讼结果占比情况

如图 2-260 所示，具体到不同的诉讼地位，公共事业等其他服务业上市公司为原告时，胜诉的案件有 188 件，败诉的案件有 197 件，胜诉率约为 48.83%。公共事业等其他服务业上市公司为被告时，胜诉的案件有 229 件，败诉的案件有 209 件，胜诉率约为 52.28%。相较而言，公共事业等其他服务业上市公司作为被告时，反而胜诉率更高。

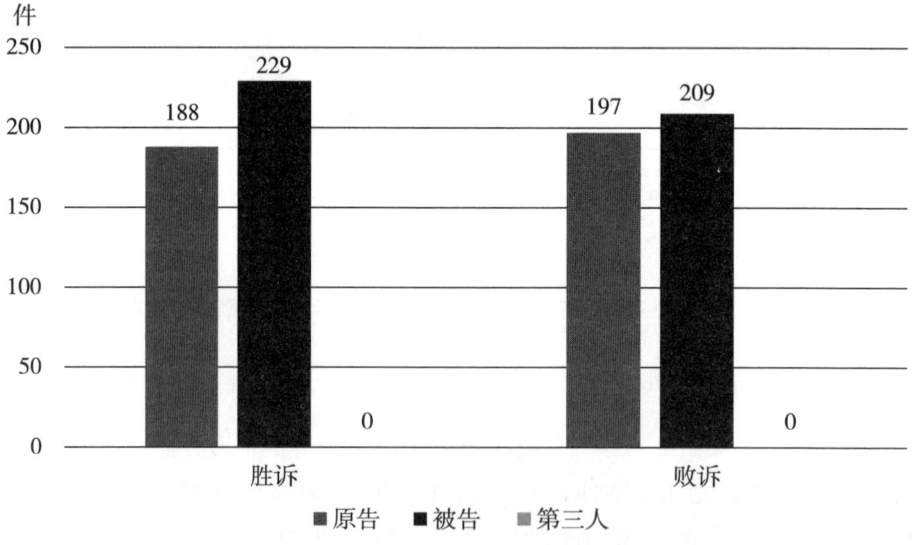

图 2-260 公共事业等其他服务业上市公司胜诉情况与诉讼地位交叉分布情况

如图 2-261 所示，具体到不同的诉讼阶段，一审阶段，公共事业等其他服务业上市公司胜诉的案件有320件,败诉的案件有310件,胜诉率约为50.79%,胜诉率基本等于总体胜诉率。二审阶段,胜诉的案件有90件,败诉的案件有85件,胜诉率约为51.43%,胜诉率略高于一审胜诉率。再审阶段,胜诉的案件有7件,败诉的案件有11件,胜诉率仅约为38.89%,胜诉率较低。

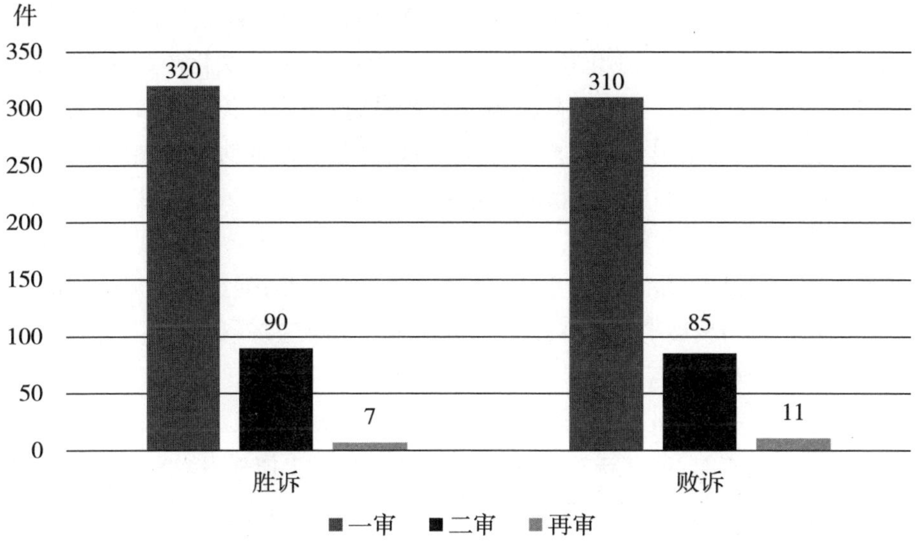

图2-261 公共事业等其他服务业上市公司胜诉情况与诉讼阶段交叉分布情况

第三十节 文化、体育和娱乐业

一、文化、体育和娱乐业上市公司概况

文化、体育和娱乐业的某些项目是存在交叉的。文化业指经营文化活动的业务。体育业指举办各种体育比赛和为体育比赛或活动提供场所的业务。娱乐业指为娱乐活动提供场所和服务的行业。

截至2020年第四季度,我国文化、体育和娱乐业上市公司共计59家,从行业小类看,新闻和出版业上市公司23家,广播、电视、电影和影视录音制作业上市公司26家,文化艺术业上市公司9家,体育业上市公司1家。广播、电视、电影和影视录音制作业上市公司在文化、体育和娱乐业上市公司中占据主流。从市场规模看,我国上市公司中文化、体育和娱乐业的整体规模较小,其数量占全部上市公司的1.43%,可见文化、体育和娱乐业在全国范围内具有较大市场影响力的企业数量并不多。

二、文化、体育和娱乐业行业政策和法律风险新动向

（一）文化、体育和娱乐业行业政策新动向

1.《关于推动数字文化产业高质量发展的意见》

2020 年 11 月 18 日，文化和旅游部发布《关于推动数字文化产业高质量发展的意见》，提出应顺应数字产业化和产业数字化发展趋势，实施文化产业数字化战略，加快发展新型文化企业、文化业态、文化消费模式，改造提升传统业态，提高质量效益和核心竞争力，健全现代文化产业体系，围绕产业链部署创新链、围绕创新链布局产业链，促进产业链和创新链精准对接，推进文化产业“上云用数赋智”。具体应当做到以下方面：加强内容建设；加快新型基础设施建设；推动技术创新和应用；激发数据资源要素潜力；培育市场主体；构建产业标准体系；促进优秀文化资源数字化；深化融合发展；发展平台经济；促进文化产业与数字经济、实体经济深度融合，构建数字文化产业生态体系。

2.《关于进一步加强网络文学出版管理的通知》

2020 年 6 月 5 日，国家新闻出版署发布《关于进一步加强网络文学出版管理的通知》，要求进一步加强网络文学出版管理，规范网络文学行业秩序，引导网络文学出版单位始终坚持正确出版导向、坚持把社会效益放在首位、坚持高质量发展、努力以精品奉献人民，推动网络文学繁荣健康发展，要做到建立健全内容审核机制，严格规范登载发布行为，定期开展社会效益评价考核，加强评奖推选活动管理，进一步规范市场秩序，加强网络文学出版队伍建设，切实履行属地管理职责，在促进文学创作生产、满足人民群众精神文化需求方面发挥积极作用。

（二）文化、体育和娱乐业法律风险新动向

1. 修订《娱乐场所管理条例》

2020 年 11 月 29 日，国务院发布新修订的《娱乐场所管理条例》，此次修订立足于娱乐场所及其形成的产业的变化，首先，要体现新形势下大众文化娱乐场所的中国特色，增加文化含量，创造独特的文化氛围；其次，修订充分体现了保障人民群众生命财产安全的原则，力争从监管层面上最大限度地消灭治安、消防等方面的安全隐患；再次，修订坚持以人为本，着力于保护消费者和未成年人的合法权益；最后，修订体现了明确政府有关部门的职责和权限，并按照依法行政的要求对各部门及其工作人员的行政行为进行了规定。

具体内容而言，2020 年版《娱乐场所管理条例》严格了设立标准。将原有条例

中对娱乐场所的设立采取审核文件的形式变更为核发娱乐经营许可证制度，进一步明确了娱乐场所安全消防责任与娱乐场所的内容和形式的安全合法问题；同时加强政府部门和社会公众对娱乐场所的管理和监督，加大了对违法行为的处罚力度。娱乐行业上市公司应当恪守 2020 年版《娱乐场所管理条例》，避免违规而承担行政处罚等责任。

2.《体育赛事活动管理办法》

2020 年 1 月 17 日，国家体育总局发布《体育赛事活动管理办法》，在内容上明确了立法依据、基本概念以及相关原则，规定了体育赛事活动申办和审批程序以及体育赛事活动的组织方、参与方及其他人员的相关权利义务，规定了体育部门和体育协会为社会力量举办体育赛事活动提供指导和服务与规范体育赛事活动秩序，以及保障各方合法权益的具体措施。相关上市公司也应当认真加强对《体育赛事活动管理办法》的学习、宣传和培训，确保体育赛事活动规范有序开展，促进体育事业健康发展。

三、文化、体育和娱乐业上市公司诉讼情况统计

本书以文化、体育和娱乐业的 59 家上市公司为当事人检索案件，共收集 2020 年全国法院判决的各类司法判决书 454 份，作为统计分析的样本。

（一）案件类型分布

1. 案件诉讼类型

从案件诉讼类型看，2020 年文化、体育和娱乐业上市公司所涉及的 454 件案件以民事诉讼为主，共有 411 件，行政诉讼仅有 43 件，不涉及刑事诉讼。详见表 2 – 88。

表 2 – 88　文化、体育和娱乐业上市公司案件诉讼类型

诉讼类型	案件数量/件
民事诉讼	411
行政诉讼	43
刑事诉讼	0

2. 案件案由种类

首先，诉讼案件案由的基本类型看，2020 年文化、体育和娱乐业上市公司所涉及的 454 件案件主要集中在知识产权纠纷中，具体分布情况如表 2 – 89 所示。

表 2-89　文化、体育和娱乐业上市公司案件案由基本类型分布

案由基本类型	案件数量/件
知识产权纠纷	209
合同类纠纷	105
劳动法纠纷	74
行政诉讼	43
公司法纠纷	8
侵权责任纠纷	7
其他民事纠纷	5
物权纠纷	2
金融法纠纷	1
竞争法纠纷	0
刑事诉讼	0
合计	454

其中，如图 2-262 所示，知识产权纠纷案件共有 209 件，在全部案件中所占的比例最高。

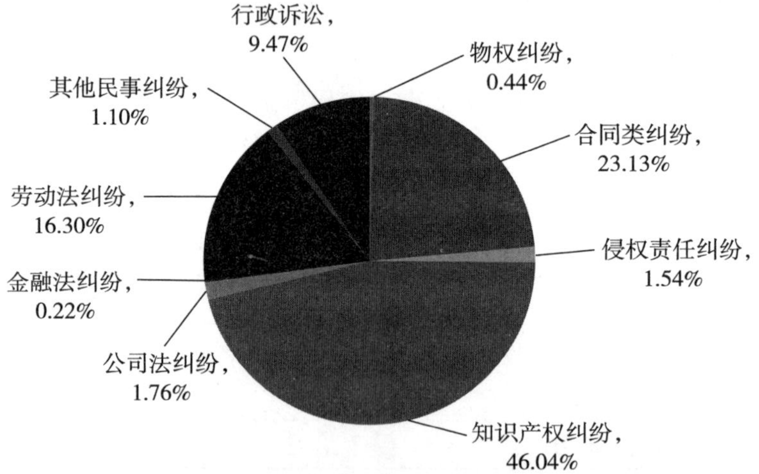

图 2-262　文化、体育和娱乐业上市公司案由基本类型分布情况

其次，从案件的具体案由看，2020 年文化、体育和娱乐业上市公司所涉及的 454 件案件以著作权权属、侵权纠纷案件数量最多，其他种类案由呈分散化分布状态，其分布情况如表 2 – 90 所示。

表 2 – 90 文化、体育和娱乐业上市公司案件具体案由分布

具体案由	案件数量/件
著作权权属、侵权纠纷	203
劳动合同纠纷	66
新闻出版行政管理	42
租赁合同纠纷	30
其他合同纠纷	24
借款合同纠纷	20
其他买卖合同纠纷	9
服务合同纠纷	5
股权转让纠纷	5
其他劳动争议、人事争议	4
社会保险纠纷	4
商标权权属、侵权纠纷	4
追偿权纠纷	3
建设工程合同纠纷	2
用人单位责任纠纷	2
名誉权纠纷	2
医疗损害责任纠纷	2
承揽合同纠纷	2
生命权、身体权、健康权纠纷	2
广告合同纠纷	2
著作权合同纠纷	2
其他行政管理	1

续表

具体案由	案件数量/件
储蓄存款合同纠纷	1
公司决议纠纷	1
其他侵权责任纠纷	1
定金合同纠纷	1
清算责任纠纷	1
物权确认纠纷	1
房屋买卖合同纠纷	1
损害公司债权人利益责任纠纷	1
财产损害赔偿纠纷	1
产品责任纠纷	1
隐私权、个人信息保护纠纷	1
质押合同纠纷	1
保证合同纠纷	1
保理合同纠纷	1
票据付款请求权纠纷	1
劳务合同纠纷	1
行纪合同纠纷	1
违反安全保障义务责任纠纷	1

3.案件地域分布

从案件地域分布看，2020 年文化、体育和娱乐业上市公司所涉及的 454 件案件，多数集中在北京市，共 277 件；其余零散分布在各地。具体分布情况如图 2－263 所示。

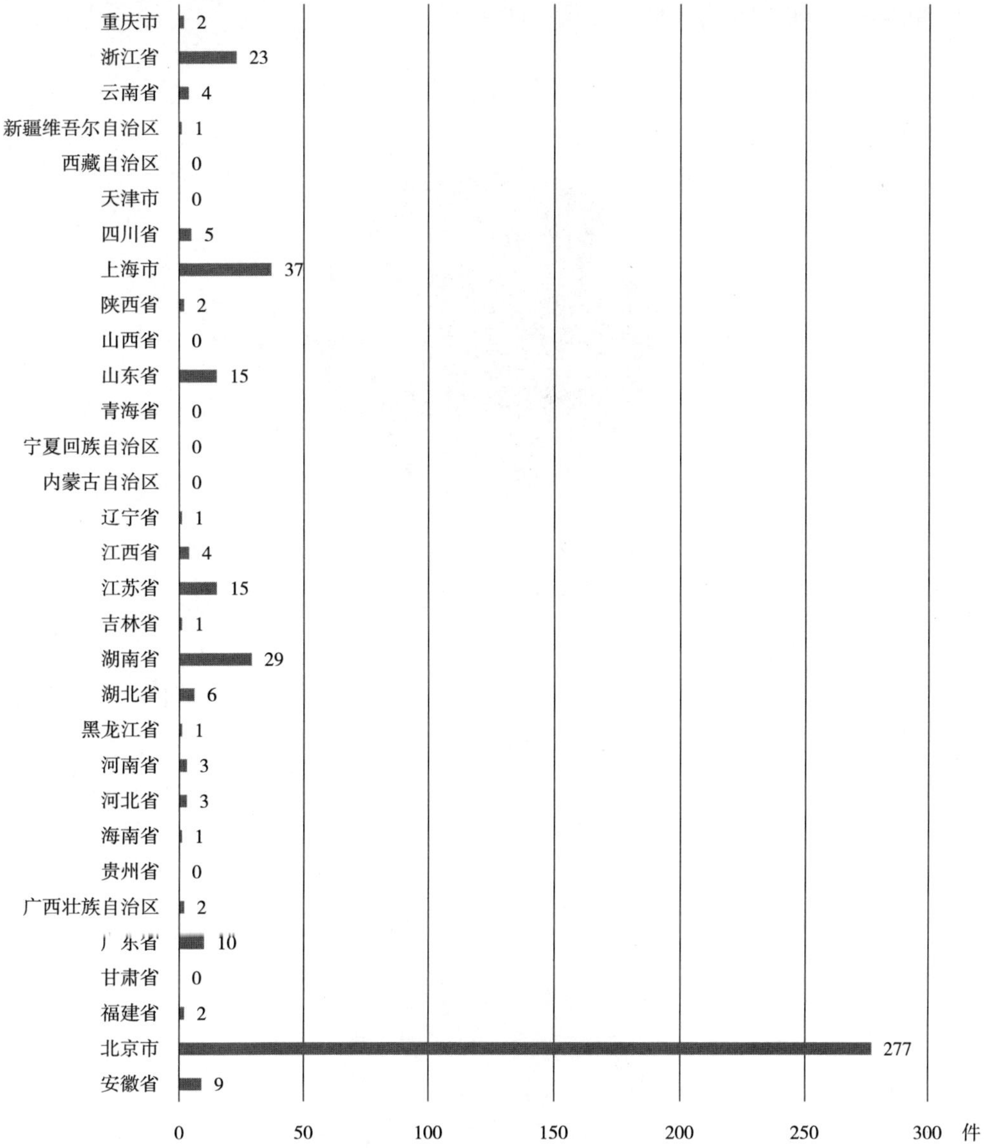

图 2 – 263　文化、体育和娱乐业上市公司案件地域分布情况

(二)案件审理程序

1. 诉讼阶段

如图 2 – 264 所示,从诉讼阶段看,2020 年文化、体育和娱乐业上市公司所涉及的 454 件案件中,一审案件有 222 件,占比约为 48.90%;二审案件有 229 件,占比约为 50.44%；再审案件有 3 件，占比约为 0.66%。

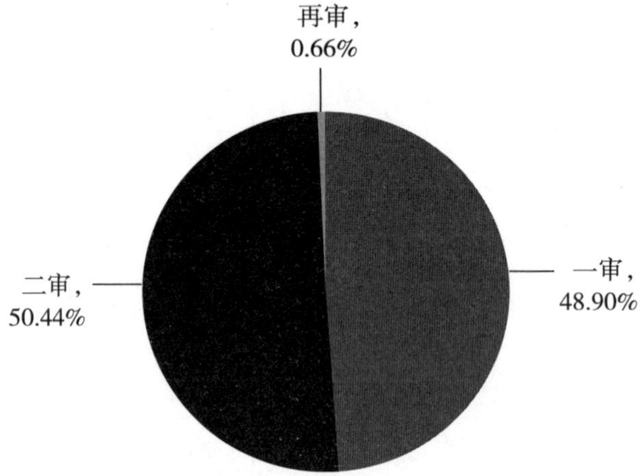

图 2－264　文化、体育和娱乐业上市公司案件诉讼阶段分布情况

2. 法院层级

如图 2－265 所示，从法院层级看，2020 年文化、体育和娱乐业上市公司所涉及的 454 件案件中，基层人民法院审结的案件有 169 件，占比约为 37.22%；中级人民法院审结的案件有 262 件，占比约为 57.71%；高级人民法院审结的案件有 22 件，占比约为 4.85%；最高人民法院审结的案件有 1 件，占比约为 0.22%。

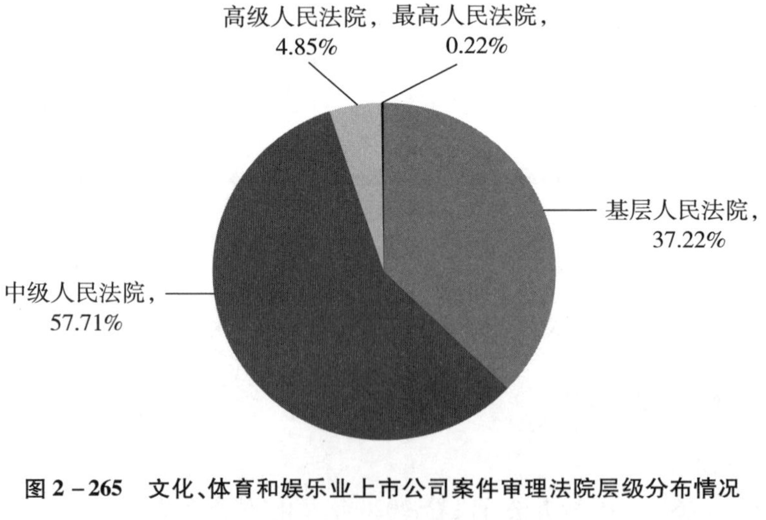

图 2－265　文化、体育和娱乐业上市公司案件审理法院层级分布情况

（三）上市公司诉讼地位

如图 2－266 所示，从上市公司的诉讼地位看，2020 年文化、体育和娱乐业上市公司所涉及的 454 件案件中，上市公司作为原告的案件有 201 件，占比约为 44.27%；上市公司作为被告的案件有 248 件，占比约为 54.63%；此外，还有 5 件案件中上市公司以第三人的身份参与了诉讼。可见 2020 年文化、体育和娱乐业上市公司诉讼中，上市公司以扮演应诉方角色、被动参与诉讼居多。

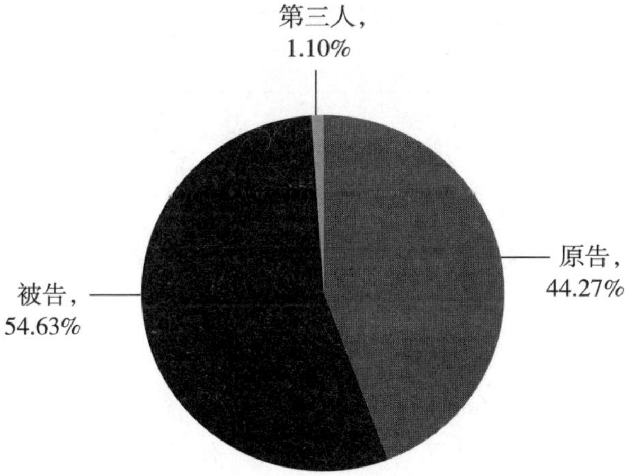

图 2－266　文化、体育和娱乐业上市公司诉讼地位分布情况

（四）诉讼标的额

如图 2－267 所示，从诉讼案件标的额看，2020 年文化、体育和娱乐业上市公司所涉及的有标的额可查的案件中，诉讼请求金额在 1 万元及以下的案件数量为 12 件、大于 1 万～10 万元的案件数量为 39 件、大于 10 万～20 万元的案件数量为 35 件、大于 20 万～50 万元的案件数量为 28 件、大于 50 万～100 万元的案件数量为 19 件、大于 100 万～200 万元的案件数量为 13 件、大于 200 万～500 万元的案件数量为 7 件、大于 500 万～1000 万元的案件数量为 3 件、大于 1000 万～2000 万元的案件数量为 2 件、2000 万元以上的案件数量为 23 件。诉讼标的总额为 2,373,199,132 元，诉讼标的最大金额为425,902,777.8元，行业平均诉讼标的额为 13,111,597.41 元。

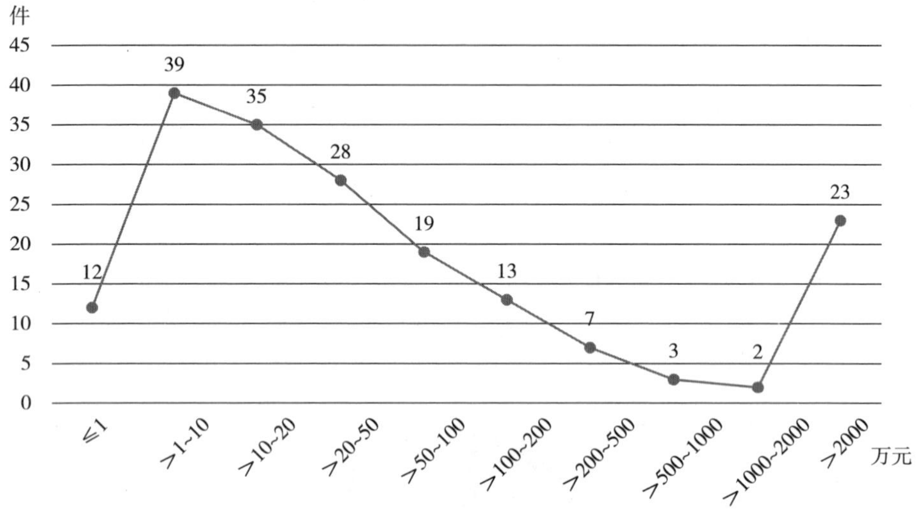

图 2-267　文化、体育和娱乐业上市公司诉讼标的额分布情况

（五）诉讼结果和胜诉率

从总体上看，如图 2-268 所示，2020 年文化、体育和娱乐业上市公司所涉及的 454 件案件中，胜诉的案件有 157 件，败诉的案件有 126 件，撤回起诉的案件有 158 件，撤回上诉的案件有 12 件，驳回上诉的案件有 1 件。该行业上市公司胜诉的案件数量在全部案件中的占比约为 34.58%，如果排除撤诉等特殊情形，则文化、体育和娱乐业上市公司的总体胜诉率约为 55.48%。

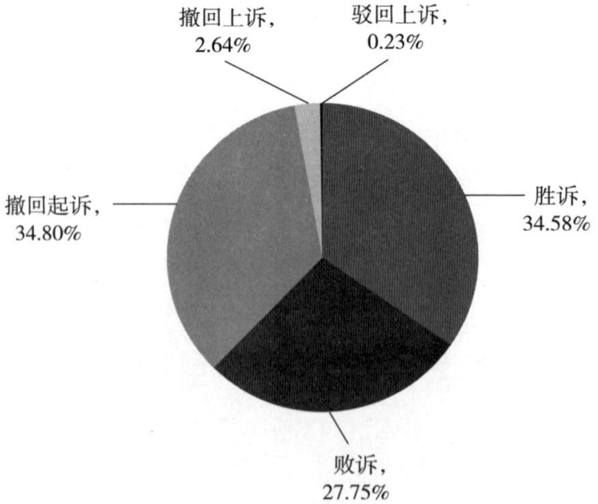

图 2-268　文化、体育和娱乐业上市公司诉讼结果占比情况

如图 2－269 所示，具体到不同的诉讼地位上，文化、体育和娱乐业上市公司为原告时，胜诉的案件有 61 件，败诉的案件有 87 件，胜诉率约为 41.22%。文化、体育和娱乐业上市公司为被告时，胜诉的案件有 92 件，败诉的案件有 39 件，胜诉率约为 70.23%。相较而言，文化、体育和娱乐业上市公司作为被告时，胜诉率更高。

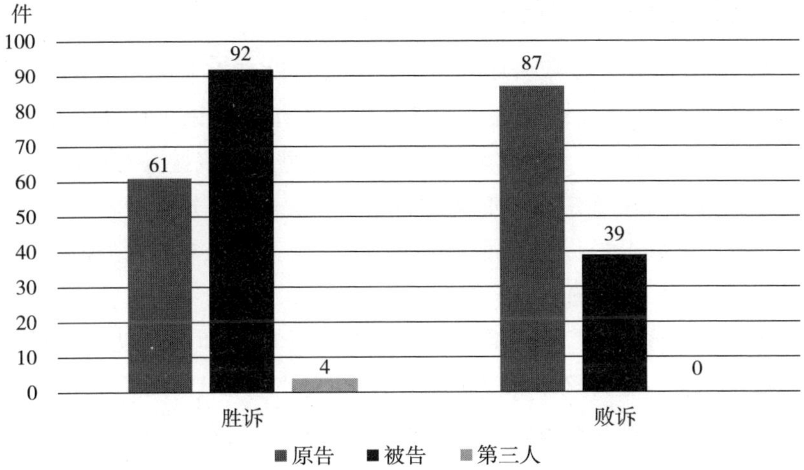

图 2－269　文化、体育和娱乐业上市公司胜诉情况与诉讼地位交叉分布情况

如图 2－270 所示，具体到不同的诉讼阶段，一审阶段，文化、体育和娱乐业上市公司胜诉的案件有 81 件，败诉的案件有 72 件，胜诉率约为 52.94%。二审阶段，胜诉的案件有 73 件，败诉的案件有 54 件，胜诉率约为 57.48%，胜诉率高于一审胜诉率。再审阶段，胜诉的案件有 3 件，败诉的案件有 0 件，胜诉率为 100.00%。

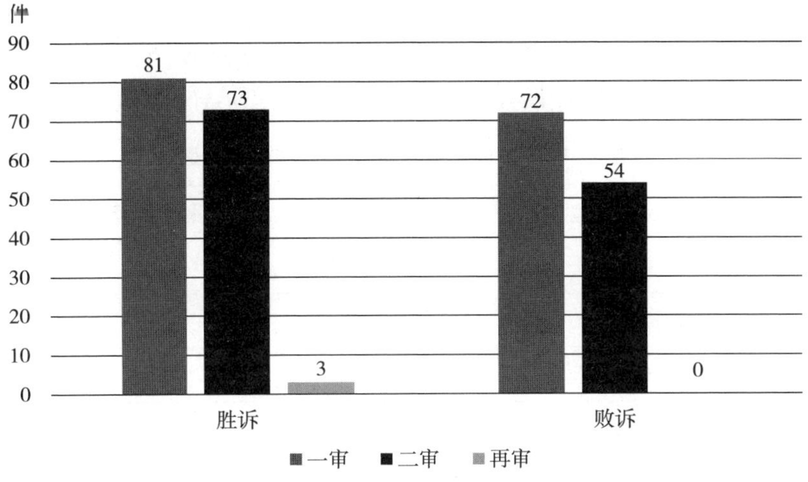

图 2－270　文化、体育和娱乐业上市公司胜诉情况与诉讼阶段交叉分布情况

第三十一节 综 合 行 业

一、综合行业上市公司概况

根据《上市公司分类指引》的规定，当上市公司没有一类业务的营业收入比重大于或等于50%，但某些业务的收入和利润均在所有业务中最高，而且均占到公司总收入和总利润的30%以上（包含本数），则该公司归属该业务对应的行业类别。不能按照上述分类方法确定行业归属的，由上市公司行业分类专家委员会根据公司实际经营状况判断公司行业归属；归属不明的，划为综合类。可见综合行业中上市公司的构成存在一定复杂性，不能一概而论。

截至2020年第四季度，我国综合行业上市公司共计16家。从市场规模看，我国上市公司中综合行业的整体规模相当小，其数量占全部上市公司的0.39%，可见综合行业在全国范围内具有较大市场影响力的企业数量寥寥。

二、综合行业上市公司诉讼情况统计

本书以综合行业的16家上市公司为当事人检索案件，共收集2020年全国法院判决的各类司法判决书38份，作为统计分析的样本。

（一）案件类型分布

1. 案件诉讼类型

从案件诉讼类型看，2020年综合行业上市公司所涉及的38件案件，以民事诉讼为主，共有37件，行政诉讼仅有1件，不涉及刑事诉讼。详见表2－91。

表2－91 综合行业上市公司案件诉讼类型

诉讼类型	案件数量/件
民事诉讼	37
行政诉讼	1
刑事诉讼	0

2. 案件案由种类

首先，从诉讼案件案由的基本类型看，2020年综合行业上市公司所涉及的38件案件主要集中在合同类纠纷和劳动法纠纷两类中,具体分布情况如表 2－92 所示。

表 2－92　综合行业上市公司案件案由基本类型分布

案由基本类型	案件数量/件
合同类纠纷	20
劳动法纠纷	13
公司法纠纷	3
金融法纠纷	1
行政诉讼	1
侵权责任纠纷	0
知识产权纠纷	0
竞争法纠纷	0
其他民事纠纷	0
刑事诉讼	0
合计	38

其中,如图 2－271 所示,合同类纠纷案件共有 20 件,约占全部案件总量的 52.64%,劳动法纠纷共有 13 件,约占全部案例总量的 34.21%。公司法纠纷、金融法纠纷及行政诉讼案件数量不多,占比较小。

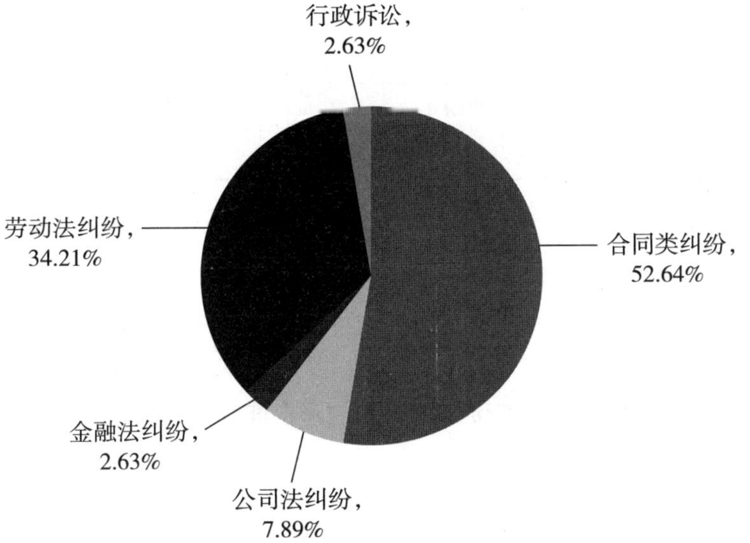

图 2－271　综合行业上市公司案件地域分布情况

其次，从案件的具体案由看，2020年综合行业上市公司所涉及的38件案件以劳动合同纠纷案件数量最多，其他种类案由呈分散化分布状态，其分布情况如表2－93所示。

表2－93　综合行业上市公司案件具体案由分布

具体案由	案件数量/件
劳动合同纠纷	13
其他合同纠纷	4
建设工程合同纠纷	4
借款合同纠纷	3
房屋买卖合同纠纷	2
租赁合同纠纷	2
追偿权纠纷	1
公司证照返还纠纷	1
股东资格确认纠纷	1
委托理财合同纠纷	1
保理合同纠纷	1
股权转让纠纷	1
票据追索权纠纷	1
资源行政管理	1
其他买卖合同纠纷	1
确认合同效力纠纷	1

3. 案件地域分布

从案件地域分布看，2020年综合行业上市公司所涉及的38件案件中，除了5件由最高人民法院审理的案件之外，其他案件主要分布在山东省、广西壮族自治区、上海市等地。其中，山东省案件最多，共14件；其次是广西壮族自治区，共7件；再次是上海市，共5件，其余省份案件数量均在5件以下。具体分布情况如图2－272所示。

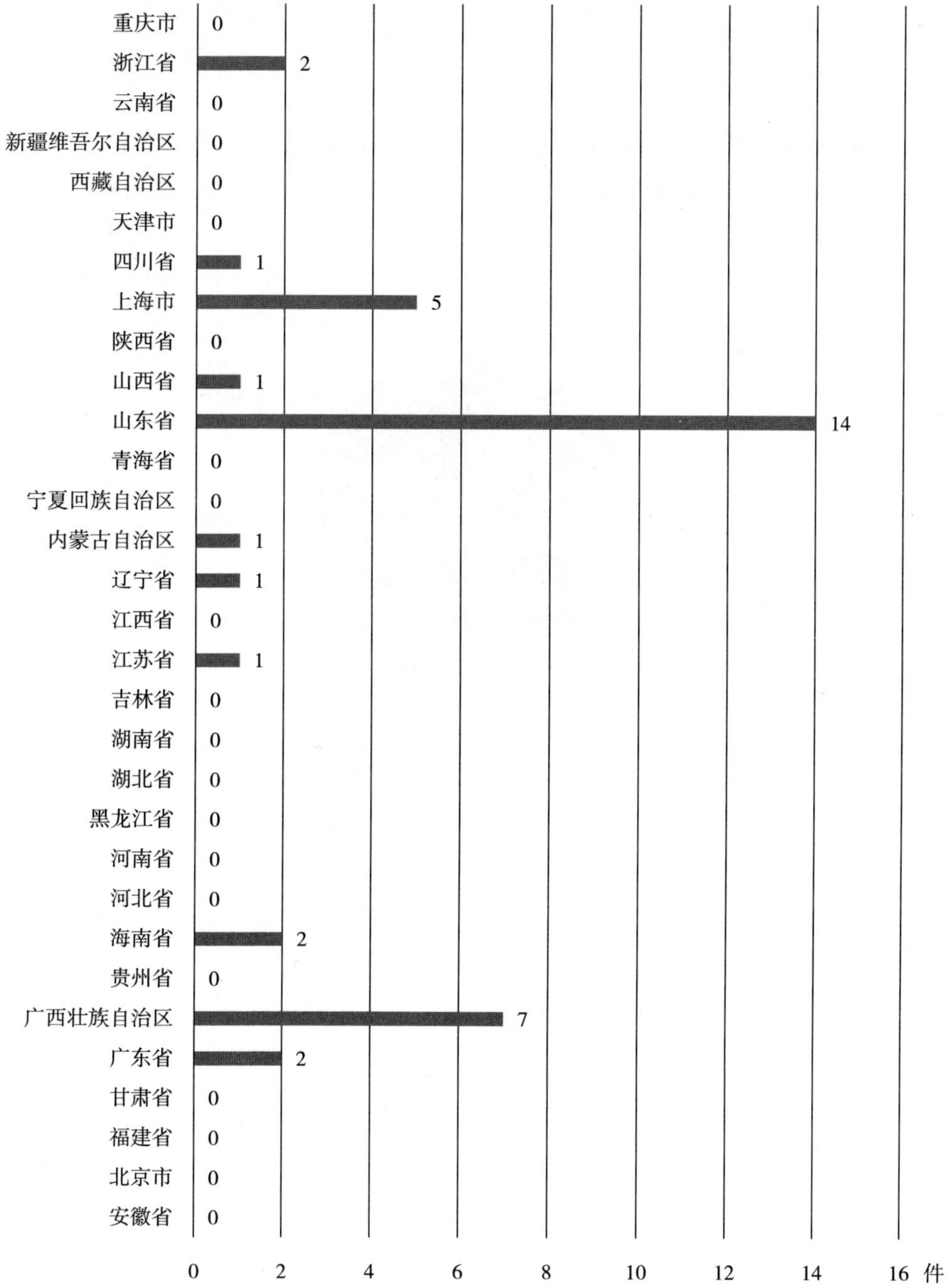

图 2－272 综合行业上市公司案件地域分布情况

(二)案件审理程序

1. 诉讼阶段

如图 2－273 所示,从诉讼阶段看,2020 年综合行业上市公司所涉及的 38 件案件中,一审案件有 20 件,占比约为 52.63%;二审案件有 13 件,占比约为 34.21%;再审案件有 5 件,占比约为 13.16%。

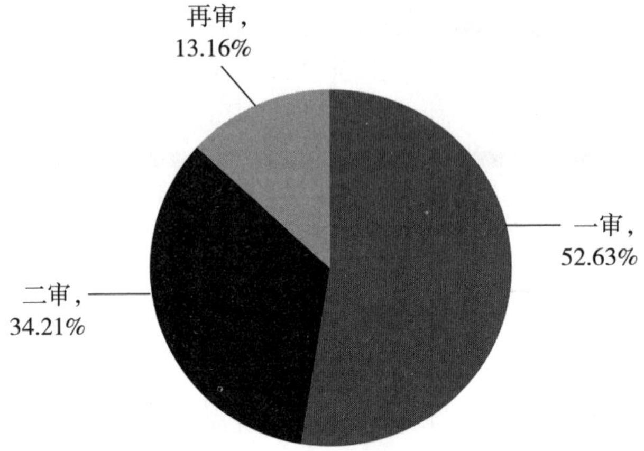

图 2－273　综合行业上市公司案件诉讼阶段分布情况

2. 法院层级

如图 2－274 所示,从法院层级看,2020 年综合行业上市公司所涉及的 38 件案件中,基层人民法院审结的案件有 17 件,占比约为 44.73%;中级人民法院审结的案件有 16 件,占比约为 42.11%;高级人民法院审结的案件有 4 件,占比约为 10.53%;最高人民法院审结的案件有 1 件,占比约为 2.63%。

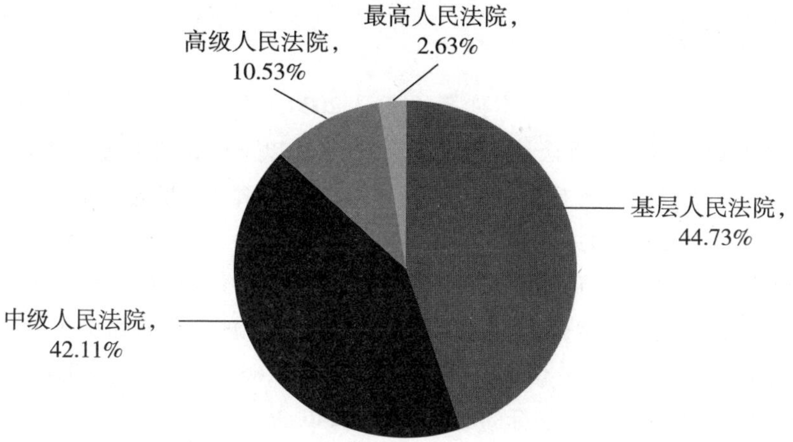

图 2－274　综合行业上市公司案件审理法院层级分布情况

（三）上市公司诉讼地位

如图 2－275 所示，从上市公司的诉讼地位看，2020 年综合行业上市公司所涉及的 38 件案件中，上市公司作为原告的案件有 11 件，占比约为 28.95%；上市公司作为被告的案件有 25 件，占比约为 65.79%；此外，还有 2 件案件中上市公司以第三人的身份参与了诉讼。可见 2020 年综合行业上市公司诉讼中，上市公司主要扮演应诉方的角色，被动地参与诉讼。

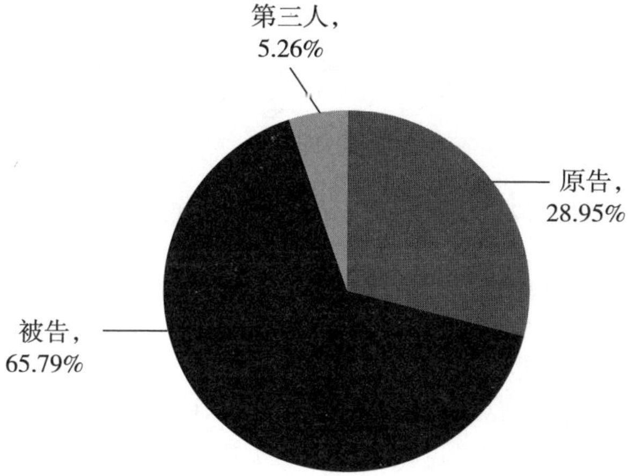

图 2－275　综合行业上市公司诉讼地位分布情况

（四）诉讼标的额

如图 2－276 所示，从诉讼案件标的额看，2020 年综合行业上市公司所涉及的有标的额可查的案件中，诉讼请求金额在 1 万元及以下的案件数量为 1 件、大于 1 万～10 万元的案件数量为 6 件、大于 10 万～20 万元的案件数量为 2 件、大于 20 万～50 万元的案件数量为 5 件、大于 50 万～100 万元的案件数量为 0 件、大于 100 万～200 万元的案件数量为 3 件、大于 200 万～500 万元的案件数量为 1 件、大于 500 万～1000 万元的案件数量为 2 件、大于 1000 万～2000 万元的案件数量为 1 件、2000 万元以上的案件数量为 2 件。诉讼标的总额为 95,685,666.44 元，最大诉讼标的额为 30,000,000 元，行业平均诉讼标的额为 4,160,246.367 元。

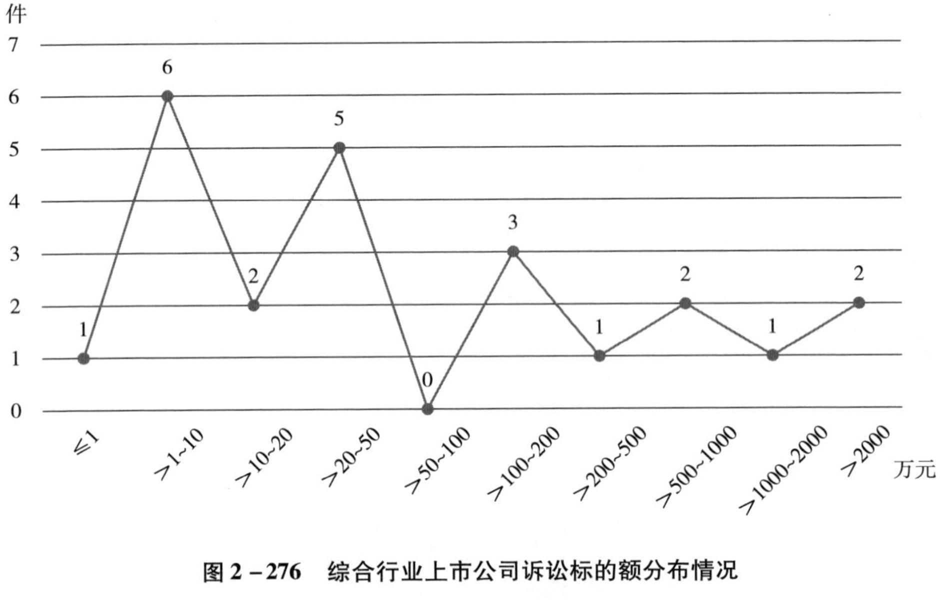

图 2－276　综合行业上市公司诉讼标的额分布情况

（五）诉讼结果和胜诉率

从总体上看，如图 2－277 所示，2020 年综合行业上市公司所涉及的 38 件案件中，胜诉的案件有 18 件，败诉的案件有 9 件，剩余 11 件案件的诉讼结果为撤诉。该行业上市公司胜诉的案件数量占比约为 47.37%，如果排除撤回起诉的情形，则该行业上市公司的总体胜诉率约为 66.67%。

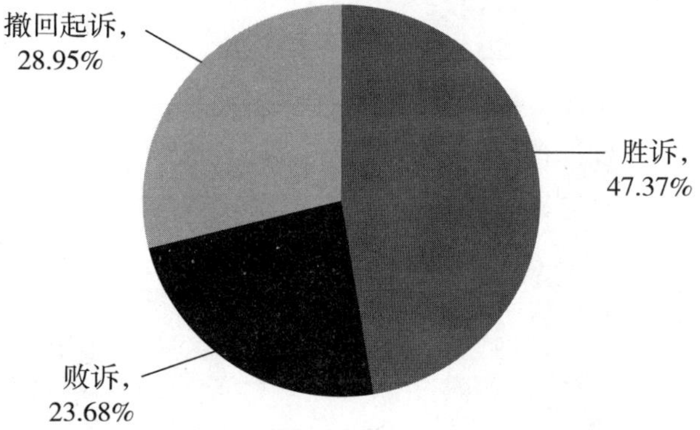

图 2－277 综合行业上市公司诉讼结果占比情况

如图 2－278 所示，具体到不同的诉讼地位，综合行业上市公司为原告时，胜诉的案件有 3 件，败诉的案件 4 件，胜诉率约为 42.86%。综合行业上市公司为被告时，胜诉的案件有 13 件，败诉的案件有 5 件，胜诉率约为 72.22%。相较而言，综合行业上市公司作为被告时，胜诉率更高。

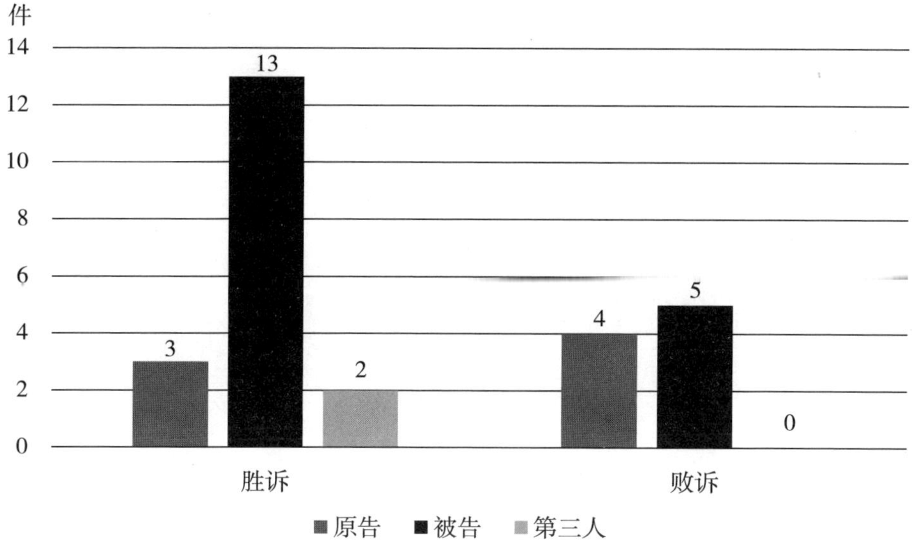

图 2－278 综合行业上市公司胜诉情况与诉讼地位交叉分布情况

如图 2－279 所示，具体到不同的诉讼阶段，一审阶段，综合行业上市公司胜诉的案件有 4 件，败诉的案件有 5 件，胜诉率约为 44.44%，低于总体胜诉率。二审阶段，胜诉的案件有 9 件，败诉的案件有 4 件，胜诉率约为 69.23%，略高于一审胜诉率。再审阶段，胜诉的案件有 5 件，败诉的案件有 0 件，胜诉率为 100.00%。

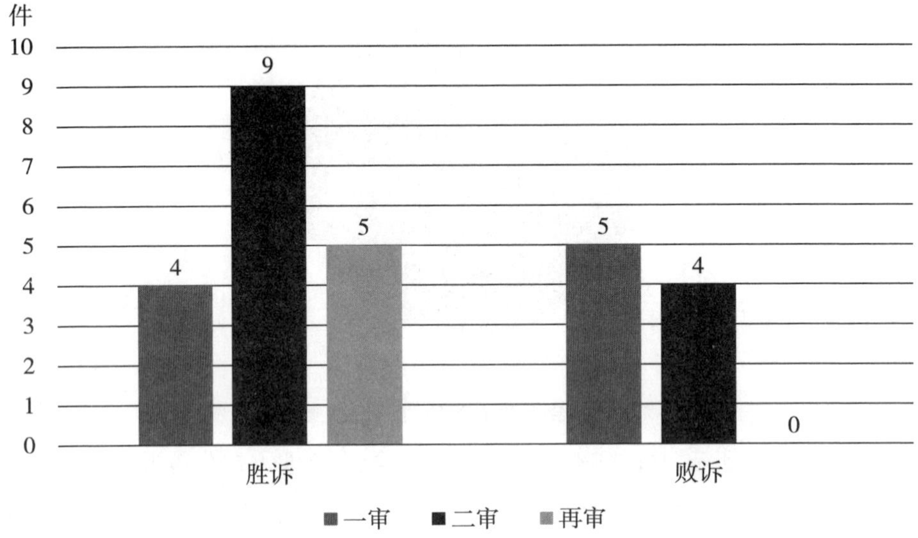

图 2－279 综合行业上市公司胜诉情况与诉讼阶段交叉分布情况

第三章

2020年上市公司典型诉讼案例

上市公司站在资本市场的聚光灯下,其市场经营活跃度、利益纠纷与风险应对历来不乏公众的高度关注与广泛热议。本书在完成对各行业上市公司诉讼情况的实证分析和风险梳理后,将继续深入到具体的个案,从微观层面剖析上市公司参与各类诉讼的实际情况。因此,本书从2020年全年收集到的总计22,590件案件中选取当年度上市公司牵涉的11件民事案件、3件行政案件、3件刑事案件作为典型样本,梳理这些案件的案情、分析与展现这些案件背后的意义,希望能够从实务出发,对关注资本市场的读者带来更多启发。

本书选取典型案例,主要遵循以下标准:

一是聚焦有巨大影响力的诉讼案件。本书考虑的因素包括审理层级较高(大部分为高级人民法院或最高人民法院审理的案件)、标的额较大(大部分案件的诉讼标的额超过500万元)①、社会舆论关注度高或者在资本市场诉讼中具有一定开创性。

二是兼顾诉讼案件的行业、地域和类型代表性。本书选取的典型案例中,作为当事人的上市公司的行业分布和地域分布较为分散,均具有较强的代表性。且17件案例的案由分布也尽量避免重复,除了常见的合同类纠纷之外,也分析了大量资本市场领域的民商事纠纷和行政、刑事处罚案件。

三是适当保持选择行政和刑事案件的开放性。一方面,本章选取的行政案件为中国证监会所实施的行政处罚案件,而非第二章诉讼情况统计中的行政诉讼案件;理由在于:上市公司作为行政案件中的"行政相对人",参与行政诉讼仅有救济功能,而在行政处罚案件中,上市公司才真正面对实体争议,与行政监管机关的监管产生直面的纠纷。另一方面,本书刑事案件的选取,也没有仅仅将上市公司作为当事人,而是将上市公司内部人员(主要是董事、监事、高级管理人员)作为当事人的案件也纳入了考察范围。

综上所述,本章所评析的案例影响力大,具有较强的典型意义,也兼具一定的代表性和开放性,能够从微观层面较为清晰地反映上市公司参与各类诉讼的具体情况,或有管中窥豹之效,供读者参考。

---

① 《深圳证券交易所股票上市规则》(2014年修订)第11.1.1条规定:上市公司发生的重大诉讼、仲裁事项涉及金额占最近一期经审计净资产绝对值10%以上,且绝对金额超过500万元。

第一节　民事典型案例分析

一、上海普天邮通科技股份有限公司与许某鑫等证券虚假陈述责任纠纷案①

选取理由：本案系上海金融法院依照《上海金融法院关于证券纠纷示范判决机制的规定(试行)》选定的证券虚假陈述责任纠纷示范案件，同时被评选为上海金融法院"2020 年度十大典型案例"，是当前涌现的一类较为新颖且复杂的虚假陈述责任纠纷的代表性案例。

(一)当事人情况

原告 1：许某鑫
原告 2：厉某宏
原告 3：胡某
原告 4：王某军
被告：上海普天邮通科技股份有限公司
一审法院：上海金融法院
二审法院：上海高级人民法院

(二)基本案情

四位原告诉请一审法院判令被告上海普天邮通科技股份有限公司(以下简称普天公司)支付因虚假陈述引起的投资损失之侵权赔偿款项，包含投资差额损失、印花税以及佣金。其中，许某鑫主张 7576.46 元，厉某宏主张 14,691.82 元，胡某主张 15,426.40 元，王某军主张 83,602.93 元。厉某宏、胡某、王某军均在 B 股市场购买股票，款项金额按照 1 美元 =6.3146 元人民币的汇率折合。

该案一审由上海金融法院作出判决后，被告普天公司不服，上诉至上海市高级人民法院，上海市高级人民法院作出终审判决。

本书比对了两级法院查明认可的事实，较为一致，梳理如下：

---

① 参见上海金融法院民事判决书，(2018)沪 74 民初 1399 号；上海市高级人民法院民事判决书，(2020)沪民终 294 号。

1. 普天公司实施虚假陈述及受到处罚的情况

2015 年 3 月 21 日，普天公司发布了 2014 年年度报告。

中国证监会上海监管局随后查明，该年报存在虚假记载，存在以下违法事实：2014 年 9 月至 11 月，普天公司为弥补 2014 年度利润缺口、完成利润指标，先后与上海晟飞商贸有限公司、深圳巴斯巴科技发展有限公司进行了三笔三方贸易，通过虚假交易的形式累计虚增营业收入 4261.75 万元，虚增利润总额 998.4 万元。

有鉴于此，2017 年 1 月 19 日，普天公司发布了《关于收到中国证券监督管理委员会立案调查通知的公告》；2018 年 1 月 10 日，发布了《关于收到中国证监会上海监管局〈行政处罚事先告知书〉的公告》。2018 年 3 月 15 日，上海监管局作出沪〔2018〕4 号行政处罚决定书，依据《证券法》第 193 条第 1 款的规定，给予普天公司警告，责令改正，并处以 40 万元罚款。

2. 原告购买普天公司股票以及股价波动的有关情况

许某鑫、厉某宏、胡某、王某军均在普天公司作出虚假陈述后买入普天公司的股票。其中，原告许某鑫 2017 年 1 月 19 日前以 A 股普通证券账户持有普天公司股票 5600 股，2017 年 1 月 19 日至 2017 年 3 月 21 日将上述 5600 股全部卖出。原告厉某宏 2017 年 1 月 19 日前以 B 股证券账户持有普天公司股票 2000 股，一直持有至 2018 年 3 月 5 日之后。原告胡某 2017 年 1 月 19 日前以 B 股证券账户持有普天公司股票 2100 股，一直持有至 2018 年 3 月 5 日之后。原告王某军 2017 年 1 月 19 日前以 B 股证券账户持有普天公司股票 9900 股，2017 年 1 月 19 日至 2018 年 3 月 5 日共计卖出 4800 股，剩余 5100 股持有至 2018 年 3 月 5 日之后。

2017 年 1 月 19 日，普天公司 A 股股价跌幅达 10.01%，B 股股价跌幅为 7.46%；A 股股价十日累计跌幅达 13.89%，B 股股价十日累计跌幅为 16.39%。经查明，2015 年 9 月 29 日，在国家相关政策推动下，与新能源汽车和充电桩概念相关的市场热度上升。经营范围与此相关的普天公司 2015 年 9 月上旬 A 股股价为 15 元左右，至 2015 年 10 月上旬上升至 32 元左右。之后股价仍持续上涨，至 2015 年 11 月 13 日达到高点 61.72 元，之后直至 2015 年 12 月 31 日，股价始终处于 50 元左右的高位上下波动。2016 年开始，普天公司股价震荡下行，直至 2017 年 1 月 19 日普天公司被证监会立案调查前，股价再次回到 30～35 元。

另查明，2017 年 1 月 26 日、2 月 25 日、4 月 15 日，普天公司连续三次发布《关于公司股票可能被实施退市风险警示的提示性公告》。2017 年 3 月 28 日，普天公司股票被实施 ST（风险警示）。2017 年 4 月 22 日，普天公司发布《关于公司股票实施退市风险警示暨停牌的公告》，提示投资者，如公司 2017 年度经审计的净利润继续为负值,公司股票可能被暂停上市。2018年1月31日、3月3日、3月20日、4月26日、4月27日,普天公司多次发布股票暂停上市风险提示公告。2018年4月28日至5月1日为非交易日,普天公司股票于5月2日起开始停牌。2019年5月17日,上海证券交易所作出决定,对普天公司股票予以终止上市,并于2019年5月23日对普天公司A股和B股予以摘牌,普天公司股票终止上市。

(三)核心争议焦点及法院裁判意见

1. 核心争议焦点

本案的一审法院罗列了五大争议焦点,分别为:(1)如何认定普天公司虚假陈述行为的揭露日、基准日以及基准价;(2)普天公司的虚假陈述行为与原告投资者买卖普天公司股票是否存在交易上的因果关系,即原告投资者买卖普天公司股票是否系受虚假陈述行为诱导所致;(3)原告投资者的损失是否系普天公司的虚假陈述行为造成,损失或部分损失是否系证券市场系统风险或其他因素所致;(4)应当如何确定投资者投资差额损失的赔偿金额,如果存在证券市场系统风险等其他因素,应当如何确定其影响程度及相应的扣除金额;(5)原告投资者是否存在佣金、印花税损失,其计算方式应如何确定。

二审法院结合普天公司的上诉请求,认为此案的争议焦点为:(1)虚假陈述与损害结果之间是否存在因果关系;(2)损失认定是否存在错误。

综合全案的情况,如何确定投资者投资差额中损失的赔偿金额,如果存在证券市场系统风险等其他因素,如何确定其影响程度及相应的扣除金额,更具典型性。换言之,原告投资者损失的认定是本案的核心焦点。这是因为,最高人民法院《关于审理证券市场因虚假陈述引发的民事赔偿案件的若干规定》(以下简称《证券虚假陈述司法解释》)第18条采用"推定信赖"原则,只要投资者在虚假陈述对市场产生影响的时段内进行相关股票交易,便推定损失与虚假陈述行为之间存在交易因果关系。因此,被告关于部分原告投资者在虚假陈述揭露日后仍买入普天公司股票,距离揭露日间隔较长,买入动机受其他因素影响,该部分不受虚假陈述行为影响的抗辩,明显不能成立。而被告另一抗辩理由——《证券虚假陈述司法解释》第19条第4项"损失或者部分损失是由证券市场系统风险等其他因素所导致"一项同样也不能成立。从逻辑关系来看,因果关系的确定是损失认定的首要前提,这一抗辩的实质仍是原告投资者损失的认定。

2. 一审法院裁判意见

一审法院认为,依据《证券虚假陈述司法解释》第19条第4项,被告举证证明损失或者部分损失是由证券市场系统风险等其他因素导致的，应当认定虚假陈述与损害结果之间不存在因果关系。现普天公司已举证证明，本案实施日到基准日期间，证券市场大盘指数、行业指数出现了整体性波动的情况，以及普天公司股价在受大盘、行业和个股经营巨亏的多重影响下整体呈现下跌走势，其间随着充电桩概念股热度上升和消退，股价发生大幅上升又回落的情况。上述该等风险因素，与虚假陈述并无关联，投资者受此影响所造成的损失部分，应认定与虚假陈述行为没有因果关系，故不在赔偿范围之列。

鉴于本案存在导致原告投资者损失的"其他因素"，但对于"其他因素"的影响程度如何确定，双方均未提出合理的计算方式，《证券虚假陈述司法解释》也无明确规定。故一审法院依职权委托上海交通大学中国金融研究院对本案原告投资者因普天公司虚假陈述产生的投资差额损失进行核定。《损失核定意见书》采用的计算方式为：市场系统风险等其他因素导致的损失＝投资者买入成本×模拟损益比例，即剔除虚假陈述因素，投资者投入相同的成本可以获得的损益金额。关于模拟损益比例的计算，《损失核定意见书》采用了多因子模型法计算大盘、行业以及各种风险因素导致的普天公司A股股票日收益，在此基础上，通过A股和B股关联关系计算普天公司B股股票日收益率，由此得出普天公司A股、B股的模拟价格，进而计算无虚假陈述影响下普天公司股票的模拟损益比例。

《损失核定意见书》采用的上述计算方法，全面考量了各种可能对股价持续性造成影响的共性因素，不仅包括大盘因素、行业因素，还涵盖了公司规模因素、价值因素、beta因素、盈利因素、杠杆因素、成长因素、动量因素、波动率因素、流动性因素，以及因普天公司经历ST、某ST和充电桩概念热度而加入的ST因素及充电桩因素，相比仅选取一段时间内个股与行业股价波动幅度进行对比的方法，实现了量化计算各种对股价产生影响作用的因素，克服了无法将虚假陈述因素与其他股价变动因素予以有效分离的弊端，更具有科学性和精确性，也更加符合虚假陈述案件中损失计算的立法本义与司法实践需求。该方法相对科学精确、覆盖面广、现实可行，因此一审法院予以采纳。

3. 二审法院裁判意见

二审法院认为，买入日与基准日的时间间隔越长，股价受系统性风险、行业风险及其他因素影响的概率也会越高，认定损失的难度也就越大。认定虚假陈述所致损失时，因价格偏离的事实已不可逆转地发生，现有的任何一种事后计算方法都无法完全还原当时的市场环境和交易状况，进而精确计算。所以，在追求相对准确和公正的基础上，采用简便、易行、高效和低诉讼成本的损失认定方式，是较为合理的解决路径。证券领域具有高度专业性,证券虚假陈述损失的计算涉及经济学、金融学、会计学、数学和计算机编程等多个学科和领域。将之交由专业、中立的第三方出具《损失核定意见书》,更符合程序正义和实体正义。故上诉人有关其提出的方案更合理的上诉理由,二审法院不予采纳。

(四)诉讼启示

随着新修订的《证券法》的实施,极具中国特色的证券代表人诉讼开始显现威力。本案虽然发生于新《证券法》颁布之前,但可以预见,今后实施财务造假的上市公司面临人数众多、金额巨大的投资者索赔诉讼将成为一种常态。

本案中,虽然普天公司败诉,但在诉讼中其通过九组细致的举证,依据《证券虚假陈述司法解释》第 19 条第 4 项抗辩原告索赔的额度,获得了法院的认可。法院允许在认定原告投资损失时扣除"2015 年股灾""2016 年熔断"等系统性风险以及其他诸如概念炒作、暂停上市等非系统性风险的影响。对于陷入财务造假的上市公司而言,法院认可"多因子量化模型"精确核定虚假陈述投资者损失的做法无疑能够使之在后续处置中挽回大量损失。这样的做法开辟了利用金融学研究和模型对证券欺诈造成的投资者损失进行精确计算的先例。需要提醒的是,股灾、熔断等系统性风险毕竟不常见,系统性风险之外的"等其他因素"更值得上市公司关注。本案将普天公司所经历的 ST、某 ST,以及充电桩概念热度等因素均纳入精确扣除范围之内,将司法审判和资本市场实践更加紧密地结合,为此后类案的处理提供了具有价值的借鉴。

二、中车金证投资有限公司与江苏保千里视像科技集团股份有限公司、陈某昌以及被上诉人庄某 1、庄某 2 等证券虚假陈述责任纠纷案[①]

选取理由:本案被最高人民法院列入"2020 年全国法院十大商事案例"。在以往的司法实践中,机构投资者针对证券虚假陈述的索赔往往难以得到支持,因为机构投资者通常负有更高的注意义务。本案作为获得支持的重要判决,确立的裁判规则有利于各类投资主体获得平等保护,因而获得了资本市场的高度关注。

(一)当事人情况

原告:中车金证投资有限公司

① 参见广东省高级人民法院民事判决书,(2019)粤民终 2080 号。

被告1:江苏保千里视像科技集团股份有限公司

被告2:陈某昌

被告3:庄某1

被告4:庄某2

被告5:蒋某杰

被告6:童某平

被告7:王某云

被告8:林某奇

被告9:王某琴

被告10:茅某华

被告11:费某海

被告12:沙某慧

一审法院:广东省深圳市中级人民法院

二审法院:广东省高级人民法院

(二)基本案情

中车金证投资有限公司(以下简称中车公司)向法院提起诉讼请求:(1)判令江苏保千里视像科技集团股份有限公司(以下简称保千里公司)向中车公司赔偿投资差额损失共计121,168,501.64元;(2)判令保千里公司向中车公司赔偿投资佣金和印花税损失共计99,477.22元;(3)判令保千里公司按中国人民银行同期活期存款利率的标准,向中车公司支付前述投资差额损失、佣金和印花税损失的利息共计661,293.78元;(4)判令陈某昌、庄某1、庄某2、蒋某杰、童某平等七名董事就上述第一至第三项诉讼请求承担连带赔偿责任;(5)判令保千里公司、陈某昌、庄某1、庄某2、蒋某杰、童某平等七名董事承担本案全部诉讼费用和保全费用。

本书对一审、二审法院审理查明的事实梳理如下:

1. 保千里电子公司收购中达股份公司

2013年,上海证券交易所上市公司——中达股份公司进行破产重整,董事会会议审议通过了保千里电子公司(该公司为保千里公司前身)及庄某1等收购中达股份公司的《报告书(草案)》,并于2014年10月30日进行了披露。其中披露了银信资产评估有限公司(以下简称银信评估公司)对保千里电子公司的估值为28.83亿元。

2014年11月,中达股份公司股东大会正式通过了重大资产重组决议,《报告书

(草案)》确定的重组方案如下:(1)中达股份公司将截至评估基准日2014年3月31日前拥有的全部资产、负债与业务,以评估值6.16亿元作价出售给原控股股东申达集团有限公司。(2)中达股份公司以每股2.12元向庄某1、深圳市日昇创沅资产管理有限公司(以下简称日昇创沅公司)、陈某昌、庄某2、蒋某杰发行股份13.60亿股,以购买其共同持有的保千里电子公司100%股权。(3)重组完成后,庄某1、陈某昌、庄某2、蒋某杰将合计持有中达股份公司股票10.20亿股,占发行后总股本的45.21%。其中,庄某1持有中达股份公司37.30%的股权,形成对中达股份公司的收购,为收购人。庄某1与陈某昌、庄某2和蒋某杰签署了《一致行动人协议》,互为一致行动人。

2015年2月26日,根据中国证券监督管理委员会上市公司并购重组审核委员会反馈意见,中达股份公司进一步披露了《报告书(修订稿)》,补充披露了保千里电子公司估值评估依据的有关意向性合同。同时,庄某1、陈某昌、庄某2、蒋某杰、日昇创沅公司在披露中承诺其为本次重大资产重组所提供的有关信息真实、准确和完整,不存在虚假记载。之后,中国证监会核准了中达股份公司重大资产重组及向庄某1等发行股份购买资产。2015年3月,中达股份公司正式完成资产重组。2015年4月27日,中达股份公司正式更名为保千里公司。

2. 保千里公司非公开发行股票

2016年1月28日,保千里公司公告《非公开发行股票预案》,载明该次非公开发行股票的股价为13元/股。3月,保千里公司先后公告了《关于非公开发行股票获得中国证监会发行审核委员会审核通过的公告》《关于非公开发行股票获得中国证监会核准批复的公告》。7月19日,中车公司与保千里公司签订《股份认购协议》,并公告了《非公开发行股票发行情况报告书》。中车公司以每股14.86元的价格认购保千里公司非公开发行股份中的13,383,604股股票。7月20日,中车公司向保千里公司支付现金认购款198,880,355.44元。7月27日,中车公司认购的发行新增股份在中证登公司完成了登记托管手续,其所持新增股份锁定期为12个月。

3. 保千里公司因虚假陈述受到处罚

2016年12月29日,保千里公司发布公告称,因为涉嫌信息披露违法违规,被中国证监会立案调查,并收到了相关《调查通知书》。2017年7月12日,保千里公司发布《关于公司及相关当事人收到中国证券监督管理委员会〈行政处罚事先告知书〉的公告》。2017年8月9日,中国证监会经调查作出〔2017〕78号《行政处罚决定书》,认定在中达股份公司破产重整过程中进行重组资产评估时,保千里电子公司向银信评估公司提供了两类虚假的意向性协议:一是4份虚假协议,二是含有虚假附件的5份意向性协议。保千里电子公司自行制作以上协议附件,协议对方对此并不知悉。

经查,银信评估公司对于保千里电子公司前装夜视业务板块的评估,主要依据有产品数量的意向性协议,包括上述存在虚假情形的9份协议。上述虚假协议致使评估值虚增较大,导致中达股份公司多支出了股份对价,损害了被收购公司中达股份公司及其股东的合法权益。其中,庄某1时任保千里电子公司的董事长、总经理,主导整个收购事项,出具了上述承诺函并签字,是该收购事项的主要负责人员,陈某昌、庄某2、蒋某杰与庄某1构成一致行动关系,同属于收购人,出具了上述承诺函并签字。董事长童某平、董事王某云是中达股份公司重大资产重组事项的主要决策者、组织实施者,并在相关披露文件上签字,在重组过程中起主导作用,是中达股份公司信息披露违法行为的直接负责的主管人员。林某奇、王某琴、茅某华、费某海、沙某慧参加董事会会议,负责审议上述重大资产重组事项,并在相关披露文件上签字,是中达股份公司信息披露违法行为的其他直接责任人员。

最终,处罚决定书认定:依据《证券法》[①]第204条的规定,对庄某1责令改正,给予警告,并处以60万元罚款;对陈某昌、庄某2、蒋某杰责令改正,给予警告,并分别处以15万元罚款;依据《证券法》第193条第1款的规定,对保千里公司责令改正,给予警告,并处以40万元罚款;对童某平、王某云给予警告,并分别处以20万元罚款;对林某奇、王某琴、茅某华、费某海、沙某慧给予警告,并分别处以10万元罚款。

2017年8月12日,保千里公司发布了《关于公司及相关当事人收到中国证券监督管理委员会〈行政处罚决定书〉的公告》。

4. 后续投资者起诉赔偿情况

另查明,根据已生效的魏某群诉保千里公司、庄某1、陈某昌、庄某2、蒋某杰证券虚假陈述责任纠纷案判决[一审案号(2017)粤03民初2033号、二审案号(2018)粤民终439号]认定,案涉保千里公司证券虚假陈述行为的实施日为2014年10月30日,揭露日为2016年12月29日,基准日为2017年4月11日。从揭露日2016年12月29日至基准日2017年4月11日,保千里公司股票基准价为13.323元。

(三)核心争议焦点与法院裁判意见

1. 核心争议焦点

结合本案一审、二审情况来看,当事人双方主要在以下三个方面存在重大争

① 本案中适用的为2014年修正的《证券法》。

议:(1)中车公司作为原告提起本案证券虚假陈述侵权之诉是否主体适格;(2)本案中车公司在投资决策中是否具有过错;(3)陈某昌和童某平等七名董事是否应对保千里公司的赔偿债务承担连带责任。

2. 一审法院裁判意见

一审法院认为,首先,中车公司作为参与保千里公司非公开发行股票的特定对象,属于《证券虚假陈述司法解释》所指的在国家批准设立的证券市场上从事证券认购的机构投资者,主体适格。一方面,《证券虚假陈述司法解释》第 2 条第 2 款明确规定"证券市场"包括"国家批准设立的其他证券市场"。从立法本意出发,只要是依法设立的证券市场,均应在《证券虚假陈述司法解释》所指证券市场范畴。此外,非公开发行股票虽然与公开增发股票在发行对象、发行人资质条件及限售期限上存在区别,但其发行流程、信息来源以及发行价格的确定基本相同。如果仅因公开增发对象为不特定的投资者就认定其属于可提起证券虚假陈述诉讼的适格原告,而定向增发对象为特定的投资者就认定其无权提起证券虚假陈述诉讼,有违平等保护投资者的原则。另一方面,《证券虚假陈述司法解释》第 3 条虽然明确规定对于场外市场进行的非法证券交易以及通过协议转让方式进行的交易不适用该规定,但是本案中车公司认购保千里公司非公开发行股票的行为属于在国家批准设立的证券市场上进行的场内交易,其交易方式亦明显有别于协议转让方式,故其不属于《证券虚假陈述司法解释》第 3 条规定的排除适用范围。

其次,不宜认定中车公司在其投资决策过程中具有过错。一审法院认为,虽然中车公司系专业投资机构,应尽到比普通投资者更高的注意义务,但是本案中,根据中车公司提交的《可行性研究报告》及(2019)京国信内经证字第 00912 号《公证书》,可以证明其在投资保千里公司股票过程中已履行了适当的投资分析决策程序。在各证券服务机构已经审核确认相关内容不存在虚假记载、误导性陈述或重大遗漏的情形下,要求中车公司于重组事项完成一年后就当初重组报告中所涉的部分意向性协议的真实性进行核查,对于中车公司举证责任的分配无疑过于严苛。

最后,一审法院认为,庄某 1、陈某昌、庄某 2、蒋某杰应为保千里公司的案涉债务承担连带赔偿责任。上述四自然人在保千里公司重整过程中,违背《承诺函》,操纵上市公司进行虚假陈述行为,侵犯投资者权益,构成共同侵权,依法应承担连带赔偿责任。而综合全案来看,不应认定童某平等七名董事对案涉虚假陈述民事侵权行为具有过错。一方面,上市公司及其董事、监事、高级管理人员和其他直接责任人员受到相关行政机关的行政处罚,并不必然导致或者推定其在民事纠纷中存在过错并承担相应的民事赔偿责任。另一方面,童某平等七名董事注意义务相较庄某1及一致行动人要轻，考量其是否履行忠实、勤勉义务的侧重也应与庄某1及一致行动人有所不同。而且证据显示，在中达股份公司重组期间，作为公司董事长的童某平及公司财务负责人的王某云频繁往来江阴和深圳，经过多轮现场调研、反复磋商、洽谈，积极督促和安排上市公司聘请专业机构开展工作，依照规定落实了重组对方出具承诺保证资料的完整、准确、真实。在各中介机构出具的报告没有明显异常、相互之间没有矛盾的情况下，应认定童某平等七名董事履行了应尽的工作职责。

3. 二审法院裁判意见

二审法院对一审判决予以了维持，但就不妥部分进行了纠正。首先，二审法院认为中车公司主体适格，但是不宜依据《证券虚假陈述司法解释》认定。案涉交易并非《证券虚假陈述司法解释》的适用范围，特定投资者购买股票后因发行人虚假陈述行为受到侵害的，与普通侵权纠纷并无本质差异，其可以单独对行为人提起违约损害赔偿诉讼或者侵权赔偿诉讼。但需要特别指出，《证券虚假陈述司法解释》中有关虚假陈述实施日、揭露日、基准日以及损失的计算方式均属于技术性问题，其确定标准具有客观性，与证券虚假陈述侵害对象没有关联性，在其他证券虚假陈述侵权纠纷中亦可以参照适用。

在此基础之上，二审法院进一步认为，根据《侵权责任法》①的相关规定，特定投资者作为被侵权人应举证证明其投资决定与信息披露义务人的虚假陈述行为之间存在因果关系。在“面对面”证券交易中投资者已完成交易因果关系举证证明义务后，则发生举证责任转移，如果信息披露义务人认为专业投资者未尽到注意义务的，应由信息披露义务人承担举证证明义务，从而推翻投资者合理信赖的主张。

二审法院还指出，投资者是否应负有更高注意义务，不应因其身份有所差别，而应根据交易市场和交易方式来确定。当然，投资者的注意义务应与其专业能力相匹配，不能将其等同于证券服务机构在信息披露审核中的注意义务。本案中，保千里公司向特定投资者发行股票，投资门槛高、期限长，中车公司作为专业投资者，除了信赖信息披露，还会通过实地调研等方式对投资可行性进行分析，应负有更高的注意义务。一审认定其应负有更高的注意义务正确。

（四）诉讼启示

本案中，保千里公司之所以陷入如此巨大的法律风险，是因为中达股份公司在

---

① 《侵权责任法》已于2021年1月1日因《民法典》的施行而失效。

此前进行重组资产评估时，向银信评估公司提供了两类虚假的意向性协议，致使拟注入资产评估值虚增较大，受到了证监会(2017)78 号《行政处罚决定书》的行政处罚，已然构成虚假陈述。鉴于《证券法》《证券虚假陈述司法解释》并未对机构投资者参与定向增发购买股票遭遇虚假陈述的情况作出明确规定，而本案法院认可了机构投资者在一定条件下可以索赔的权利，释放了具体情况具体分析、平等对待投资者，以及打击证券违法行为等积极信号。

上市公司在公司并购重组实践当中，既有可能是收购方，也可能是被收购方，因此，我们可以从本案中得出启示：第一，上市公司应当提高守法意识，在资产评估中提供真实的资料，不能心存侥幸地从事证券违法行为。第二，上市公司参与并购，可能成为机构投资者，这种情形下，应当注意履行比一般投资者更高的注意义务，此种义务的确定与交易市场、交易方式、专业能力紧密相关。上市公司只有勤勉履行好此种义务，才能在后续的虚假陈述索赔中证明交易因果关系，进而获得法院的支持。第三，上市公司董监高在并购交易中应当履行忠实、勤勉义务，保留尽责证明，作为法律上免责或减轻责任的依据。本案中，中达股份公司童某平、王某云等七名董事正是因为在重组期间进行了多轮现场调研、反复磋商、洽谈，积极督促和安排上市公司聘请专业机构开展工作，依照规定落实审查了重组对方出具资料的完整、准确、真实性，才豁免了连带责任。

三、河南一恒贞珠宝股份有限公司、北京金一文化发展股份有限公司股东资格确认纠纷案①

选取理由：本案首次明确了新三板挂牌公司定向增发股份，新认股东须符合以下条件：取得全国中小企业股份转让系统有限责任公司股份登记函，并以此函到中国证券登记结算有限责任公司办理完成股份登记，方可取得股东资格。在司法实践中，该案对新三板挂牌公司股东资格确认问题具有创新性指导意义。

(一)当事人情况

上诉人(一审被告、反诉原告)：河南一恒贞珠宝股份有限公司

被上诉人(一审原告、反诉被告)：北京金一文化发展股份有限公司

一审法院：河南省高级人民法院

二审法院：最高人民法院

---

① 参见最高人民法院民事判决书，(2020)最高法民终 1178 号。

（二）基本案情

北京金一文化发展股份有限公司（以下简称金一公司）向法院提出诉讼请求：（1）确认金一公司、河南一恒贞珠宝股份有限公司（以下简称一恒贞公司）于2016年3月9日签署的《股份认购协议》已于2016年10月27日解除；（2）确认金一公司不具有一恒贞公司的股东资格；（3）判令一恒贞公司承担本案一审案件诉讼费用（包括但不限于案件受理费、保全费、评估费、鉴定费等）。

一恒贞公司提出反诉请求：（1）确认金一公司控股股东损害一恒贞公司利益的过错责任；（2）判令金一公司赔偿一恒贞公司暂定100元（具体赔偿额以财务审计鉴定为准）；（3）由金一公司承担诉讼费用。

一审法院判决结果：（1）金一公司与一恒贞公司签订的《股份认购协议》已于2016年10月27日解除；（2）金一公司不具有一恒贞公司的股东资格；（3）驳回一恒贞公司的反诉请求。

一恒贞公司提出上诉请求：（1）撤销一审判决，改判驳回金一公司全部诉讼请求，支持一恒贞公司反诉请求；（2）本案一审、二审诉讼费用由金一公司承担。

二审法院判决结果：驳回上诉，维持原判。

本书对法院审理查明的事实，梳理如下：

1. 一审查明事实

（1）一恒贞公司在股份转让系统挂牌的有关情况。

2015年9月9日，全国中小企业股份转让系统有限责任公司（以下简称全国股转公司）作出《关于同意一恒贞公司股票在全国中小企业股份转让系统（以下简称全国股转系统）挂牌的函》（股转系统函〔2015〕5973号），主要内容为：同意一恒贞公司股票在股转系统挂牌，转让方式为协议转让。一恒贞公司申请挂牌时股东人数未超过200人，按规定中国证券监督管理委员会豁免核准一恒贞公司股票公开转让，一恒贞公司挂牌后纳入非上市公众公司监管。截至2015年12月31日一恒贞公司的股权结构为：黄某某持股比例32.06%，张某持股比例23.49%，张某人持股比例11.11%，其余123名股东持股比例33.33%。

（2）关于案涉股份发行认购及审查备案有关情况。

①签订《股份认购协议》及有关公告情况。

2016年3月9日，一恒贞公司作为甲方（发行人）与金一公司（乙方）签订《股份认购协议》一份，协议约定：金一公司认购的股份数量为93,670,000股，以现金方式一次性支付14×××70元并应在一恒贞公司发布的认购公告所载明的截止日期前将认购价款汇入一恒贞公司指定的验资账户，由一恒贞公司聘请会计师事务所验资。此外，还约定金一公司自入股之日起即成为一恒贞公司的股东，享有股份有限公司股东应享有的权利，并承担相应的义务。协议签署后如一恒贞公司未取得全国股转公司就本次股票发行出具的股份登记函，则本协议解除，一恒贞公司退还金一公司已缴纳的全部认购价款，双方均不承担违约责任。

2016 年 3 月 9 日，金一公司与黄某某、张某签订了《盈利预测补偿协议》并于 2016 年签署《盈利预测补偿协议之补充协议》对所涉及的盈利预测与业绩补偿及改组董事会等事宜进行约定。

2016 年 1 月 9 日，金一公司发布《关于签订〈参与一恒贞公司定向发行股份意向协议〉的公告》，其中，重要内容提示如下：金一公司拟以自有资金 1.5 亿元，参与认购一恒贞公司 93,670,000 股股份，此次一恒贞公司定向发行股份完成后，金一公司将持有一恒贞公司 51% 的股权，成为其控股股东。金一公司《关于参与一恒贞公司定向发行股票的公告》表示，金一公司拟以现金出资的方式参与一恒贞公司定向发行股票，认购一恒贞公司 93,670,000 股股份，每股认购价格 1.601 元，认购金额 14×××70 元，交易完成后，金一公司持有一恒贞公司 51% 股权，成为其控股股东。

《一恒贞公司股票发行认购公告》亦发布了有关内容：2016 年 3 月 28 日，一恒贞公司 2016 年第三季度临时股东大会审议通过了《关于〈一恒贞公司股票发行方案〉的议案》，就认购事宜作出安排，其中公司在册股东指截至股权登记日在中国证券登记结算有限责任公司（以下简称中国结算公司）北京分公司登记注册的持有公司股份的股东，股权登记日为 2016 年 3 月 24 日。《一恒贞公司股票发行情况报告书》中表示，本次股票发行完成后，金一公司持有公司 9367 万股，金一公司成为公司第一大股东。《一恒贞公司收购报告书》中载明：A. 本次收购尚需金一公司及一恒贞公司股东大会审议通过，并向全国股转公司报送材料，履行备案程序。B. 本次收购完成后，金一公司将成为一恒贞公司的控股股东，钟某成为实际控制人。

②认购款支付及流转使用情况。

2016 年 4 月 28 日，金一公司向一恒贞公司账户汇 14×××70.00 元，系股份认购款。2016 年 5 月 25 日，北京兴华会计师事务所出具《验资报告》，内容显示：经审验，截至 2016 年 4 月 30 日止，一恒贞公司已经收到金一公司缴纳的新增注册资本（实收资本）93,670,000 元，资本公积金 56,295,670 元，本次增资均以货币出资。

一恒贞公司 2016 年 4 月 28 日至 2016 年 8 月 10 日银行流水明细表的内容显示：2016 年 4 月 28 日，金一公司向一恒贞公司的银行账户（账号：17×××44）转入 14×××70 元，该账户余额为 14×××70 元；自 2016 年 4 月 28 日至 8 月 10 日，上述认购款从一恒贞公司的认购账户（账号：17×××44）分多笔转至其另一个银行账户（账号：17×××35）。截至2016年8月10日，一恒贞公司认购账户（账号：17×××44）上余额为168.02元，账号为17×××35的账户上余额为22,351元。

③关于案涉股票发行备案审查情况。

一审法院于2020年1月6日向全国股转公司发函调查对一恒贞公司2016年股票发行备案审查的有关情况，并申请提供有关股票发行的备案材料。全国股转公司复函并提供了相关材料。复函表示：挂牌公司报送的股票发行备案材料后，全国股转公司对股票发行进行自律审查，审查期限一般为10天，全国股转公司审查无异议后，出具股份登记函。全国股转公司于2016年6月16日向申万宏源和一恒贞公司发送了《关于一恒贞公司股票发行备案审查的反馈意见》。至一审法院发函调查时，全国股转公司尚未收到申万宏源及一恒贞公司就该反馈意见做出的回复，无法继续履行备案审查程序。申万宏源出具的《一恒贞公司2016年第一次股票发行的情况说明》称，"一恒贞公司应将募集资金转入专项账户，但是迟迟未能进行。申万宏源项目组推测有可能是一恒贞公司已将募集资金提前使用，遂请一恒贞公司提供银行流水，但一恒贞公司始终未能提供"。

也就是说，案涉股票发行至一审时仍未取得全国股转公司出具的股份登记函，未在中国结算公司进行股份登记。

（3）关于《股份认购协议》解除有关情况。

2016年9月14日，一恒贞公司与碧空龙翔公司签订《借款合同》，约定一恒贞公司向碧空龙翔公司借款1.5亿元用于生产经营，借款期限从2016年9月14日到10月13日。上述借款合同签订后，碧空龙翔公司于2016年9月14日在网上银行分多笔向一恒贞公司在招商银行股份有限公司东莞厚街支行开立的银行账户（账号为：37×××88）转入资金，金额共149,966,000元。2016年9月14日，一恒贞公司向金一公司的中国工商银行北京复兴门支行账户分多笔转入资金共计14×××70元，转账摘要为："退还股份认购款"。

2016年10月25日，金一公司向一恒贞公司发出《解除协议通知书》，以一恒贞公司存在违规对外关联担保事项等重大隐瞒及违反诚实信用行为及至今未取得全国股转公司就本次股票发行出具的股份登记函为由，要求根据《股份认购协议》第6条之约定解除合同并中止终止参与一恒贞公司定向发行股票事项及相关协议。

（4）一恒贞公司登记或公示的股东及股权比例情况。

中国结算公司2018年11月30日出具的一恒贞公司《证券持有人名册》中未记载金一公司的股份持有等信息。国家企业信用信息公示系统公示的一恒贞公司股东信息中亦没有金一公司。一恒贞公司2017年半年度报告第五节“股本变动及股东情况”中关于控股股东的情况、一恒贞公司于2016年3月10日至10月27日在全国股转系统发布的9份临时股东大会通知公告、一恒贞公司于2016年3月10日至10月27日在全国股转系统发布的8份临时股东大会决议公告中均无金一公司股东信息。《2016年3月29日一恒贞公司章程修正案》《2016年5月一恒贞公司章程(修订版)》的内容显示:一恒贞公司的注册资本金由原来的9000万元修改为18,367万元。一恒贞公司在全国股转系统公示的2018年半年度报告显示公司的总股本为9000万元。

(5)当事人相关诉讼情况。

根据(2018)豫16民终4577号裁判文书显示,河南省周口市中级人民法院认为沈丘县人民法院认定金一公司在认购成功之后已成为一恒贞公司控股股东符合事实及法律依据。

此外,(2018)豫0191执异1000号、(2018)豫1081执214-2号、(2018)豫0105执异461号执行裁定书,均裁定追加金一公司为该院(2017)豫0191执9538号执行案件的被执行人。

(2019)豫0104民初741号民事判决未支持原告要求判令金一公司在抽逃出资的范围内对其主张的债权承担补充赔偿责任的诉讼请求。河南省郑州市二七区人民法院于2018年12月6日作出执行裁定书,驳回了追加金一公司为被执行人的申请。

2. 二审查明事实

二审法院对一审法院查明的事实予以确认,此外另查明:

(1)《股份认购协议》第9条约定:金一公司声明其遵守投资协议条款,入资成功后,遵守《公司法》《证券法》和一恒贞公司章程的规定,不损害一恒贞公司和一恒贞公司其他投资者利益。

(2)一恒贞公司2016年3月29日的《章程修正案》记载:原章程第17条修改为公司股份总数为183,670,000股,所有股份均为普通股。一恒贞公司《章程(2016年5月修订版)》第16条规定:2016年3月29日,一恒贞公司定向增发股票9367万股,1.601元/股,其中9367万元计入注册资本,其余5629.3567万元计入资本公积金。定向增发后股份公司注册资本18,367万元,总股本18,367万股。第28条规定:公司股东是指依法持有公司股份自然人或组织。第29条规定:公司应当依法建立股东名册,股东名册是证明股东持有公司股份的充分依据。第30条规定:公司召开股东大会、分配股利、清算以及从事其他需要确认股东身份的行为时,由董事会或股东大会召集人确定股权登记日，股权登记日登记在册的股东为享有相关权益的股东。

(3)金一公司所提供的一恒贞公司2018年11月30日《证券持有人名册》中记载的持有人中并无金一公司。

(4)一恒贞公司在全国股转系统公告的2017年年度报告中载明：普通股总股本9000万股。

(5)金一公司2016年3月10日《关于参与一恒贞公司定向发行股票的公告》第三部分载明：金一公司拟以现金出资的方式参与一恒贞公司定向发行股票，认购一恒贞公司93,670,000股股份，每股认购价格1.601元，认购金额14×××70元，交易完成后，金一公司持有一恒贞公司51%股权，成为其控股股东。

(三)核心争议焦点及法院裁判意见

综合全案，本案的焦点问题是：(1)金一公司是否具有一恒贞公司的股东资格；(2)《股份认购协议》是否已经于2016年10月27日解除；(3)金一公司是否应当承担损害一恒贞公司利益的过错责任以及相应的责任金额。对上述问题，二审法院认为：

1. 金一公司不具有一恒贞公司的股东资格

首先，《股份认购协议》第6条约定，该协议签署后如一恒贞公司未取得全国股转公司就该次股票发行出具的股份登记函，则该协议解除，一恒贞公司退还金一公司已缴纳的全部认购价款，双方均不承担违约责任。这表明缴纳股份认购款并不是获得一恒贞公司股东资格的充分条件。

其次，《股份认购协议》第1条第6款及《盈利预测补偿协议》中均约定发行完成后金一公司方持有一恒贞公司51%的股权。《一恒贞公司股票发行情况报告书》《一恒贞公司收购报告书》中也存在类似表述，因此金一公司要成为一恒贞公司的股东，需要案涉定向发行行为完成。在法律法规等规范性文件对定向发行行为存有规定的情况下，应当按照法律法规等规范性文件的规定来审查。而根据同时期《全国中小企业股份转让系统股票发行业务规则(试行)》第22条、第23条、第24条的规定，挂牌公司应当在验资完成后向全国股转公司报送材料履行备案程序，全国股转公司审查后根据审查结果出具股份登记函，主办券商协助挂牌公司持股份登记函向中国结算公司办理股份登记手续。本案中，只有一恒贞公司取得股份登记函并在中国结算公司进行股份登记后，金一公司才能行使相关股东权利。在一恒贞公司未取得股份登记函导致金一公司无法行使股东权利的情况下，金一公司的交易目的不能实现。

再次，根据一恒贞公司《公司章程》的规定，股东名册是证明股东持有公司股份的充分依据，一恒贞公司并无证据表明金一公司已被一恒贞公司股东名册记载，也不能证明其参加过股东大会。

最后，一恒贞公司官网记载、梁某祥担任一恒贞公司财务总监及《关于参与一恒贞公司定向发行股票的公告》均不能直接认定金一公司已经成为一恒贞公司的股东……综上，一恒贞公司主张金一公司具有一恒贞公司股东资格，不应支持。

2. 案涉《股份转让协议》已于2016年10月27日解除

其一，《股份转让协议》第6条约定，如一恒贞公司未取得全国股转公司就该次股票发行出具的股份登记函，则该协议解除。本案中，2016年3月9日一恒贞公司与金一公司签订《股份转让协议》后即启动股份定向发行工作。全国股转公司的复函表明，其2016年5月31日收到主办券商申万宏源公司报送的备案材料，全国股转公司于同年6月16日向申万宏源公司和一恒贞公司发送了《关于一恒贞公司股票发行备案审查的反馈意见》。申万宏源公司向全国股转公司出具的情况说明载明其在解答或解决上述反馈意见的过程中，一恒贞公司迟迟未能按照全国股转公司的规定将募集资金转至募集资金专户，也未提供银行流水。这表明定向发行工作无法继续进行以及无法取得股份登记函是由于一恒贞公司未将资金转入募集资金专户所致。由于2016年全国股转公司股票发行平均审查时间为10天，而本案中的定向发行从2016年5月31日全国股转公司收到备案材料至同年10月27日，已远远超过10天，而且至今一恒贞公司也未获得股份登记函。一恒贞公司在获取股份登记函方面超过了合理期间，故可以认为是一恒贞公司的原因导致其无法取得股份登记函，其已符合《股份转让协议》第6条约定的未取得股份登记函的情形。

其二，2016年9月14日一恒贞公司与碧空龙翔公司签订的《借款合同》约定借款用途为生产经营，而且约定一恒贞公司不得将借款用于投资股票、期货、债券等国家监管部门禁止银行借款进入的领域，不得用于注册企业和投资入股等股本权益性投资。所以，一恒贞公司虽主张其系以该借款来弥补定向发行的募集资金，但因该主张与《借款合同》的约定不符，故对其主张不应采纳。案涉募集资金从一恒贞公司转出导致无法推进发行工作后，一恒贞公司并未采取措施解决募集资金，应当承担未取得股份登记函的不利后果。

其三，金一公司解除《股份转让协议》系其行使合同法上的权利，该权利的正常行使并不导致不当损害一恒贞公司利益。一恒贞公司提出的该协议解除会损害其利益之主张，不能成立。因一恒贞公司未取得股份登记函，其于2016年10月27日收到金一公司的《解除协议通知书》后,《股份转让协议》即解除。

3.金一公司不应向一恒贞公司承担损害赔偿责任

金一公司不具有一恒贞公司股东资格,而且,在一恒贞公司一直未取得股份登记函的情形下,按照《股份认购协议》的约定,金一公司有权请求退还股份认购款。本案中,金一公司收到一恒贞公司转来的退还股份认购款与《股份认购协议》之解除存在法律上的关系,金一公司获取退还的股份认购款之行为并不构成抽逃出资。一恒贞公司以金一公司抽逃出资为由请求其承担损害赔偿责任,缺乏法律依据,对其主张不应支持。

(四)诉讼启示

传统《公司法》对股东身份的认定可通过股东实际出资、公司章程、股东名册及工商登记认定。但是挂牌公司定向增发的情形下,挂牌公司受到全国股转系统的统一管理,其股东身份确认条件亦因此具有特殊性。《证券法》第151条规定,证券登记结算机构应当根据证券登记结算的结果,确认证券持有人持有证券的事实,提供证券持有人登记资料。同时期《全国中小企业股份转让系统股票发行业务规则(试行)》第22条、第23条、第24条也规定,挂牌公司应当在验资完成后向全国股转公司报送材料履行备案程序,全国股转公司审查后根据审查结果出具股份登记函,主办券商协助挂牌公司持股份登记函向中国结算公司办理股份登记手续。

挂牌公司定向增发股份与普通有限公司转让股份相比存在特殊性。对于新三板挂牌公司而言,收到新认股东认缴款并不意味着股份增发已经彻底完成。除履行变更工商登记、股东名册等一般程序外,挂牌公司还应积极推进履行全国股转系统所要求履行之程序,及时取得股份登记函并到中国结算公司办理完成股份登记,以防止由此带来的不利后果。

四、中泰信托有限责任公司与佛山市中基投资有限公司、欧浦智网股份有限公司等质押式证券回购纠纷案①

选取理由:本案明确了虽加盖公司公章及法定代表人签名但是欠缺股东大会决议要件的上市公司关联担保合同的效力问题。上市公司高管越权关联担保,被担保人未尽到合理审查义务的,不得要求担保人承担担保责任。该案对促进实践中上市公司加强关联担保合规性审查,具有重要的借鉴作用。

---

① 参见上海市高级人民法院民事判决书,(2020)沪民终285号。

(一)当事人情况

原告:中泰信托有限责任公司
被告1:佛山市中基投资有限公司
被告2:欧浦智网股份有限公司
被告3:陈某豪
被告4:田某贞
一审法院:上海金融法院
二审法院:上海市高级人民法院

(二)基本案情

中泰信托有限责任公司(以下简称中泰公司)起诉请求:(1)佛山市中基投资有限公司(以下简称中基公司)支付股票收益权回购款95,494,271.23元(含应还的股票收益权购买款94,550,000元及股票收益款,收益款暂计至2018年8月10日为944,271.23元,此后收益款应按《股票收益权转让及回购合同》约定计至回购款付清之日止);(2)判令中基公司支付违约金(以16,636,666.67元为基数,按日万分之五自2018年7月3日计至8月10日为316,096.67元,自2018年8月11日起应以实际应付而未付的股票收益权回购款金额为基数,按日万分之五计至回购款及违约金付清之日);(3)判令中基公司偿付律师代理费148,800元;(4)判令由中泰公司对处置本案质押的股票所得价款优先受偿;(5)判令陈某豪、田某贞、欧浦智网股份有限公司(以下简称欧浦公司)对上述债务承担连带清偿责任;(6)判令由被告共同承担本案诉讼费用(包括但不限于案件受理费、财产保全费、公告费等)。中泰公司还增加诉讼请求:(1)判令中基公司偿付因申请诉讼保全而支出的保险费95,950元;(2)判令中基公司偿付差旅费8905.5元;(3)判令陈某豪、田某贞、欧浦公司对上述债务承担连带清偿责任。

一审法院判决结果:(1)中基公司向中泰公司支付本金94,550,000元;(2)中基公司支付中泰公司收益款944,271.23元;(3)中基公司支付中泰公司以95,494,271.23元为基数,自2018年8月11日起至实际清偿日止,以日万分之五计算的违约金;(4)如果第二、三项主文中合计金额超过94,550,000元×24%×(2018年6月21日至实际清偿日的天数÷365)的总金额,则以94,550,000元×24%×(2018年6月21日至实际清偿日的天数÷365)的总金额为限;如果第二、三项主文中合计金额未达到94,550,000元×24%×(2018年6月21日至实际清偿日的天数÷365)的总金额,则以实际发生的第二项、第三项主文合计金额为准;(5)中基公司偿付中泰公司律师费损失148,800元;(6)若中基公司未履行本判决第一项至第四项付款义务,中泰公司可以其质押的15,500,000股欧浦公司股票及孳息折价,也可以就拍卖、变卖上述质押股票及孳息所得价款优先受偿,该质押股票及孳息拍卖、变卖后的价款超过债权数额的部分归中基公司所有,不足部分由中基公司继续清偿;(7)陈某豪、田某贞对中基公司上述第一项至第五项付款义务承担连带保证责任,承担连带保证责任后有权向中基公司追偿;(8)驳回中泰公司的其余诉讼请求。

中泰公司提出上诉请求:撤销一审判决书,依法改判或发回重审。

二审法院判决结果:驳回上诉,维持原判。

本书对法院审理查明的事实,梳理如下:

1. 一审法院查明事实

(1)本案股票质押回购相关事实。

2017年12月13日,鉴于中基公司合法持有15,500,000股欧浦公司股票(证券代码:002711,以下简称欧浦智网股票),中泰公司愿以信托资金受让该股票的收益权,并由中基公司在约定时间内回购该股票收益权,双方签订了《股票收益权转让及回购合同》,约定自交割日后期限届满一年之日,中基公司完成对股票收益权的回购。该回购合同约定,质押期限内,如果欧浦智网股票股价下跌,以收盘价计算,T日的履约保障比例低于预警履约保障比例(预警履约保障比例为150%),甲方(中泰公司)在收到其设立的信托之委托人通知的当日通知乙方(中基公司),乙方必须在"T+1"日内及时补充质押相应数量的标的股票(股票类别须与初始质押股票相同,或流动性优于初始质押股票),或向合同中指定的监管账户划付保证金,使履约保障比例提高至预警履约保障比例150%以上,或者提前回购全部股票收益权。各种实现债权(包括质权)所发生的全部相关费用乙方承担。

同日,双方及湘财证券股份有限公司(质押登记代理方)签订了《股票质押担保合同》,约定中基公司将其持有的15,500,000股欧浦智网股票及该股票因送股、公积金转增、配股、拆分股权等形成的派生股票质押给中泰公司,为《股票质押担保合同》项下全部债务提供质押担保。合同双方于同日办理了证券质押登记。

(2)本案担保相关情况。

《股票质押担保合同》签订当日,陈某豪、田某贞与中泰公司签订《保证合同》。二人同意为中基公司在《股票质押担保合同》项下的全部债务的履行向债权人提供无条件且不可撤销的连带责任保证。担保范围包括主债权及主债权项下的股票收益权实现款项、罚息、违约金、损害赔偿金,以及债权人为实现主债权和保证债权所发生的费用(包括但不限于诉讼费、财产保全费、差旅费、执行费、评估费、拍卖费、律师费等)。保证期间为合同生效之日起至《股票质押担保合同》债务履行期限届满之日后两年。"保证人"一栏有陈某豪、田某贞分别签字。

2017年12月14日,欧浦公司向中泰公司出具《担保函》,载明为中基公司到期回购股票收益权的行为承担连带保证责任,保证范围包括全部应付股份收益权回购款,以及中基公司因违反股票收益权转让合同而产生的违约金等。该保证函由欧浦公司盖章并由其法定代表人陈某豪签字,但并未经过股东大会决议。

(3)本案合同履行情况。

2018年7月2日,因中基公司持有的包括本案标的股票在内的240,612,842股触及平仓线,中泰公司向中基公司出具《警戒预处置通知》,要求中基公司在2018年7月3日追加资金16,636,666.67元,或追加质押股票3,309,681.7股,但中基公司并未按合同要求履行。

因欧浦智网股票股价分别在2017年6月29日至7月3日、7月4日至7月6日存在连续三个交易日收盘价跌幅偏离值累计超过20%的情况,欧浦公司连续发布两份《股票交易异常波动公告》。根据以上公告显示,至2018年7月6日,欧浦智网股票股价为4.95元/股。在此情况下中基公司仍未补充质押股票或支付保证金,该行为已形成主合同第8条第1款第10项约定之违约事件,即"抵押财产、质押财产损毁、灭失、价值减少,而乙方(中基公司)未能按中泰公司要求另行提供所需新的担保"。依照合同第3款的规定,中泰公司向中基公司发出《提前履约通知》,要求中基公司于2018年8月10日提前回购标的股票,但中基公司亦未按通知履约。

2. 二审法院查明事实

二审法院对一审法院查明的事实予以确认,此外另查明:

(1)2019年11月14日,广东省佛山市顺德区人民法院作出2019粤06某某破申32号民事裁定,受理中基公司破产清算。

(2)欧浦公司曾刊登过对外担保事宜公告,但未涉及本案系争担保事宜。

(3)中泰公司系非银行金融机构。

(三)核心争议焦点及法院裁判意见

综合全案,本案的焦点问题是:担保合同效力问题以及本案与破产程序衔接问题。具体而言,有如下几点。

1. 相对人对上市公司越权提供的关联担保应尽合理审查义务

对于本案《担保函》效力问题,一审法院认为,根据《公司法》第16条的规定,公司的担保行为不是法定代表人所能单独决定的事项，而必须以公司股东（大）会、董事会等公司机关的决议作为授权的基础和来源。欧浦公司的法定代表人并未提供股东会或董事会等有权机关的决议，故其未经授权擅自为他人提供担保的行为，构成越权代表。本案作为质押式股票回购纠纷，中泰公司应明知欧浦公司系上市公司，其也知晓中基公司是欧浦公司的控股股东。中基公司为欧浦公司提供担保的行为属关联担保。欧浦公司法定代表人陈某豪未经董事会、股东会决议，以公司名义为其他公司提供担保，而中泰公司作为相对人对与担保相关决议文件负有基本审查义务，并对已尽审查义务负有举证责任。现中泰公司未能提供证据证明已对决议进行审查，则其关于要求欧浦公司承担连带保证责任的主张，事实和法律依据均不足，一审法院不予支持。

二审法院持相同观点，认为中泰公司主张担保合同有效，却无法提供证据证明其在订立合同时对股东会决议进行了审查，更无法证明决议的程序符合《公司法》第 16 条的规定，故应认定中泰公司对越权代表签署合同属非善意，该保证合同自始不生法律效力。关联担保必须经股东（大）会决议是《公司法》为保护中小股东权益所作的特别规定。股东（大）会是公司权力机构，不是执行机构，通常不掌握、管理公司公章。所以在没有股东（大）会决议的情况下所做越权担保，即使加盖了公章，仍属于越权担保，不能因此认为有效。

同时，对于相互担保问题，二审法院认为中基公司与欧浦公司虽然存在相互担保，但是否导致此后某次违反《公司法》第 16 条规定的关联担保成为有效合同，需考虑相互间的其他担保是否有效以及相互担保的金额等因素。如当事人之间长期存在有效的相互担保，担保金额基本相近，则此后某次欠缺决议的担保，有可能被法院仍认定为有效。但如果此前的相互担保就是无效的，则不能因为违法违规行为的不断累积，导致此后的担保成为有效。欧浦公司系上市公司，现没有证据证明欧浦公司股东会曾以决议方式同意为大股东中基公司提供担保。故上诉状上所列欧浦公司为中基公司提供的第一次担保就存在违反《公司法》第 16 条的可能。而后数次关联担保也均存在类似效力瑕疵，二审法院不能认定双方之前存在有效的相互担保，也就不能以此为由认定本次担保有效。

2. 一审法院在不知破产已受理的情况下所做判决有效，无须改判

《企业破产法》第 20 条规定："人民法院受理破产申请后，已经开始而尚未终结的有关债务人的民事诉讼或者仲裁应当中止；在管理人接管债务人的财产后，该诉讼或者仲裁继续进行。"本案一审期间，其他法院受理了中基公司破产清算，并指定了管理人。但因中基公司未出庭抗辩，也未告知上述情况，导致一审法院不知晓该

情况。本案起诉在前，破产受理在后，且一审法院判决前并不知晓破产已被受理，故一审法院就中泰公司提出给付之诉作出判决并无不当。

二审期间，上诉人与中基公司、欧浦公司均表示判决生效后会按破产程序处理破产债务，无须改判。且法律没有规定，破产前已经生效的给付判决在破产后需要通过再审程序改为确认之诉。由破产管理人依破产法律、司法解释的规定对申报范围内的给付之诉判决进行清偿已经形成了长期、稳定的操作惯例。所以，不将一审业已作出的给付判决改判成为确认之诉，并不会对破产债务人和其他债权人造成不利。本给付之诉判决生效后，中泰公司应当及时依据《企业破产法》的规定进行债权申报，由破产管理人进行确认，并依《企业破产法》对该债权进行清偿。同理，一审判决第 6 项有关股票质押权的判决，亦应当由破产管理人于中泰公司申报后，依据《企业破产法》第 109 条的规定处理。

同时，根据《企业破产法》第 46 条第 2 款关于"附利息的债权自破产申请受理时起停止计息"之规定，中基公司按照一审判决第 3 项、第 4 项计算的违约金均系按利息方式计算的从债务，故应自 2019 年 11 月 14 日(当日不计算利息)起停止计算。一审判决第 7 项系基于连带保证责任作出的给付之诉判决，保证债务属于从债务，不应大于主债务。故主债务停止计算利息的，保证范围也应以停止计算的利息为限。但是，根据《企业破产法》第 12 条第 2 款关于"人民法院受理破产申请后至破产宣告前，经审查发现债务人不符合本法第 2 条规定情形的，可以裁定驳回申请"的规定，亦不排除中基公司破产申请被驳回的可能。若破产申请被驳回，则不存在停止计息的问题。

因此，二审法院不宜在本案中对停止计息问题进行判定，而应由受理破产申请的法院、破产管理人执行法院根据该破产案件的具体情况依《企业破产法》确定主债务利息的截止时间，即在确定利息计算截止日期时，可不受本案判决关于利息计算截止时间的约束。

(四)诉讼启示

上市公司属于公众公司，其对外行为关系众多中小投资者利益，甚至可能影响证券交易市场的稳定性。为避免上市公司法定代表人滥用权力随意担保掏空公司，损害众多中小投资者利益，《公司法》，最高人民法院《关于适用〈中华人民共和国担保法〉若干问题的解释》①，中国证监会、原中国银行业监督管理委员会《关于规

---

① 本解释已于 2021 年 1 月 1 日因最高人民法院《关于废止部分司法解释及相关规范性文件的决定》而失效。

范上市公司对外担保行为的通知》等规范性文件及证券交易所股票上市规则均对上市公司对外担保提出了更为严格的内部决议程序要求。上市公司是否对外担保并非法定代表人单独决定的事项,必须有公司董事会或股东(大)会之决议作为基础和授权。为公司股东或关联方担保,须经上市公司股东(大)会决议,且上述股东需在决议程序中回避。即使是在相互担保的情形下,也必须履行相应决议程序,否则仍构成越权代表,其效力将遭受法律的否定性评价。

五、陆某与陈某、沈某、上海明匠智能系统有限公司、姜某、河南黄河旋风股份有限公司股权转让纠纷案①

选取理由:上市公司股份代持行为因违反金融安全、证券监管秩序等公序良俗而无效。股东在上市公司收购前隐名入股有不可逾越的"红线",本案对于规范有限责任公司股东的股权代持行为具有重要警示意义。

(一)当事人情况

原告:陆某
被告1:沈某
被告2:上海明匠智能系统有限公司
被告3:陈某,明匠公司法定代表人
被告4:姜某
被告5:河南黄河旋风股份有限公司
一审法院:上海市第一中级人民法院
二审法院:上海市高级人民法院

(二)基本案情

原告向法院提出诉讼请求:(1)判令被告陈某支付原告陆某股权折价款102,521,250元;(2)判令被告沈某、上海明匠智能系统有限公司(以下简称明匠公司)、河南黄河旋风股份有限公司(以下简称黄河旋风公司)对被告陈某的上述付款义务承担连带责任;(3)判令被告姜某对被告陈某的上述付款义务承担共同还款责任。

本书对法院审理查明的事实,梳理如下:

---

① 参见上海市高级人民法院民事判决书,(2019)沪民终295号。

1. 代持股协议签订情况

2015 年 2 月 28 日，陆某与陈某签订《股权代持协议书》。该协议书约定："一、委托内容。1. 陆某自愿委托陈某作为其对明匠公司 2000 万元出资的名义持有人，并代为行使相关股东权利，陈某愿意接受陆某委托并代为行使该相关股东权利。陆某自愿出资 2000 万元，按照明匠公司估值 2.2 亿元价格计算，认购陈某在明匠公司 9.1% 的股权，并委托陈某代持，此次成交前陈某拥有明匠公司 49% 股权，明匠公司 2014 年度经财务审计确认的净利润为 1040 万元，2000 万元到陈某账后，陈某以自己名义借入明匠公司用于短期经营性流动资金。陈某向陆某承诺明匠公司在六个月内被上市公司按照估值不低于 3.5 亿元价格收购，预计公告日期 3 月 23 日。上市公司收购后，陆某可以选择陈某按估值溢价的价格一次性给付本金和收益，也可以选择先行给付本金，估值溢价部分折合成股权，还可以选择将本金与收益部分全部折合成股权。2. 如果此次上市公司收购失败，陆某可以通过股权变更取得 9.1% 明匠公司股权，陈某确保陆某取得 9.1% 股权，并承诺 2015 年实现净利润 3000 万元，2016 年净利润 4000 万元，2017 年净利润 5000 万元，不足部分由陈某补足。陆某也可以选择退出，陈某承诺根据投资款到账期限，按年息 10% 的利息，以 2015 年 7 月 31 日后六个月归还本金和利息。陆某承诺于 2015 年 3 月 2 日前付款 500 万元，余款于 2015 年 3 月 6 日前付清。二、委托权限。陆某委托陈某代为行使的权利包括：由陈某以自己的名义将受托行使的代持股份作为在明匠公司股东登记名册上具名、在工商机关登记、以股东身份参与相应活动、代为收取股息或红利、出席股东会并行使表决权以及行使公司法与明匠公司章程授予股东的其他权利。三、陆某的权利和义务。陆某作为代持股份的实际出资者，对明匠公司享有实际的股东权利并有权获得相应的投资收益，陈某仅代陆某持有该代持股份所形成的股东权益，不享有任何收益权或处置权。四、陈某的权利和义务。未经陆某事先书面同意，陈某不得转委托第三方持有上述代持股份及其股东权益。陈某承诺将其未来所收到的因代持股份所产生的任何全部投资收益均全部转交给陆某，并承诺将在获得该等投资收益后 15 日内将该等投资收益划入陆某指定的银行账户，如有延期，按照每天千分之一计算利息。……八、争议解决。凡因履行本协议所发生的争议，双方应友好协商解决，协商不能解决的，任一方均有权将争议提请陆某所在地人民法院起诉。"

2015 年 3 月 2 日、5 日，陆某通过其个人银行账户分别向陈某个人银行账户转账支付 500 万元、1500 万元，合计 2000 万元。

2. 黄河旋风公司对明匠公司股权收购情况

2015 年 5 月 21 日，黄河旋风公司发布《关于发行股份购买资产并募集配套资金涉及关联交易的公告》。主要内容如下：黄河旋风公司拟通过发行股份并募集配套资金的方式收购明匠公司 100% 股权，同时向陈某等七名特定对象发行股票募集配套资金。2015 年 5 月 20 日，黄河旋风与陈某、姜某、沈某、杨某、河南黄河实业集团股份有限公司（以下简称黄河集团）签订了《发行股份购买资产之盈利补偿协议》。陈某、姜某、沈某、杨某、黄河集团承诺：明匠公司 2015 年、2016 年、2017 年实现的合并报表扣除非经常性损益后归属于母公司股东的净利润不低于 3000 万元、3900 万元、5070 万元。明匠公司 2015 年、2016 年、2017 年度每一年度盈利《专项审核报告》出具后，若标的资产在盈利补偿期间内实现的合并报表扣除非经常性损益后归属于母公司股东的净利润数低于承诺净利润数，交易对方应对黄河旋风公司进行补偿。交易对方首先以股份方式对黄河旋风公司进行补偿，如按照上述股份补偿方式不足以补偿的则以现金方式对黄河旋风公司进行补偿……

2015 年 10 月 24 日，黄河旋风公司发布《关于发行股份购买资产并募集配套资金事项获得中国证监会核准批复的公告》，该批复核准公司向陈某发行 21,428,571 股股份，向姜某发行 4,821,429 股股份。

2018 年 10 月 30 日，黄河旋风公司发布《关于回购注销公司重大资产重组交易对方 2017 年度应补偿股份及要求返还现金分红的公告》，公告主要内容如下："2018 年 10 月 29 日，公司召开第七届董事会第七次会议，审议通过了《关于回购注销公司重大资产重组交易对方 2017 年度应补偿股份及要求返还现金分红的议案》。公司 2017 年年报重新审计后，对上海明匠公司 2017 年度的业绩承诺情况进行了审核，大信会计师事务所（特殊普通合伙）对本事项出具了《业绩承诺完成情况审核报告》（大信专审字〔2018〕第 16－00064 号），上海明匠未能完成 2017 年度的业绩承诺。"

3. 明匠公司股权变动情况

明匠公司成立于 2010 年 11 月 26 日。涉案《股权代持协议书》签订时，明匠公司股东及出资额分别为：陈某出资 400 万元，持股比例为 40%；沈某出资 140 万元，持股比例为 14%；姜某出资 90 万元，持股比例为 9%；谭某出资 30 万元，持股比例为 3%；杨某出资 340 万元，持股比例为 34%。

2015 年 5 月 8 日，明匠公司股东及出资额分别为：黄河集团出资 270 万元，持股比例为 27%；陈某出资 400 万元，持股比例为 40%；沈某出资 140 万元，持股比例为 14%；杨某出资 100 万元，持股比例为 10%；姜某出资 90 万元，持股比例为 9%。

2015年11月6日,明匠公司变更为一人有限责任公司,股东为黄河旋风公司。现明匠公司注册资本为5000万元。

4.股权折价款支付情况

2017年6月15日,陆某通过上海龙元律师事务所向陈某、沈某、明匠公司发送律师函,要求陈某在发函之日起3日内将已明确的股权折价款102,521,250元、股权收益487,500元以及逾期付款利息5000万元支付给陆某。2017年6月19日,陆某通过上海龙元律师事务所向沈某发送律师函,要求沈某敦促陈某及时向陆某支付股权折价款等,若陈某无法按时履行,将追究其保证责任。

2017年6月21日,陈某向陆某出具《付款承诺书》,内容为:"现本人获悉,你要求根据《协议》第二条约定,将你提供的本人代持享有的黄河旋风(证券代码600172)487.5万股股票,按照2016年1月5日的收盘价(每股21.03元)为标准,折价102,521,250元现金兑现;同时代持期间该部分股票产生分红派息487,500元,可享有定增股票5,197,300股(成本价每股9.63元)。对此,本人陈某同意陆某以现金方式兑现股权收益,并以个人名义向陆某支付补偿款5000万元,作为无法实现股权登记的补偿。就上述应付款项提供如下付款承诺:一、在2017年6月30日前,支付补偿款1500万元及股权折价款500万元;二、在2017年9月30日前,支付补偿款3500万元、股权折价款97,521,250元、派息487,500元,合计133,008,750元;三、若本人在6月30日前未按期付款的,你有权就全部款项要求本人提前一次性支付,并以未付款部分为基数,自7月1日起支付逾期付款滞纳金,按每日万分之七计算。"

(三)核心争议焦点及法院裁判意见

综合全案,本案的争议焦点如下:(1)陆某与陈某间的法律关系;(2)系争《股权代持协议书》及《协议》的效力;(3)陈某应承担的责任;(4)沈某、明匠公司、姜某、黄河旋风公司应承担的责任。

对此,上海市高级人民法院根据查明的事实,结合《民法总则》①第143条、第153条,《证券法》②第63条、第78条等规定,认定如下:

1.陆某与陈某之间系股权代持关系

首先,从系争《股权代持协议书》约定的内容来看,陆某委托陈某作为其对明匠公司2000万元出资的名义持有人,并代为行使相关股东权利。该2000万元出资用

---

① 《民法总则》已于2021年1月1日因《民法典》的施行而失效。

② 本案中适用的为2014年修正的《证券法》。

于认购陈某在明匠公司 9.1% 的股权，股款支付对价为明匠公司的股权。陆某作为代持股份的实际出资者，对明匠公司享有实际的股权权利并有权获得相应的投资收益，陈某仅以自身名义代陆某持有该股份形成的股东权益，并承诺将其未来所收到的因代持股份所产生的任何全部投资收益均转交陆某。上述约定内容明确表明，陆某和陈某之间系股权代持关系。其次，系争《股权代持协议书》及《协议》约定内容不符合民间借贷法律关系的构成要件。借款合同是借款人向贷款人借款，到期返还借款并支付利息的合同，需同时具备借款的合意和借款的交付。纵观上述两份协议，双方并无借款的合意。协议内容虽显示陆某可以选择多种退出方式，但仅是关于陆某选择继续由陈某代持股权，或结束代持关系的多种结算方式的约定。

2. 系争《股权代持协议书》及《协议》应认定为无效

系争股份隐名代持涉及上市公司兼并重组过程中的股份权属，其效力如何应当依据现行民事法律关于民事法律行为效力的规定，以及证券市场、上市公司相关法律规定综合判断。《民法总则》第 143 条规定："具备下列条件的民事法律行为有效：(一)行为人具有相应的民事行为能力；(二)意思表示真实；(三)不违反法律、行政法规的强制性规定，不违背公序良俗。"第 153 条第 2 款进一步规定："违背公序良俗的民事法律行为无效。"民事法律行为因违背公序良俗而无效，体现了法律对民事领域意思自治的限制。

具体到证券市场领域，证券市场的公共秩序关涉证券市场根本性、整体性利益和广大投资者合法权益，一旦违反将损害证券市场基本交易安全秩序。上市公司股份代持行为涉及存在不特定多数潜在投资人的证券市场公共秩序，涉及金融安全、市场秩序、国家宏观政策等的公序良俗。《证券法》第 63 条规定，发行人、上市公司依法披露的信息，必须真实、准确、完整，不得有虚假记载、误导性陈述或者重大遗漏。第 68 条第 3 款规定，上市公司董事、监事、高级管理人员应当保证上市公司所披露的信息真实、准确、完整。因此，发行人必须股权清晰，股份不存在重大权属纠纷。且发行人上市需遵守如实披露的义务，披露的信息必须真实、准确、完整，因监管法规对信息披露真实性的要求，发行人应当如实披露股份权属情况，禁止发行人的股份存在隐名代持情形。这个要求不仅针对首次公开发行股票并上市的公司，也同样适用于如本案的上市公司兼并重组过程中。《上市公司重大资产重组管理办法》第 43 条规定："上市公司发行股份购买资产，应当符合下列规定：……(四)充分说明并披露上市公司发行股份所购买的资产为权属清晰的经营性资产，并能在约定期限内办理完毕权属转移手续……"

本案系争《股权代持协议书》中，虽陈某向陆某承诺明匠公司将被上市公司按照估值不低于 3.5 亿元价格收购，但该协议签订时明匠公司尚未被黄河旋风公司兼并重组，不涉及上市公司股权代持争议，故该协议合法有效。但 2015 年 10 月 19 日各方签订的《协议》系在黄河旋风公司收购明匠公司 100% 股权等基础上。该《协议》是为了案涉股权收购事项平稳获得中国证监会核准批文及明确陆某委托陈某代持股份的股东权益事项所签订。系争《协议》约定的“购买股权”“出售股票”等的时间均与明匠公司与黄河旋风公司之间股权交易时间点提前一一对应。《协议》无论是内容还是签订过程，都涉及明匠公司与上市公司间的股权交易，即双方明知陈某替陆某代持的明匠公司股权将可溢价转化为上市公司股票。明匠公司被上市公司兼并重组前，陈某代陆某持有股份，以自身名义参与黄河旋风公司通过发行股份并募集配套资金的方式收购明匠公司股权，成为上市公司前十大股东，隐瞒了实际投资人的真实身份。陆某和陈某双方的行为构成了上市公司定向增发股份的隐名代持，违反了证券市场的公共秩序，损害了证券市场的公共利益，故依据《民法典》第 143 条、第 153 条第 2 款的规定，系争《协议》应无效。

3. 陈某应对损失承担主要责任

系争《协议》无效，根据《民法典》第 157 条的规定，“民事法律行为无效、被撤销或者确定不发生效力后，行为人因该行为取得的财产，应当予以返还；不能返还或者没有必要返还的，应当折价补偿。有过错的一方应当赔偿对方由此所受到的损失；各方都有过错的，应当各自承担相应的责任。法律另有规定的，依照其规定。”《付款承诺书》是陈某与陆某对按《协议》约定的收益方式进行结算的再次确认。现《协议》无效，陆某按照《协议》约定的收益方式向陈某等主张还款义务，不符合法律规定，法院不予支持。无效合同财产利益的处理旨在恢复原状和平衡利益，即优先恢复到合同订立前的财产状态，不能恢复原状的则应当按照公平原则在当事人之间进行合理分配。

本案中，陈某代陆某持有明匠公司 9.1% 股权。在黄河旋风公司并购时，参考黄河旋风公司收购价，上述 9.1% 明匠公司股权价值为 3822 万元。根据黄河旋风公司公告显示，陈某持有的黄河旋风公司股票被黄河旋风公司回购后将被注销，故对本案《协议》无效的法律后果，应综合考虑各方当事人责任、投资亏损使得股份价值相当的投资款贬损等因素后予以确定。

首先，2015 年 10 月 19 日陈某和陆某在签订《协议》时对明匠公司已被黄河旋风公司溢价收购事宜均知晓，陈某系明匠公司大股东、时任法定代表人，也是后续黄河旋风公司发行股份购买资产的最主要交易方和内幕交易信息知情方。陈某在此时继续为陆某代持明匠公司股权，又不向监管层披露明匠公司股权真实结构，导致系争《协议》无效，对此陈某系主要过错方。同样地，陆某在得知黄河旋风公司收购明匠公司事宜已获得监管层批复后，没有及时结束双方间的违规代持关系，直到2017 年 6 月 15 日才通过上海龙元律师事务所向陈某等发送律师函要求结算。因此对于系争《协议》无效，陆某也需承担部分责任。其次，明匠公司因未完成承诺的业绩而需向黄河旋风公司进行补偿，补偿的首要方式为黄河旋风公司回购陈某持有的股票后进行注销。陈某系明匠公司大股东、时任法定代表人，负责明匠公司的日常经营管理等。陆某仅系财务投资，对明匠公司的业绩缺乏控制，因此导致投资款贬损的主要过错在陈某，陈某需对损失承担主要责任。但按照收益与风险相一致原则，陆某也需承担投资亏损的部分不利后果。

4. 沈某、明匠公司应当承担陈某不能清偿部分的不超过 1/3 的赔偿责任，姜某、黄河旋风公司不应承担责任

（1）关于沈某、明匠公司的责任问题。系争《协议》无效，则担保人沈某、明匠公司的担保条款亦无效。但根据最高人民法院《关于适用〈中华人民共和国民法典〉有关担保制度的解释》第 17 条第 2 款的规定，"主合同无效导致第三人提供的担保合同无效，担保人无过错的，不承担赔偿责任；担保人有过错的，其承担的赔偿责任不应超过债务人不能清偿部分的三分之一。"因此，虽然担保条款无效，但沈某系明匠公司股东，也是后续上市公司发行股份购买资产的交易方和内幕交易信息知情方，在签署《协议》的过程中具有明显过错，故应承担陈某不能清偿部分的不超过1/3的赔偿责任。关于明匠公司的担保责任，因陈某和沈某合计持股超过 50%，符合明匠公司章程约定的对外担保条件，因此明匠公司也具有过错，亦应当承担陈某不能清偿部分的不超过 1/3 的赔偿责任。

（2）关于姜某的责任。涉案《股权代持协议书》和《协议》均没有姜某签字，姜某对该两份协议中陈某所负债务并未作出共同意思表示。上述协议中陈某所负债务系基于其与陆某之间的股权代持合同关系而产生，不属于陈某以个人名义为家庭生活需要所负的债务，故姜某无须承担陈某的共同还款责任。

（3）关于黄河旋风公司的责任。根据明匠公司提供的审计报告以及黄河旋风公司提供的司法鉴定报告，明匠公司和黄河旋风公司之间不存在财务混同的情形，故黄河旋风公司不应对明匠公司的债务承担连带责任。

（四）诉讼启示

上市公司股票的股权代持协议的效力认定应考虑协议签订的时点、与上市过程的关联性。基于上市公司信息披露真实性的基本要求，禁止上市公司股份代持

不仅针对首次公开发行股票并上市的公司，同样适用于上市公司兼并重组。

在上市公司隐名代持的情况下，股权代持关系的建立本身并不直接具有对公共利益的危害性，尤其在股权代持的建立时间远早于公司上市时间的情况下。构成违规并对公共利益造成损害的最直接行为是上市主体的不实信息披露及代持人的刻意隐瞒行为。上市公司股东信息披露不实，会影响证券监管部门对内幕交易、关联交易审查、高管人员任职回避等证券市场的基本监管要求。上市公司股权必须清晰，不得隐名代持股权，这是对上市公司监管的基本要求，也是上市公司兼并重组等的审查重点。本案中，双方在明知代持股权可溢价转化为上市公司股票的情况下，仍实行定向增发股份的隐名代持，违反了证券市场的公共秩序，损害了证券市场的公共利益。上述规则属于证券市场基本交易规范，关系到以信息披露为基础的证券市场整体法治秩序和广大投资者合法权益，上市公司应对此予重视。

六、国购产业控股有限公司与安徽安凯汽车股份有限公司证券认购纠纷案①

选取理由：新冠肺炎疫情对经济造成冲击。受宏观经济疲软、二级市场表现不佳、监管力度保持严格等因素影响，募资公司与出资人的沟通和维护成本增大，风险也随之提升。本案以一起证券认购纠纷为例，启示上市公司应当提升在募资环节的谨慎程度，做好疫情背景之下的募资风险应对。

（一）当事人情况

被告：国购产业控股有限公司

原告：安徽安凯汽车股份有限公司

一审法院：安徽省合肥市中级人民法院

二审法院：安徽省高级人民法院

（二）基本案情

安凯汽车公司向一审法院起诉请求：国购产业控股有限公司（以下简称国购控股公司）支付安徽安凯汽车股份有限公司（以下简称安凯汽车公司）违约金68，196，000元，并承担本案诉讼费、保全费等。

一审法院判决结果：国购控股公司于判决生效后10日内向安凯汽车公司支付

① 参见安徽省高级人民法院民事判决书，（2020）皖民终143号。

违约金 68,196,000 元。如未按判决指定的期间履行给付金钱义务,应当依照《民事诉讼法》第 253 条的规定,加倍支付迟延履行期间的债务利息。案件受理费382,780元、保全费 5000 元,合计 387,780 元,由国购控股公司负担。

国购控股公司上诉请求:(1)撤销本案一审判决,依法驳回安凯汽车公司的全部诉讼请求;(2)本案一审、二审诉讼费用由安凯汽车公司承担。

二审法院判决结果:驳回上诉,维持原判。

本书对法院审理查明的事实,梳理如下:

1. 一审法院查明事实

2017 年 1 月 23 日,安凯汽车公司作为甲方与乙方国购控股公司签订一份《附条件生效的非公开发行股份认购协议》,就国购控股公司认购安凯汽车公司非公开发行股份相关事宜达成协议,约定乙方以现金 350,000,000 万元认购甲方本次发行的股份,认购价格为 6.79 元/股,认购数量为 51,546,391 股。第 2 条第 4 款"认购对价支付"约定:双方同意并确认,甲方根据中国证监会核准的本次发行方案确定最终的认购金额,并以该等金额为准发出《缴款通知书》。乙方不可撤销地同意,在本次发行获得中国证监会核准且收到甲方和本次发行保荐机构发出的《缴款通知书》之日起 3 个工作日内,将全部认购对价以现金方式一次性划入保荐机构为本次发行所专门开立的账户,待会计师事务所验资完毕并且扣除相关费用后再行划入甲方的募集资金专项存储账户。第 8 条"违约责任"约定:如乙方未能按照本协议的约定履行认购义务,则乙方向甲方支付乙方认购总金额 20% 的违约金。

2017 年 3 月 1 日、9 月 18 日,安凯汽车公司作为甲方与乙方国购控股公司分别签订《附条件生效的非公开发行股份认购协议之补充协议(一)》《附条件生效的非公开发行股份认购协议之补充协议(二)》。上述协议就限售期约定,乙方在本次发行中认购的甲方股份,自发行结束之日起 36 个月内不得转让。协议生效条件为:协议自双方法定代表人或授权代表签字并加盖公章之日起成立,并在以下条件均获得满足之日起生效:(1)甲方董事会及股东大会批准本次发行的具体方案和相关事宜;(2)本次发行方案获得国有资产监督管理部门的批准;(3)甲方本次发行获得中国证监会的核准。在《附条件生效的非公开发行股份认购协议之补充协议(二)》中约定,乙方认购对价为现金 340,980,000 元。

国购控股公司及其实际控制人袁某宏向安凯汽车公司出具《承诺函》,承诺认购资金来源自有资金或合法筹集的资金,具备认购安凯汽车公司本次非公开发行股票的能力。2017 年 8 月 29 日,安凯汽车公司向国购控股公司发送《关于股份认购协议之补充协议(二)的意见回复》,内容为"贵司关于《附条件生效的非公开发行股份认购协议之补充协议(二)》意见已收悉,经我公司讨论研究后,回复如下:1.我公司本次非公开发行取得中国证监会核准后,在中国证监会批复的有效期内并在确保我公司能够及时、顺利完成发行的前提下,我公司同意与包括贵司在内的认购方进行协商,确定发行日期。2.我公司将根据中国证监会核准的本次发行的发行方案确定最终的认购金额,并根据商定的发行日期,以该等金额为准发出《缴款通知书》"。

2017年4月20日,安徽省人民政府国有资产监督管理委员会作出皖国资产权函〔2017〕220号《省国资委关于安徽安凯汽车股份有限公司非公开发行股票有关事项的批复》,原则上同意安凯汽车公司本次非公开发行A股股票方案。2018年2月1日,中国证监会作出证监许可〔2018〕245号《关于核准安徽安凯汽车股份有限公司非公开发行股票的批复》,核准安凯汽车公司非公开发行不超过139,113,120股新股,批复自核准发行之日起6个月内有效。2018年6月21日,安凯汽车公司向国购控股公司发送《关于再次协商非公开发行日期的函》,载明安凯汽车公司已于2018年5月4日和2018年5月22日分别由公司董秘和董事长亲自去国购控股公司协商本次股份发行的确定发行日期等相关事宜,要求国购控股公司将认购资金在2018年6月15日筹措到位,但国购控股公司未予明确答复。为保证能够及时、顺利完成本次发行,现明确本次股份发行的发行期首日为不迟于2018年6月25日的交易日,请国购控股公司于2018年6月22日17时之前向安凯汽车公司以书面方式明确对上述发行日期的意见。

2018年6月25日,安凯汽车公司与保荐机构国元证券股份有限公司向国购控股公司发送《安徽安凯汽车股份有限公司非公开发行股票缴款通知书》,要求国购控股公司将其认购资金于2018年6月28日15时前划至保荐机构专用账户。此后,国购控股公司并未如期划款。2018年7月,安凯汽车公司发布《安徽安凯汽车股份有限公司非公开发行A股股票发行情况报告暨上市公告书》,"本次发行的发行对象情况"部分载明,本次非公开发行的发行对象为安徽江淮汽车集团股份有限公司和国购控股公司,截至2018年6月28日15时,国购控股公司未向保荐人为本次发行开立的专用账户缴款。

2019年4月26日,安凯汽车公司委托安徽华人律师事务所向国购控股公司发送一份《律师函》,以国购控股公司违约为由,要求其承担支付认购款340,980,000元的20%违约金。

2019年9月19日,一审法院以(2019)皖01破申50号民事裁定受理国购控股公司的重整申请。2019年10月28日,该院以(2019)皖01破43号民事裁定指定安徽承义律师事务所和大华会计师事务所安徽分所联合机构为国购控股公司管理人。

2. 二审法院查明事实

二审法院对一审查明的事实予以确认，另查明：《安徽安凯汽车股份有限公司非公开发行 A 股股票发行情况报告暨上市公告书》载明，本次非公开发行的发行对象为安徽江淮汽车集团股份有限公司、国购控股公司。……最终，本次非公开发行股份总量为 37,763,565 股，未超过中国证监会核准的上限 139,113,120 股，发行对象为江淮汽车。《安徽安凯汽车股份有限公司非公开发行 A 股股票募集资金使用可行性分析报告（修订稿）》载明，本次拟通过非公开发行股票，募集资金总额不超过 535,840,000 元，扣除发行费用后的募集资金净额拟全部用于以下项目：1. 中型高档公商务车项目 346,000,000 元；2. ……

再查明：《附条件生效的非公开发行股份认购协议之补充协议（二）》约定，发行价格为定价基准日前 20 个交易日安凯汽车公司股票交易均价，认购对价 340,980,000 元。国购控股公司本次认购股份数量 = 认购金额 ÷ 认购价格，如有余数，国购控股公司自愿放弃；安凯汽车公司根据中国证监会核准的发行方案确定最终认购金额，并以该金额为准发出《缴款通知书》。

安凯汽车公司与保荐机构国元证券股份有限公司向国购控股公司发送的《安徽安凯汽车股份有限公司非公开发行股票缴款通知书》载明，本次非公开发行股票于 2018 年 6 月 25 日启动，发行价格为 5.16 元/股。根据双方协议及安凯汽车公司董事会、股东大会确认，国购控股公司认购股数为 66,081,395 股、锁定期 36 个月、应缴认购资金 340,979,998.20 元。

（三）核心争议焦点及法院裁判意见

二审法院认为，综合双方当事人的举证、质证及诉辩意见，本案的争议焦点是：国购控股公司在本案中是否构成违约以及一审确认的违约金数额有无事实和法律依据。

1. 国购控股公司在本案中是否构成违约

国购控股公司对其在本案中未履行缴款义务的事实并无异议，但主张因双方未就股票发行日期达成一致意见致发行价格无法确定，故其未缴认购款的行为不构成违约。经查，双方在《附条件生效的非公开发行股份认购协议之补充协议（二）》中约定，发行价格为定价基准日前 20 个交易日安凯汽车公司股票交易均价，认购对价 340,980,000 元，认购股份数量按该认购对价金额除以股票发行价格取整确定，如该认购金额符合中国证监会核准的发行方案，安凯汽车公司应按认购股份数量及发行价格计算准确金额后向国购控股公司发出《缴款通知书》。国购控股公司则应按照《附条件生效的非公开发行股份认购协议》及相关补充协议的约定，在三个工作日内，将全部认购对价以现金方式一次性划入保荐机构为本次发行专门开立的账户。此后，中国证监会于 2018 年 2 月 1 日核准安凯汽车公司此次非公开发行不超过 139,113,120 股新股。借此，双方在《附条件生效的非公开发行股份认购协议》中约定的生效条件全部具备，安凯汽车公司亦根据定价基准日确定了股票发行价格，并按国购控股公司的认购对价确认其认购数量为 66,081,395 股、应缴认购资金 340,979,998.20 元。

由于股票发行日期的确定是基于中国证监会核准的发行方案，而非双方当事人的约定事项，安凯汽车公司亦据此确定了股票定价基准日及发行价格，并根据国购控股公司承诺的认购对价明确了认购股份数量及应缴金额，而国购控股公司未按约定如期支付认购款，故一审认定其构成违约，事实依据充分。国购控股公司依据安凯汽车公司出具《关于股份认购协议之补充协议（二）的意见回复》主张发行价格无法确定致其无法缴款的理由，与事实不符，不予采信。

2. 违约金数额的确定

国购控股公司上诉主张，按认购金额的 20% 承担违约金明显过高。本案双方在《附条件生效的非公开发行股份认购协议》中约定，如国购控股公司未能按照协议约定履行认购义务的，应向安凯汽车公司支付其认购总金额 20% 的违约金。后因国购控股公司未按约缴存股票认购款，致安凯汽车公司在获准发行新股额度为 139,113,120 股、拟募集资金总额约 530,000,000 元的情况下，仅实际发行 37,763,565 股、募集资金 194,860,000 元。上市公司非公开发行股票的目的在于募集资金充实公司资本金，进而提升上市公司业绩、资产质量及盈利能力。国购控股公司未按约缴存认购金额 340,980,000 元致使安凯汽车公司此次非公开发行股票以开发中型高档公商务车等项目的计划出现巨大的资金缺口。同时，因本次非公开发行股票在报请中国证监会审核时已确定了发行对象及相应股份额度，在获得核准后依法不可变更，故一审法院基于本次股票发行的对象特定性、方式法定性等因素，将违约金是否过高的举证责任分配给交易中的违约方国购控股公司，并严格按照双方协议认定违约金数额，有事实和合同依据。国购控股公司以安凯汽车公司此次非公开发行股票已经完成并成功上市为由，主张其违约责任仅限于安凯汽车公司为本次股票发行而支出的部分律师服务费用，于法无据。不予支持。

(四)诉讼启示

对于国购投资与安凯汽车公司之间的证券认购纠纷,《证券日报》记者在采访中表示:"国购投资是合肥当地知名的房地产商,在商业地产领域颇有建树。但这几年公司一直资金链紧张,从实际控制人袁某宏退出 * ST 中发就能看出来。至于其为什么在债券募集资金到位后却不参与安凯汽车公司的定增,谁也说不好,只能证明公司产业多,要堵的窟窿也多。"而对于安凯汽车公司而言,2018 年,由于国购控股没有如约缴纳定增款项,导致其当年的定增募资金额大幅减少,约 3.5 亿元资金没有到位,直接导致公司的募投项目资金缩水六成,安凯汽车公司原本勾画的蓝图被打了折扣。本案启示上市公司,在募资环节,一方面应增强募资策略的建立,另一方面还要保持与投资方的信息对称和有效沟通,加强内部合规建设,随机应变,如此才能维护企业稳定持续发展。

七、中国民生信托有限公司起诉朱某、大连天神娱乐股份有限公司合同纠纷案①

选取理由:本案系私募基金合同纠纷案,本案当事人采取了私募基金结构化安排的方式,通过差额补足条款满足不同投资主体的风险偏好。由于对于差额补足条款的性质与效力在实务中存在不同看法,故构成本案的争议焦点,亦成为本书选取本案的重要理由。

(一)当事人情况

原告:中国民生信托有限公司
被告 1:大连天神娱乐股份有限公司
被告 2:朱某,天神娱乐股东、实际控制人
一审法院:北京市第二中级人民法院
二审法院:北京市高级人民法院

(二)基本案情

原告向法院提出诉讼请求:(1)大连天神娱乐股份有限公司(以下简称天神娱乐公司)向中国民生信托有限公司(以下简称民生信托公司)支付合伙权益收购款

① 参见北京市高级人民法院民事判决书,(2020)京民终 158 号。

314,000,000元;(2)天神娱乐公司向民生信托公司支付迟延履行违约金8,007,000元(自2018年12月9日起算,以应支付的合伙权益收购款314,000,000元为基数,按每日0.05%的标准支付至实际给付日止,暂计算至2019年1月28日);(3)天神娱乐公司向民生信托公司支付财产保全费5000元、诉讼财产保全责任险保费315,413元;以上三项诉讼请求合计322,007,000元;(4)朱某对上述第1、2、3项诉讼请求承担连带责任;(5)天神娱乐公司和朱某承担本案诉讼费用。

本书对法院审理查明的事实,梳理如下:

1. 私募基金结构化安排情况

2017年7月31日,民生信托公司与和壹资本管理(北京)有限公司(以下简称和壹公司)、东证融汇证券资产管理有限公司(以下简称东证公司)、北京乾坤瀚海资本投资管理有限公司(以下简称乾坤公司)签订《合伙协议》,约定各合伙人共同投资深圳浦睿投资中心(有限合伙)(以下简称浦睿中心)。天神娱乐公司作为乾坤公司的母公司,发布《关于公司参与认购浦睿中心基金份额的公告》,称:本次对外投资基本情况为天神娱乐公司控股子公司乾坤公司拟认购浦睿中心基金份额,投资标的基金总规模不超过5亿元,乾坤公司作为基金劣后级有限合伙人拟认购基金份额不超过8000万元。乾坤公司以自筹/自有资金出资,退出机制为股权回购等方式。

和壹公司、民生信托公司、东证公司、乾坤公司签订《〈深圳浦睿投资中心(有限合伙)〉合伙协议补充协议》,对收益分配、亏损处理、增值税等内容进行补充约定。

2. 差额补足与收购安排

同日,民生信托公司与天神娱乐公司签订《收购协议》,载明鉴于民生信托公司以优先级有限合伙人身份认购浦睿中心的合伙权益(以下简称标的权益),认缴出资314,000,000元,并与和壹公司及其他有限合伙人签订《合伙协议》《补充协议》及其他相关认购文件,天神娱乐公司应按本《收购协议》约定收购民生信托公司持有的标的权益并向民生信托公司支付收购价款。朱某就天神娱乐公司在本《收购协议》及其他相关文件项下的收购款支付等义务承担连带保证责任并签署《保证合同》,为此双方就上述收购事宜订立本《收购协议》。其中《收购协议》第1条"收购及提前收购"第1.2.1款约定:发生如下"违约收购情形"时,民生信托公司有权要求天神娱乐公司在民生信托公司书面通知的日期("违约提前收购日")收购其持有的全部标的权益:……(6)天神娱乐公司、朱某对外借款、担保、赔偿、承诺或其他偿债责任未能如期偿还或履行,或发生重大诉讼、仲裁、行政处罚,已造成该方履行其于本协议或者《保证合同》项下义务的能力受到严重影响;……(8)天神娱乐公司或朱某的重要财产涉诉或被施以强制措施的(对天神娱乐公司而言,该等涉诉或被施以强制措施的重要资产的公允价值需要达到其最近一期经审计的净资产之30%;对朱某而言,该等涉诉或被施以强制措施的重要资产的公允价值需要达到3亿元);(9)发生对天神娱乐公司履行本协议有重大不利影响的其他事项。天神娱乐公司应支付的收购价款按照如下公式计算(具体金额以民生信托公司计算金额为准):天神娱乐公司应支付的收购价款 = 民生信托公司向合伙企业实缴各期出资本金之和 + 各期出资本金对应的收益之和 - 收购日前合伙企业已经向民生信托公司返还的出资本金(如有) - 收购日前合伙企业已经向民生信托公司分配的收益之合计金额(如有);第3条"违约责任"第3.1款约定:无论任何原因,如任何一方违反本协议的约定,或迟延履行本协议规定的义务,则守约方可要求违约方纠正,并赔偿守约方的损失。天神娱乐公司未按时足额支付收购价款或其他应付款的,除应当继续支付外,应就逾期支付的款项按照每日0.05%的标准向民生信托公司支付违约金。第3.2款约定:任何一方违约时,应当承担守约方为此而支付的催收费用、诉讼费(或仲裁费)、保全费、公告费、执行费、律师费、差旅费及其他费用。

3. 天神娱乐公司违约收购及民生信托诉前财产保全情况

(1)天神娱乐公司违约收购。

2018年9月12日,天神娱乐公司发布《关于实际控制人、控股股东部分股份被司法冻结的公告》,称截至该公告日,朱某持有天神娱乐公司股份130,603,964股,占天神娱乐公司总股本的13.94%;其所持有天神娱乐公司股份累计被质押129,220,280股,占天神娱乐公司总股本的13.79%,占其持有天神娱乐公司股份总数的98.94%。2018年9月21日,天神娱乐公司发布《关于公司银行贷款逾期的公告》,称天神娱乐公司因资金状况紧张,致使135,000,000元银行贷款未能如期偿还或续贷。2018年11月21日,天神娱乐公司发布《关于公司收到民事裁定书的公告》,称大连市中山区人民法院依法作出(2018)辽0202财保31号民事裁定书,裁定冻结被申请人天神娱乐公司在银行存款945,421,397.26元或查封其他等值财产。

2018年12月5日,民生信托公司向天神娱乐公司发出《关于民生信托公司与天神娱乐公司之〈合伙协议〉项下优先级有限合伙份额购买通知书》(以下简称《125天神娱乐公司通知书》),要求天神娱乐公司于2018年12月5日前按照《收购协议》约定价款收购民生信托公司持有的浦睿中心优先级有限合伙份额权益314,000,000元,如天神娱乐公司未按时足额支付收购价款或其他应付款的,除应当继续支付外,还应就逾期支付的款项按照每日0.05%的标准向民生信托公司支付违约金。同日，民生信托公司向朱某发出《关于民生信托公司与天神娱乐公司之〈合伙协议〉项下优先级有限合伙份额购买通知书》（以下简称《125 朱某通知书》），要求朱某于 2018 年 12 月 5 日按照《收购协议》约定价款收购民生信托公司对其持有的浦睿中心优先级有限合伙份额权益 314,000,000 元整，逾期，民生信托公司将采取相应法律措施。

（2）民生信托诉前财产保全。

民生信托公司申请诉前财产保全并向一审法院提交了中国人民财产保险股份有限公司北京市分公司向其开具的北京增值税普通发票，证明为此向中国人民财产保险股份有限公司北京市分公司交纳诉讼财产保全责任险保费 315,413 元。民生信托公司为此向一审法院预交保全费 5000 元。

（三）核心争议焦点及法院裁判意见

综合全案，收购条款的性质、收购条件是否成就及保全费与保全险保费是否属于付款责任范围是本案的核心焦点。

对此，北京市第二中级人民法院根据查明的事实，结合《担保法》[①]第 6 条、第 18 条等的规定，认为：

1. 被告天神娱乐公司应当向民生信托公司支付合伙权益收购款 314,000,000 元

（1）《收购协议》有效。涉案收购事项及相应风险已由天神娱乐公司董事会决议通过，天神娱乐公司亦对外就相关信息进行了披露并签订《收购协议》。该《收购协议》的签订符合法定程序，并且符合合同有效的构成要件，合法有效。

（2）收购条款属于为天神娱乐公司设定的应履行的独立义务，而非保证条款。《收购协议》项下的收购条款具体内容并不具有天神娱乐公司作为保证人为主债务人代为清偿债务的意思表示，亦无天神娱乐公司为主债务人履行主债务提供履行担保的条款，反而天神娱乐公司系债务人本身，应当承担提前收购浦睿中心合伙份额的履行义务。

（3）收购条件成就。朱某被证监会立案调查、被冻结其持有的天神娱乐公司股份、天神娱乐公司因资金状况紧张未能如期偿还银行贷款或续贷、天神娱乐公司财产被冻结等情形触发了《收购协议》中违约回购条款第 6 项、第 8 项和 9 项规定，天神娱乐公司应当按照《收购协议》的约定履行违约提前收购义务。

---

① 《担保法》已于 2021 年 1 月 1 日因《民法典》的施行而失效。

2. 保全费与保全险保费属于付款责任范围

《收购协议》约定，任何一方违约时应承担守约方为此而支付的催收费用、诉讼费（或仲裁费）、保全费、公告费、执行费、律师费、差旅费及其他费用，按照最高人民法院《关于人民法院办理财产保全案件若干问题的规定》第 7 条“保险人以其与申请保全人签订财产保全责任险合同的方式为财产保全提供担保的，应当向人民法院出具担保书”的规定，由中国人民财产保险股份有限公司北京市分公司出具保单保函为其保全提供担保，故诉讼财产保全责任保险费属于民生信托公司正当行使诉讼权利、为实现债权所产生的必要费用。民生信托公司要求天神娱乐公司向其支付保全费 5000 元和保全险保费 315,413 元的诉讼请求，具有事实和合同依据。

3. 朱某应当与天神娱乐公司承担连带责任

《担保法》第 18 条规定，当事人在保证合同中约定保证人与债务人对债务承担连带责任的，为连带责任保证。连带责任保证的债务人在主合同规定的债务履行期届满没有履行债务的，债权人可以要求债务人履行债务，也可以要求保证人在其保证范围内承担保证责任。《保证合同》约定朱某对《收购协议》及其他相关文件项下的收购款支付等义务承担连带保证责任，因此朱某应对天神娱乐公司需向民生信托公司支付的收购价款 3.14 亿元、逾期支付收购价款违约金、保全费 5000 元和保全险保费 315,413 元的付款义务承担连带保证责任。

（四）诉讼启示

私募基金的结构化安排对于优先级及劣后级份额持有人都有一定的吸引力，虽然差额补足条款系结构化安排中较为常见的增信措施，但是对于其性质还存在较大争议。司法实践中，劣后级向优先级提供差额补足承诺的效力基本上被法院认可有效。越来越多的案例以及观点认可差额补足条款应被视为独立的合同义务而非担保条款。这是因为若其性质被认为是保证担保，则可能因为主合同效力瑕疵影响差额补足条款效力或者因为未履行《公司法》第 16 条对外担保的程序而对差额补足条款效力产生影响，从而产生诸多法律上的风险。

虽然相关监管政策已经出台对结构化安排的规范，但是最高人民法院一直没有出台相关的司法解释，因此实务中对于结构化安排中常见的差额补足安排的裁判规则的理解适用还有一定的出入，未来对于私募基金结构化安排的监管与规制还有待法律制度的进一步完善。

八、中原银行股份有限公司、河南中汇实业集团有限公司盈余分配纠纷案[①]

选取理由:本案系 2020 年全国法院十大商事案例之一。本案在司法实践领域对股东退出公司后又以公司在其股东资格存续期间对其隐瞒真实经营状况为由,诉请行使知情权的情形应当如何认识和处理极具参考价值,属于有重大社会影响和标志性意义的案件。

(一)当事人情况

原告:河南中汇实业集团有限公司
被告:中原银行股份有限公司
一审法院:河南省郑州市中级人民法院
二审法院:河南省高级人民法院

(二)基本案情

河南中汇实业集团有限公司(以下简称中汇公司)向河南省郑州市中级人民法院提出诉讼请求:(1)请求依法判令被告提供自 2012 年 12 月 20 日起至 2014 年 12 月 31 日止的原周口银行股份有限公司(以下简称周口银行)和被告相应的章程、股东名册、公司债券存根、股东大会会议记录、董事会会议决议、监事会会议决议、财务会计报告、公司会计账簿、会计凭证、公司合并情况资料、公司分红情况等资料供中汇公司查阅和复制;(2)请求依法判令被告向原告补足自 2012 年 12 月 20 日起至 2014 年 12 月 31 日止的分红差额及其他相关收益 3000 万元,并按照同期银行贷款利率自起诉之日起计息直至被告履行完毕之日止;(3)请求依法判令本案案件受理费、审计费、鉴定费等由被告承担。

中原银行股份有限公司向河南省高级人民法院提出上诉请求:(1)撤销一审判决,驳回河南中汇实业集团有限公司的诉讼请求;(2)本案诉讼费用由河南中汇实业集团有限公司承担。

本书对法院审理查明的事实,梳理如下:

2012 年 10 月 10 日,中汇公司与周口银行签订《投资入股协议书》,约定由中汇公司以自有资金 9900 万元认购周口银行 5500 万股的股份,取得股东地位。2014 年

---

① 参见河南省高级人民法院民事判决书,(2020)豫民终 126 号。

7 月 22 日，周口银行召开 2014 年第一次临时股东大会，进行改革重组，将中汇公司持有的周口银行股份，折股为中原银行股份有限公司（以下简称中原银行）股份数 64,355,740 股。2014 年 12 月 23 日中原银行成立。2015 年 4 月 30 日，中原银行召开 2014 年度股东大会，审议通过了《关于 2014 年度利润分配方案的议案》，其中约定 2014 年 1～6 月，有可供分配利润 47,195,561.59 元。2016 年 2 月 14 日，中汇公司收到中原银行支付的分红534,283.59元。2015 年 2 月 10 日，中汇公司将其在中原银行的股份转让给河南省豫南高速投资有限公司（以下简称豫南高速），双方约定，中汇公司在中原银行股权的相应收益计算至 2014 年 12 月 31 日，2015 年 1 月 1 日之后的收益归豫南高速所有。2015 年 2 月 13 日，双方在河南省产权交易中心办理了股权转让登记。然而中原银行上市时公开发布的财务资料显示，中原银行 2014 年度净利润比其《2014 年度利润分配方案》中显示的净利润高出 1 亿多元。

（三）核心争议焦点及法院裁判意见

综合全案，本案核心焦点为中汇公司查询、复制其持股期间的中原银行相应的公司章程、股东大会会议记录等特定资料，查阅相应的会计账簿是否正确。

一审法院认为，根据最高人民法院《关于适用〈中华人民共和国公司法〉若干问题的规定（四）》（以下简称《公司法解释四》）第 7 条的规定，本案中，中汇公司于 2015 年 2 月将其在中原银行的股权转让给豫南高速。虽然，本案起诉时，中汇公司已不是中原银行的股东，但其提交的中原银行上市时公开发布的财务资料能够初步证明，在中汇公司持股期间其合法权益受到损害，故对其查阅或者复制其持股期间的公司特定文件材料的请求，一审法院予以支持。关于公司的盈余分配问题，中汇公司查阅完毕公司特定文件材料并确定 2014 年度利润分配方案后，可另行主张。

二审法院则认为，第一，《公司法解释四》第 7 条规定中的“除外”对应的应是前文的“驳回起诉”，即原股东有初步证据证明在持股期间其合法权益受到损害的，法院不应驳回起诉，应依法予以受理，该条规定解决的是原股东在特殊情况下的诉权问题。但“诉权”不等同于“胜诉权”，“初步证据”不等同于“实质证据”，赋予原股东诉权，并非当然的支持原股东的诉讼请求。在受理案件后，应根据《公司法解释四》第 8 条的规定审查原股东的证据是否能够证明在持股期间其合法权益受到损害，进而判断原股东的诉讼请求是否应该得到支持。故一审法院对中汇公司提交的初步证据及中原银行的抗辩理由未进行实质审理，直接支持中汇公司有关知情权的诉讼请求的行为不当。

第二，关于中汇公司要求行使知情权的诉请是否应该得到支持问题。对比两份财务报告内容，首先，该两份财务报告依据的准则不同。2014年财务报告是依据财政部等部门发布的国内会计准编制，上市财务报告则是按照国际会计准则编制。其次，两份财务报告审计的对象不同。2014年财务报告审计的对象不包括中原银行的子公司，而上市财务报告是合并财务信息，包括中原银行及其子公司。再次，该两份财务报告编制基础、审计的时期不同。2014年财务报告的"备考财务报表的编制方法"显示以"十三家城商行合并重组设立中原银行的架构于2013年1月1日业已存在，并按照此架构持续经营，以2013年1月1日起按照十三家城商行合并重组的中原银行财务报表作为编制范围"的假设基础进行编制，审计的时期是2014年1月1日至2014年12月31日。中原银行上市财务报告是以中原银行于2014年12月23日正式成立为基础编制的，包括2014年1月1日至12月22日和2014年12月23日至31日两段时期的两份报告。最后，该两份财务报告编制的时间不同，编制报告时掌握的信息不同，会产生会计差异。2014年财务报告是2015年4月11日编制的，上市财务报告是2017年6月30日制作的。综上，因两份报告所依据的会计准则、统计口径、编制基础、编制时间等均不同，两份报告存在差异有合理客观的原因。因此，中原银行在上市时公开发布的财务资料与《2014年度利润分配方案》依据的年度法定审计报告的差异并不能够证明中汇公司在其持股期间合法权益受到损害。与此同时，公司是否分配利润以及分配多少利润属公司董事会、股东会决策权范畴，属于公司自治的范围。中原银行《2014年度利润分配方案》经过该公司股东会决议通过。股东会的召集程序、表决方式及决议内容均不违反法律、行政法规或公司章程的规定，股东会决议通过的利润分配方案合法有效。因此，中汇公司关于其股权收益与中原银行的实际盈利水平不符、中原银行在取得巨额净利润的情况下却不向股东分配损害其利益的主张没有法律依据。中汇公司提交的证据不能证明在其持股期间合法权益受到损害，其要求查阅、复制中原银行相关文件资料的诉讼请求不符合法律规定，一审法院对中汇公司提交的初步证据及中原银行的抗辩理由未进行实质审理，径行判决支持中汇公司诉讼请求的行为不当。

第三，需要指出的是，一审判决判项存在的如下问题：对于有限责任公司和股份有限公司的股东知情权，分别根据《公司法》第33条和第97条的规定可知，法律并未规定股份有限公司的股东有复制公司章程、股东名册、股东大会会议记录等文件资料的权利，亦未规定股份有限公司的股东有查阅公司会计账簿的权利。本案中，周口银行与中原银行均系股份有限公司，故一审判决第一项中汇公司复制公司章程等文件资料、第二项中汇公司查阅相应的会计账簿均不符合法律规定。

(四)诉讼启示

通过本案可知,对于股份有限公司的股东是否有复制公司章程、股东名册、股东大会会议记录等文件资料及查阅公司会计账簿的权利,《公司法》并没有明确规定。在学术界也观点不一,主要分为绝对有权说、绝对无权说与相对有权说三种。最高人民法院在《公司法解释四》第 7 条第 2 款中坚持相对有权说的立场,即认为原则上应当驳回起诉,但原告有初步证据证明在持股期间其合法权益受到损害的除外。本案最终法院判决采纳相对有权说的观点,这也是在司法实践中为平衡双方权益通常会采取的观点。本案根据该观点作出判决,既保护了股东的权利,也兼顾了公司的利益,具有重要的司法示范意义。

九、中珠医疗控股股份有限公司、杭州忆上投资管理合伙企业股权转让纠纷案[①]

选取理由:本案中珠医疗控股股份有限公司拟采用支付现金方式收购江某持有的浙江康静医院有限公司 100% 股权,斥资高达十几亿元。但仅三个多月,中珠医疗控股股份有限公司董事会就发布了《关于拟终止重大资产重组事项的公告》,宣布终止本次重大资产重组事项。当事人就此前的5000 万元股权收购定金产生纠纷。本案作为股权转让中未尽审慎义务的案例,经最高人民法院审结,对上市公司具有一定参考意义。

(一)当事人情况

原告 1:杭州忆上投资管理合伙企业
原告 2:杭州上枫投资合伙企业
原告 3:江某
被告:中珠医疗控股股份有限公司
第三人:浙江康静医院有限公司
第三人:杭州爱德医院有限公司
一审法院:浙江省高级人民法院
二审法院:最高人民法院

① 参见最高人民法院民事判决书,(2020)最高法民终 137 号。

（二）基本案情

杭州忆上投资管理合伙企业（以下简称忆上投资）、杭州上枫投资合伙企业（以下简称上枫投资）和江某共同提出一审诉讼请求：(1)解除案涉《框架协议》《资产协议》及《补充协议》；(2)忆上投资、上枫投资和江某已收取的定金 5000 万元不予返还中珠医疗控股股份有限公司（以下简称中珠医疗）；(3)本案诉讼费用由中珠医疗承担。

中珠医疗提出反诉请求：(1)忆上投资、上枫投资和江某向中珠医疗返还 5000 万元定金；(2)忆上投资、上枫投资和江某向中珠医疗支付资金占用利息（以 5000 万元为基数，按银行一年期贷款利率）；(3)由忆上投资、上枫投资和江某承担反诉费用；(4)忆上投资、上枫投资和江某对上述第 1、2、3 项诉讼请求承担连带责任。

本书对法院审理查明的事实，梳理如下：

1. 中珠医疗拟收购浙江康静医院有限公司 100% 股权

浙江康静医院有限公司（以下简称浙江康静）注册资本 5000 万元，主要从事心内科、心外科、综合门诊等医疗服务。江某持有浙江康静 100% 股权。经与江某协商，中珠医疗拟采用现金收购方式收购江某持有的浙江康静 100% 股权。

2018 年 3 月 30 日，江某发函中珠医疗称，由于中珠医疗与江某的共管账户尚未开立，要求中珠医疗将股权收购定金 5000 万元打入其指定的浙江康静账户，共管账户开立成功后 3 个工作日内，浙江康静账户收到的定金将全额转入共管账户。当日，中珠医疗将 5000 万元定金支付至江某指定的浙江康静账户。

2. 四方签署《框架协议》

2018 年 3 月 31 日，江某（甲方）与中珠医疗（乙方）、浙江康静（丙方）、杭州爱德医院有限公司（以下简称杭州爱德）（丁方）签署了《框架协议》。

协议第 1 条“交易标的”约定：乙方拟按照目标公司现状估值，通过受让甲方持有的目标公司 100% 股权，从而受让目标公司 100% 权益。第 2 条“交易对价”约定：股权收购基准日为 2017 年 12 月 31 日。乙方暂定按总额 11.375 亿元为总交易对价（在甲方、丙方、丁方无违反本协议承诺的情形下不再做调整）受让甲方持有的目标公司 100% 股权。第 4 条“交易及付款方式”约定：本收购框架协议签订后，乙方支付定金 5000 万元至甲乙双方指定的共管账户。甲乙双方签订正式收购协议并经相关上市公司合法程序生效后，双方按照正式收购协议的约定履行付款及其他义务。第 5 条“承诺与保证”约定：甲方、丙方、丁方不存在违反本条约定情形的，乙方承诺本次为不可撤销收购，不得终止本协议，并须保证本次交易在本协议生效后 3

个月内完成(由乙方或乙方关联方中珠集团完成本次收购);如在约定期限内未完成,则本协议书解除,5000 万元定金归属甲方所有。第 7 条"排他性"约定:本收购框架协议经各方签署后即生效。

2018 年 4 月 13 日,浙江康静将中珠医疗支付的 5000 万元定金转付至于杭州联合农村商业银行股份有限公司石桥支行开设的共管账户。江某分别于 2018 年 4 月 18 日、19 日申请登记设立上枫投资、忆上投资,将其持有的浙江康静 100% 股权分别转让给上枫投资和忆上投资,通过上枫投资和忆上投资将其持有的浙江康静 100% 股权转让给中珠医疗。

3. 中珠医疗与忆上投资、上枫投资及浙江康静签订《资产协议》

2018 年 4 月 27 日,中珠医疗与忆上投资、上枫投资及浙江康静签订了《资产协议》。第 2 条第 1 款约定:中珠医疗拟以支付现金方式购买忆上投资、上枫投资持有的浙江康静 100% 股权(标的资产)。

第 3 条第 2 款约定:忆上投资、上枫投资持有浙江康静 100% 的股权。

第 4 条第 1 款约定:各方同意,中珠医疗以支付现金的方式支付本协议项下标的资产的全部收购价款,现金对价初步确定为 12.161 亿元……最终交易价格应以《评估报告》确定的标的资产评估值为参考依据,并由各方另行签订补充协议确认。

第 4 条第 2 款约定:自本协议成立后,中珠医疗原已向忆上投资、上枫投资支付的 5000 万元转为定金;

第 10 条第 1 款约定:本协议自下述条件全部成就后立即生效:(1)10.1.1本协议经各方有效签署;(2)10.1.2 经中珠医疗董事会、股东大会批准同意本协议及本次交易的相关议案;(3)10.1.3 经有权政府主管部门批准(如需)。

第 10 条第 4 款约定:出现下列情形之一或多项的,除非各方另行达成一致意见,本协议即予解除,并终止实施:(1)10.4.1 因有权管理部门、司法机构对本协议的内容和履行提出异议(包括不同意本协议全部或部分条款)从而导致本协议终止、撤销、被认定为无效,或者导致本协议的重要原则条款无法得以履行以致严重影响各方签署本协议时的商业目的,对本次交易产生重大不利影响;(2)10.4.2 若本协议所依赖的法律、法规和规章发生变化,致使本协议的主要内容成为非法,或由于国家的政策、命令,而导致本协议任何一方无法履行其在本协议项下的主要义务;(3)10.4.3因证券监管部门或机构的原因,本次交易失败或无法进行;(4)10.4.4 本协议签署之日起至本次交易实施前,适用的法律、行政法规发生变化,从而使本协议项下的交易与新的法律、行政法规规定相悖,且各方无法根据新的法律、行政法规就本协议的修改/变更达成一致意见;(5)10.4.5 发生不可抗力的事件。

第10条第5款约定：因本条第10条第4款所述情形导致本协议终止的，各方互不追究违约责任，各方应本着恢复原状的原则，签署一切文件及采取一切必需的行动或应对方的要求（该要求不得被不合理地拒绝）签署一切文件或采取一切行动，协助对方恢复至签署日的状态，但中珠医疗原已向忆上投资、上枫投资支付的5000万元予以返还。

第10条第8款约定：若本协议未能生效，中珠医疗原已向忆上投资、上枫投资支付的5000万元予以返还。

4. 四方另行签订《补充协议》

在签订《资产协议》的当日，即2018年4月27日，江某、浙江康静、杭州爱德、忆上投资、上枫投资与中珠医疗签订了《补充协议》，约定：《框架协议》交易对价增加7860万元，由11.375亿元调整为12.161亿元。因交易对价增加导致本次交易无法完成的（包括但不限于因交易所及其他部门原因）责任由中珠医疗承担，中珠医疗仍需按《框架协议》第5条第5款的规定履行义务。中珠医疗应在2018年5月31日前，召开股东大会审议本次交易事项，因浙江康静股权质押未办结并过户、交易所问询等原因可相应顺延。

各方一致同意，《资产协议》未能生效的，或主合同第10条第5款中约定的事件发生的，中珠医疗已经支付的5000万元不予退还。《资产协议》是为执行《框架协议》签署的具体协议，并非对《框架协议》的取代。两者不一致的，应以《框架协议》及《补充协议》的约定为准。《补充协议》自签署之日起生效。

同日，中珠医疗与浙江康静向杭州联合农村商业银行股份有限公司石桥支行提交款项解付申请。同年4月28日，中珠医疗与浙江康静向上述银行发出《共管账户资金支付指令》，要求将共管账户中的5000万元划转至忆上投资和上枫投资的相应指定账户。

5. 股权收购具体事项

2018年4月28日，中珠医疗董事会发布《第八届董事会第三十五次会议决议公告》称，公司董事会于同年4月27日召开会议，经认真审议，一致同意通过包括《关于本次重大资产购买方案的议案》《关于〈中珠医疗重大资产购买预案〉及其摘要的议案》《关于与交易对方签署附生效条件的〈支付现金购买资产协议〉的议案》《关于本次重大资产购买相关议案暂不提交2017年年度股东大会审议的议案》在内的所有议案，明确《关于本次重大资产购买方案的议案》《关于〈中珠医疗重大资产购买预案〉及其摘要的议案》《关于与交易对方签署附生效条件的〈支付现金购买资产协议〉的议案》尚需提交公司股东大会审议，会议中明确“鉴于本次交易的标的资产在本次董事会会议召开前尚未完成审计、评估等工作，本次董事会决定暂不将与本次重大资产购买相关的议案提交 2017 年年度股东大会。待相关工作完成后，公司将另行召开董事会会议审议本次交易的相关议案，并发布召开股东大会的通知，提请股东大会审议本次交易的相关事项”。

2018 年 5 月 16 日，中珠医疗董事会发布《关于收到上交所〈关于对中珠医疗重大资产购买预案信息披露的问询函〉的公告》称，2018 年 5 月 15 日，公司收到上交所《关于对中珠医疗重大资产购买预案信息披露的问询函》，并公布了问询函的具体内容，同时称公司将认真组织有关各方按照问询函的要求逐一落实回复文件并召开媒体说明会，对本次重大资产重组的有关文件进行补充和完善，及时履行信息披露义务等。

同年 6 月 15 日，中珠医疗董事会发布《关于拟终止重大资产重组事项的公告》，称：鉴于“继续推进本次重大资产重组事项面临一定的不确定因素；公司与浙江康静股东就交易事项进行多次磋商，双方就交易标的估值、业绩承诺等核心条款的调整未能达成一致意见”等原因，公司拟终止本次重大资产重组事项。

同年 6 月 22 日，中珠医疗董事会发布《第八届董事会第三十七次会议决议公告》，称经过全体董事认真审议，通过了《关于终止重大资产重组事项的议案》《关于签署〈终止协议〉的议案》。

另查明，浙江康静的前身为浙江爱德，2019 年 8 月 2 日企业名称正式变更为浙江康静。因中珠医疗终止收购浙江康静股权并要求忆上投资、上枫投资和江某返还已付 5000 万元定金，双方为此发生纠纷而诉至法院。

（三）核心争议焦点及法院裁判意见

综合全案，本案的核心焦点为：(1)《框架协议》《资产协议》《补充协议》的效力及解除问题；(2) 中珠医疗是否有权要求返还案涉 5000 万元。

对此，最高人民法院根据查明的事实，结合《担保法》第 89 条的规定，认为：

1.《框架协议》《资产协议》《补充协议》的效力应为有效

第一，现有证据不足以证明案涉《框架协议》自签订之时起就履行不能。中珠医疗虽主张根据相关法律法规、规范性文件，案涉《框架协议》涉及公司的重大资产重组事务，需要召开董事会、股东大会，履行信息披露义务及尽职调查、审计、评估、主管部门核准等必经流程，故不可能在 3 个月内完成本次收购。但是从中珠医疗引用的《证券法》第 63 条、《上市公司重大资产重组管理办法》第 21 条、《关于规范上市公司重大资产重组若干问题的规定》第 2 条等条款的具体内容来看，收购法定流程与其是否能在 3 个月内完成案涉《框架协议》约定的交易没有直接关联性，不足以证明其在 3 个月内不能完成案涉交易。

第二，案涉《框架协议》中“不可撤销、不可终止、签订即生效”等约定，属于当事人意思自治的范畴，应予尊重。中珠医疗虽然上诉称该条款违背了证券法、上市公司系列监管规定和合同法的平等原则、公平原则、遵纪守法原则，但其并未列明违反的证券法、上市公司系列监管规定的具体条文内容，而且，该约定同样适用于江某与中珠医疗、浙江康静、杭州爱德，故不存在违反合同法平等、公平等原则的情形。

第三，现有证据不足以证明案涉《框架协议》《补充协议》损害社会公共利益。虽然中珠医疗主张，忆上投资、上枫投资、江某意图通过这两份协议约定规避监管部门监管，侵吞中珠医疗支付的 5000 万元定金，其行为不仅损害广大非特定投资者的合法权益，还损害了资本市场基本交易秩序与基本交易安全，损害了金融安全与社会稳定，损害了社会公共利益。但上述协议相关条款内容属于当事人之间意思自治的产物，而本案定金不予退还或双倍返还的条款也符合定金法律制度的基本特征。中珠医疗虽主张忆上投资、上枫投资、江某利用定金等相关条款规避监管，损害社会公共利益，但其上诉所列举的协议条款内容，均属于正常商业交易的范畴。同时，中珠医疗并未提交忆上投资、上枫投资、江某在缔约时有规避监管的主观恶意的其他证据。此外，中珠医疗作为上市公司，在缔约时应当清楚协议内容是否违反监管，损害公司不特定投资者利益。故就常理而言，如果中珠医疗明知协议内容违反监管、损害社会公共利益，其也不可能签订上述协议。

第四，《补充协议》第 5 条的约定，不能证明忆上投资、上枫投资、江某意图通过案涉协议约定损害社会公共利益。就文义解释而言，该条约定内容只是特别说明了三份协议的关系：《资产协议》和《框架协议》并立，两者不一致的，以《框架协议》及《补充协议》为准。由其文义，不能得出双方约定只将《资产协议》提交中珠医疗相关机构决议的结论。事实上，中珠医疗相关机构决议哪些协议，均由其自主决定。相应地，中珠医疗决议协议时，是否存在规避监管的问题，也与忆上投资、上枫投资、江某无关。此外，由于《资产协议》约定的生效条件尚未成就，仍处于成立尚未生效状态，《补充协议》中与《资产协议》相关的补充条款也应属于尚未成立生效状态。因此，《补充协议》中“各方一致同意，《资产协议》未能生效的，中珠医疗已经支付的 5000 万元不予退还。”是基于《资产协议》未生效时法律后果的约定，而该约定亦属于《补充协议》中关于《资产协议》的补充条款。故原判决未对此作出区分，直接认定《补充协议》生效确有不当，应予纠正。

2. 中珠医疗要求返还案涉5000万元的主张不予支持

第一，案涉5000万元的定金性质并未改变。首先，当事人签订的案涉相关协议中所约定的5000万元为同一笔款项，法律性质均为定金。《框架协议》第4条第1款约定"本框架协议签订后，乙方支付定金人民币5000万元至甲乙双方指定的共管账户后2日内……"；第5条第5款约定，"如在约定期限内未完成则本协议书解除，5000万元定金归属甲方所有……"该条文义已经清楚表明定金性质。《资产协议》第4条"本次交易的对价支付安排"中第2款约定，"自本协议成立后，甲方原已向乙方支付的5000万元（该笔款项已由甲方付至丙方的账户，由丙方在本协议成立后5个工作日内支付给乙方）转为定金（第一期付款）。"这里所指"甲方原已向乙方支付的5000万元"即《框架协议》中约定的定金5000万元。《补充协议》第2条"关于《资产协议》的补充约定"中第4款约定，"《资产协议》所涉违约责任与《框架协议》不一致的，以后者的约定为准。"第6款约定，"各方一致同意：《资产协议》未能生效的，或主合同10.5中约定的事件发生的，乙方已经支付的5000万元不予退还。"既然该条文是对《资产协议》的补充，故此处5000万元与《资产协议》中所指5000万元、《框架协议》中约定的案涉5000万元均为同一笔款项，而"不予退还"的表述与定金法律性质一致。故上述表述也印证了案涉5000万元为定金性质。

其次，根据《资产协议》上下文体系解释，该协议中约定的5000万元应为定金性质。《资产协议》第4条标题为"本次交易的对价支付安排"，说明其下条款都是关于支付交易对价的约定。虽然该条下第2款中"定金（第一期付款）"对同一笔款项性质同时作定金和第一期股权转让款的表述貌似矛盾，但根据其后第3款"甲方股东大会审理通过本次交易及本次重大资产重组相关议案后10个工作日内，甲方向乙方支付第二期付款，使得甲方已支付的收购价款（包括前期已支付部分）达到全部收购价款的40%"可知，此款对"第二期付款"表述的前面并无"定金"二字。如按中珠医疗上诉所称，签订《资产协议》时已将案涉5000万元的法律性质由定金转化为第一期付款，那么没有必要在此处再行增加"定金"二字，直接将其表述为"甲方原已向乙方支付的5000万元（该笔款项已由甲方付至丙方的账户，由丙方在本协议成立后5个工作日内支付给乙方）转为第一期付款"即可。

再次，从法律对定金作用的规定而言，第4条第2款中"定金（第一期付款）"的表述并不矛盾。《担保法》第89条规定"当事人可以约定一方向对方给付定金作为债权的担保。债务人履行债务后，定金应当作为价款或者收回。给付定金的一方不履行约定的债务的，无权要求返还定金；收受定金的一方不履行约定的债务的，应当双倍返还定金。"可见，定金除了可为债权提供担保，还可用于抵作价款。故对该协议第4条第2款中“定金(第一期付款)”的表述合法性解释为,案涉5000万元转为定金,在中珠医疗依约履行约定义务后,作为股权转让款,不予收回。故这里的“第一期付款”是指中珠医疗第一期事实上支付的款项,而非对该付款的定性。最后,《资产协议》第4条第5款中“以上收购价款,由甲方根据本协议的约定按乙方1、乙方2各自的股权比例分别支付”的文义解释仅为对中珠医疗支付交易相关款项的方式和对象,与案涉5000万元款项的性质无关。

第二,中珠医疗无权要求返还案涉5000万元。江某等的违约行为不影响中珠医疗合同目的实现,也不是中珠医疗不能按约定时间完成案涉交易的真正原因。中珠医疗以此为由要求退回案涉5000万元,不能支持。虽然中珠医疗上诉称江某等违反了《框架协议》第5条约定的“资料账账、账实、账证相符;浙江康静提供各项无违规证明;杭州爱德有权与浙江康静签订房屋租赁合同;租赁期内中珠医疗有权合法、不受阻碍地使用医疗土地和建筑物以及建筑物内全部设备设施”等承诺或保证,但中珠医疗为此所提供的证据多与待证事实没有直接关联性,不足以证明相关事实的存在。就其能证明的浙江康静曾在2017年虚构105万元小额住院费用骗取医保基金这一事实而言,《框架协议》相关条款也并未明确约定江某等存在上述违约行为时,中珠医疗有权退回案涉5000万元。依据《框架协议》第5条第5款的表述,江某等不存在违反第5条“承诺与保证”的情形时,“中珠医疗承诺本次为不可撤销收购,不得终止本协议,并须保证本次交易在本协议生效后3个月内完成(由中珠医疗或中珠医疗关联方中珠集团股份有限公司完成本次收购);如在约定期限内未完成则本协议书解除,5000万元定金归属甲方所有,”从语义解释和前后段文字的体系解释可知,该条并未约定江某等存在违反第5条的情形时应如何处理,更没有明确案涉5000万元定金应当退还给中珠医疗。同样,虽然该协议第4条第1款中有“甲方全力配合,履行尽责披露义务”的表述,但也没有约定如果未尽披露义务,案涉5000万元定金应当退还给中珠医疗。反而,根据《框架协议》第3条“交易对价”中约定“(在甲方、丙方、丁方无违反本协议承诺的情形下不再做调整)”以及第4条第5款“在收购基准日之前发生的、未载入青泰审字〔2018〕19号审计报告内的、丙方未曾披露的大额非经营性债务由甲方承担;自2018年1月1日以后,由于经营不当而产生的投诉并由此追溯之前而造成的处罚由乙方承担。”等表述可知,江某等未遵守承诺时约定的可能法律后果是调整交易价格、债务自担等。退一步而言,江某等即便在签订《框架协议》时隐瞒上述骗取医保基金的情形,也属于欺诈行为,而非缔约过失责任承担的问题。而且,中珠医疗也未在本案中就缔约过失责任的承担向江某等提出诉讼请求。事实上,浙江康静虚构的105万元小额住院费用相对于浙江康静当时高达 4 亿元的医疗收入而言，所占比重明显较低，不会对中珠医疗实现合同目的产生实质性影响。中珠医疗发布的《第八届董事会第三十七次会议决议公告》《关于终止重大资产重组事项的议案》《关于签署〈终止协议〉的议案》及其相应内容足以证明中珠医疗当时终止交易的原因并非浙江康静当时已经受到相关部门的处罚，而是交易标的估值、业绩承诺等核心条款未能达成一致。因此，江某等有权主张不予返还案涉 5000 万元。

（四）诉讼启示

上市公司相较于普通公司影响力更高，承担的社会责任也更重。上市公司重大资产重组本身具有高度不确定性，重组失败的风险较高。故收购双方均应审慎合规。在这一过程中，无论是作为收购方的中珠医疗，还是作为被收购方的忆上投资、上枫投资，都需要履行好信息披露义务，同时，将公司存在的风险以及是否有抵押、是否在清算等问题诚信地告知对方，保持沟通与协调，这样才能提高股权收购的效率，减少纠纷的发生，切实维护上市公司和广大投资者的利益和证券市场的秩序。

本案中，中珠医疗董事会最后终止本次重大资产重组事项，其先期支付的 5000 万元定金是否应当返还成为本案焦点。本案事关三份协议，合同条款较为复杂，因而双方各执一词。法院从文义解释、体系解释出发，对双方的约定进行了细致梳理，探求了后续终止交易的真实原因。最终，作为收购方的中珠医疗不得不承受 5000 万元的定金损失以及为此次纠纷支出的高额费用。对上市公司而言，在重大资产重组中务必要慎重考虑可能出现的各种情形，做好风险管理，尽可能将损失降到最低。

十、深圳前海盛世轩金投资企业与新疆天山畜牧生物工程股份有限公司股权转让纠纷案①

选取理由：股权转让欺诈是民商事法律实践中长期受到关注的焦点问题。本案首次明确，股东即使未直接参与生产经营也可能因直接接受股权转让磋商结果而被视为知道或应当知道股权转让的事实基础和具体内容，从而应对公司及法定代表人签约过程中存在的欺诈行为产生的后果承担责任。该案对从内部督促股东尽责审查公司股权转让行为，防止恶意欺诈具有重要意义。

① 参见新疆维吾尔自治区高级人民法院民事判决书，(2020) 新民终 137 号。

(一)当事人情况

上诉人(原审原告、反诉被告):深圳前海盛世轩金投资企业

被上诉人(原审被告、反诉原告):新疆天山畜牧生物工程股份有限公司

一审法院:新疆维吾尔自治区昌吉回族自治州中级人民法院

二审法院:新疆维吾尔自治区高级人民法院

(二)基本案情

深圳前海盛世轩金投资企业(以下简称前海公司)向一审法院起诉请求:(1)新疆天山畜牧生物工程股份有限公司(以下简称天山生物公司)履行《购买资产协议》,向前海公司支付股权转让款34,144,615.38元及逾期支付的利息(按照中国人民银行同期贷款利率从2019年2月22日计算至实际付款之日);(2)天山生物公司赔偿因违约给深圳前海公司造成的律师费损失318,000元;(3)天山生物公司承担保全申请费用5000元及担保费52,143.92元。

一审判决:(1)驳回前海公司的诉讼请求;(2)撤销前海公司与天山生物公司于2017年9月7日签订的《购买资产协议》中天山生物公司以支付34,144,615.38元现金购买前海公司持有的大象广告公司1.3846%股权相关约定。案件受理费214,113.08元,反诉案件受理费106,261.54元,合计320,374.62元,由前海公司负担。

前海公司上诉请求:(1)撤销一审判决;(2)支持前海公司一审本诉请求;(3)驳回天山生物公司的反诉请求。

本书对法院审理查明的事实,梳理如下:

1. 合同签订情况

2017年9月7日,天山生物公司(系上市股份有限公司,合同甲方)与陈某宏、前海公司(有限合伙)等共计36名大象广告公司(非上市公众公司)股东(合同乙方)签订《购买资产协议》,约定天山生物以发行股份及支付现金的方式购买36名转让方所持有的大象广告公司96.21%的股份,标的资产最终交易总价为2,372,614,500元。其中,天山生物公司需向前海公司支付现金对价34,144,615.38元购买其持有的大象广告公司1.3846%的股权。该协议第10条约定,转让方对所提供资料承诺真实性,违反者对因此导致的损失承担责任。同时,各方确认,转让方中的任何一方无须对其他转让方违反声明、承诺和保证的行为承担责任。

前海公司在《关于本次交易所提供的信息真实、准确、完整的声明与承诺函》中

承诺所签订资产协议所提供或者披露的信息真实、准确、完整，并在同意承担个别及连带责任签署页盖章确认。

2. 标的价值评估情况

鹏信资产评估公司接受天山生物公司委托，对2017年6月30日大象广告公司股东全部权益的市场价值进行了评估，并于2017年9月7日出具了《评估报告》《资产评估报告明细表》《资产评估说明》。评估结论如下：大象广告公司股东全部权益于评估基准日（2017年6月30日）的价值为2,470,600,000元。其中，收益法应用概要部分被评估企业经营业务简析载明："武汉2号线站内媒体广告经营权终止日为2019年5月10日。据此，经营权费变更为6年320,780,000元"。特别事项说明中重大合同、重大诉讼事项部分载明："'大象股份'与杭州杭港地铁有限公司之间的广告经营权纠纷等。除另有说明外，本次评估未发现被评估企业存在其他重大诉讼事项。本次评估未考虑上述事项可能对评估值的影响"。《被评估企业承诺函》加盖大象广告公司印章及陈某宏签名。

大华会计师事务所审计了大象广告公司财务报表，于2017年9月6日出具《审计报告》（大华审字〔2017〕007804号），审计意见如下：大象广告公司的财务报表在所有重大方面按照企业会计准则的规定编制，公允反映了大象广告公司被审计期间的财务状况。又查明，大象广告公司的厦门国际银行账号×××的明细对账单载明于2017年6月29日发生4笔业务，余额4,834,604.75元。

3. 标的物价值实际情况

（1）关于银行存款。就大华会计师事务所关于大象广告公司银行存款的审计意见，2019年1月8日昌吉州公安局向厦门国际银行泉州分行调取证据，该行回复称未向大华会计师事务所出具过任何关于大象广告的询证函。昌吉州公安局委托新疆恒正司法鉴定中心对印章真实性进行鉴定，该中心于2019年1月18日出具鉴定意见为：2017年7月25日《银行询证函》第三页加盖的"厦门国际银行泉州分行业务办讫章"与样本不符。

（2）关于营业成本。2013年3月7日武汉地铁运营公司与大象广告公司签订《广告设置位使用权经营合同》。2017年3月15日，大象广告公司向武汉地铁运营公司、武汉地铁资源经营有限公司请求终止合同并于2017年4月28日、2017年10月27日在全国中小企业股份转让系统发布《大象股份2016年度报告》，该报告中载明，"2017年4月20日，武汉地铁回复同意于2019年5月10日终止合同"。2017年5月10日武汉地铁资源公司向大象广告公司出具《工作联系函》称，大象广告公司所公告相关事项与事实不符，要求立即删除。并在相关文件中予以否认。大象广告公司出具的 2017 年 4 月 20 日《武汉地铁运营公司工作联系函》被新疆恒正司法鉴定中心鉴定认为印文不符。相关事实在昌吉州公安局对大象广告公司副经理徐某银询问笔录中得到印证。

(3)关于广告费用。保税港区管理委员会、保税港区财政局、保税港区投资合作局于 2019 年 3 月 28 日分别出具情况说明,内容为:“我委(局)从未委托大象广告有限责任公司(原大象广告公司)、浙江大象公司、西安大象公司开展广告业务。从未签过合同,也从未支付广告费用”。

(4)关于债务情况。武汉市洪山区九坤小额贷款有限责任公司与借款人陈某宏、借款人武汉合源大象地铁广告文化有限公司于 2016 年 6 月 6 日分别签订《还款协议书》,约定陈某宏于 2016 年 9 月 1 日前偿还借款本金 10,000,000 元及利息,武汉大象公司于 2016 年 9 月 1 日前偿还借款 15,000,000 元。对上述两笔债务,大象广告公司均承担连带保证责任并于 2016 年 6 月 7 日在湖北省武汉市楚信公证处办理公证;根据湖北省武汉市东西湖区人民法院出具的执行通知书,大象广告公司分别对借款人东莞市信佳贸易有限公司、东莞市复宇贸易有限公司、深圳和达商贸有限公司、东莞市华嘉富龙腾广告有限公司、东莞市赞盈贸易有限公司借款本金共计 5,000,000元等承担连带责任保证;根据广东省东莞市第三人民法院出具的执行通知书,陈某宏、东莞市大象实业投资有限公司、浙江大象公司应付申请执行人莫某河、邓某胜执行款 14,004,931 元;天津正道北拓咨询股份有限公司向北京市朝阳区人民法院起诉大象广告公司请求支付财务顾问费 900,000 元。

4. 收购目的情况

财通公司《关于〈中国证监会行政许可项目审查一次反馈意见通知书〉(171994 号)之反馈意见》回复称,本次拟收购标的公司为一家户外广告媒体资源运营商。标的公司具有多年户外广告行业的运营经验,拥有跨区域、跨媒体的优质户外广告媒体资源,业务模式清晰,便于经营管理且经营业绩良好,既能为上市公司带来持续、稳定的收入和利润来源,也有利于支持和促进上市公司现有业务的发展,提升上市公司整体盈利能力。大象广告公司与天山生物公司签订的《大象广告公司收购报告书》中载明,本次收购目的为:(1)优化公司现有业务结构,实现双主业发展格局。(2)收购优质资产,增强公司的盈利能力。(3)发挥双方在业务、管理、财务等方面的协同效应,提高上市公司的抗风险能力和可持续发展能力。

(三)核心争议焦点及法院裁判意见

综合全案,本案争议焦点为:(1)大象广告公司、陈某宏是否构成欺诈;(2)前海公司是否应承担因大象广告公司、陈某宏欺诈行为而产生的后果。

1. 大象广告公司、陈某宏构成欺诈

（1）关于大象广告公司与陈某宏虚增银行存款的问题。根据大象广告公司持有的厦门国际银行账号明细对账单、贷记通知书、厦门银行泉州分行的回复函及新疆恒正司法鉴定中心"印样不符"的鉴定意见，大象广告公司声称的账面金额与该账户实际账面金额不符，存在虚增银行存款 108,834,000 元的事实。除《银行询证函》外，审计过程中，大象广告公司还向审计单位出具了《母公司资产负债表》《流动资产清查评估汇总表》《货币资金—银行存款清查评估明细表》。其中，《母公司资产负债表》由大象广告公司盖章，企业法定代表人、主管会计工作负责人、会计机构负责人联合签字确认。上述证据相互印证，可以看出《母公司资产负债表》的金额构成。《银行询证函》记载的内容与该明细表中的内容相互印证。《母公司资产负债表》等财务情况均由大象广告公司提供，故虚增银行存款事实应认定系大象广告公司、陈某宏共同所为。即使与上述财务报表相互印证的《银行询证函》与大象广告公司、陈某宏无关，但《母公司资产负债表》及明细均由大象广告公司提供，且经陈某宏及主管会计负责人签字确认，亦足以认定大象广告公司及陈某宏存在伪造公司财务情况、虚增银行存款的事实。

（2）关于营业成本虚减的问题。该问题主要是武汉地铁运营公司与大象广告公司签订的《广告设置位使用权经营合同》是否提前解除的问题。大象广告公司于 2017 年 4 月 28 日、10 月 27 日在全国中小企业股份转让系统发布的年度报告中公开披露"武汉地铁回复同意于 2019 年 5 月 10 日终止合同"。该行为系大象广告公司主动所为，在收到武汉地铁运营公司要求立即删除不实内容工作联系函后，并无证据证明其及时进行了删除及更正。法定代表人陈某宏明知该行为却予以隐瞒，并在磋商过程中向中介机构提交了武汉地铁运营公司同意解除合同的《工作联系函》，上述行为与刑事案件中的讯问笔录形成证据链，可证明大象广告公司、陈某宏欺诈事实成立。合同约定的经营权费用总额为 1,480,000,000 元，欺诈行为致使营业成本虚减 1,159,220,000 元，导致大象广告公司评估的利润情况不真实。不能因大华会计师事务所等中介机构没有穷尽所有手段核实大象广告公司、陈某宏提供的大象广告公司的虚假信息，大象广告公司、陈某宏就不构成虚构事实的行为。

（3）关于虚构应收账款的问题。《审计报告》中《流动资产清查评估汇总表》项下的《应收账款清查评估明细表》反映保税港区管委会、保税港区财政局、保税港区投资合作局均存在应向大象广告公司子公司浙江大象公司、西安大象公司付款的义务。但上述单位于 2019 年 3 月出具的《情况说明》以及昌吉州公安局调查笔录显示，双方从未有过合同关系，上述债权并不存在。根据浙江大象公司、西安大象公司与大象广告公司的合并财务报表，可确定大象广告公司就其财务报表存在主动造假，虚构应收账款19,808,000元的事实。

（4）关于隐瞒债务的问题。《购买资产协议》载明的大象广告公司债务与截至一审庭审中认定的事实所确认的大象广告公司债务差额为 43,498,295 元，而《审计报告》重要事项说明及《评估报告》特别事项说明等均未涉及上述事项，可以确认大象广告公司、陈某宏存在隐瞒债务的行为。《被评估企业承诺函》可证明，所有财务资料均由大象广告公司提供，但涉案相关事实的财务资料均与实际情况不符，故可以认定大象广告公司、陈某宏存在欺诈故意与欺诈行为。

2. 前海公司应承担因大象广告公司、陈某宏欺诈行为而产生的后果

（1）在《购买资产协议》磋商过程中，由大象广告公司及其法定代表人陈某宏负责提供包括但不限于财务信息在内的，可以体现公司价值的相关公司资料。天山生物公司委托的中介机构基于上述财务资料真实的情况下作出审计结论。天山生物公司基于该结论与大象广告公司的 36 名股东签订《购买资产协议》，故签订《购买资产协议》的事实是基于大象广告公司及陈某宏的欺诈行为产生的。前海公司作为大象广告公司的股东直接接受陈某宏磋商的成果，可视为前海公司知道或应当知道陈某宏与天山生物公司洽谈《购买资产协议》的事实基础和具体内容，前海公司应对陈某宏在《购买资产协议》签订过程中存在的欺诈行为后果承担责任。陈某宏所为的欺诈行为应视为前海公司的行为，构成相对人欺诈。

（2）关于天山生物公司是否因欺诈行为而陷入错误认知并因此作出意思表示。前海公司并无证据证明天山生物公司明知大象广告公司的真实财务情况。即使天山生物公司知晓陈某宏为天山生物公司控股股东的负债提供担保，也并不意味着天山生物公司知道大象广告公司其他欺诈事实。根据财通公司《关于〈中国证监会行政许可项目审查一次反馈意见通知书〉（171994 号）之反馈意见》以及《大象广告公司收购报告书》可知，天山生物公司收购大象广告公司股权的目的在于“收购优质资产，增强公司的盈利能力”，财通公司根据大象广告公司及陈某宏提供的虚假资料得出大象广告公司是一家“经营业绩良好，能为上市公司带来持续、稳定的收入和利润来源”的盈利企业的结论，天山生物公司基于此认知决定与大象广告公司股东签订《购买资产协议》，故天山生物公司陷入错误认知的根源系大象广告公司及陈某宏的欺诈行为。

（3）即使陈某宏承诺由其以自有财产承担全部责任，但其作为债务人之一，其

承诺并未免除其他债务人暨股权转让人所应承担的责任。

(4)未参与经营并不等同于不应知道公司具体的经营状况，即使前海公司未参与公司的具体经营，对公司财务情况不知情，但其已在《关于本次交易所提供的信息真实、准确、完整的声明与承诺函》中签字确认。为促成交易的达成，前海公司在未核实具体信息内容的情况下，向天山生物公司书面承诺公司提交的信息真实，亦属于欺诈行为。虽然《资产购买协议》第10条第3款约定"转让方中的任何一方无须对其他转让方违反声明、承诺和保证的行为承担责任"，但前海公司仍需对其签订《购买资产协议》中存在的欺诈行为和自己的其他行为承担责任。

(四)诉讼启示

《民法典》第7条规定，民事主体从事民事活动，应当遵循诚信原则，秉持诚实，恪守承诺；第148条规定，一方以欺诈手段，使对方在违背真实意思的情况下实施的民事法律行为，受欺诈方有权请求人民法院或者仲裁机构予以撤销。

股权转让过程中的公司欺诈行为不仅会干扰受让方的意志自由，侵害其正当利益，对转让方股东也会产生不利影响。非上市公众公司及法定代表人涉嫌股权转让欺诈时，股东即使未直接参与生产经营，也可能因直接接受股权转让磋商结果而被视为知道或应当知道股权转让的事实基础和具体内容，从而对公司及法定代表人签约过程中存在的欺诈行为后果承担责任。本案警示，在非上市公众公司股权转让过程中，股东应尽可能对相关资料真实性予以核实，避免因公司欺诈带来的合同履行风险。对于上市公司而言，在收购或者被收购中，更应当注意预防股权欺诈风险，避免高昂的维权成本。

十一、方正证券承销保荐有限责任公司诉凯迪生态环境科技股份有限公司、阳光凯迪新能源集团有限公司公司债券交易纠纷案①

选取理由：《关于规范金融机构资产管理业务的指导意见》发布后，受经济下行的影响，上市公司债券违约事件频频发生。在此背景下，为正确审理因公司债券、企业债券、非金融企业债务融资工具的发行和交易所引发的合同、侵权和破产民商事纠纷，统一法律适用，最高人民法院于2019年12月24日在北京召开了全国法院审理债券纠纷相关案件座谈会，并形成了《全国法院审理债券纠纷案件座谈会纪要》。本案作为最高人民法院审理的债券违约纠纷，具有示范意义。

① 参见最高人民法院民事判决书，(2020)最高法民终708号。

(一)当事人情况

原告:方正证券承销保荐有限责任公司

被告 1:凯迪生态环境科技股份有限公司

被告 2:阳光凯迪新能源集团有限公司

一审法院:安徽省高级人民法院

二审法院:北京市高级人民法院

(二)基本案情

中国民族证券有限责任公司(方正证券承销保荐有限责任公司的前身,以下简称民族证券)向一审法院起诉请求:(1)凯迪生态环境科技股份有限公司(以下简称凯迪生态公司)、阳光凯迪新能源集团有限公司(以下简称阳光凯迪公司)连带向民族证券公司支付债券本金 940,906,200 元、利息 42,070,107.35 元;(2)凯迪生态公司、阳光凯迪公司连带向民族证券公司支付以上述未偿债券本息为基数,自 2018 年 6 月 1 日起至实际偿付全部债务之日止的逾期利息(按年利率 10.2% 计算,暂计至 2018 年 9 月 30 日为 33,512,759.37 元);(3)凯迪生态公司、阳光凯迪公司连带支付民族证券公司实现债权所产生的费用 914,691.8 元(律师费 20 万元、诉讼财产保全责任保险费 696,382.38 元、差旅费 5877.42 元、公证费 12,432 元);(4)凯迪生态公司、阳光凯迪公司承担本案全部诉讼费、保全费等费用。

本书对法院审理查明的事实,梳理如下:

1. 阳光凯迪为凯迪生态发行的债券提供连带责任保证

2011 年 6 月 1 日,阳光凯迪公司召开董事会并作出《关于同意为凯迪生态公司 11 凯迪债提供担保的董事会决议》,全体出席董事一致通过如下决议:同意为凯迪生态公司的本次发行提供无条件不可撤销的连带责任保证,保证范围为本次发行应当偿付的不超过 11.8 亿元的债权本金及利息、违约金、损害赔偿金、实现债权的费用和其他应支付的费用。

2011 年 6 月 21 日,凯迪生态公司与民族证券公司签订《债券受托管理协议》,授权民族证券公司为受托管理人,作为本次债券发行全体债券持有人的代理人处理本次公司债券发行的相关事务,维护债券持有人的利益。

2011 年 8 月 1 日,阳光凯迪公司作为凯迪生态公司 11 凯迪债(本次发行债券名称)的担保人出具《担保函》,载明:担保人自愿为 11 凯迪债的到期兑付提供无条件不可撤销的连带责任保证。保证范围包括:11 凯迪债应当偿付的不超过 11.8 亿元本金及利息、违约金、损害赔偿金、实现债权的费用和其他应支付的费用。担保人承担保证责任的期间为11凯迪债存续期及11凯迪债到期日起6个月。债券持有人未在此期间内要求担保人就11凯迪债承担保证责任的,或虽在此期间内要求担保人承担保证责任,但未在诉讼时效期限届满之前向担保人提起诉讼或申请仲裁的,担保人免除担保责任。担保人同意为债务人在本期债券项下的全部债务及利息、违约金、损害赔偿金、实现债权的费用和其他应支付的费用承担无条件不可撤销的连带责任保证。

2. 凯迪生态公司发行11凯迪债

2011年8月22日,凯迪生态公司发布《募集说明书》,其中载明的重要信息有:(1)发行概况:债券名称为11凯迪债;债券期限为不超过7年(含7年);面值总额不超过11.8亿元;本期公司债券每一张票面金额为100元;本案债券按面值平价发行;起息日为2011年11月21日,付息日为2012年至2018年每年的11月21日为上一个计息年度的付息日期;到期日为2018年11月21日,兑付日期为2018年11月21日。本期债券采用单利按年计息,不计复利,每年付息一次,到期一次还本,最后一期利息随本金的兑付一起支付。(2)担保情况:阳光凯迪公司为本期公司债券提供全额无条件不可撤销的连带责任保证担保,被担保的主债权,总金额不超过11.8亿元,债券期限不超过7年(含7年);保证范围包括:本期债券应当偿付的不超过11.8亿元本金及利息、违约金、损害赔偿金、实现债权的费用和其他应支付的费用;担保人承担保证责任的期间为本期债券存续期及本期债券到期日起6个月。(3)加速到期:在本期债券到期之前,担保人发生分立、破产等足以影响债券持有人利益的重大事项时,发行人应在两个月内提供新的担保,发行人不提供新的担保的,债券持有人有权要求发行人、担保人提前兑付债券本息。(4)偿债保障措施:本期债券引入了债券受托管理人制度,发行人将严格按照《债券受托管理协议》的规定,配合债券受托管理人履行职责,定期向债券受托管理人报送发行人的承诺履行情况,并在发行人可能出现债券违约时及时通知债券受托管理人,便于债券受托管理人根据《债券受托管理协议》采取必要的措施。本期债券存续期间,由债券受托管理人代表债券持有人对发行人的相关情况进行监督,并在债券本息无法按时偿付时,代表全体债券持有人,采取一切必要及可行的措施,保护债券持有人的正当利益……

2011年9月2日,中国证监会作出〔2011〕1400号证监许可——《关于核准武汉凯迪电力股份有限公司公开发行公司债券的批复》,核准凯迪生态公司向社会公开发行面值不超过118,000万元的公司债券。

2011 年 11 月 21 日,凯迪生态公司、民族证券公司联合发布《11 凯迪债票面利率公告》,载明:本期债券网上发行代码为“101699”,经发行人和保荐机构充分协商和审慎判断,最终确定本期债券票面利率为 8.5%。

2011 年 11 月 25 日,凯迪生态公司发布《11 凯迪债发行结果公告》,载明:本期债券最终网上实际发行数量为 4 亿元,网下实际发行数量为 7.8 亿元。

3. 凯迪生态公司中期票据违约触发交叉违约

凯迪生态公司 2011 年时在中期票据市场发行了名称为 11 凯迪 MTN1 的中期票据。此次票据的兑付日为 2018 年 5 月 5 日,因遇法定节假日,兑付日顺延至了 2018 年 5 月 7 日。截至 2018 年 5 月 7 日,凯迪公司尚未足额支付中期票据本金及利息至中央国债登记结算有限责任公司账户,涉及本金为 65,700 万元,利息为 4119.39 万元,合计 69,819.39 万元,本期中期票据构成违约。

2018 年 5 月 11 日,民族证券公司向凯迪生态公司发送《关于敦促凯迪生态公司为 11 凯迪债追加担保及落实偿债保障措施的函》,载明:根据我公司与贵公司签署的《债券受托管理协议》,我公司在担任贵公司发行的 11 凯迪债受托管理人的过程中,发现 11 凯迪债偿付现已面临违约风险,因此特此函告贵公司,请尽快为 11 凯迪债追加担保并落实偿债保障措施:(1)追加担保。请贵公司于 7 月 11 日前为 11 凯迪债追加担保。(2)落实偿债保障措施。如贵公司未按时回复,我们将视为贵公司拒绝提供追加担保、拒绝落实偿债保障措施,届时,我们将根据 11 凯迪债债券持有人的授权,宣布 11 凯迪债加速到期,并要求贵公司、担保人提前兑付债券本息。

2018 年 5 月 29 日,民族证券公司分别向凯迪生态公司、阳光凯迪公司发出《关于拟启动 11 凯迪债加速到期及相关事项的通知函》《关于敦促阳光凯迪公司为 11 凯迪债承担保证责任的函》。2018 年 5 月 29 日至 30 日,11 凯迪债 2018 年第一次债券持有人会议召开,2018 年 5 月 31 日发布《关于 11 凯迪债 2018 年第一次债券持有人会议决议公告》。会议通过了《关于要求 11 凯迪债加速到期的议案》。其中,同意票 6,402,214 张,占参与本次债券持有人会议的债券持有人所持表决权的93.461%;反对票 213,200 张,占参与本次债券持有人会议的债券持有人所持表决权的 3.112%;弃权票 234,755 张,占参与本次债券持有人会议的债券持有人所持表决权的 3.427%。该议案获得通过。此外,还通过了《关于授权本次债券受托管理人依法申请法定机关采取财产保全措施,并由发行人承担法律费用的议案》《关于授权债券受托管理人采取法律措施以保护债权的议案》。

4. 后续针对凯迪生态公司的诉讼情况

2018 年 6 月 6 日，债券受托管理人民族证券公司分别向凯迪生态公司、阳光凯迪公司发出《关于要求立即兑付 11 凯迪债债券本息的函》《关于要求阳光凯迪公司为 11 凯迪债承担保证责任的函》。

2018 年 9 月 4 日，民族证券公司发布《关于向 11 凯迪债债券持有人征求是否参加凯迪集团金融机构债权人委员会意见的通知》，载明：阳光凯迪公司及其关联公司的金融机构债权人于 2018 年 6 月 14 日成立了凯迪集团金融机构债权人委员会（以下简称凯迪债委会）。债券持有金额超过 1 亿元（含 1 亿元）的金融机构可单独申请加入凯迪债委会，其余债券持有人需委托民族证券公司代为参加债委会。拟委托民族证券公司申请加入凯迪债委会的债券持有人，可以与民族证券公司签署《委托代理协议》，并于 2018 年 9 月 12 日前将相关材料邮寄至民族证券公司指定地址。债券持有人未能在上述规定时间内将相关材料寄送至民族证券公司指定地址的，均视为放弃委托民族证券公司代理申请加入凯迪债委会。根据 11 凯迪债 2018 年第二次债券持有人会议决议的授权，民族证券公司代表 11 凯迪债债券持有人向发行人和担保人提起诉讼，并递交 11 凯迪债相关立案材料。委托民族证券公司代为加入凯迪债委会的债券持有人，民族证券公司将不再代表其参加上述诉讼程序。本次放弃委托民族证券公司代理申请加入债委会的债券持有人，民族证券公司将按照 2018 年 7 月 16 日发布的《关于武汉凯迪电力股份有限公司 2011 年公司债券 2018 年第二次债券持有人会议决议公告》的内容，继续代理该部分债券持有人参与诉讼。自行申请加入或委托民族证券公司申请加入凯迪债委会的债券持有人，视为撤销其在前述债券持有人会议中对民族证券公司起诉 11 凯迪债发行人及担保人的授权。截至本案起诉日，确认委托民族证券公司申请加入凯迪债委会的债券持有人有三度星和（北京）投资有限公司、上海泓信投资管理有限公司、上海甄投资产管理有限公司、中天证券股份有限公司、中粮期货有限公司、华润深国投信托有限公司、国投泰康信托有限公司、泓德基金管理有限公司，债券持有总数为 1,940,637 张，债券面额合计 194,063,700 元。

凯迪生态公司原名称为武汉凯迪电力股份有限公司，2015 年 9 月 21 日变更为现名称。阳光凯迪公司原名称为武汉凯迪控股投资有限公司，2011 年 12 月变更为现名称。此外，根据中国证券登记结算有限责任公司记载，截至权益登记日 2018 年 7 月 5 日，11 凯迪债债券持有人共计 710 名，其中个人 534 名，机构 176 名；本期债券总计 11,799,980 张，本期债券面额合计 1,179,998,000 元。委托民族证券公司加入债委会的债券持有人共计持有本期债券面额合计 194,063,700 元。

（三）争议焦点及法院裁判意见

1. 一审争议焦点及法院裁判意见

一审认定的争议焦点为：（1）民族证券公司是否为本案适格原告；（2）本期债券是否加速到期。对这两个争议焦点，法院认为：

（1）关于民族证券公司是否为本案适格原告问题。

《募集说明书》规定，若发行人凯迪生态公司未按时支付本期债券的本金和/或利息，或发生其他违约情况时，债券受托管理人将依据《债券受托管理协议》代表债券持有人向发行人凯迪生态公司进行追索。同时还规定，凡认购本期公司债券的投资者均视作同意发行人凯迪生态公司制定的《债券持有人会议规则》，视为同意发行人凯迪生态公司和债券受托管理人民族证券公司签署的《债券受托管理协议》。《债券持有人会议规则》规定，债券持有人会议行使如下职权：发行人未能按期支付本期债券利息和/或本金时，是否同意相关解决方案，及/或是否委托债券受托管理人通过诉讼等程序强制发行人偿还债券本息；同时还规定，本期债券存续期内，当出现以下情形之一时，应当召集债券持有人会议：发行人未能按期支付本期债券利息和/或本金、担保人发生重大不利变化、发生其他对债券持有人权益有重大影响的事项。

2018 年 5 月 7 日，凯迪生态公司董事会发布《关于中期票据无法按时兑付本息的公告》，承认其无法按时、足额兑付 11 凯迪 MTN1 债券本息，已构成违约；同日，凯迪生态公司亦公告其因相关行为涉嫌信息披露违规已被中国证监会立案调查。随后，鹏元评估公司亦下调了凯迪生态公司、阳光凯迪公司主体长期信用等级及 11 凯迪债信用等级；中德证券有限责任公司亦出具发现凯迪生态公司违规挪用非公开发行募集资金情形的核查意见。在此期间，阳光凯迪公司亦因涉及多起诉讼、仲裁导致其持有的凯迪生态公司股票等财产被司法冻结、股票跌破平仓线。前述情形符合《募集说明书》《债券持有人会议规则》规定的应当由债券持有人会议做出决议的情形，故根据《募集说明书》《债券持有人会议规则》的规定，民族证券公司有权召集债券持有人会议。

《关于授权债券受托管理人采取法律措施以保护债权的议案》已授权债券受托管理人在本次债券持有人会议结束后，立即代表本期债券全体持有人向法院起诉并同时提请法院进行诉讼财产保全，冻结发行人银行账户及其子公司股权，查封和扣押相关财产。故民族证券公司依据该决议的授权，以自己的名义向该院提起诉讼，是本案适格原告。

(2)关于本期债券是否加速到期问题。

11 凯迪债 2018 年第一次债券持有人会议上,出席会议的本期债券持有人及代理人审议并表决通过了《关于要求 11 凯迪债加速到期的议案》。根据《募集说明书》第四节第 2 条担保函的主要内容第 9 项“加速到期”的规定,如担保人发生分立、破产等足以影响债券持有人利益的重大事项,发行人应在两个月内提供新的担保,否则债券持有人有权要求发行人、担保人提前兑付债券本息。发行人凯迪生态公司确认其不能按时支付其同期发行的应于 2018 年 5 月 7 日到期兑付的 11 凯迪 MTN1 债合计 69,819.39 万元债券本息的公告,已对凯迪生态公司能否于 2018 年 11 月 21 日兑付 11 凯迪债的偿付能力产生重大影响;鹏元评估公司亦下调了凯迪生态公司、阳光凯迪公司主体长期信用等级及 11 凯迪债信用等级;担保人阳光凯迪公司亦因涉及多起诉讼、仲裁导致其持有的凯迪生态公司股票等财产被司法冻结,前述情形已经构成足以影响债券持有人利益的重大事项。民族证券公司向担保人阳光凯迪公司发函要求其追加担保,阳光凯迪公司既未回函表示其有追加担保的计划或安排,亦未实际提供新的担保,符合《募集说明书》规定的加速到期的情形。债券持有人会议亦通过了《关于要求 11 凯迪债加速到期的议案》,该会议决议已于 2018 年 5 月 31 日送达凯迪生态公司并由其予以公告。故民族证券公司主张本期债券于 2018 年 5 月 31 日到期,符合《募集说明书》、《债券持有人会议规则》及《债券受托管理协议》的规定,一审法院予以确认。

2. 二审争议焦点及法院裁判意见

二审认定的争议焦点为:一审判决认定 11 凯迪债到期时间为 2018 年 5 月 31 日是否错误。对此,二审法院认为:

案涉《担保函》第 9 条和《募集说明书》第四节第 2 项第 9 条均约定,债券到期前,担保人发生分立、破产等足以影响债券持有人利益的重大事项时,债务人应在两个月内提供新的担保,债务人不提供新的担保的,债券持有人有权要求债务人、担保人提前兑付债券本息。本案中,担保人阳光凯迪公司的财产因涉及多起仲裁案件已被多次轮候冻结,其持有的凯迪生态公司股票价格已跌破平仓线。同时,凯迪生态公司于 2018 年 5 月 7 日、5 月 8 日发布了其关于 6.9 亿余元中期票据违约的情况和因其涉嫌信息披露违规被证监会立案调查的情况;5 月 9 日案涉债券信用等级被下调;5 月 11 日凯迪生态公司被核查出违规挪用资金 4.02 亿元。上述事实足以表明债务人凯迪生态公司存在无力清偿案涉债务的可能,属于案涉协议约定的担保人发生足以影响债券持有人利益的重大事项。据此,民族证券公司于 5 月 11 日向凯迪生态公司发送追加担保函,要求其追加担保并于两个工作日内回复意见,符合合同约定。然而，凯迪生态公司在收到函件后未予回复，也未表示追加担保的意愿或计划，实际上也未追加任何担保。

在债务人凯迪生态公司以及担保人阳光凯迪公司均存在前述多起影响其履约能力的重大事实、已严重缺乏实际履约能力的情况下，凯迪生态公司上述行为足以表明其已不能履行合同义务，应认定其已构成《合同法》[①]第 108 条规定的预期违约情形，民族证券公司有权在履行期限届满前要求其承担违约责任，即根据案涉《担保函》和《募集说明书》的约定要求凯迪生态公司提前兑付债券本息。

因此，根据《担保函》第 9 条和《募集说明书》第四节第 2 项第 9 条，凯迪生态公司不提供新的担保，11 凯迪债加速到期的条件已经成就，民族证券公司无须等到 2018 年 7 月 11 日才宣布债券加速到期，其于 2018 年 5 月 30 日召开债券持有人会议通过决议案涉债券于 2018 年 5 月 31 日加速到期，合同和法律依据充分，程序合法，认定 11 凯迪债到期时间为 2018 年 5 月 31 日于法有据。

（四）诉讼启示

本案案涉协议约定，在债券到期前，担保人发生分立、破产等足以影响债券持有人利益的重大事项时，债务人应在两个月内提供新的担保，债务人不提供新的担保的，债券持有人有权要求债务人、担保人提前兑付债券本息。在债务人凯迪生态以及担保人阳光凯迪均存在多起影响履约能力的重大事件、严重缺乏实际履约能力的情况下，民族证券于 5 月 11 日向凯迪生态发送追加担保函，要求其追加担保并于两个工作日内回复意见，符合合同约定。然而，凯迪生态在收到函件后未予回复，也未表示追加担保的意愿或计划，实际上也未追加任何担保。凯迪生态上述行为足以表明其已不能履行合同义务，应认定其已构成预期违约。民族证券有权在履行期限届满前要求其承担违约责任，根据案涉《担保函》和《募集说明书》的约定要求凯迪生态提前兑付债券本息。

对于上市公司而言，发行债券是重要的融资渠道，要确保该渠道畅通，必需预防法律风险。《全国法院审理债券纠纷案件座谈会议纪要》第 21 条第 2 款规定，债券持有人以发行人出现债券募集文件约定的违约情形为由，要求发行人提前还本付息的，人民法院应当综合考量债券募集文件关于预期违约、交叉违约等具体约定以及发生事件的具体情形予以判断。本案中，凯迪生态认为债券持有人只有在凯迪生态两个月后未提供新的担保时才能要求提前兑付债券本息，与相关条款的意

---

① 《合同法》已于 2021 年 1 月 1 日因《民法典》的施行而失效。

思不符,并且没有合同依据。上市公司在债券加速到期的条件可借鉴本案,以防对债券加速到期产生误解导致利益损失。

第二节　行政典型案例分析

一、凯瑞德控股股份有限公司、吴某模操纵市场案①

选取理由:本案系2020年中国证监稽查20起典型违法案例之一,属于利用信息操纵市场,严重扰乱市场秩序的典型案件,最终因被处罚高额的罚款,引起了社会各界的广泛关注。

(一)当事人情况

处罚机构:中国证监会

当事人:吴某模,时为凯瑞德控股股份有限公司实际控制人、董事长

(二)基本案情

近年来,一些不法分子利用股权比例、资金、信息、技术等优势,多方合谋实施操纵的案件频繁发生。2020年全年,中国证监会累计对60余起涉嫌操纵市场的违法行为立案调查,一大批严重扰乱市场秩序的恶性操纵市场行为得到严肃查处,其中,吴某模操纵凯瑞德控股股份有限公司(该公司2014年11月前的名称为山东德棉股份有限公司,以下简称凯瑞德公司)案就是典型的一例。2020年9月,中国证监会对吴某模操纵凯瑞德公司的行为进行了立案调查、审理,本案现已调查、审理终结,其基本情况和当事人存在的违法事实如下。

1. 吴某模控制凯瑞德控股股份有限公司的情况

2011年12月至2017年6月,吴某模为上市公司凯瑞德公司的实际控制人,并于2012年1月12日至2017年3月24日担任凯瑞德公司的董事长,其通过个人控股的浙江第五季实业有限公司(以下简称第五季实业)持有凯瑞德公司。涉案期间(2014年8月5日至2015年6月25日),第五季实业在2015年6月15日前持有凯瑞德公司股票3000万股,占上市公司总股本的17.05%;在2015年6月15日大宗交易减持850万股后持有凯瑞德公司股票2150万股,占上市公司总股本的

① 参见中国证监会行政处罚决定书〔2020〕52号。

12.22%。2014 年至 2016 年 6 月，凯瑞德公司与第五季实业发生大量属于关联交易的非经营性资金往来，因未及时履行披露义务，还受到过中国证监会的行政处罚。①

2. 吴某模控制使用涉案账户情况

2014 年 8 月 5 日至 2015 年 6 月 25 日，吴某模除了利用第五季实业账户持有、买卖凯瑞德公司股票外，亦借用他人账户持有、买卖凯瑞德公司股票。吴某模借用的他人账户包括 33 个 HOMS 子账户、②2 个自然人账户和 1 个机构账户（以下统称账户组），具体情况如下：

（1）借用 33 个 HOMS 子账户。

吴某模作为借款人，向时任上海多伦实业股份有限公司实际控制人、董事长鲜某融资用于股票交易。鲜某向吴某模提供资金（12.5 亿元）和账户。鲜某将出借给吴某模的资金转入 HOMS 子账户（对应主账户为信托产品账户或个人账户），由吴某模负责账户交易决策，据统计，在涉案期间吴某模向鲜某共借用 12 个信托产品账户和 1 个自然人账户下挂的 33 个 HOMS 子账户。

（2）借用 2 个自然人账户。

涉案期间，吴某模除了向鲜某借用 33 个 HOMS 子账户外，还向鲜某借用“鲜某”账户和“鲜某 2”账户（鲜某 2 系鲜某的哥哥），即为保证相关信托产品所持股票仓位稳定和到期清仓时不对股价产生冲击，鲜某向吴某模提供本人账户和“鲜某 2”账户承接信托产品即将到期的仓位，待新信托产品成立后再把个人账户里的持仓转至新信托产品账户。

（3）借用 1 个机构账户。

2015 年 6 月初，吴某模作为借款人，向上海银领金融信息服务有限公司融资用于股票交易。2015 年 6 月 8 日，银领公司将 2.24 亿元借款转入以员工名义设立的上海恣景实业有限公司（以下简称恣景公司）并将该账户提供给吴某模使用，吴某模本人转入部分保证金。2015 年 6～11 月，恣景公司账户为吴某模借用的配资账户。

3. 吴某模采用多种手段操纵凯瑞德公司股价。

（1）吴某模利用账户组建仓买入凯瑞德公司股票

2014 年 8 月 5 日至 9 月 29 日，账户组在 39 个交易日中的 37 个交易日买卖凯瑞

① 参见中国证监会行政处罚决定书〔2020〕26 号。

② HOMS 是恒生电子开发的金融交易平台，主要的功能是将一个证券账户的资金分成若干个小账户，每个小账户都有独立的账户和密码，可以进行单独的交易和核算，即股民常说的“拖拉机账户”。在 2015 年“牛市”的时候，HOMS 系统主要被配资平台使用，后来在“股灾”时被限制。

德公司股票,其中以买入为主,其间共买入凯瑞德公司股票10,505,350股,买入金额106,660,653.04元,共卖出凯瑞德公司股票1,934,270股,卖出金额16,802,420.77元。截至2014年9月29日,账户组持有凯瑞德公司股票8,571,080股,占该股总股本的4.87%。

(2)吴某模控制上市公司发布利好信息配合二级市场交易拉抬股价。

2014年8月5日至2015年6月25日,吴某模作为上市公司凯瑞德公司的实际控制人、董事长,负责凯瑞德公司的经营决策、资产收购等重大事项。其间,吴某模控制凯瑞德公司发布一系列利好信息拉抬凯瑞德股价,主要包括收购北京和合永兴科技有限公司100%股权、凯瑞德子公司参与设立深圳中渔投资发展基金企业(有限合伙)、对外投资设立基金管理公司、收购中悦科技有限公司10%股权、收购北京华夏百信科技有限公司10%股权、收购百宝彩(北京)信息技术有限公司51%股权。经查明,凯瑞德公司对以上相关事项并未积极推进,部分事项相继宣告终止或者取消。

与此同时,吴某模利用涉案账户组集中资金优势、持股优势连续买卖,并在自己实际控制的账户之间交易凯瑞德公司股票,配合拉抬凯瑞德公司股价。其主要采用两种操作方式:一是连续买卖,即2014年9月30日至2015年3月25日,吴某模利用账户组在84个交易日中的37个交易日连续买卖凯瑞德公司股票,期间,账户组有9个交易日的买入成交量排名市场第一,有19个交易日的买入成交量排名市场前五;有7个交易日的卖出成交量排名市场第一,有11个交易日的卖出成交量排名市场前五,截至2015年3月25日,账户组持有凯瑞德公司股票12,350,909股,占该股总股本的7.02%。二是自买自卖,即吴某模在自己实际控制的账户之间交易凯瑞德公司股票。

(3)吴某模控制账户组减仓卖出凯瑞德公司股票,并在减持期间发布利好信息维持股价。

2015年3月26日至6月12日,账户组陆续卖出凯瑞德公司股票。账户组持有凯瑞德股权的数量,从期初的12,350,909股(占该股总股本7.02%)减少到期末的2,366,782股(占该股总股本1.34%)。在账户组大量减持期间,吴某模继续控制凯瑞德公司发布利好信息拉抬、维持股价,即2015年5月4日,凯瑞德公司发布《关于子公司拟增资控股北京东方财蕴金融信息服务有限公司51%股权的提示性公告》,称公司子公司德棉博元基金拟通过增资方式控股北京东方财蕴金融信息服务有限公司(以下简称东方财蕴)51%的股权,并已于2015年4月28日与东方财蕴股东签署《增资控股框架协议》,经查披露内容与实际情况并不相符。

（4）吴某模操纵凯瑞德公司获利情况。

涉案期间，凯瑞德公司经营状况持续恶化，亏损严重，但由于吴某模控制凯瑞德公司发布一系列涉及发展彩票业务、基金业务和互联网金融等新题材的利好信息，并通过连续买卖、在自己实际控制的账户之间交易，拉抬凯瑞德公司股价，凯瑞德股价由 2014 年 8 月 4 日的 7.79 元上涨为 2015 年 6 月 25 日的 24.15 元，累计上涨210.01%，显著偏离同期中小板综指 130.24% 的涨幅，经统计，吴某模上述交易共盈利 85,321,938.52 元。

4. 吴某模未按规定报告、公告其持股变动信息

2015 年 3 月 19 日，吴某模利用账户组合计持有凯瑞德公司股票 13,839,000 股，占该上市公司总股本的 7.86%，增持凯瑞德公司股票比例超过 5%；2015 年 6 月 12 日，吴某模利用账户组合计持有凯瑞德公司股票 2,366,782 股，占该上市公司总股本的 1.34%，减持凯瑞德公司股票比例超过 5%。综上所述，在涉案期间，吴某模在利用账户组增持凯瑞德公司股票比例达到 5% 时和减持凯瑞德公司股票比例达到 5% 时，均未按照规定履行相应的报告和公告义务。

（三）证监会处罚结果

吴某模控制凯瑞德公司发布一系列利好公告，并利用账户组集中资金优势、持股优势连续买卖和在自己实际控制的账户之间交易，配合拉抬凯瑞德公司股价的行为，违反了《证券法》[①]第 77 条第 1 款第 1 项、第 3 项的规定，构成《证券法》第 203 条所述“操纵证券市场”的行为。吴某模未按规定报告、公告其持股变动信息的行为，违反了《证券法》第 86 条第 2 款的规定，构成《证券法》第 193 条第 2 款所述“其他信息披露义务人未按照规定报送有关报告”的行为。综上所述，中国证监会根据当事人违法行为的事实、性质、情节与社会危害程度，合计处以吴某模罚没款 512,531,631.12 元。

（四）处罚启示

操纵市场行为，不仅严重破坏了市场秩序，同时也损害了投资者的利益，一直以来都是监管部门严厉打击的违法行为之一。2020 年 10 月发布的国务院《关于进一步提高上市公司质量的意见》中提出，应当严格落实《证券法》等法律规定，加大对欺诈发行、信息披露违法、操纵市场、内幕交易等违法违规行为的处罚力度。可

---

① 本案中适用的为 2014 年修正的《证券法》。

见,操纵市场行为俨然成为当前时期监管的重点,国家也在不断加大处罚力度。因此,为了营造良好的市场环境,加大对操纵市场行为处罚力度的同时,市场参与者也应提高自身法律意识,在法律法规允许的范围内,开展正当的投资活动。

二、康得新复合材料集团股份有限公司财务造假案①

选取理由:本案系A股史上最大造假案。康得新复合材料集团股份有限公司作为我国新型复合材料行业的领军者,一度被誉为“中国的3M”和“千亿白马股”。2019年7月,该公司被曝出百亿元财务造假,社会一片哗然,因而受到了各界的密切关注。

(一)当事人情况

处罚机构:中国证监会

当事人1:钟某,康得新复合材料集团股份有限公司实际控制人、时任董事长

当事人2:王某,康得新复合材料集团股份有限公司董事、财务总监

当事人3:徐某,康得新复合材料集团股份有限公司董事、总经理

当事人4:张某某,康得新复合材料集团股份有限公司财务中心副总经理

(二)基本案情

财务造假一直是中国资本市场的老大难问题,也是损害投资者利益、损害上市公司利益的一大毒瘤。2020年以来,中国证监会围绕提升上市公司质量和保护投资者合法权益的总体要求,依法查办了大量上市公司财务造假等违法行为,共办理该类案件59起,其中向公安机关移送相关涉嫌犯罪案件21起。下文以康得新复合材料集团股份有限公司(以下简称康得新公司)财务造假案为例,展现该类案件的主要特点。2020年6月,中国证监会对康得新公司财务造假的行为进行了立案调查、审理,本案现已调查、审理终结,其基本情况和当事人存在的违法事实如下。

1. 虚假记载年度报告情况

2015年1月至2018年12月,康得新公司通过虚构销售业务、虚构采购、生产、研发费用、产品运输费用等方式,虚增营业收入、营业成本、研发费用和销售费用,导致2015年至2018年年度报告虚增利润总额分别为2,242,745,642.37元、2,943,420,778.01元、3,908,205,906.90元、2,436,193,525.40元,分别占各

① 参见中国证监会行政处罚决定书〔2020〕71号。

年度报告披露利润总额的 136.22%、127.85%、134.19%、711.29%，康得新公司 2015 年至 2018 年年度报告中披露的利润总额存在虚假记载。

康得新公司及其合并财务报表范围内 3 家子公司在北京银行西单支行尾号为 3796、3863、4181、5278 账户（以下简称北京银行账户组）的资金被实时、全额归集到康得投资集团有限公司（以下简称康得集团）北京银行西单支行尾号为 3258 的账户。康得新公司北京银行账户组各年末实际余额为 0。康得新公司 2015 年至 2018 年年度报告中披露的银行存款余额分别为 9,571,053,025.20 元（其中北京银行账户组余额为 4,599,634,797.29 元）、14,689,542,575.86 元（其中北京银行账户组余额为6,160,090,359.52元）、17,781,374,628.03 元（其中北京银行账户组余额为 10,288,447,275.09元）、14,468,363,032.12 元（其中北京银行账户组余额为 12,209,443,476.52元）。康得新公司 2015 年至 2018 年年度报告中披露的银行存款余额存在虚假记载。

2. 违法不披露情况

2016 年至 2018 年，康得新公司的子公司张家港康得新光电材料有限公司（以下简称康得新光电）分别与厦门国际银行股份有限公司北京分行、中航信托股份有限公司签订了 4 份《存单质押合同》，约定以康得新光电大额专户资金存单为康得集团提供担保，但康得新并未在 2016 年至 2018 年年度报告中披露该事项，导致相关年度报告存在重大遗漏。

3. 未如实披露资金募集资金使用情况

2015 年和 2016 年，康得新公司以非公开发行方式分别募集资金净额 298,226.92 万元、478,422.59 万元，用于向康得新光电增资。2018 年 7 月至 12 月，康得新公司利用与中国化学赛鼎宁波工程有限公司（以下简称化学赛鼎）、沈阳宇龙汽车（集团）有限公司（以下简称宇龙汽车）签订的《采购委托协议》，将募集资金从专户转出，以支付设备采购款的名义分别向化学赛鼎、宇龙汽车支付 21.74 亿元、2.79 亿元，化学赛鼎和宇龙汽车按照康得新公司的要求将收到的资金转付给指定供应商，转出的募集资金经过多道流转后，主要资金最终回流至康得新公司，用于归还银行贷款、配合虚增利润等方面。

康得新公司在 2018 年年度报告中披露，报告期内已使用募集资金总额 36.88 亿元，全部用于建设年产 1.02 亿平方米先进高分子膜材料项目和年产 1 亿片裸眼 3D 膜组产品项目，报告期不存在募集资金变更用途情况。康得新公司未如实披露募集资金使用情况，导致 2018 年年度报告存在虚假记载。

(三)证监会处罚结果

综合全案,四当事人是否应当承担责任以及应承担何种责任是本案的核心焦点。对此,中国证监会根据查明的事实,结合《证券法》第 221 条,《证券市场禁入规定》第 5 条第 3 项、第 7 项等的规定,认为:

1. 钟某在康得新公司信息披露违法行为中居于核心地位,违法情节特别严重,对其采取终身证券市场禁入措施。钟某作为康得新公司实际控制人、时任董事长,领导、策划、组织并实施了康得新公司全部涉案违法事项,为直接负责的主管人员。钟某在康得新公司信息披露违法行为中居于核心地位,是最主要的决策者,特别是在虚增利润行为中,钟某制定虚假业绩指标,安排配合造假业务的供应商、客户及安排相应资金,其行为直接导致康得新公司相关信息披露违法行为的发生,违法情节特别严重,应当对其采取终身证券市场禁入措施。

2. 王某是康得新公司虚增利润行为的重要组织者与参与者,违法情节特别严重,对其采取终身证券市场禁入措施。王某作为康得新公司时任董事、财务总监,在康得新公司虚增利润行为中,按照钟某提出的要求,负责具体组织和执行,是相关违法行为的重要组织者和参与者,为直接负责的主管人员,违法情节特别严重,应当对其采取终身证券市场禁入措施。

3. 徐某作为参与变更募集资金用途的主管人员,违法情节较为严重,对其采取 10 年证券市场禁入措施。徐某作为时任董事、总经理,分管生产运营,与财务造假涉及的虚假采购生产环节密不可分。其参与协调业务部门配合虚增利润工作,知道康得新公司公开披露的财务数据与真实情况不符,参与变更募集资金用途的部分环节,为直接负责的主管人员,违法情节较为严重,应对其采取 10 年证券市场禁入措施。

4. 张某某作为直接负责的主管人员,具体组织和执行虚增利润,违法情节较为严重,对其采取 10 年证券市场禁入措施。张某某作为时任财务中心副总经理,在康得新公司虚增利润行为中,按照王某指令,根据钟某提出的虚假业绩指标,负责具体组织和执行。张某某参与了部分虚构业务底稿的编制工作,此外,将钟某及王某规划的虚假收入及利润数据告知相关子公司,收到各子公司发来的底稿数据后,由其匹配给各个虚假供应商和客户,再将虚构业务底稿及制作的虚假合同等发回各公司具体执行,并将虚假合同等发给相应的供应商及客户。另外,在虚假收入回款方面,其在王某指令下调度和安排资金回流。张某某虽不是康得新公司的董事、监事、高级管理人员,但组织实施了前述违法行为。参照《信息披露违法行为行政责任认定规则》第17条的规定,认定其为直接负责的主管人员,且违法情节较为严重,应对其采取10年证券市场禁入措施。

(四)处罚启示

在大多数造假案中,“真正有犯罪动机的只有企业实际控制人”。钟某作为康得新公司的创始人,一手打造出了康得集团及康得新公司,最终却因自己的百亿元造假行为被终身禁入证券市场。大股东的“私有思想”引发了很多上市公司的造假行为,上市公司的造假行为严重扰乱社会正常经济秩序,造成的影响极其恶劣,对广大股民的打击是毁灭性的。因此,对上市公司造假的严厉打击迫在眉睫。笔者认为,在法律上,应当修改量刑标准,加大经济处罚力度,提高造假的成本,在上市公司中形成无人敢于造假的氛围;在公司内部监督上,应当完善公司的治理机构,健全内部控制机制,提升审计委员会的地位,加强内部的监控;在外部审计上,改革审计委托制度,扩大审计权限,加强社会监督。只有从根本上斩断上市公司财务造假的可能性,才能够保证其业绩的真实性和社会经济秩序的稳定性。

三、辅仁药业集团有限公司信息披露违法违规案①

选取理由:2019年7月26日晚,辅仁药业集团制药股份有限公司发布公告,其因涉嫌违法违规,被中国证监会立案调查。出事之后,市场矛头除了指向涉事的上市公司,为上市公司提供审计服务的会计师事务所也难辞其咎。“河南首富”一夜之间变成“河南首负”,这起信息披露违法违规案中存在的种种违规乱象值得引起其广大上市公司的警惕与思考。

(一)当事人情况

处罚机构:中国证监会
当事人1:辅仁药业集团制药股份有限公司
当事人2:辅仁药业集团有限公司
当事人3:河南辅仁控股有限公司
当事人4:开封制药(集团)有限公司

(二)基本案情

上市公司信息披露违法行为形式多样,动机各异,也是当前最为常见的上市公

① 参见中国证监会行政处罚决定书〔2020〕79号。

司违法违规行为。综观2020年的各类信息披露违法案件,违法主体大多对市场、对法律、对专业、对投资者缺乏敬畏之心,频频试探法律底线,暴露出资本市场生态环境亟待改善的现状。例如,有些上市公司在经营中急躁冒进、偏离主业、炒作热点、滥加杠杆,在经济下行周期中业绩变脸、暴露违法也就在所难免。2020年爆出的辅仁药业集团有限公司(以下简称辅仁集团)信息披露违法违规案就是其中典型的代表。2020年10月,证监会对辅仁药业集团制药股份有限公司(以下简称辅仁药业)的信息披露违法行为进行了立案调查、审理,本案现已调查、审理终结,其基本情况和当事人存在的违法事实如下。

1. 辅仁药业2015年、2016年年度报告存在虚假记载、重大遗漏

2015年以来,辅仁药业将货币资金提供给控股股东辅仁集团、辅仁集团母公司河南辅仁控股有限公司(以下简称辅仁控股)使用。辅仁药业未将提供给辅仁集团、辅仁控股的资金记入财务账簿,也未对辅仁集团、辅仁控股非经营性占用上市公司资金情况予以披露,导致其披露的2015年、2016年年度报告存在虚假记载、重大遗漏。具体如下:

(1)2015年度,辅仁药业未披露辅仁集团、辅仁控股非经营性资金占用的发生额、期末余额6380万元,以及相关决策程序、占用原因等信息,导致2015年年度报告存在重大遗漏。上述非经营性资金占用未入账,导致辅仁药业2015年年度报告披露的货币资金期末余额10,315.74万元虚假,虚增货币资金6380万元占当年年度报告披露的期末净资产的15.17%。

(2)2016年度,辅仁药业未披露辅仁集团、辅仁控股非经营性资金占用的期初金额6380万元、发生额820万元、期末余额7200万元,以及相关决策程序、占用原因等信息,导致2016年年度报告存在重大遗漏。

上述非经营性资金占用未入账,导致辅仁药业2016年年度报告披露的货币资金期末余额10,512.37万元虚假,虚增货币资金7200万元占当年年度报告披露的期末净资产的16.63%。

2. 辅仁药业重大资产重组文件中存在虚假记载

2016年4月25日,辅仁药业第六届董事会第十三次会议审议通过《发行股份及支付现金购买资产并募集配套资金暨关联交易报告书(草案)》(以下简称《重组报告书》),于4月27日公告披露:拟向辅仁集团等14名交易对方发行股份及支付现金购买其合计持有的开封制药(集团)有限公司(以下简称开药集团)100%股权,本次重大资产重组构成关联交易、借壳上市,标的公司开药集团符合《首次公开发行股票并上市管理办法》规定的相关条件。

2016年5月13日，辅仁药业2016年第一次临时股东大会审议通过《重组报告书》。2017年12月25日，辅仁药业收到中国证监会核发的《关于核准辅仁药业集团实业股份有限公司重大资产重组及向辅仁药业集团有限公司等发行股份购买资产并筹集配套资金的批复》（证监许可〔2017〕2367号）。2017年12月26日，辅仁药业公告《发行股份及支付现金购买资产并募集配套资金暨关联交易报告书（修订稿）》。

2016年4月27日至2017年12月26日，辅仁药业持续披露更新的《重组报告书》中披露了开药集团三年一期财务报表及辅仁药业一年一期备考财务报表，并披露"辅仁药业与控股股东、实际控制人或者其他关联方之间不存在非经营性资金占用的情形，开药集团与辅仁集团、朱某臣或其他关联方之间亦不存在非经营性资金占用的情形。本次交易完成后，上市公司不存在关联方资金占用的情形"。

经查，截至2015年12月31日、2016年12月31日，开药集团及其子公司向辅仁集团（含控股子公司，下同）、辅仁控股提供资金的余额分别为34,950万元、50,370万元。开药集团未将上述交易记入财务账簿，导致《重组报告书》中披露的开药集团财务报表中货币资金余额虚假。前述违法事实和本项违法事实导致《重组报告书》中披露的辅仁药业备考财务报表中货币资金余额亦存在虚假记载，2015年、2016年分别虚增货币资金41,330万元、57,570万元，分别占各年末净资产的12.95%、14.79%。上述被占用资金的绝大部分自中国证监会受理直至批准一直未予归还，故《重组报告书》中关于不存在非经营性资金占用的表述亦存在虚假记载。

中国证监会认为，辅仁药业披露虚假记载《重组报告书》的行为，违反《上市公司重大资产重组管理办法》（以下简称《上市公司重组办法》）第4条"有关各方必须及时、公平地披露或者提供信息，保证所披露或者提供信息的真实、准确、完整，不得有虚假记载、误导性陈述或者重大遗漏"，以及《证券法》①第63条"发行人、上市公司依法披露的信息，必须真实、准确、完整，不得有虚假记载、误导性陈述或者重大遗漏"的规定，构成《上市公司重组办法》第55条第1款所述"上市公司或者其他信息披露义务人……所披露的信息存在虚假记载、误导性陈述或者重大遗漏"，以及《证券法》第193条第1款所述"发行人、上市公司或者其他信息披露义务人未按照规定披露信息，或者所披露的信息有虚假记载、误导性陈述或者重大遗漏"的行为。辅仁药业将虚假记载的《重组报告书》报送证监会审核，构成《上市公司重组办法》第54条所述"上市公司或者其他信息披露义务人……报送的报告有虚假记载、误

① 本案中适用的为2014年修正的《证券法》。

导性陈述或者重大遗漏”，以及《证券法》第193条第2款所述“发行人、上市公司或者其他信息披露义务人未按照规定报送有关报告，或者报送的报告有虚假记载、误导性陈述或者重大遗漏”的行为。

3. 辅仁集团在重大资产重组中提供信息虚假

辅仁集团为辅仁药业、开药集团的控股股东。辅仁集团为实现医药资产的整体上市，筹划、组织、实施将开药集团注入辅仁药业，属于同一控制下的重大资产重组。辅仁集团2015年、2016年大规模占用开药集团子公司资金，在重组时未向辅仁药业如实提供相关信息。辅仁集团作为交易对方在《重组报告书》中公开承诺，保证所提供的信息真实、准确、完整。

中国证监会认为，辅仁集团的上述行为违反《上市公司重组办法》第4条“有关各方必须及时、公平地披露或者提供信息，保证所披露或者提供信息的真实、准确、完整，不得有虚假记载、误导性陈述或者重大遗漏”的规定，构成《上市公司重组办法》第55条第2款所述“重大资产重组或者发行股份购买资产的交易对方……或者提供的信息有虚假记载、误导性陈述或者重大遗漏”的行为。根据《上市公司重组办法》第55条第2款的规定，依照《证券法》第193条予以处罚

4. 辅仁药业2017年、2018年年度报告存在虚假记载、重大遗漏，2018年未及时披露关联担保

2017年，辅仁药业将开药集团纳入合并报表。辅仁药业、开药集团以前年度向辅仁集团、辅仁控股提供的资金，在2017年、2018年绝大部分仍未归还，且发生新的占用，辅仁药业未将相关资金占用情况入账，也未对辅仁集团、辅仁控股非经营性占用上市公司资金情况予以披露，导致其披露的2017年、2018年年度报告存在虚假记载、重大遗漏。具体如下：

（1）2017年度，辅仁药业未披露辅仁集团、辅仁控股非经营性资金占用的期初金额为57,570万元（含2017年12月26日并表的开药集团，下同）、发生额－10,860万元、期末余额46,710万元，以及相关决策程序、占用原因等信息，导致2017年年度报告存在重大遗漏。

上述非经营性资金占用未入账，导致辅仁药业2017年年度报告披露的货币资金期末余额128,909.47元虚假，虚增货币资金46,710万元占当年年度报告披露的期末净资产的10.02%。

（2）2018年度，辅仁药业未披露辅仁集团、辅仁控股非经营性资金占用的期初金额46,710万元、发生额86,953.28万元、期末余额133,663.28万元，以及相关决策程序、占用原因等信息，导致2018年年度报告存在重大遗漏。

上述非经营性资金占用未入账，导致辅仁药业 2018 年年度报告披露的货币资金期末余额 165，636.49 万元虚假，虚增货币资金 133，663.28 万元占当年年度报告披露的期末净资产的 24.45%。

此外，2018 年，辅仁药业为辅仁集团及朱某臣借款提供 4 笔担保，涉及的合同金额合计 1.4 亿元，截至 2018 年 12 月 31 日未偿还金额 7200 万元。辅仁药业未及时披露，也未在 2018 年年度报告中披露该事项，导致相关年度报告存在重大遗漏。

辅仁药业 2015 年至 2018 年定期报告虚假记载及重大遗漏、2018 年未及时披露关联担保的违法事实，有相关年度报告、借款合同、银行转款原始凭证、银行流水、银行账户资料、资金占用情况明细、辅仁集团及辅仁药业等公司的情况说明、担保合同、相关当事人询问笔录、审议相关年报的董事会会议决议等证据证明，足以认定。

中国证监会认为，辅仁药业 2015 年至 2018 年年度报告中虚增货币资金、未披露控股股东及其关联方非经营性资金占用，以及 2018 年年度报告未披露关联方担保，导致定期报告存在虚假记载、重大遗漏的行为，违反《证券法》第 63 条"上市公司依法披露的信息，必须真实、准确、完整，不得有虚假记载"，《公开发行证券的公司信息披露内容与格式准则第 2 号——年度报告的内容与格式》[①]第 31 条第 1 款"公司发生控股股东及其关联方非经营性占用资金情况的，应当充分披露相关的决策程序，以及占用资金的期初金额、发生额、期末余额、占用原因、预计偿还方式及清偿时间"、第 40 条第 4 项"公司与关联方存在债权债务往来或担保等事项的，应当披露形成原因，债权债务期初余额、本期发生额、期末余额，及其对公司的影响"以及《证券法》第 66 条第 6 项的规定，构成《证券法》第 193 条第 1 款所述行为。辅仁药业 2018 年未及时披露关联方担保的行为，违反《关于规范上市公司对外担保行为的通知》第 1 条第 5 项"上市公司董事会或股东大会审议批准的对外担保，必须在中国证监会指定信息披露报刊上及时披露"、《证券法》第 67 条第 2 款第 12 项"国务院证券监督管理机构规定的其他事项"的规定，构成《证券法》第 193 条第 1 款所述的信息披露违法行为。

（三）证监会处罚结果

本案的主要争议焦点在于辅仁药业等主体的各项行为是否构成信息披露违法行为。对此，中国证监会最终认定：

1. 对辅仁药业定期报告存在虚假记载、重大遗漏，以及未及时披露关联方担保

---

① 本案中适用的为 2017 年修订的《公开发行证券的公司信息披露内容与格式准则第 2 号——年度报告的内容与格式》。

的行为，责令辅仁药业改正，给予警告，并处以 60 万元的罚款；对朱某臣给予警告，并处以 90 万元罚款，其中作为直接负责的主管人员罚款 30 万元，作为实际控制人指使从事信息披露违法罚款 60 万元；对朱某功、朱某亮、苏某声给予警告，并分别处以 20 万元罚款；对朱某玉给予警告，并处以 15 万元罚款；对张某杰、朱某究、赵某睿、安某、耿某生、李某给予警告，并分别处以 10 万元罚款；对李某、贠某给予警告，并分别处以 5 万元罚款；对张某冰给予警告，并处以 3 万元罚款。

2. 对辅仁药业报送和披露的重大资产重组文件中存在虚假记载的行为，责令辅仁药业改正，给予警告，并处以 60 万元的罚款；对朱文臣给予警告，并处以 30 万元罚款；对朱某究给予警告，并处以 20 万元罚款；对朱某功、朱某亮、苏某声给予警告，并分别处以 15 万元罚款；对朱某玉、赵某睿给予警告，并分别处以 10 万元罚款；对安某、耿某生、李某给予警告，并分别处以 5 万元罚款；对张某冰、张某杰、李某、贠某给予警告，并分别处以 3 万元罚款。

3. 对辅仁药业提供的信息存在虚假记载的行为，给予警告，并处以 60 万元的罚款；对朱文臣给予警告，并处以 30 万元罚款。

（四）处罚启示

信息披露违法行为对于资本市场而言，始终是无法根治的顽疾。2018 年 ST 长生、中弘股份、吉恩镍业等公司因信息披露违法行为被强制退市；2019 年，乐视、千山药机等几十家公司同样因为信息披露违法行为面临退市风险；2020 年康得新、康美药业、辅仁药业曝出严重财务舞弊，资本市场上雷声滚滚，令人震惊。投资者普遍反映资本市场违法违规成本太低，一些保荐人、会计师事务所等中介机构，也未严格履行职责，没有发挥“看门人”作用。对此，中国证监会表示拟对发行人、上市公司及其控股股东、实际控制人信息披露虚假，和会计师事务所、保荐人等中介机构未勤勉尽责等证券违法行为，大幅提高刑期上限和罚款、罚金数额标准，强化民事损害赔偿责任，实施失信联合惩戒，切实提高资本市场违法违规成本，这一思路在 2019 年新修订的《证券法》中得到一定程度的体现。同时，上市公司与会计师事务所也应当避免辅仁药业一案中审计环节暴露出来的多年均为同一事务所审计、实质性程序没做到位、为谋取利益而假账包庇等行为。严重的财务造假很难长期掩盖，且无论对于资本市场、广大投资者以及上市公司本身都是一个随时有可能爆炸的炸药包，在新《证券法》显著提高证券违法违规成本、完善投资者保护制度、进一步强化信息披露要求与证券交易制度的背景下，上市公司更应当恪守法规、稳步前行。

第三节 刑事典型案例分析

一、宁某与樊某内幕交易案①

选取理由:本案系上海市高级人民法院确定的2020年第四批参考性案例,也是对国内证券领域犯罪的从业人员适用"从业禁止"的首案。该案的典型意义在于从刑事角度完善了"从业禁止"制度体系,激活了证券犯罪的有关刑事规定,起到了较强的惩戒与警示作用,有利于从源头遏制证券犯罪。

(一)当事人情况

原公诉机关:上海市人民检察院第二分院
公诉机关:上海市人民检察院
一审法院:上海市第二中级人民法院
二审法院:上海市高级人民法院
被告人1:宁某
被告人2:樊某

(二)基本案情

内幕交易案件作为上市公司证券交易市场上的常见刑事案件,往往与熟知内幕消息的资本市场从业人员关系密切,宁某与樊某内幕交易案就是如此。宁某为证券公司项目经理,其在工作中获知上海金力泰化工股份有限公司(以下简称金力泰公司)有意收购上海银橙文化传媒股份有限公司(以下简称银橙传媒)这一重大利好消息后,伙同其妻樊某共同实施了内幕交易行为。上海市人民检察院第二分院指控认为,被告人宁某、樊某在对证券交易价格有重大影响的信息尚未公开前,共同交易该证券,情节严重,其行为已构成内幕交易罪。宁某、樊某到案后能如实供述自己的罪行,应适用《刑法》②第67条第3款之规定。另,被告人宁某利用职业便利实施违背职业要求和特定义务的犯罪,应适用从业禁止。法院认定的基本案情

---

① 参见上海市第二中级人民法院刑事判决书,(2019)沪02刑初55号;上海市高级人民法院刑事判决书,(2020)沪刑终71号。

② 本案中适用的为2017年修正的《刑法》。

和当事人主要犯罪事实如下。

1. 宁某陪同收购考察获取内幕信息

2016 年 2 月中旬，金力泰公司起意收购银橙传媒。2016 年 2 月 23 日至 3 月上旬，被告人宁某作为广州证券上海分公司员工，与其负责人潘某陪同金力泰公司董事长吴某某等人及银橙传媒董事长隋某某等人，互相至双方公司考察并着手启动金力泰公司收购银橙传媒项目。

2016 年 3 月 22 日，金力泰公司发布重大事项停牌公告。同年 6 月 2 日，金力泰公司发布《上海金力泰化工股份有限公司发行股份购买资产暨重大资产重组报告书（草案）》。同年 7 月 8 日，金力泰股票复牌。

2. 宁某将内幕信息告诉樊某，共同实施违法行为

陪同考察之后，宁某遂将该内幕信息告知其妻子，被告人樊某。2016 年 3 月 18 日，被告人宁某、樊某在明知金力泰公司有重大利好系内幕消息的情况下，共同控制徐某某名下中山证券账户，买入金力泰公司股票 197，000 股，成交金额 1，379，793 元，并于同年 7 月 8 日股票复牌当日全部卖出，非法获利金额总计 160，788.87 元。

3. 樊某受到中国证监会上海监管局的行政处罚

公诉人提供的行政处罚书显示，中国证监会上海监管局于 2018 年 1 月 25 日依据《证券法》①第 202 条的规定，对被告人樊某作出沪〔2018〕3 号处罚：没收樊某违法所得 174，233.91 元，并处以 522，701.73 元罚款。该决定书认定，金力泰公司收购银橙传媒事项，属于《证券法》第 67 条第 2 款第 2 项规定的重大事件，构成《证券法》第 75 条第 2 款第 1 项规定的内幕信息。内幕信息形成时间不晚于 2016 年 3 月 10 日，2016 年 6 月 3 日公开。

2018 年 12 月 27 日，宁某、樊某因涉嫌内幕交易罪在上海市静安区北京西路住处被公安机关抓获。两人到案后均如实供述了本案的事实。之后，宁某与樊某均取保候审，其中宁某于 2020 年 5 月 23 日被逮捕。

（三）争议焦点与法院裁判意见

一审和二审中，被告人宁某、樊某对起诉指控的事实和罪名均无异议。但综合来看，有两点是本案的争议焦点：第一，两位被告人是否应当适用缓刑。宁某的辩护人提出，宁某在金力泰项目中参与程度不深，所起作用极小，知晓程度较低，且广州证券并未将宁某登记为内幕信息知情人，也没有对宁某明确告知其保密义务，对内

① 本案中适用的为 2014 年修正的《证券法》。

幕交易行为缺乏必要的监督管理机制。樊某的辩护人也提出，樊某在整个内幕交易过程中均处于被动、服从命令地位，主观恶意及能动性较小，系从犯；此外，本次内幕交易对内幕信息的依赖度不高，实际获利金额较少，且樊某已受到行政处罚并缴纳罚款。综上，二人均系初犯、偶犯，到案后如实供述自己的罪行，认罪认罚，请求法庭对其宣告缓刑、单处罚金或免予刑事处罚。第二，是否应当对宁某适用从业禁止。

1. 一审法院裁判意见

对于争议焦点一，一审法院认为，公诉机关指控被告人宁某、樊某犯内幕交易罪的罪名成立。在对证券交易价格有重大影响的信息尚未公开前，二人利用内幕信息共同交易涉案金力泰证券，情节严重，应依法应予惩处。具体而言，樊某所起作用与宁某相当，不应认定为从犯。被告人宁某、樊某到案后能如实供述自己的罪行，且已退缴全部违法所得，依法可以从轻处罚。根据本案犯罪的事实、犯罪的性质、情节和对于社会的危害程度，结合被告人宁某、樊某在本案中的地位作用、认罪态度，辩护人建议对樊某适用缓刑的辩护意见，予以采纳；辩护人建议对宁某适用缓刑的辩护意见，不予采纳。

对于争议焦点二，一审法院认为，被告人宁某身为证券从业人员，明知其所从事的收购项目系内幕信息，仍然违背职业的保密义务和道德要求等，利用其职业便利实现非法牟利，故为保护投资者的合法权益、防范和化解金融风险、保障证券市场的健康发展、维护金融市场的稳定，根据犯罪情况和预防再犯罪的需要，须对宁某处以从业禁止。公诉机关建议对被告人宁某适用从业禁止的意见，予以采纳。

综上，一审法院判决如下：(1)被告人宁某犯内幕交易罪，判处有期徒刑一年，并处罚金 30 万元。(2)被告人樊某犯内幕交易罪，判处有期徒刑一年，缓刑一年，并处罚金 30 万元。(3)禁止被告人宁某自刑罚执行完毕之日或者假释之日起三年内从事与证券相关的职业。(4)违法所得予以追缴，查获的犯罪工具等予以没收。

2. 二审法院裁判意见

二审法院受理宁某及其辩护人的上诉后，依法组成合议庭，经审阅本案卷宗材料及上诉人宁某的上诉状及其辩护人的辩护意见后，认为本案不属于依法必须开庭审理的案件，根据《刑事诉讼法》第 234 条的规定，决定不开庭审理。合议庭依法讯问了宁某，听取了辩护人的意见，核实了全案证据，对一审判决认定的事实和适用法律进行了全面审查。

二审法院认为，原判认定上诉人宁某、原审被告人樊某犯内幕交易罪的事实清楚，证据确实、充分，适用法律正确，量刑适当，审判程序合法。尽管宁某、樊某家属缴纳了罚金 7 万余元，但根据本案犯罪的事实、犯罪的性质、情节和对于社会的危害程度,尚不足以对宁某改判并适用缓刑。宁某及其辩护人关于请求二审法院改判并对宁某适用缓刑的上诉理由和辩护意见也没有被采纳。

(四)诉讼启示

本案的案情并不复杂,但判决结果却具有重要的意义。《刑法》第 37 条之一第 1 款规定:"因利用职业便利实施犯罪,或者实施违背职业要求的特定义务的犯罪被判处刑罚的,人民法院可以根据犯罪情况和预防再犯罪的需要,禁止其自刑罚执行完毕之日或者假释之日起从事相关职业,期限为三年至五年。"该条款是 2015 年《刑法修正案(九)》针对利用职业犯罪数量不断增多的情况新增的法律条款,其所规定的"从业禁止"作为刑罚的重要补充,是一种预防某类从业人员再犯罪的禁止性措施。然而,在证券犯罪领域,这一条款长期处于休眠期,本案正是法院适用该条款的破冰之旅。在证券犯罪领域激活这一措施,能够有效打击证券从业人员的金融犯罪行为,保护中小投资者的合法权益,对于证券从业人员具有普遍的警示意义。从今后趋势来看,该款规定的适用将并不局限于内幕交易,而将普遍适用于符合适用条件的一切证券犯罪行为。

内幕交易是最传统、最常见的证券违法行为。依据最高人民检察院、公安部《关于公安机关管辖的刑事案件立案追诉标准的规定(二)》的规定,涉嫌下列情形之一的,将触发内幕交易罪,应予立案追诉:(1)证券交易成交额累计在 50 万元以上的;(2)期货交易占用保证金数额累计在 30 万元以上的;(3)获利或者避免损失数额累计在 15 万元以上的;(4)多次进行内幕交易、泄露内幕信息的。对于上市公司而言,应当重视并购重组中的信息保密工作。并购重组通常是证券违法犯罪行为发生的导火索。2019 年修订的《证券法》第 51 条增加了上市公司收购人或者重大资产交易方及其控股股东、实际控制人、董事、监事和高级管理人员作为内幕信息知情人,其立法目的就在于打击公司并购重组中的内幕交易。本案的两位被告人宁某、樊某虽然不是上市公司一方的人员,但亦具有警示意义。

二、鲜某背信损害上市公司利益、操纵证券市场案[①]

选取理由:2019 年新《证券法》落地,给上市公司带来了新的挑战。在新《证券法》背景下,上市公司应当更加严防证券合规风险。鲜某案以其涉案金额之大以及中国证监会处罚力度之大受到广泛关注,对于上市公司充分掌握资本市场法律法

① 参见上海市第一中级人民法院刑事判决书,(2018)沪 01 刑初 13 号;上海市高级人民法院刑事判决书,(2019)沪刑终 110 号。

规，提高合规运作水平有着较强的启示意义。

(一)当事人情况

原公诉机关：上海市人民检察院第一分院
公诉机关：上海市人民检察院
一审法院：上海市第一中级人民法院
二审法院：上海市高级人民法院
被告人：鲜某(曾用名鲜某龙)

(二)基本案情

背信损害上市公司利益，是指上市公司的董事、监事、高级管理人员违背对公司的忠实义务，利用职务便利，操纵上市公司从事背信行为，致使上市公司利益遭受重大损失的行为。一般而言，上市公司的董事、监事、高级管理人员的背信行为往往表现为以下几类：(1)无偿向其他单位或者个人提供资金、商品、服务或者其他资产；(2)以明显不公平的条件，提供或者接受资金、商品、服务或者其他资产；(3)向明显不具有清偿能力的单位或者个人提供资金、商品、服务或者其他资产；(4)为明显不具有清偿能力的单位或者个人提供担保；(5)无正当理由放弃债权、承担债务；(6)挪用公司资金或将公司资金以某个人名义开立账户存蓄。2020 年审结的鲜某背信损害上市公司利益罪、操纵证券市场案就是一起上市公司实际控制人非法挪用资金、转移财产、同时操纵市场的刑事案件。法院认定的基本案情和当事人主要犯罪事实如下。

1. 一审认定的案情

(1)鲜某实际控制匹凸匹公司(上海多伦实业股份有限公司，以下简称多伦公司)及汉通公司情况。

1993 年 12 月，多伦公司在上海证券交易所上市；汉通公司成立于 2009 年 8 月，2010 年左右成为多伦公司持股 70% 的子公司。

2012 年 5 月左右，被告人鲜某经与时任多伦公司实际控制人李某某商议，收购了李某某经多伦投资(香港)有限公司持有的多伦公司 11.75% 股权计 4000 万股。2012 年 11 月，多伦公司及汉通公司的法定代表人变更为鲜某。2015 年 6 月，多伦公司更名为匹凸匹公司。2016 年年初，鲜某将所持有的匹凸匹公司 11.75% 股权转让后，不再担任匹凸匹公司的法定代表人。

被告人鲜某转让所持有的匹凸匹公司股权时，匹凸匹公司仍持有汉通公司

42%股权。2016 年下半年匹凸匹公司制作财务报表季报时,鲜某不予配合,导致汉通公司与匹凸匹公司未能合并财务报表;之后,匹凸匹公司与汉通公司一直未能合并财务报表。

(2)背信损害上市公司利益事实。

2013 年 7 月至 2015 年 2 月,被告人鲜某利用担任上市公司多伦公司及其子公司汉通公司的法定代表人及实际控制人的职务便利,为粉饰公司业绩,采用伪造汉通公司开发的荆门楚天城项目分包商林某某签名、制作虚假的资金支付申请与审批表等方式,以支付工程款和往来款名义,将汉通公司资金划转至该公司实际控制的林某某个人账户、荆门楚天城项目部账户,再通过上述账户划转至鲜某实际控制的多个公司、个人账户内,转出资金循环累计达 1.2 亿余元。其中,2360 万元被鲜某用于理财、买卖股票等,至案发尚未归还,且部分资金已被结转至开发成本账户。

(3)操纵证券市场事实。

①多伦公司更名为匹凸匹公司过程中,被告人鲜某控制了多伦公司信息的生成以及信息披露的内容等。

2015 年间,被告人鲜某作为多伦公司的实际控制人、董事长兼董事会秘书,个人决定启动公司名称变更程序。同年 4 月 9 日,鲜某安排公司员工周某某至原上海市工商行政管理局(以下简称上海市工商局)申请变更企业名称,将多伦公司名称变更为匹凸匹公司。4 月 17 日,周某某领取了上海市工商局核发的企业名称变更预先核准通知书并被告知仍需履行相关程序,暂时不能使用该名称;周某某将该情况告知了鲜某。

2015 年 4 月底,多伦公司分别召开第七届董事会第八次、第九次会议,鲜某既未将更名事项提交董事会审议,亦未将更名事项告知其余董事会成员。5 月 4 日,上海市工商局通知名称变更审核已经通过,多伦公司于同日发出召开董事会会议通知。5 月 7 日,多伦公司召开董事会第十次会议,审议通过企业名称及经营范围变更,并于同日将草拟的公告内容递交上海证券交易所审核。5 月 8 日,多伦公司收到上海证券交易所关于公告内容的问询函;5 月 11 日,多伦公司就问询函的相关问题进行了回复。

2015 年 5 月 11 日,多伦公司对外发布《关于公司名称变更的公告》《关于获得控股股东 www. p2p. com 网站域名特别授权的公告》。其中,《关于公司名称变更的公告》中有关公司更名的原因表述为立志于做中国首家互联网金融上市公司,基于业务转型的需要,为使公司名称能够体现主营业务,拟将名称变更为匹凸匹公司。同时,《关于获得控股股东 www. p2p. com 网站域名特别授权的公告》称,通过本次授权可以使公司在互联网金融行业获得领先竞争优势，该特别授权对公司转型具有突破性意义，必将给公司带来深远影响。而2015年6月多伦公司正式更名为匹凸匹公司后，并未开展p2p业务，也未开展除了配资以外的金融业务，且配资业务在公司更名之前即已经开展。

②被告人鲜某实际控制证券账户情况及交易多伦公司股票情况。

2014年后，被告人鲜某控制了刘某某、鲜某、夏某某等个人证券账户，并实际控制了西藏信托有限公司、厦门国际信托有限公司、万向信托有限公司、四川信托有限公司、华润深国投信托有限公司、方正东亚信托有限公司的"鸿禧1号""鸿禧2号""柯塞威1号"等14个信托账户中的28个HOMS单元。2015年4月30日至5月11日间，鲜某通过其控制的前述账户组，买入多伦公司股票共计2520万余股，买入金额2.86亿余元。2015年5月11日，多伦公司有关名称变更的公告发布后，股票连续涨停。同年6月3日，多伦公司股价打开涨停。

2. 二审认定的案情

二审期间，上诉人鲜某在其辩护人见证下自愿签署了《认罪认罚具结书》，在二审庭审中表示对一审判决没有异议、愿意接受刑罚处罚，并在家属帮助下代其缴纳了全部罚金1180万元及退缴了部分违法所得500万元。因此，二审法院最终判决维持上海市第一中级人民法院(2018)沪01刑初13号刑事判决的第二项，即"违法所得予以追缴"；同时撤销上海市第一中级人民法院(2018)沪01刑初13号刑事判决的第一项，并判处上诉人鲜某犯背信损害上市公司利益罪判处有期徒刑1年8个月，并处罚金180万元，犯操纵证券市场罪判处有期徒刑3年4个月，并处罚金1000万元，决定执行有期徒刑4年3个月，并处罚金1180万元。

(三)核心争议焦点及法院裁判意见

本案的主要争议焦点在于：(1)被告人鲜某是否构成《刑法》第169条之一规定的背信损害上市公司利益罪和第182条规定的操纵证券市场罪。(2)鲜某在操纵证券市场罪中是否具有自首情节。

1. 一审法院裁判意见

一审法院认为，被告人鲜某作为上市公司多伦公司的董事长、实际控制人，违背对公司的忠实义务，利用职务便利，将上市公司资金用于个人营利活动，致使上市公司遭受重大损失，其行为已构成背信损害上市公司利益罪；鲜某通过控制上市公司信息的生成以及信息披露的内容，误导投资者作出投资决策，影响证券交易价格与交易量，并进行相关交易，其行为已构成操纵证券市场罪，且应认定为情节特别严重；对鲜某应当两罪并罚。鉴于在案证据不能排除鲜某为上市公司支付钱款500万元购买域名的事实，故从背信损害上市公司利益造成损失金额中扣除该部分数额。关于鲜某操纵证券市场罪的违法所得数额，宜以实际成交差额认定。鲜某在操纵证券市场罪中具有自首情节，依法可以从轻或者减轻处罚。一审法院对被告人鲜某以背信损害上市公司利益罪判处有期徒刑2年，并处罚金180万元；以操纵证券市场罪判处有期徒刑4年，并处罚金1000万元，决定执行有期徒刑5年，并处罚金1180万元；违法所得予以追缴。

2. 二审法院裁判意见

二审法院认为，上诉人鲜某作为上市公司多伦公司的董事长、实际控制人，违背对公司的忠实义务，利用职务便利，将上市公司资金用于个人营利活动，致使上市公司遭受重大损失，其行为已构成背信损害上市公司利益罪；鲜某通过控制上市公司信息的生成以及信息披露的内容，误导投资者作出投资决策，影响证券交易价格与交易量，并进行相关交易，其行为已构成操纵证券市场罪，且应认定为情节特别严重；对鲜某应当两罪并罚。鉴于鲜某在二审期间自愿认罪认罚，并在家属帮助下缴纳了全部罚金及退缴了部分违法所得等情，其具有认罪、悔罪表现。但不认为其构成自首。

（四）诉讼启示

本案中被判处刑罚的鲜某曾主导了中国资本市场的多起闹剧，引起广泛争议，最终引来监管部门的关注，包括：曾主导了多伦公司更名匹凸匹的资本大戏；曾因操纵多伦公司股价，被中国证监会罚没款项合计约34.7亿元；曾在介入慧球科技后，指使、参与起草了引发市场广泛关注的1001项奇葩议案；曾因罚没款未如期缴纳，上了第二批资本市场"老赖"名单；曾在2019年又被控背信损害上市公司利益、操纵证券市场两项罪名。"已有的事，后必再有；已行的事，后必再行。日光之下，并无新事。"将此次鲜某的背信损害上市公司利益、操纵证券市场案与其之前的背信行为作对比，其作案手段并无特别新奇之处，但此案涉案金额之大以及中国证监会处罚力度之大，与对市场主体的警示作用亦应成正比。2019年新《证券法》落地，进一步强化了上市公司董监高的责任义务，加大相关违法行为的处罚力度。同时，上市公司信息披露违法的责任大大加重，不仅可能被处以高额行政罚款，进而引发大批投资者巨额索赔，还可能因情节严重被追究刑事责任。对于上市公司而言，搭建合规体系是防范相关风险的根本途径，应当让员工有合规意识和识别合规风险的能力，同时合规负责人与合规管理部门要向管理层定期汇报合规制度实施情况和重大合规事件;定期针对企业的合规制度和体系向外部律师咨询,并进行相应的调整和完善。完善举报调查制度,及时发现和管理合规风险,做到完善合规问责机制,防范违法风险。

三、上海市人民检察院第三分院指控任某某、林某 2、盛某、秦某某违规披露重要信息罪①

选取理由:近年来,财务造假愈演愈烈,康得新、东方金钰、康美药业等财务舞弊案件接连发生。本案是上海市中级人民法院依据上海市高级人民法院 2020 年 1 月 31 日下发的《关于跨行政区划人民法院金融刑事案件管辖的规定》审理的首起金融刑事案件,一定程度上表明了此后资本市财务造假入刑的动向,因而具有重要参考价值。

(一)当事人情况

公诉机关:上海市人民检察院第三分院
一审法院:上海市第三中级人民法院
二审法院:上海市高级人民法院
被告人 1:任某某,上海中毅达股份有限公司副董事长、总经理
被告人 2:林某 2,上海中毅达股份有限公司副总经理、财务总监
被告人 3:秦某某,上海中毅达股份有限公司财务经理
被告人 4:盛某,厦门中毅达环境艺术工程有限公司副总经理

(二)基本案情

违规披露、不披露重要信息罪,是指依法负有信息披露义务的公司和企业,向股东和社会公众提供虚假的或者隐瞒重要事实的财务会计报告,或者对依法应当披露的其他重要信息不按照规定披露,严重损害股东或者其他人利益的行为。在任某某、林某 2、盛某、秦某某违规披露重要信息案中,上海中毅达股份有限公司(以下简称上海中毅达公司)作为依法负有信息披露义务的公司,向股东和社会公众提供了虚假的财务会计报告,故上海市人民检察院第三分院以沪检三分金融刑诉〔2020〕4 号起诉书指控该公司的几位主要负责人任某某、林某 2、盛某、秦某某犯违规披露重要信息罪。法院认定的基本案情和当事人主要犯罪事实如下。

---

① 参见上海市第三中级人民法院刑事判决书,(2020)沪 03 刑初 4 号;上海市高级人民法院刑事判决书,(2020)沪民终 550 号。

1. 制作虚假财务报表情况

上海中毅达公司的全资子公司厦门中毅达环境艺术工程有限公司（以下简称厦门中毅达公司）与江西中岭旅游投资有限公司签订《井冈山国际山地自行车赛道景观配套项目施工合同》合同中包含已由其他企业完工的约 80% 工程量，后因未支付保证金等原因，合同未生效，由厦门中毅达公司承接的工程量未实际开展。

2015 年 10 月，上海中毅达公司为虚增业绩，由时任公司副董事长、总经理任某某决定将上述项目中已由其他企业完工的约 80% 工程收入违规计入公司三季报，具体由公司副总经理、财务总监林某 2、公司财务经理秦某某、厦门中毅达公司副总经理盛某实施。盛某安排厦门中毅达公司提供虚假的工程、财务数据，秦某某依据上述数据编制上海中毅达公司三季度财务报表，交林某 2 签字确认。

2. 违规披露重要信息情况

2015 年 10 月 28 日，上海中毅达公司将该三季度财务报表对外披露。经鉴定，上海中毅达公司共虚增主营收入人民币 72,670,000 元，占同期披露主营收入总额的50.24%；虚增利润 10,638,888 元，占同期披露利润总额的 81.35%；虚增净利润 7,979,166 元，将亏损披露为盈利。

3. 定罪量刑情况

上海中毅达公司作为依法负有信息披露义务的公司，向股东和社会公众提供虚假的财务会计报告，具有严重情节。被告人任某某作为直接负责的主管人员，被告人林某 2、盛某、秦某某作为其他直接责任人员，或决定或直接参与对外提供虚假财务会计报告，损害了股东和社会公众的知情权，一定程度上也影响到证券市场的稳定，其行为均已构成违规披露重要信息罪，应予依法惩处。四名被告人均自愿认罪，且均已缴纳了罚款或罚金，依法可从宽处理。判决如下：

（1）被告人任某某犯违规披露重要信息罪，判处有期徒刑 1 年，缓刑 1 年，并处罚金 20 万元（已折抵）。

（2）被告人林某 2 犯违规披露重要信息罪，判处有期徒刑 6 个月，缓刑 1 年，并处罚金 10 万元（已折抵）。

（3）被告人盛某犯违规披露重要信息罪，判处拘役 3 个月，缓刑 3 个月，并处罚金 5 万元（已缴纳）。

（4）被告人秦某某犯违规披露重要信息罪，判处拘役 3 个月，缓刑 3 个月，并处罚金 5 万元（已缴纳）。

（三）核心争议焦点及法院裁判意见

综合全案，被告各方构成何种罪名以及秦某某承担的勤勉职责、披露义务是否低于公司董事高管等人员是本案的核心焦点。对此,上海市第三中级人民法院根据查明的事实,结合《刑法》[①]第161条、第25条等的规定,认为:

1. 四被告构成违规披露重要信息罪

上海中毅达公司作为依法负有信息披露义务的公司,四被告决定或者直接制作虚假财务报表并向股东与社会公众公告,严重损害了股东与社会公众知情权。被告人任某某作为直接负责的主管人员,被告人林某2、盛某、秦某某作为其他直接责任人员,其行为均已构成违规披露重要信息罪。

四名被告人犯罪后均能自动投案,如实供述自己的罪行,系自首,均可以从轻处罚。四名被告人均已缴纳了罚款或罚金,依法可从宽处理。

2. 被告秦某某不属于犯罪情节轻微,不能免予刑事处罚

秦某某的辩护人认为秦某某在上海中毅达公司担任财务经理,其所应当承担的勤勉职责、披露义务等与公司董事、监事、高管等人员应有所区别,其系接受任某某的指令行事,主观恶性较小,希望法庭对秦某某免予刑事处罚。

法院认为,秦某某依据盛某提供的虚假财务数据编制上海中毅达公司第三季度财务报表,报表中虚增利润1063万余元,占同期披露利润总额的81.35%,虚增净利润797万余元,将亏损披露为盈利,属于法律规定的其他严重情节。秦某作为违法披露重要信息的直接责任人员,对股东与社会公众造成严重影响,不属于犯罪情节轻微,不能够免予刑事处罚。

(四)诉讼启示

公司信息披露的质量是资本市场长期健康发展的基础。以信息披露为核心,全面落实注册制,需要进一步提高公司信息披露的质量,其中,财务信息的真实性、准确性尤其需要关注。《刑法修正案(十一)》加大了对违规信息披露犯罪行为的刑事处罚力度,对其直接负责的主管人员和其他直接责任人员规定了情节特别严重的情形,将处五年以上十年以下有期徒刑,并处罚金,而不再是以往的三年以下有期徒刑或者拘役。本案中,上海中毅达公司因全资子公司商业合同执行不力,为掩饰经营不佳的情况,由公司高管决策,财务人员、子公司高管共同参与,采取编制虚假财务报告的手段,虚增主营业务收入、利润总额、净利润,将亏损披露为盈利,对投资者的决策造成重大误导和影响。根据最高人民检察院、公安部《关于公安机关管辖刑事案件立案追诉标准的规定(二)》第6条的相关规定,虚增利润达到当期披露

① 本案中适用的为2017年修正的《刑法》。

的利润总额 30% 以上的,应予刑事立案追诉。本案中毅达的虚增披露达到 81.35%,两倍之多,自然是达到了立案追诉的标准。

本案是上海市首例提起公诉并判刑的违规披露重要信息罪案件,这表明重罚财务造假已然成为共识。此后资本市场中那些百亿元财务造假、连续多年财务造假、巨额现金造假的公司后续是否也会像本案一样涉及刑事责任,相关动向值得上市公司警惕。

后　记

《2020～2021中国上市公司诉讼蓝皮书》的策划与编写工作从2021年第一季度开启，到秋季顺利出版，集结十余位编委会成员之智、之力、之心血。因作为诉讼蓝皮书系列的第二部著作，相较去年势必会受到目标读者更高的期待，我们也感到了压力。

产稿如怀胎，这部书籍的撰写涵盖了30余万文字与大批量的图表绘制，在描述维度的完整性，实证分析的精度及风险指数的最新构建，案例的代表性、典型性上，同首部相比均有明显提升。总体来说，这是一项庞大且艰巨的工程，考验耐心与定力。不过想起本书总主编及若干位策略律师事务所的执业律师多年来增益资本市场的初心和不懈怠的努力，大家依然充满动力。与今年书籍出版相伴相随的，还有“策略金融与证券法律实务公益讲座”面向行业开展每月一期的推进，受邀分享的业界大咖们也在关心和勉励着该书的出版进展。

去年首部“蓝皮书”发布后，我们收到了不少专家、上市公司高管、律师同行给予本书的热情鼓励及宝贵的完善建议。在新年度的策划与统稿过程中，编委会为此进行了很多探索与调整。本书以崭新面貌示人，离不开策略律所资本市场部首席顾问邢会强教授、北京市金融服务法学研究会、中央财经大学金融服务法研究中心方面的大力支持及法律出版社朱铁佳编辑的努力，在此一并表示衷心感谢！

这部《2020～2021中国上市公司诉讼蓝皮书》有助于我们深入了解中国上市公司的涉诉概况及存在的问题与诉讼启示，有助于我们高屋建瓴、正本清源，从而对推动我国资本市场健康发展，提供正能量。

《中国上市公司诉讼蓝皮书》编委会

2021年9月